戦争とオカルティズム

現人神天皇と神憑り軍人

藤巻一保

二見書房

序

敗戦で一気に崩壊した「天皇」という不動の中心軸

昭和二十年（一九四五）八月十五日の敗戦までの間、帝国陸海軍人の多くは、「現人神《あらひとがみ》天皇」と「神国日本」に対する何らかの信仰を保持していた。

幼いころからくりかえし教えこまれてきたこの官制神話を、疑問を抱かず額面通りに受け入れていた者、常識的には理解も納得もできないが、無理にもオカルティックなドグマに落としこんで受け入れた者、本心から天皇の神性を信じていたわけではないが、国民統治上の建前として受け入れ、天皇を利用価値の高い特別な「駒」として敬っていた者など理解はさまざまであり、信仰にも濃淡があったが、天皇が日本の不動の中心軸だという一点に関してだけは認識を共有していた。

その中心軸が、敗戦で一気に崩壊した。そのとき、なお天皇幻想にしがみつこうとした者もいれば、まるで憑き物が落ちたように、新たな基軸を求めてさまよう者も現れた。

この状況は、明治維新時の状況とよく似ていた。維新が成る前まで、国の統治者である「天下様」は徳川将軍以外には存在しなかった。ところが維新後、徳川将軍家という中心軸が日本社会から忽然と消え去り、「天子様」という新たな中心軸が唐突に出現した。

徳川幕府というよりどころを失った武家階級は、なおも旧幕側に立ってあらがおうとする側と、にわかに登場してきた天皇神輿を担ぐ側に分断された。

問題は、彼らを支える精神軸の置き所だった。明治政府に官吏として仕えたかつての幕臣や藩士たちは、天皇イデオロギーに身を寄せることで新時代と折り合いを付けた。またある者は官軍という名の革命軍との戦いに身を投じて果て、あるいは転向し、またある者はにわかに勃興した神道系の新興宗教に、また西欧文明やキリスト教に、失われた軸の代替を求めてさまよった。かくして中心不在の混乱期が現出した。

明治維新という一大社会変革は、欧米列強の外圧によって爆発的な推進力を得たが、敗戦後の日本も、アメリカを中核とするGHQ（連合国軍最高司令官総司令部）という巨大な外圧が、古い価値観を破壊して新たな価値観を植えつける巨大エンジンとなった。それはまさしく〝アメリカ製の維新〟にほかならなかった。

このとき天皇や軍人を含む補弼《ほひつ》の臣下たちが示した動きは、徳川崩壊時と酷似している。天皇の権威と国体を戦後も保持すべく、戦前におこなわれていた皇国史観神話の再解釈・再構築を必死に模索した者、にわかに「平和主義」や「民主主義」を唱え始めた者、天皇制の全否定に走った者、雨後の筍のように簇生《そうせい》する新宗教に魂の救いを求めた者などで、国内はごった返した。その混乱ぶりは、戦前に刷り込まれた天皇信仰が、いかに深々と国民の意識の底まで浸みこんでいたかを物語っている。

大多数の国民、とりわけ徹底した天皇信仰・神国日本信仰を叩きこまれて人格を形成してきた非エリート層の軍人たちは、戦前までは、天皇信仰に盲目的に服従することで、自分の心に生じるあらゆる疑問や葛藤を抑えこんでいた。

彼らが強制されていた天皇信仰は矛盾に満ち満ちていたが、その信仰を受け入れなければ、自分はもちろん家族や親族までが組織や共同体の構成員から排除され、生きることさえ困難になるという構造が、敗戦前の日本にはできあがっていた。選択の余地はまったくなかった。天皇のために生き、天皇のために死ぬことが、日本人であるための絶対条件と化していた。

けれどもその時代、彼らのはるか頭上には、明治維新に際して天皇を新国家建設の「駒」とする道を開いた薩長指導者たちのように、天皇を「駒」として利用することで国家改革を成し遂げようと動く陸軍大学卒のエリート幕僚の一群があった。統制派と呼ばれた彼らは、天皇信仰一色に染めあげられていた皇道派青年将校らを封殺し、国の操縦に乗り出した。

明治以来、日本社会はこの二重構造をずっと抱え続けてきた。国民にとっての天皇は絶対不可侵の現人神だったが、この国の実権者から見れば、天皇は自分たちが独占的に利用することのできる、重宝きわまりない駒以外のなにものでもなかった。敗戦後、昭和天皇が「私は囚人同然で無力だった」と漏らしたのは（本書第四章）、この二重構造の実態をはしなくも語っている。

このいびつな状況の中、軍人たちは何を考え、何をしようとしていたのか。また、天皇という絶対的な支え棒が忽然と消え去った戦後、旧軍人・軍属たちは分裂した時代精神の狭間でいかに生きようとしたのか。本書は、このテーマを、軍人たちのオカルティックな信仰を軸に追っている。

ユダヤを絶対悪とし、天皇国日本を絶対正義とする善悪二元論

第一章「ユダヤ禍と竹内文献」では、大正時代からにわかに声高に唱えられるようになったユダヤ陰謀論と軍人の関与、その広がりを具体的に見ていく。

欧米の実質的な支配者であるユダヤ勢力が、次の段階として東洋支配に着手し、中国・ロシアを裏から操って日本にまで魔手を伸ばしつつあると主張したユダヤ陰謀論は、日本が土地や資源を求めて大陸に進出する際の格好の理由付けとなった。

ユダヤを絶対悪とし、天皇国日本を絶対正義とする善悪二元論は、粗雑な荒説にすぎなかったが、単純で白黒が明白な見立てほど民衆への訴求力は大きく、悪の本山であるユダヤの魔手から東洋を守るのは日本の使命だという戯画にも等しい言説が、一部の軍人や国家主義者、宗教家などによって熱烈に唱えられ、日本による「聖戦」という名の東亜侵出の論拠のひとつとなった。

この陰謀論と、文明の起源は日本にあるとする偽史との親和性は極めて高かった。

その代表である竹内文献は、太古世界の統治者は日本天皇であり、世界はまるごと天皇の版図だとし、世界各地を開発・経営したのも日本から派遣された皇子らだと述べていた。この天皇統治時代は巨大な地殻変動によって終幕を迎え、以後、日本天皇と世界諸国との関係は断絶した。世界天皇の存

在を忘れ去った欧米は物質主義に走り、闘争と混迷の時代に入って今日を迎えているという竹内文献流の〝物語〟は、ユダヤ陰謀論者たちの心を摑まずにはおかなかった。

天皇および神国日本には、さまよい漂っている世界を救済するという「天職」があり、この使命を実現するために大陸の経営に乗り出さんとしている。けれども、それを妨げようとしている勢力があり、彼らが中国やソ連、欧米などを裏から動かして、天皇国に挑みかかっている。その勢力――敵の本丸こそがユダヤなのだと主張することで、「聖戦」が合理化されたのである。

このストーリーを担った代表的な軍人として、第一章では陸軍の四王天延孝《しおうてんのぶたか》・安江仙弘《やすえのりひろ》・小磯国昭《こいそくにあき》、海軍の犬塚惟重《いぬづかこれしげ》・山本英輔《やまもとえいすけ》に焦点を当てる。

現人神天皇というイデオロギーを〝国策〟として創作した明治国家

第二章「古神道系団体の周辺」では、儒教や仏教が日本に入る以前からこの神国に存在していたと主張された「古神道」という名の新神道と、神憑り軍人との密接不離の関係に焦点をあてている。

現人神天皇・神国日本信仰は、言説としては古代から存在していた。けれどもそれは、国ぐるみで衆庶に強制されたものではなかったし、現人神天皇や神国日本説を相対化してあまりある仏教という巨大な権威が並存していた。その中では、日本の神祇信仰はあくまでローカルな地域信仰であり、世界宗教である仏教に従属するものとする理解も、広くおこなわれていた。天皇自身が、幕末の孝明天皇の代まで一貫して仏教信者であり、天皇霊の供養も仏式でおこなわれ続けてきたのである。

この状況を精算し、現人神天皇・神国日本信仰を国民統治の方針として組み込み、徹底した臣民教育を通じて国民の意識に深々と植えつけたのは明治国家だった。明治国家は、現人神天皇というイデオロギーを、〝国策〟として創作した。その創作を側面から支え、よりスケールアップさせて物語化した最も有力かつ強力な補完勢力が、神道および古神道だった。

神社神道にとっての絶対的な神典は『古事記』と『日本書紀』のほかはほぼなかったが、そこに描かれている神代史はあまりに素朴であり、中国、インド、エジプト、シュメールなどの古代文明と比べると、明らかに新しすぎた。世界最古の神伝を受けつぐと称していた古神道の正統性を証明するためには、それらの文明圏よりはるかに古い歴史、アダムとイヴよりさらに以前に遡る歴史が〝発見〟されなければならなかった。

そこで古神道家たちは、降霊による神霊からの直接伝授や、竹内文献などの偽史を用いることによって世界最古の神代史を創作し、それを記紀神話に架上して、世界総帝としての天皇像および神国日本像をつくりあげた。そのうえで、古神道こそがあらゆる世界宗教の根源であり、日本こそが世界統治の任を負って地上に現れた唯一絶対の神国だと唱えることで、日本の大陸進出や欧米打倒の正統性を声高に主張したのである。

この章では、そうしたファナティックな主張と密接に連関する大本教、神政龍神会《しんせいりゅうじんかい》、天行居《てんこうきょ》、皇祖《こうそ》皇太神宮《こうたいじんぐう》などと軍人との関わりを、海軍の矢野祐太郎《やのゆうたろう》・浅野正恭《あさのまさやす》・秋山真之《あきやまさねゆき》、陸軍の秦真次《はたしんじ》・満井佐《みついさ》吉《きち》らを通して探っていく。

現人神天皇信仰に行き着き、天皇親政を求めて突き進んだ軍人たち

第三章「二・二六事件と天皇信仰」では、過激な日蓮主義や明治以降に勃興した心霊主義という古神道系とは異なったアングルから現人神天皇信仰に行き着き、天皇親政を求めて突き進んだ軍人たちの思想と行動を、二・二六事件を軸に浮き彫りにしていく。

尊皇絶対を奉じて永田軍務局長を刺殺した相沢三郎《あいざわさぶろう》。陸軍から放逐されて二・二六事件に猛進し、獄中で国家と天皇に呪詛の言葉を吐き続けて逝った磯部浅一《いそべあさいち》。蹶起《けっき》将校の一人として一時は死刑を求刑され、その後無期囚となって服役したのち、東條独裁国家の忠実な奉仕者となった清原康平《きよはらこうへい》。北一輝《きたいっき》・西田税《にしだみつぎ》と並ぶ二・二六将校たちの精神的指導者から転じて、戦後新興宗教・千鳥会の熱烈な布教者となり、ついには殉教した大岸頼好《おおぎしよりよし》。「聖戦」という言葉を初めて使い、戦後は大岸同様、千鳥会《ちどりかい》の神憑り神示に埋没していった大久保弘一《おおくぼこういち》。国柱会の信者となって日蓮の予言にもとづく世界最終戦争論を唱え、天皇を世界の救世主である「賢王」と位置づけて五族協和の東亜連盟運動に挺身した石原莞爾《いしわらかんじ》をこの章で追っていくが、彼らの心の軌跡は、本書で扱う人々の中でも最も波瀾に富み、激烈な苦悩に満ちている。

冒頭で述べた維新前と後、敗戦の前と後という巨大な時代の断層の前でとまどい、おのれの精神を支えるための新たな軸を求めて苦悩の中でさまよった旧軍人たちの姿を、われわれはこの章で見ていくことになる。

生々しい狂気の本丸

これらの軍人たちは、信仰の形はさまざまだが、いずれも熱烈に天皇を希求した。では、神輿の中の大本尊である天皇は、現人神天皇や神国日本という官制神話をどのようにとらえ、いかに身を処していこうとしていたのか。この問題を、主に太平洋戦争を通じて考えていくのが第四章「皇国史観の牢獄の中で」のテーマだ。

この章で、われわれは東條英機《とうじょうひでき》を筆頭とする戦前国家の指導者たちの、エキセントリックで、愚劣きわまりない実態を直視することになるだろう。指導者の中には、いうまでもなく昭和天皇もふくまれる。天皇は平和主義者だったが、軍部、とりわけ陸軍の圧力に抗しきれず、やむなく日米開戦を受け入れ、最後の最後には命がけの「聖断」によって国家と国民の滅亡を防いだとする戦後生まれの〝宣伝〟は、否定されることになる。

この章で明らかになるのは、自らを天照大神の直系子孫と信じていた昭和天皇を突き動かしていたものは、「国体護持」だったという歴然たる事実だ。昭和天皇は、執拗なまでに国体護持にこだわり続けた。ところで国体護持とは、明治以降、この国に強固に植えつけられた神国日本イデオロギーそのものなのである。

戦争前後の国家および軍人については、すでに膨大な量の論文・著述が発表されている。けれども、軍人たちのオカルティックな現人神天皇信仰・神国日本信仰という角度から彼らと彼らの時代を描いた著述は、断片を除けば、管見ではほぼ見当たらない。

いかに理性的・学術的な分析を積みあげても、彼ら「神憑りの軍人」たちの内心に根を下ろしていた生々しい狂気の本丸には手が届かない——そんな隔靴《かっか》掻痒《そうよう》感を、私は長いこと抱き続けてきた。拙いながらも、私は本書および本書と表裏一体の関係にある前作『偽史の帝国』で、ようやくそこに踏み込むことができたと思っている。

この狂気は、戦後精算されたわけではない。いまはただ息を潜め、周囲の状況をうかがいながら蟄居しているだけで、じっと復活の時を待っている。どうしても本書を書きたい、書かねばならないと思った最大の理由は、まさにそこにある。

藤巻一保

戦争とオカルティズム——目次

序……2

第一章　ユダヤ禍と竹内文献

四王天延孝……18
ユダヤ・フリーメーソンの陰謀を説きつづけた陸軍中将

安江仙弘……40
『竹内文書』に日本とユダヤの超古代秘史を見た陸軍大佐

犬塚惟重……66
ユダヤ陰謀論の深淵で揺れ動いた海軍大佐

山本英輔……94
四国・剣山にソロモンの秘宝を求めた海軍大将

小磯国昭……118
神代文字に八紘一宇の神意を見た男

第二章　古神道系団体の周辺

矢野祐太郎……140
「神の国」建設を夢見た海軍大佐

浅野正恭……168
反大本の急先鋒となった海軍少将
秋山真之……190
「霊夢」によって日露戦争を勝利に導いた海軍中将
秦真次……208
超古代偽史に日本の神性を見た陸軍中将
満井佐吉……228
「聖戦」の名のもとに「霊的国防」を訴えた陸軍中佐

第三章　二・二六事件と天皇信仰

相沢三郎 …………252
天皇を「信仰」し、「神示」によって上官を斬った陸軍中佐

磯部浅一 …………272
二・二六事件で昭和維新を夢見た青年将校

清原康平 …………294
日本心霊科学史上、特筆すべき家系に生まれた陸軍少尉

大岸頼好 …………314
皇道派青年将校に最も大きな影響を与えた陸軍大尉

大久保弘一……340
熱烈なまでに天皇を信仰した霊媒体質の陸軍少佐

石原莞爾……362
「世界最終戦争」を見据え「東亜連盟」を唱えた陸軍中将

第四章　皇国史観の牢獄の中で

昭和天皇と東條英機……410
現人神と神憑り軍人

後記……466

参考文献……472

●本書は月刊『ムー』（ワン・パブリッシング）誌上にて平成二十七年から令和元年まで連載された「神国日本の歴史群像」の原稿を厳選し、大幅に加筆・再構成したものです。
●文中の敬称はすべて省略しております。
●カバー写真提供／毎日新聞社

第一章　ユダヤ禍と竹内文献

四王天延孝……しおうてん　のぶたか

ユダヤ・フリーメーソンの陰謀を説きつづけた陸軍中将

日本で突如として湧き起こった「ユダヤ禍」「ユダヤ陰謀論」

ユダヤ排撃の歴史は長い。古代・中世はいうに及ばず、近代に至っても、差別と隔離を軸としたアンチ・セミティズム（反ユダヤ主義）が欧州やロシアなどから消えることはなかった。

欧州諸国があいついでユダヤ人に公民としての法的権利を認め、市民として「解放」するようになった十九世紀以降、反ユダヤ主義はかえって流行性の熱病のように広がっていき、二十世紀に至ってナチスのホロコーストでピークに達したことは衆知の通りだ。米国・ホロコースト記念博物館によれば、この時期、欧州のユダヤ人の三人に二人が死亡したといわれている。

政治に対する国民の不満や怒りをユダヤ人に向けさせ、鬱憤のガス抜きをはかる政策は、革命以前のロシアでもくりかえしおこなわれた。たとえば十九世紀初頭、ロシアはユダヤ人を白ロシア地方から追い出し、荒地への移住を強制した。さらにユダヤ人の開墾した土地を没収し、農業に従事することを禁止し、二十世紀になると相次いで大虐殺事件を生み出した。

そんな中、ユダヤとの接点がほぼ皆無といっていい日本で、唐突にユダヤ禍・ユダヤ陰謀論が湧き起こった。この主張は、昭和初期以降、津波のような勢いで日本を覆っていったが、その際、指導的な役割を果たしたのが、陸軍中将・四王天延孝であった。

フランス軍従軍時代の四王天
（写真＝『四王天延孝回顧録』みすず書房）。
傑出した語学力と長期の海外生活で得た知識と体験は、反ユダヤ主義者の中でも飛びぬけていた四王天が、自分は他の反ユダヤ主義者とは違うと自負もし、公言もしていたのは、この問題にまつわる体験と知識の量にあった。

第一に、四王天には傑出した語学力があった。陸軍幼年学校から陸軍大学に至る間に、不自由なくフランス語を操るようになっていたほか、ロシア語、英語も身に付けて、多数の原書や新聞、機密文書などナマの情報に接していた。それを可能にしたのが、長期にわたる海外生活であった。第一次世界大戦で連合国側についた日本から配属されて、四王天は大正五年から八年までの四年間、フランス第十軍司令部の情報部に配属（後に第四軍に転属）され、そこでユダヤ問題に開眼した。

配属当初、四王天は仏軍の情報課長から、政治と宗教の話題は紛糾するので議論しないようにと忠告されるとともに、「ユダヤ人に気をつけるように」と注意され、意外の感を受けた旨を自伝『四王天延孝回顧録』（以下『回顧録』と略）で述べている。この述懐から明らかなように、渡欧した時点で、四王天にはユダヤ禍の意識もユダヤ陰謀論という発想もなかった。それが四年間の欧州勤務の間に、きわめて深刻な国際問題として認識されるようになるのである。

ユダヤ禍に対する問題意識は、大正九年から十一年にかけてのシベリア・満州赴任を経て、確信へと変わっていく。

日本におけるユダヤ禍問題は、ロシアを通じてもたらされた。一九一七年（大正六）の十月革命で帝政ロシアが倒壊し、ロシアが赤いソビエトへと変貌すると、欧米はただちに反資本主義を掲げる赤色革命への干渉戦争へと動きだし、日本も米国の共同出兵要請に乗って大軍を送り出すとともに、セミヨーノフ将軍らの反革命軍を援助するなど、東部シベリアに自国の地歩を築くべく策動した。この過程で、ロシアの反革命軍将校らと接触した日本軍将校や知識人らに刷り込まれたもの、それこそがユダヤ禍であった。

日本のシベリア出兵に際し、四王天は浦塩（ウラジオストク）派遣軍司令部付として任地におもむいた（後に関東軍司令部付、ハルピン特務機関長）。この赴任期間中、彼は共産党から反革命の帝政復古派まで、左右両陣営のユダヤ人をふくむロシア人たちと足繁く接触を重ね、幅広い人脈を築いて情報収集など諜報活動に邁進した。

四王天の見るところ、「純露人」は帝政復古を求める側の反革命勢力なのに対し、革命勢力である社会主義・共産主義の「主流はユダヤ人」だった。

「この相反する思想の由って来る本源を究めるには、世界大戦間に少しく気付いて来たユダヤ人の問題を本格的に究める必要があるし、またその目的を達するにはユダヤ人の家庭に起居し、そこに出入りするユダヤ人達の心理や所説を実地に研究することが必要と考え」（『回顧録』）、ハルピン下町のユダヤ人元検事・サコーウィチの家に下宿することにした。

軍のロシア通は、「ユダヤ人は気に喰わない人に一服盛るという咄があるから危険だ」と下宿に反対したが、四王天は、「国家社会に必要な研究のためになるならよしんば毒手に斃れても悔ゆる所はない。また法華経の観音経に『呪詛諸々の毒薬に身を害せられんとせるもの、かの観音の力を念ぜば還て本人につきなん』という　句があるから心配は御無用と答え」て主張を通した。

ユダヤ勢力の次なるターゲットは日本天皇……皇国は滅びる……

四王天が接触したのは左右両陣営の要人だけではない。

ユダヤ系新聞記者、極東方面のシオニスト団の重鎮（彼からは灌漑技術を日本に学びたいのでロシア系ユダヤ青年の受け入れの労をとってほしいとの相談を受けている）など、多方面のユダヤ人と接触し、新聞・雑誌・書籍なども収集調査した。陸軍幼年学校時代から磨きをかけていたフランス語に加え、ロシア語、英語もできたから、読むことに関しての苦労はなかったし、コミュニケーションも問題なくとることができた。

シナゴーグ（ユダヤ教の会堂）にも顔を出し、正月の礼拝や復活祭にも参加した。ラビによるトーラーの朗読でユダヤ人会衆数百人が「慟哭状態」になったのを目の当たりにしてその宗教心の厚さに驚き、日本の浮かれた正月儀礼と比較して寒心に堪えなくなったとも吐露している。

「こう言う人士が団結して事を運んだら、大したことが出来よう、日本人は宗教心が日を逐うて薄らいでただうかうかと万年戦勝国だなどと考えているとヒドイ目にあうことが起るかも知れぬ……というきわめて暗い感じがした」

一方、ユダヤ人を忌避する極東共和国の将官ペトロフは、四王天を訪問してこう耳語した。

「当ハルピンにはユダヤ人が今一万一千名居住している。露国に革命を起し、ツァール（皇帝）一家を殲滅させ、皇室財産を横領し一億数千の人民をこのような悲境に陥れたのはユダヤ人等である。彼らはなおこれを以て足れりとせず世界革命を計画中で、やがて日本にもこの革命を何等かの形式で持ち込むに違いない」

ロシアの皇帝一家がユダヤ勢力によって滅されたとする反革命派の主張は、筋金入りの皇道主義者だった四王天に強烈な危機感を抱かせた。ロシア皇帝の次は、日本天皇がターゲットになる。そうなれば、皇国は滅びる――四王天は、次第にこの考えに取り憑かれはじめた。

当時の心境を、彼はこう記している。

「日本の朝野は全くこの問題に無関心であり盲目であるので気が気でない。終に意を決し、一切の面会と常務を断り暫く宿舎内に引籠り（ユダヤの陰謀の）アウトラインを書き第一稿としてこれを要路に報告し、且つ、必要な箇所に配布することとした。その間、髭も剃らず寝食を忘れ勝ちに今まで調査したものを取纏め、仏英露の読書も訳し足し凡そ菊判二百頁分を書いた」

ハルピンには活版印刷所がなかった。そこで大連まで出向き、同地の印刷所で図表付きの研究報告書約五百部を印刷した。そのおり、満鉄にも挨拶に出向き、当時同社の理事だった松岡洋右《まつおかようすけ》――後の国際連盟脱退時の日本首席代表――と会って、ユダヤ問題について意見を交わした。その折の松岡の発言に、興味深い部分がある。

「ユダヤ人の問題は余り意に介する必要はない。それは、彼等はどこまでも個人主義であり、利己主義であるから彼等が団結して大きな事をやり出すことなど有り得ない。自分は少年時代からアメリカで勉学し仲間にユダヤ人も沢山いたので善く心理は知っている。第一彼等は容貌が日本人と善く似ているので同祖ではないかなどの説も聞いたことがある。マア余り気にしないで善い問題である」

松岡のような要路人の安閑としたユダヤ観に接することで、四王天はますます危機感を募らせるようになった。四王天の中で、ユダヤ陰謀論は、一部人士の妄想やデマゴーグなどではなく、〝いま確実に目の前に迫っている危機〟へと姿を変えていった。

過激な反ユダヤ主義の洗礼を受けつつ三年間の軍務をこなした後の大正十一年、日本への転属が決まった。帰国後、四王天は陸軍航空学校教官、陸軍省軍務局航空課長など航空畑の役職を歴任するとともに、日本国内におけるユダヤ問題研究組織として「民族研究会」を立ちあげた。メンバーの中には赤池濃《あかいけあつし》（当時警視総監）、正力松太郎《しょうりきまつたろう》（警視庁警務部長、後の読売新聞社長）、秦真次《はたしんじ》（警備軍司令部参謀長・大佐）らの名が見える。

その後、大正十三年から昭和二年まで、四王天はふたたび渡欧し、国際連盟理事会・常設諮問委員会の日本陸軍代表としての任務についた。

この間、ジュネーブでの国際連盟理事会などで働きながら、ユダヤの大財閥として知られた英国のフィリップ・サスーンが邸宅で開いた晩餐会に出席し、同じくユダヤの大富豪として知られたロスチャイルドの別荘を訪問するなど、ユダヤ関連人脈の拡張と情報の収集を継続し、自身のユダヤ陰謀論の肉付けをより一層分厚いものとした。その結果、国際政治、国際経済の背景には、まちがいなくユダヤ・フリーメーソンの暗躍があるとの鞏固《きょうこ》な確信を抱き、帰国したのである。

アンチ・セミティズムがペストのように世界をなめつくしていった時代、まさに現場のど真ん中で足かけ十年を過ごし、その空気を存分に吸いこんで自身の反ユダヤ思想を養った四王天は、昭和二年の帰国後、ユダヤ問題の第一人者、最も事情に精通した専門家として、異様な人気を博した。講演依頼は引きもきらず、東奔西走に明け暮れた。

彼の講演を聞き、その著作に接した人々は、世界転覆を企む悪の化身、世界の富を喰い尽くす魔族としてのユダヤ人像をつくりあげた。『霊界物語』などにおける出《で》口《ぐち》王《お》仁《に》三郎《さぶろう》の反ユダヤ観は、まさにその文脈から出てきたものであり、二章で取りあげる矢野祐太郎の奇矯な神話や過激な皇室論も、まさしくこの文脈から妄想されていた。

とはいえ、日本の軍部までが反ユダヤ主義で凝り固まっていたわけではない。むしろ陸軍は、四王天を厄介なお荷物と見なし、参謀本部や陸軍省といった軍中枢から遠ざけた。

大本教・出口王仁三郎（写真＝国立国会図書館蔵）。
『霊界物語』などにおける反ユダヤ観は、
ユダヤ陰謀論を説く四王天の影響があった

国際連盟勤務を終えて帰国した時点で、「四王天は東京では勤めさせぬと極め込んでいる筋がある」との情報を、彼は耳にしている。四王天には、幕僚として軍中枢で働く場所はないという意味で、実際、豊予要塞司令官として大分県佐賀関町への転属を命じられている。

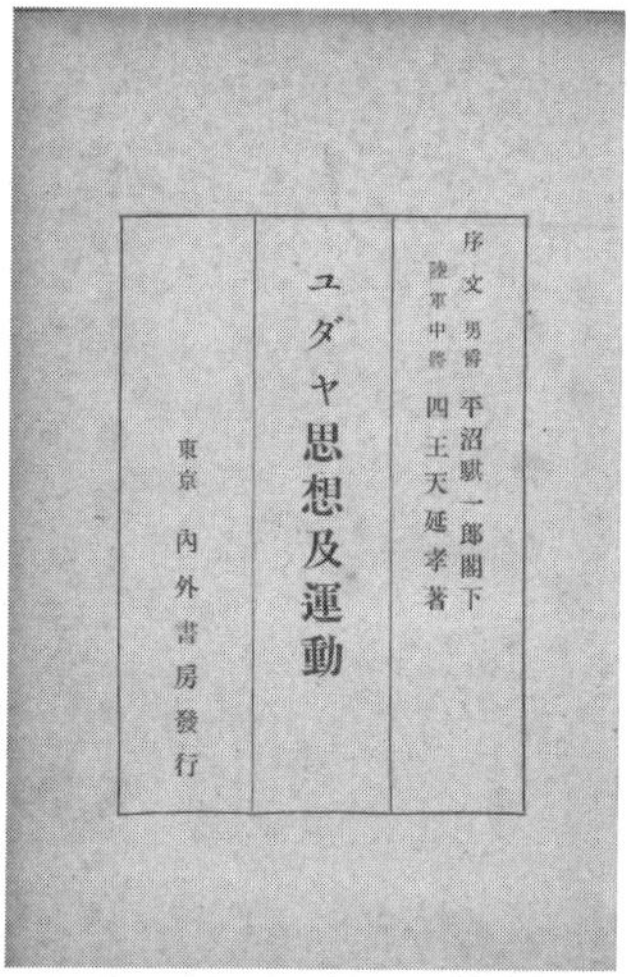
序文　男爵　平沼騏一郎閣下
陸軍中將　四王天延孝著

ユダヤ思想及運動

東京　內外書房發行

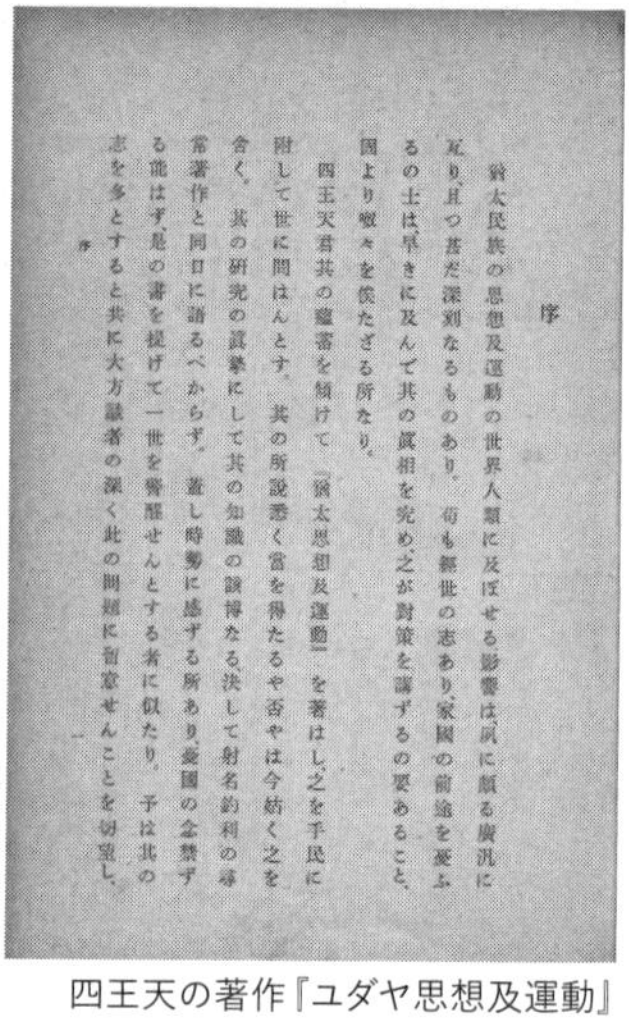
序

猶太民族の思想及運動の世界人類に及ぼせる影響は、夙に頗る廣汎に亙り、且つ甚だ深刻なるものあり。苟も經世の志あり、家國の前途を憂ふるの士は、早きに及んで其の眞相を究め、之が對策を講ずるの要あること、固より喋々を俟たざる所なり。

四王天君其の蘊蓄を傾けて『猶太思想及運動』を著はし、之を手民に附して世に問はんとす。其の所說悉く當を得たるや否やは今姑く之を舍く。其の研究の眞摯にして其の知識の該博なる、決して射名釣利の尋常著作と同日に語るべからず。蓋し時勢に感ずる所あり、憂國の念禁ずる能はず、是の書を提げて一世を警醒せんとする者に似たり。予は其の志を多とすると共に大方讀者の深く此の問題に留意せんことを切望し、

序　一

四王天の著作『ユダヤ思想及運動』には、枢密院議長（第17・21代）、内閣総理大臣（第35代）を歴任した平沼騏一郎が序文を寄せている

また同年、構想中だった『国際共産党の話』（刊行は昭和四年）について、後の元帥で当時は陸軍省の軍務局長だった杉山元から、出版するのはかまわないが筆名を使うようにと指示され、ソ連を刺激するからとの説明を受けた。抗弁すると、「本名で出すと売名のためだとの譏りを受ける」と重ねて説得されたため、やむなく「藤原信孝」の筆名を用いた。

四王天らユダヤ陰謀論者の主張を、軍中枢部や政官界がまともにとりあうことはほぼなく、神経症的な妄想と見なす者も少なくなかった。けれども四王天にとって、それは妄想でも仮説でもなく、現実そのものだった。

彼は世界をどのように認識していたのか。それについて書く前に、四王天の人となりと軍歴をざっと見ておこう。

禁裏にまで達していたユダヤ問題

明治十二年（一八七九）、四王天は前橋藩士の家に生まれ、川越藩士・四王天政彬の養嗣子となった。藤原氏を遠祖とする四王天家は、もとは四方田《よもだ》と名乗った。長享二年（一四八八）、宮中警護についていた祖先の四方田政長が、宮城に侵入した近江国の土豪十三人を捕縛した功により、後土御門《ごつちみかど》天皇から四王天の姓を賜って家名とした。後に明智光秀《あけちみつひで》の家臣となり、明治維新時には前橋藩の家老職を勤めた地方の名家である。

この四王天家を嗣いだ延孝は、陸軍士官学校以後、職業軍人一筋の道を歩んだ。身長百七十四センチ（五尺七寸）、体重約八十二・五キロ（二十二貫）。当時の日本人としては大柄の部類に属し、欧米の要人らと会見しても見劣りしない押し出しがあった。

明治三十七年の日露戦争では近衛工兵大隊中隊長として出征。明治四十二年に陸軍大学を卒業（明二十一期）して以降は、陸軍砲工学校教官、陸大教官などを歴任し、陣地等の建設、架橋・道路建設、爆薬・火器の操作、測量・地図作成などを専門とする工兵部門の教官として指導にあたり、砲工学校では戦術、陸大では交通学を教えた。

もともと科学畑の頭脳の持ち主だったことに加え、第一次世界大戦で近代戦における科学力の重要性を思い知らされた四王天は、陸軍の近代化や軍事産業の育成の要を力説した。

後の第二次大戦時、日本軍は過去の戦勝体験からくる巨艦主義に囚われ、航空戦力の重要性を見くびって次々と大敗を重ねたことが指摘されているが、四王天は大正時代から飛行機生産、飛行兵の養成こそが日本陸海軍の最優先の課題だと献策し、最初の欧州赴任から帰国しておこなった将官談話会でもこう訴えたと述懐している。

「(西欧における)航空機、戦車、無線電信等の異常の発達と高射砲、巨砲、機関銃等の装備の充実、弾薬の驚くべき多量消費の実情を述べ、日露戦争間、ヅク弾(不純物を含む銑鉄《せんてつ》製の弾丸)を以て代用したり、六門中隊で一日の消費量を六発に制限したり、ドイツから二百万発を譲り受けたような細々の資源では太刀打は出来ないことを力説し、……日本軍の勇敢は天下周知だが装備不充分では少しは弱くとも装備の安全豊富なものには敗れる。所謂鬼に金棒論と言うことを強調した」

また、従来陸軍が採用してきた密集部隊を主とした作戦は、空爆や自動火器の弾丸が雨あられと降り注ぐ現代戦では格好の標的となって通用しないから、「疎開隊形(散開戦術のこと)の運用、独断専行の養成、下級幹部の素質大向上」などが喫緊の課題だと力説し、あわせて電気自動車の開発、大規模ダム建設による大規模発電などの必要性も訴えたが、科学力を駆使した実地の欧州戦場を見ていない将官たちには通じなかった。

当時の軍首脳部には、日清・日露の戦勝気分がいまだ消え去っておらず、奢りがあった。戦争に精神論を持ち込み、「皇国」の戦争では、いざとなれば神々の冥助が入り、「神風」が吹くなどという、根拠のない確信を壮語する弊風もあった。「満州事変や支那事変で日本よりもマダ装備の劣った対手に勝った為、竹槍三千本あれば足ると言うような鉄棒なき鬼の必勝などが説かれ」(同前)、結果として惨憺たる敗戦を迎えるのは、もう少し後のことになる。

豊富な海外経験があり、近代戦に関しても右に見たようなすぐれた見識を持っていたにもかかわらず、四王天はなぜ陸軍内でしかるべきポジションを得られなかったのか。最大の理由は、彼の持論であるユダヤ陰謀論にあった。

国際連盟の業務を終えて昭和二年に帰国した四王天は、ただちにユダヤ禍の啓蒙活動に着手したが、先述のとおり、軍部首脳は四王天のこうした活動を敬遠した。

他方、シベリア出兵を境に、ユダヤ陰謀論は一部の知識人たちの間で現実の脅威と認識されはじめた。ニコライ神学校出身で、ロシア語通訳としてシベリア出兵に参加していた樋口艶之助《ひぐちえんのすけ》（北上梅石《きたがみばいせき》）の『猶太禍』は、大正十二年に出版されている。同じくシベリア出兵に従軍し、猶太陰謀論の発火点となった世界的な偽書『シオン賢者の議定書』（通称『プロトコール』）に接して反ユダヤ主義者となった陸軍大佐の安江仙弘《やすえのりひろ》が、包荒子《ほうこうし》の筆名で『議定書』の全訳を含む『世界革命之裏面』を出版したのが大正十三年。同書は重版に重版を重ね、陰謀論者のバイブルとなった。

ユダヤ問題は、禁裏にまで達していた。帰国した昭和二年、侍従武官長の奈良武次《ならたけじ》から、四王天に昭和天皇の御前での講義の依頼がきた。講題は「欧州における最近のユダヤ問題」だった。

感動に打ち震えながら、四王天はただちに入念な準備を始めた。ところが数日後、講題を「軍事上より見たる国際連盟」に改めるよう指示がきた。やむなく連盟における知見を御前講演したが、この一事から、ユダヤ問題が天皇周辺にまで広まり、ひとつの関心事となっていたことが知れる。

こうした活動を、陸軍の一部は苦々しい思いで見ていた。昭和三年七月、大阪での防空演習の折り、四王天は、陸軍巨頭で薩摩閥のボスの上原勇作元帥から「君のような前途洋々たる将官がアンナつまらぬ問題に没頭して何になるか、モウ止めて軍務に専心してはどうか」と勧告された。

四王天には、軍務に専心しているからこそ、自分はこの問題を追及しているのだという思いがあった。上原に「自分はツマラナイ問題と思っておりません」と答えた時点で、軍人・四王天の活動の場は陸軍から消えた。

昭和四年八月、陸軍中将への昇進とあわせて退職命令が下り、軍人・四王天は予備役に編入されたのである。

「世界とは単にユダヤ民族のためにのみ創造せられたものである」

四王天は、なぜユダヤ問題に執着したのか。最大の理由は、日本国体の破壊活動に対する深刻な危機感にあった。

ユダヤ禍論者は、フランス革命もロシア革命も第一次世界大戦も、すべてユダヤ人が黒幕だと主張していたが、四王天にとっての最大の関心事は「皇国」の行く末にあった。

ユダヤ人の裏面活動によって、すでにフランスやドイツなど欧州の王室が潰され、極東ロシアの王室までもが解体されている。「自由・平等・友愛」の美名のもと、ユダヤ人は、あるいは「民主主義」をもって、あるいは「共産主義」の甘い誘惑をもって無知な衆庶を籠絡し、彼らを戦争や革命に導くことで国家を解体させていく。その間に富の集積を進め、新たな国際機関（その代表が国際連盟）を操って世界を支配する——それがユダヤの世界戦略なのだと四王天は確信していた。

「各国の金庫を己れの民族の手に収め、さうして他民族は悉く貧民になってしまって、その金庫を彼等が押えてその金力によって天下を支配するというのが、もう数千年来の彼等の理想である」

『国際共産党の話』で四王天はこう述べているが、問題は次なるターゲットが東洋、そして日本だという一点にあった。

日本の政財界の一部は、すでにユダヤ人のお家芸である「プルトークラシー」（「金力万能主義」）に骨がらみで搦めとられている。他方、ユダヤ人たちが背後で操っている国際的な赤化運動（第三インターナショナル）も、インテリから労働者に至るまで、幅広い層の支持を広げつつある。世界を襲う陰謀の大波が、まさに日本を洗いつくそうとしている。このままでは天皇が危ない――四王天の抱いた危機感はこれだった。

ユダヤ人を論じるとき、四王天が必ず持ち出したものに、『タルムード』の一節がある。ユダヤ教には『トーラー』（モーセ五書、キリスト教でいう旧約聖書）のほかに、口伝律法とその注解書を合わせた『タルムード』という膨大量の聖典があるが、そこにこう説かれていると四王天は訴える。

「汝らユダヤ人は人間なれども、世界の他の国民は人間にあらずして獣類なり」

地上で「人間」はユダヤ人のみであり、他の全人種は「獣類」だユダヤ人は見なしている。だからこそ彼らは、獣類の生殺与奪件を握っているのは、人間であるユダヤ人のみだと考える。世界の富もまた、ユダヤ人だけのものだと『タルムード』は述べているとして、以下の一節を引く。

「他民族の有する財産は総てユダヤ民族に属するものなり、故に何等の遠慮なくこれをユダヤ民族の手に収むる事差し支えなし」

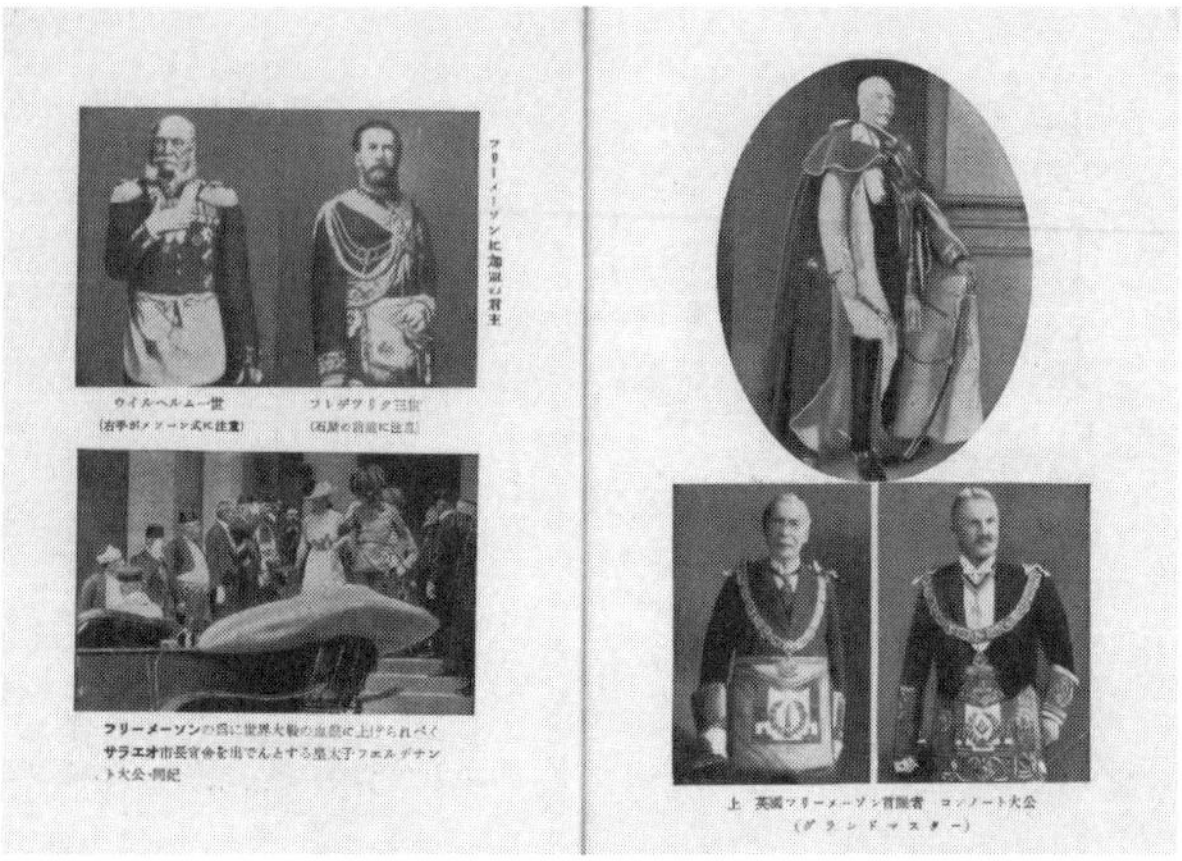

『ユダヤ思想及運動』には四王天にとっての敵の象徴ともいえる、ユダヤ人やフリーメーソンに関する図版が多く掲載されている

また、聖典はこうも言う。

「世界とは単にユダヤ民族のためにのみ創造せられたものである」

右の過激な選民思想は、四王天が欧州で手にした新版の『タルムード』からは削除されているが、確かに聖典中に存在したのであり、この考え方こそがユダヤ人の〝本音〟そのものなのだと四王天は断言した。そうして、ユダヤ人以外の「獣類」の支配に関して策定された世界征服のプログラムが『シオン賢者の議定書』であり、陰謀実行の実働部隊は、ユダヤ人によって動かされているフリーメーソンだと主張したのである。

四王天によれば、ユダヤによる世界支配の裏部隊としてのフリーメーソンや、同根の過激派最右翼である秘密結社イルミナティーは、フランス革命、ロシア革命、第一次世界大戦などを引き起こして君主制国家を壊滅に導き、ユダヤが操る表の組織である国際連盟や共産主義勢力、民主主義勢力などを育てつつ、次なる目標である第二次世界大戦に向けて、とっくに動きだしている。

相反する運動や思想を両面から支援して国論を二分させ、革命という名の破壊へと導くのが彼らの常套手段なのだから、うかうかしていると天皇による君主制も破壊され、主権が天皇から国民に移る共和制へと移行してしまう。

「フリーメーソン秘密結社の最後の目的は何であるかと申しますと、無神論的の、或は無宗教的の、共和国の建設と云ふ事であります。それに加盟してゐる他民族どもは、一生懸命に（ユダヤ＝フリーメーソンが計画した）世界共和国の成立の手伝をなし、そして出来上がった暁には、これを猶太人に差上げせしめられるのであります」（『フリーメーソン秘密結社に就いて』）

出口王仁三郎の大本が組織した人類愛善会アジア本部における講演（昭和八年）で、四王天はこう述べたと記している。

世界は、ユダヤの計算ずくで動いている。たとえば、フランス革命で掲げられた「自由・平等・友愛」のスローガンは、メーソンの戦略そのものだと四王天はいう。各人が自由に生きることを認めるのなら、万人が平等に暮らす社会は実現しようがない。その典型が資本主義国家で、貧富の差などの不平等と必ずセットになる。また逆に平等を実現しようとするのであれば、個々の自由は抑圧されねばならない。その典型が共産主義国家だ。

両者のベクトルは、本質的に相反する。ゲーテが喝破しているとおり、「自由と平等とを同時に与えようという人間があるならば、これはよほどの抜作か、しからずんばよほどのインチキ」なのだが、民衆にはそれが見えない。結果、ユダヤ人の陰謀の手の平で踊ることとなり、国家が解体していく、と四王天は主張する。

さらに四王天は、フリーメーソンの次なるターゲットは東洋だと断言する。

「彼等の目的とする所は、露支（ロシアと中国）を打って一丸とした、経済ブロックになし、更にその上に印度を加へて、世界総人口の約半数を、ボルシェヴィキ（ソビエト共産党の前身）に組織化して仕舞うと云ふにあった」（同前）

このプログラムを実現する上で、最も障害になっているのが日本だ。そこで彼らは、日本国体破壊

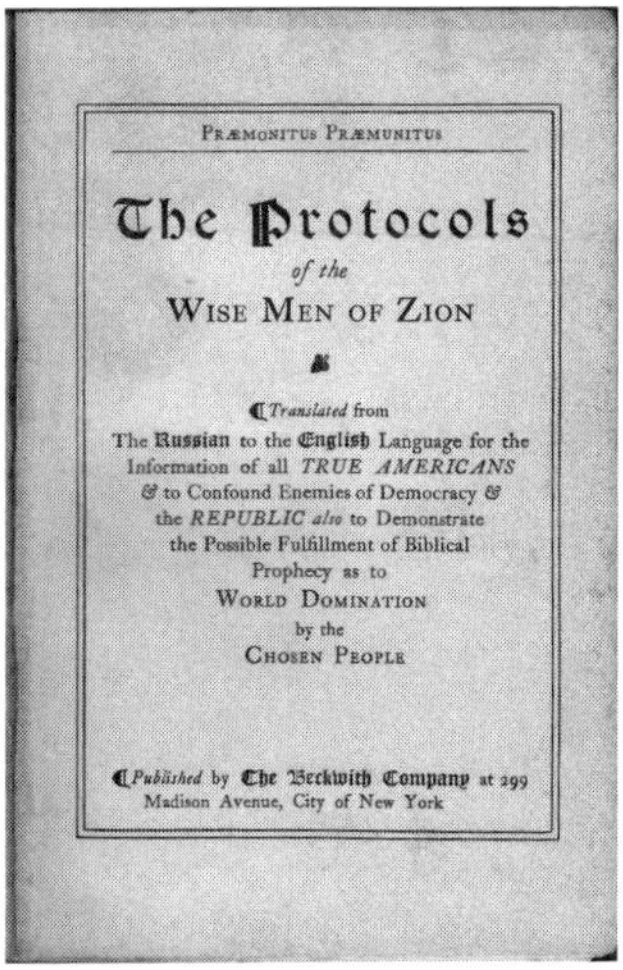

PRÆMONITUS PRÆMUNITUS

The Protocols
of the
WISE MEN OF ZION

Translated from
The Russian to the English Language for the
Information of all TRUE AMERICANS
& to Confound Enemies of Democracy &
the REPUBLIC also to Demonstrate
the Possible Fulfillment of Biblical
Prophecy as to
WORLD DOMINATION
by the
CHOSEN PEOPLE

Published by The Beckwith Company at 299
Madison Avenue, City of New York

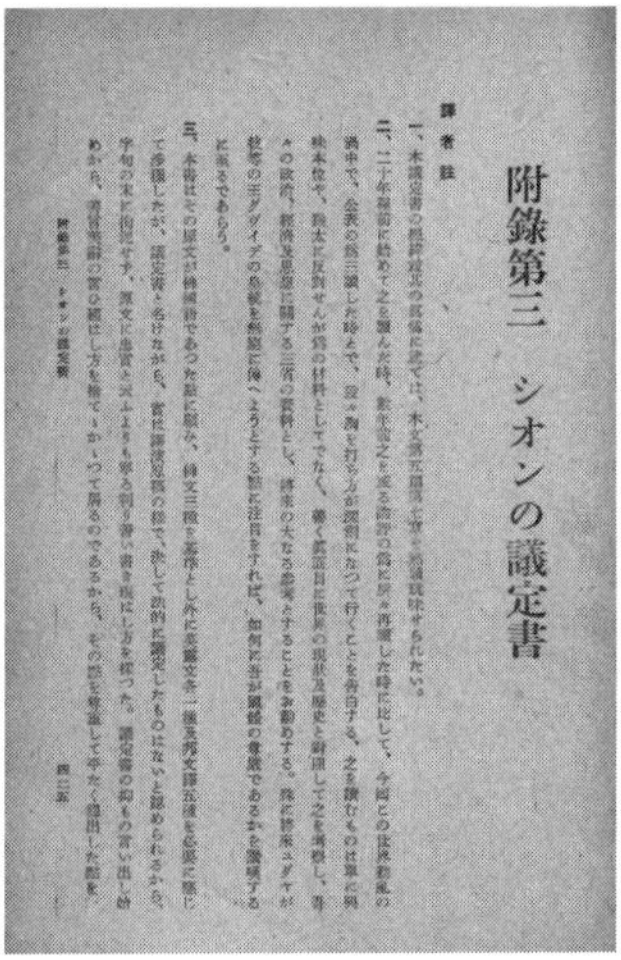

附錄第三　シオンの議定書

譯者註

世界的な偽書『シオン賢者の議定書』（写真は1920年代にアメリカで出版されたもの）。『ユダヤ思想及運動』には、四王天による『シオンの議定書』翻訳が付録として収録されている

のために反天皇などの思想戦を仕掛け、中国のバックについて反日を煽り、政治的・経済的圧力をかけるなど、ありとあらゆる手を駆使している。蒋介石《しょうかいせき》をバックアップしているのは英米のフリーメーソンであり、孫文《そんぶん》も「世界秘密結社の東洋に於ける大立者」にほかならない。

「彼等フリーメーソン秘密結社員達は、第二の世界大戦を更に計画し、その途上に於て、(日本における) 帝王政治の国体を、転覆せんと進んでいる」(同前)

その具体的な表れとして、四王天は昭和七年一月八日の桜田門事件(昭和天皇の馬車に手榴弾が投げつけられた天皇暗殺未遂事件)をはじめとする日本・満州・中国におけるテロ事件を挙げ、一連の事件の背後にはユダヤ・フリーメーソンがいると主張したのである。

各地でユダヤ陰謀論を説いてまわり
選挙で全国最高点でのトップ当選

予備役への編入で自由の身になった四王天は、帝国飛行協会専務理事、大日本回教協会会長などに就く一方、各地で精力的にユダヤ陰謀論を説いてまわり、ついには「反ユダヤ主義」を掲げて、昭和十七年の翼賛選挙に東京五区から出馬した。結果は全国最高点での当選。ユダヤ禍という問題が、いかに当時の東京市民にアピールしたかを、選挙結果は示している。

陸軍幼年学校から軍隊組織の中で純粋培養された四王天は、大多数の将校がそうであったように、筋金入りの天皇信仰者だった。

重篤に陥った明治天皇のために日本中が大患平癒を祈り、宮城前の広場にも民衆が集まって熱祷を

予備役への編入で自由の身になった四王天は、
各地集会などでユダヤ陰謀論の啓蒙活動を積極的に展開した

捧げていたとき、四王天は旅順に駐在していたが、一報を受けるやただちに当地の白玉山の忠霊塔に登って祈祷を凝らした。

「武器を執って活動する敵人と戦う許りが軍人の努《つとめ》ではない。天皇の生命を脅かす所の目に見えぬ、無数の病菌を霊力によって斃すことも可能な筈だし努めねばならぬ、其年の暮には三歳の次女が肺炎で危篤に陥り、博士達の匙を投げたのを霊の戦いによって、救い出し得た経験も自信ありと思い、山の絶頂から帝都の方を伏し拝み、暫くの間熱祷を捧げて下山した。然るに天神は終に天皇を神去り賜わしめたのである」（『回顧録』）

霊魂や神霊の実在を確信していた四王天にとって、天皇という存在は日本人の霊魂の根源にほかならなかった。「天皇は大霊そのままの顕現であり、我々はその分霊」だと信じ、「天皇を中心に一体化する時、世界の思想は自ら日本に帰一して来る」（『欧州政局の混乱と国防に就て』）と主張して、個の権利に偏向する自由主義と、個の権利を抑圧する共産主義を、ともども否定した。

四王天は、仏教でいう因縁を真理として認めていた。すべては因を縁として生まれ、因を縁として滅し、また生じる。存在者はすべて他との関わりにおいて存在している以上、万物は相互に他の役に立つためにこの世に生を受けている。「個々は全体のために」存在するのであって、個のために全体があるのではない。日本国体は、まさにこの真理を体現している。国民は「全体」（国家＝天皇）のために存在し、全体は国民のために存在する。

この国のあり方こそが、世界に類例のない「君民一体国家」たる神国日本の国体であって、自由主義も共産主義も最終的には消滅して、唯一絶対である天皇一元の君民一体国家へと進んでいかねばならない。それが天地宇宙の必然だとする信念を、四王天は守りつづけた。

この異様というしかない国体観は、四王天の独創ではない。すでに江戸時代の国学者たちの間で生み出されており、ユダヤ禍については否定的だった帝国陸海軍の間でも堅持され、大陸進出の理由づけに大いに活用された。それについては二章以下で詳述されることになるだろう。

ともあれ、四王天はこの国体観を断固として守り抜いた。であればこそ、彼は天皇の神聖性を毀損するようないかなる思想も、いかなる運動も、断固として否定した。反ユダヤ、反共産主義、反民主主義などは、みなこの信念から生まれていた。

美濃部達吉《みのべたつきち》の天皇機関説が日本を揺るがす大問題となったとき（昭和十年）、四王天は美濃部を「フリーメーソン流の思想」に冒された「バイキン」「不逞反逆」の徒と口を極めて罵った。彼にとっては、天皇を守ることだけが皇国臣民の唯一絶対の務めであり、生きる意味であった。

大正十五年、大正天皇大患の報に接したとき、彼は欧州にいた。ちょうど秩父宮もイギリスに留学していたが、天皇が小康状態になったとの新聞記事を見て、秩父宮が帰国の予定をとりやめたとの報道が出た。四王天は憤慨し、なぜ帰朝なさらないのかと宮の側近に質問書を送って詰め寄った。

昭和天皇に寄せる思いも熱烈だった。天皇が即位の大礼に臨んだ昭和三年、四王天は京都師団司令部に転属しており、即位式典の警備等に当たっていたが、まさにそのとき、京都御所の上空に五色の彩雲が現れるという奇瑞《きずい》に接した。

目撃したのは四王天だけではなかった。警備軍の先頭を行っていた連隊長が、あわてて騎馬で四王天のもとに走り寄り、「あれは虹とは違うが……電気を用いてあの特殊の光を放っているのではないか」と尋ねてきた。「昼の二時過にあれだけの強い光線を中空に放つには何億燭光か莫大な電力を要するのではないか」と答え、合理的な理由づけにこだわる連隊長を一蹴して、天皇なればこその神異の発現だと受け止めた（『回顧録』）。

即位後の天皇の伊勢神宮行幸にも、四王天は付き従った。行幸前日は曇り空で、今にも雨が降りそうな雲行きだった。四王天が雨具を携えて出かけようとすると、宿泊していた宿の番頭が「不要です」

四王天は天皇の神聖性を毀損する動きに対しては断固否定し、「天皇機関説」を唱えた美濃部達吉（写真＝国立国会図書館蔵）を「フリーメーソン流の思想」などと激しく罵った

と言った。不審に思ってわけを尋ねると、番頭が言った。

「天子様が大廟にお詣りになる時には必ず日本晴れになることに極っているので、この土地では『天皇晴れ』と言う言葉さえあります」

事実、その日は雲ひとつない日本晴れになった。天皇の神聖性は、ユダヤ＝メーソンの謀略が現実であるのと同じくらい、四王天にとってはリアルな現実だった。

けれども、天皇と皇国を守ることは、結局できなかった。戦後も日本反ユダヤ協会会長などに就きつつユダヤ研究を続けたが、死の床に伏したころ、年来の信念であるユダヤ陰謀論に疑問を抱き始めた節がある（杉田六一『東アジアへ来たユダヤ人』）。

逝去は昭和三十七年八月八日。四王天の晩年の思いは知れないが、彼が蒔いた反ユダヤの種は、さまざまに姿を変えて、いまも繁茂をつづけている。

即位した直後の昭和天皇
（写真＝『大礼諸儀及大礼観兵式写真帖』国立国会図書館蔵）。
四王天にとって、天皇という存在は、日本人の霊魂の根源にほかならなかった。そして、ユダヤ・フリーメーソンは、四王天にとってまさに天皇に忍び寄る魔の手であった

安江仙弘……やすえ　のりひろ

『竹内文書』に日本とユダヤの超古代秘史を見た陸軍大佐

日本とユダヤは同祖
安江のただならぬ共感と沈潜

近代以降に日本で発表されたおもなユダヤ問題関連論文等を調べあげた宮沢正典は、この問題がどのような経緯で展開され、社会問題化されていったかを分析し、その過程を四期に区分けしている（『ユダヤ人論考』）。そのうち、本書が対象としているのは、宮沢のいう第一期（大正七〜八年前後から昭和初頭まで）と第二期（昭和四年ころから同二十年まで）で、長い歴史の中でも、日本が未曾有の「国難」を体験した時期にあたっている。

第一期は、第一次世界大戦末期からシベリア出兵に至る期間だ。国内では大正デモクラシーが一大ムーブメントとなるが、他方ではロシア革命政府の樹立を目の当たりにした政官界や軍部、右派知識人や宗教人らが、欧米流の自由主義もロシアの社会主義・共産主義も、ともに皇国を滅ぼす危険思想だと声高に訴えはじめ、国論の右傾化が進展し始めた時期にあたっている。

日本の「ユダヤ禍」はまさにこの第一期に輸入され、ユダヤこそが全世界を揺るがす〝恐怖の発生源〟だというイメージをまとって民間に広まりだした。

第二期は、昭和四年の世界恐慌を転換点として昭和維新運動が急激に盛りあがり、暗鬱なテロの時代を経て日米開戦へと突き進み、壊滅的な敗北で終止符が打たれるまでの期間にあたる。

ロシア専門将校としてシベリア出兵に従軍した安江は、多数のロシア将校と接触し、反ユダヤ主義の洗礼を受け、帰国。ユダヤ問題の専門家となった

この間、日本は国際連盟脱退、日独防共協定、日独伊三国軍事同盟の締結と破滅に至る一本道を突き進んでいくが、この歩みは、宮沢の言葉をかりれば「反ユダヤ政策を遂行するナチス・ドイツに日本を結びつけていく過程」であり、「反ユダヤ論がいわば体制化し、戦争遂行の一イデオロギーと化していった」時代ということになる。

前節で書いた四王天は、第一期のユダヤ禍論勃興期を担った中心人物の一人であり、その活動は第二期に至っていっそう先鋭化し、反ユダヤ論を「戦争遂行の一イデオロギー」とする国策とともに歩んだが、その四王天と同様、「ユダヤ問題の専門家」とみなされてきたのが、本節でとりあげる安江仙弘だ。

ただし、安江の立ち位置は、四王天とは異なっている。安江はユダヤをまるごと悪の総本山とするユダヤ禍論には与せず、ユダヤ人との協調・取り込みを主張したことで、ナチス・ドイツとの提携に舵を切った国家の方針と噛み合わなくなり、軍部から排除されていったのである。

近年、ユダヤ人難民救済のために奮闘した人道主義者として安江をもちあげる論調がある。けれども、安江は人道主義にもとづいて難民救済に動いたのではない。彼がユダヤ人の取り込みという発想に至った根底には、日本とユダヤを同祖とする偽史へのただならぬ共感と沈潜があった。その軌跡を追っていこう。

ユダヤ問題専門家として「河豚計画」を演出した陰の立役者

明治二十一年、旧信州松本藩士・安江仙政《のりまさ》の長男として秋田に生まれた安江は、東京市本郷の京華中学校、陸軍中央幼年学校を経て陸軍士官学校に進み、明治四十二年に同校を卒業すると、東京外語学校（現・東京外語大学）でロシア語を専攻した。士官学校の同期には、三章の石原完爾《いしわらかんじ》や、安江とともに難民救済に尽力した樋口季一郎《ひぐちきいちろう》らがいる。

シベリア出兵が始まった大正七年、安江はその語学力を買われて、名古屋第三師団司令部付のロシア専門将校として出征した。

他の多くのユダヤ禍論者と同じく、安江もシベリア出兵を契機として、ユダヤ人問題に注目するようになった。多数のロシア人将校と接触して情報を集め、関係資料などを収集したうえで、帰国後の大正十三年、ロシアから持ち帰った資料や欧米で発行された研究書などをもとに『シオン賢者の議定書』の全訳を含む『世界革命之裏面』を、包荒子のペンネームで出版した。

その結語で、安江はこう記している（カッコ内は引用者の注）。

「今や猶太人が全世界を舞台として、其の大陰謀を逞うして居ることは顕然たる事実である。而も其の世界政策の虎の巻『シオンの議定書』は彼等強弁の如き、帝政派の宣伝（帝政ロシア復興を支持する反ユダヤ勢力によるユダヤ陰謀論の創作・宣伝の意）でもなければ、荒唐無稽の説でもない。従って猶太陰謀を説き、猶太勢力を述ぶることは、空中楼閣を描いて愚民を迷わすものでもない。世界の真相を知らないで彼等の宣伝に酔い、小にして自己を過り、大にしては国家を危難に陥入ることをなからしめんが為である」

前節でも書いたとおり、『議定書』は「流浪・寄生の民」のユダヤ人がインターナショナルな世界を実現するという甘いささやきのもと、世界各地で労働争議や革命をひき起こさせ、諸国の王室や政体を解体に追いこんで、ユダヤ人による世界支配を実現するための極秘計画書と信じられた。タイトルにある「裏面」とは、陰謀論こそが〝隠された事実〟だという意味で用いられている。

このタイトルからも明らかなように、シベリアからもどった当時の安江は、ゴリゴリのユダヤ陰謀論者として登場した。ところが、昭和二年に軍の命令を受けてユダヤ問題研究のためにパレスチナ・欧州などを視察して以降、そのユダヤ観が大きく変わるのである。

帰朝後、「陸軍省歩兵少佐安江仙弘」の名で軍に提出した報告文書『共産露国ト猶太人トノ関係』には、その後の安江のユダヤ観が凝縮されている。

当時、反ユダヤ主義者が主張していた「ユダヤ人＝共産主義者」といった見方を、安江は欧州での実体験をもとに一蹴した。ユダヤ人といっても、すべてが財産家なわけではない。金持ちもいれば、労働者もいる。抱く思想もまちまちだ。左翼もいれば、右翼もいる。ただし彼らは、同胞の救援のためには助力を惜しまない。世界のどこに行っても迫害・差別され、蔑視されてきた流浪の民なるがゆえに、同胞への思いや故国復興運動への思いは強烈であり、ロシア革命のケースでは、ユダヤ人を徹底して弾圧・殺害してきた帝政を斃すために武器をとったのであって、共産主義そのものを奉じて戦ったのではないと主張し、報告書でこう結論づけた。

「全く相反する左右両派猶太人の心理を考察するに、其目的とする所は共に猶太民族の自由解放向上発展に外ならず。猶太人の状態が他国家内に寄生するを以て、其国に於て行う彼等の向上運動は其国家に取って反逆運動となることは当然なり。之に反し、猶太人が自国『パーレスタイン（パレスチナ）』に向って向上運動を行う時、即ち『シオニズム』の運動を為す時は、我が国民同様、所謂愛国運動となるなり。即ち彼の『シオニズム』運動の猶太人の精神も、他国にあって革命を企図する猶太人の精神も、帰する所は同一なり」

　ユダヤ人が世界のさまざまな機関や組織を裏で動かし、世界支配という究極目的のために暗躍しているとする陰謀論者の主張については、明確に切り捨てている。

「猶太人が国際連盟、汎欧羅巴運動等あらゆる『インターナショナル』運動に共鳴参加するは、彼等の特種《ママ》的の地位、即ち分散寄生生活の状態よりして『インターナショナル』運動が特に猶太民族主義に利益あるを以てなり」

　四王天が『タルムード』や『プロトコール』などを根拠にユダヤ人を根っからの陰謀人種だと見做したのに対し、安江は、ユダヤ人が革命運動などに身命を捧げるのは「分散寄生生活」からの脱却と復権（祖国の回復）を希求するがゆえの行動であって、全世界の支配といった野望を抱いての行動などではないと主張した。

　それゆえ安江は、満州における陸軍のユダヤ政策を、「排除」ではなく「融和」に導こうとした。俗にいう「河豚《フグ》計画」――ユダヤ難民を満州に受け入れ、ユダヤ資本および彼らの優れた科学技術を満州国の発展のために活用するという日本政府と軍部の決定（昭和十三年の「猶太人対策要綱」）を、安江

安江は、自身のユダヤ人に対する見識にもとづいて、
満州における陸軍のユダヤ人政策を「排除」ではなく「融和」に
導こうとし、かの有名な「河豚計画」を陰で演出、
関東軍参謀長だった東條英機（写真＝左）と
その腹心・星野直樹（同＝右）に進言して、ユダヤ政策を転換させた

は陸軍きってのユダヤ問題専門家として、裏で演出したのである。

詳しくは後述するが、軍部によるこの決定の前年、安江は「猶太人対策要綱」のベースとなったレポート「現下ニ於ケル対猶太民族施策要領」を作成し、当時関東軍参謀長だった東條英機《とうじょうひでき》および東條腹心の満州国総務長官・星野直樹《ほしのなおき》に提出して、ユダヤ政策の転換をうながしている。

安江のこうしたユダヤ観は、現代人の目からはしごく穏当で理性的なものに見える。実際、四王天のようなファナティックな陰謀史観を、安江はもたなかった。けれども彼には、これまでほとんど語られていない異様な史観があった。竹内巨麿《たけうちきよまろ》によって「発見」された『竹内文書』こそが真正の日本＝世界神代史であり、全世界が日本天皇を「万国棟梁天職天津日嗣天皇」と認め、こぞって天皇に帰一して無限に発展していくことこそが絶対平和と繁栄の道であり、日本人と同じ血をもつユダヤ人もこの道に立ち帰らせて、ともに天皇帰一の世界を実現しなければならないという考えに取り憑かれ、すべての発想、献策をそこから導き出していたのである。

安江は、ユダヤ関連の著作では必ずとりあげられる人物だ。満州におけるユダヤ人保護を、人道主義という視点から論じる者もいる。けれども、そうした視点には、大きな欠落がある。安江が抱いていた『竹内文書』がらみの思想を抜きに、この問題を論じることはできないにもかかわらず、そこがすっぽりと抜け落ちているからである。

『竹内文書』のなかに安江が見出した〝確信〟

安江と『竹内文書』の関係を伝えている人物の一人に、弁護士の中里義美《なかざとよしみ》がいる。

穏当で理性的なユダヤ観の持ち主だった安江だが、その一方で彼は、竹内巨麿（写真）によって発見された「竹内文書」をベースとする狂信的な思想を抱いていた

明治二十五年、青森県三戸郡八戸町の裕福な家庭に生まれた中里は、東京帝国大学独法科を卒業して弁護士として開業する一方、国家革新運動を介して熱烈な竹内文献（竹内家に伝わったとされる『竹内文書』と神宝類の総称）の信奉者となった。

彼の日記の昭和八年二月十日の条に、「矢野祐太郎君ノ処ニ集リ神宝奉賛会ノ理事会ヲ開催シテ理事長ニ『ウリウ』、会長ニ矢野ヲ推シ、寺島、三文字、小生等ハ理事ニナレリ」という一行がある（『中里義美日記』は未公刊だが、在野の研究家の實方《さねかた》直行《なおゆき》氏が少部数を私家版で印行し、国会図書館に寄贈している）。

ウリウは大日本経国連盟理事長の瓜生喜三郎《うりゅうきさぶろう》、矢野は王仁三郎の大本から出て出口ナオ三女の福島《ふくしま》久《ひさ》が立てた大本別派（八木派）や車小房の肝川龍神のお筆先研究に沈潜し、ついには神政龍神会を組織するに至る矢野祐太郎《やのゆうたろう》（詳細は第二章「矢野祐太郎」参照）、寺島は愛国同志会々長の寺島天園《てらしまてんえん》、三文字は中里の盟友で弁護士の三文字正平《さんもんじしょうへい》。いずれも熱烈な皇道主義を奉じ、神憑った国家革新運動を展開した猛者たちで構成されている。

中里はこの神宝奉賛会の理事の一人となり、昭和八年三月十日の天津教大祭の日、初めて神宝を拝観するために、竹内巨麿が奉仕する磯原の皇祖皇太神宮を訪れた。この日の日記に「安江少佐も来り居れり」の一行がある。「来り居れり」とあるから、中里と同行したわけではない。たまたま磯原で安江と出会ったということなのだろうが、わざわざ大祭の日を選んで磯原に詣でたところに、安江の竹内文献に対する関心の深さが表れている。

安江の名は、皇祖皇太神宮を継承した巨麿の長男・義宮の『デハ話ソウ』にも登場している。昭和六年と十年の拝観者に、その名が記されているのだ。昭和十年の参拝には、安江とともに真崎甚三郎や畑俊六ら陸軍の重鎮が参加した。前記の實方氏によれば、真崎らに神宝拝観を促したのは安江であるという（『中里義美と「神日本」運動』）。

『デハ話ソウ』に記されている参拝者名簿は大ざっぱなもので、ごく一部の実名を挙げるほかは、その他五百五十名などといった概数を示すのみなので、同書の記載年以外にも、安江が磯原に詣でていた可能性は非常に高い。実際、昭和八年の名簿には、中里の日記に明記されている安江の名も、中里や矢野祐太郎の名もない。

竹内文献の心酔者で、釈迦やキリストの渡来説を唱えた山根菊子によれば、南米ボリビアの神殿で発見された解読不能の文字が刻まれた石造御神体の写真を、わざわざ外務省から借り受け、竹内家に持ちこんだのも安江だという。

竹内文献では、世界の文字はすべて歴代の日本天皇がつくりだし、各地に伝えたことになっている。この怪説を信じていたがゆえに、安江は写真を巨磨のもとに持参し、そこに記されている文字の解読を依頼したのである（山根菊子『キリストは日本で死んでいる』）。

天皇は全世界の統治者であり世界全人類の祖神は、ことごとく日本で奉斎されている

安江に竹内文献の存在を教えたのは、ユダヤ禍論者から日猶同祖論へと転身した異端のキリスト者の酒井《さかい》勝軍《かつとき》で、以来、安江は同文献の研究に取り憑かれ、中里とも交流するようになった。また、たびたび磯原に詣で、昭和十一年二月、研究の成果を一冊の奇書にまとめあげた。入江《いりえ》種矩《たねのり》の発行による私家版稀覯本『宏遠なる我が神代史』（以下『神代史』と略称）である。

安江の「竹内文書」の研究成果がまとめられた奇著『宏遠なる我が神代史』

「竹内文書」から絶大な影響を受け、「ピラミッドのルーツは日本にある」と唱えた、オカルティスト・酒井勝軍。安江の「竹内文書」への傾倒のキーパーソンは、酒井勝軍だった

ちなみに発行人の入江も竹内文献に入れあげた軍人（陸軍大尉・大正五年予備役編入）の一人で、後に大政翼賛会東京府常務委員兼理事、日本及日本人政教社主幹、国体擁護聯合会委員長など国家主義団体の要職を歴任している。

話を安江の『神代史』にもどそう。同書は『竹内文書』を、「千古の謎を解くべき大資料、国体の明徴を立証すべき活ける史実」だと絶賛する。日本国体の「尊厳なる真の姿」は、太古以来の「完全無欠な皇統譜」を記した『上記奥書《うえつふみおくがき》』、すなわち『竹内文書』にのみ存在する。この『竹内文書』の抄本としてまとめられたのが、豊後国守護の大友能直《おおともよしなお》の編纂になると伝えられている『上記（ウエツフミ）』で、この抄本が古代豪族の大伴・葛城・物部・巨勢・蘇我の五家に伝わり、それをもとに『古事記』が編修されたというのである。

ただし、『古事記』の記述は「余りに杜撰で又茫乎として太古の実相を把握することが出来ない」。皇統譜編修の過程で「原本の面影すら認められない」ほど徹底して史実の「抹殺・改竄・変造」が行われているからだ。そんな『古事記』を「金科玉条として墨守」してきたために「日本精神に亀裂を生じ」、共産主義や「天皇機関論」のごとき国体破壊の思想が蔓延《はびこ》ることとなった。この「思想国難」を乗り切るためには、真の国体明徴、すなわち『竹内文書』にもとづく「宏遠なる我が神代史」を宣布しなければならない――安江はそう主張したのである。

では、日本国体を安江はどのように理解していたのだろうか。

同書は八項目にわたって『上記奥書』にもとづく「我が国体の概要」を展開している。それによると、皇統は天地開闢以来の神々の直系であり、日本史は記紀神典で述べられるような短いものではない。天皇は全世界の統治者であり、「皇統の無極」（時空間の続く限り皇統は続くということ）と「地球公運の大道」は神の定めた「宇宙の二大原則」だと言い切る。

さらに安江は、「天国」や「高天原」とは日本国そのものを指す言葉であり、モーゼもキリストも天国（日本）に渡来し、「日本の土と化し」たとする。世界全人類の祖神は、ことごとく日本で奉斎されており、仏教の「ナモ」（南無＝帰命）や、キリスト教の「アミン」（アーメン＝然り、真に）という唱え言は、「天地人合一の大法に依る日本天皇の祭政を賛美する」という意味にほかならないというのである。

モーゼやキリストの来朝は、安江のなかでは「史実」以外のなにものでもなかった。葺不合《うがやふきあえず》第六十九代天皇の即位二百年十月に来朝したユダヤ人の指導者モーゼは、皇祖皇大神宮で四十一日間の荒行を修した後、「天空浮船」に乗ってシナイ山に下り、人々に十戒の法を授け、ローマを建国した。その後、葺不合第七十代天皇のときに再来朝し、五百八十三歳で邦土に没した後、彼の「神体神骨《あがたま》」（遺骨から造られたとされる神体の一種）は、「神宮」（伊勢ではなく皇祖皇大神宮の別祖大神宮）に勧請された。「ムオゼ（モーゼ）もキリストも天国に昇り日本の土と化している」。

ピラミッドの本家も日本だと安江は主張した。ピラミッドとは日本古代に存在した彌広殿《いやひろどの》の伝播であり、世界初の彌広殿は、二十四代仁仁杵《ににぎ》天皇の御代に造られた。単式内宮式・複式内宮式・単式外宮式・複式外宮式の四様式があり、いずれも上空から見下ろすと「天皇旗と同一の型」になるというのだが、これは酒井勝軍が昭和九年に出版した天下の稀書『太古日本のピラミッド』で唱えたピラミッドの四様式にほかならない。

酒井はモーゼ・キリストの来朝説や、ピラミッド日本起源説などを竹内巨麿にインスパイアした人物として知られるが、安江はシベリア出兵の際に酒井と出会っている（研究家の久米晶文は、その著『酒

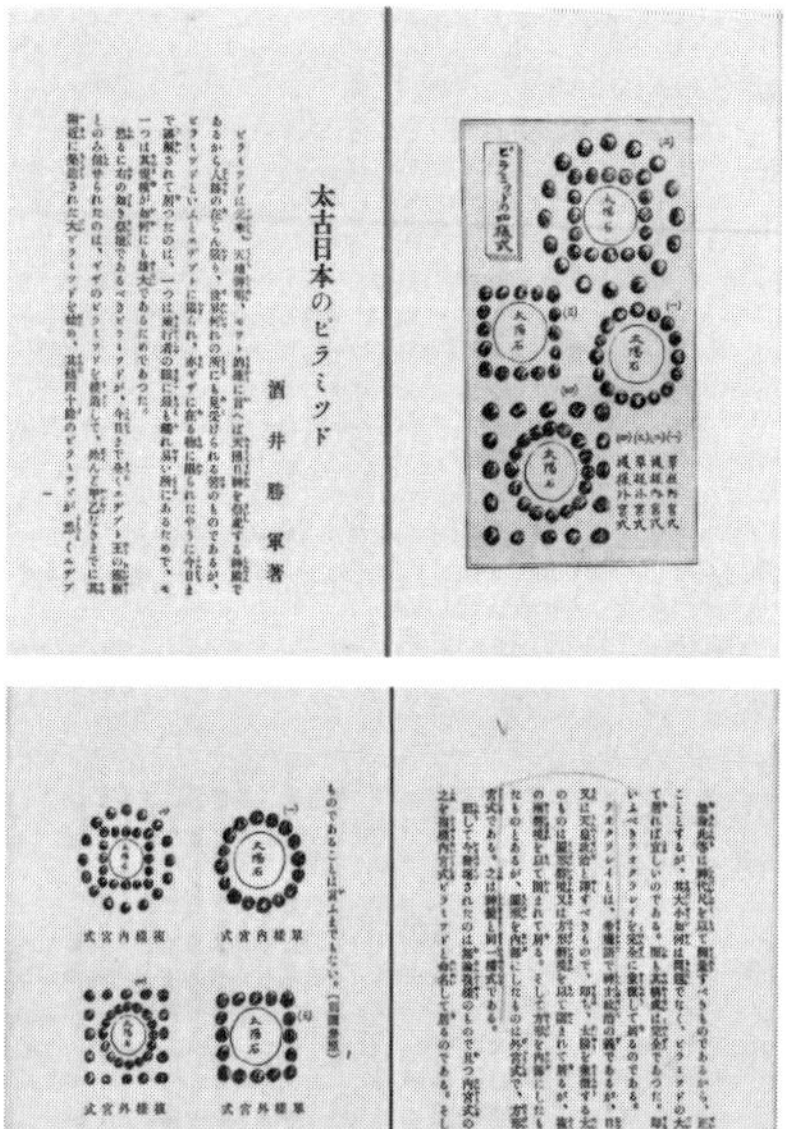
太古日本のピラミッド
酒井勝軍著

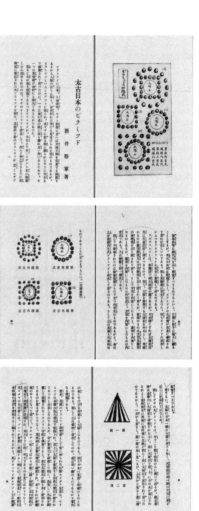

酒井勝軍が自身の著作『太古日本のピラミッド』で提唱した「ピラミッドの四様式」は、安江の『宏遠なる我が神代史』における主張と強烈にシンクロしている

井勝軍—「異端」の伝道者』で安江の英語通訳者が酒井だったと推定している)。

昭和二年の視察でも、二人は連れだってパレスチナを訪れており、シオニズム運動の指導者と会談した。安江に『竹内文書』の存在を教えたのは酒井とみられているが、モーゼ・キリストの渡来説や彌広殿ピラミッド説に端的に表れているとおり、『宏遠なる我が神代史』は、酒井にインスパイアされた結果として生まれた著作とみて間違いない。

安江は、あたかも熱病に浮かされた者のように、竹内文献と酒井勝軍の異形の世界に取り込まれていったのである。

平和と繁栄を阻む「ユダヤ人の裏国家」

昭和二年の欧州・パレスチナ視察後、安江は反ユダヤから親ユダヤへと立ち位置を変えた。視察後、安江は大正十三年の自著『世界革命之裏面』を、「もう出版してしまったのだから致方もないが、もう古くてだめだ」と否定するようになったと、酒井勝軍が「ユダヤ問題に関する平凡座談会」で証言している(満川亀太郎『ユダヤ禍の迷妄』の附録として収載、この座談会に安江自身は出席していない)。

『竹内文書』に触発されて以降、安江の中で「天皇」という存在は極限にまで膨張した。明治生まれの安江は、もともと維新政府が強引に推進してきた現人神《あらひとがみ》天皇という教えの洗礼を受けて育ち、軍隊でさらなる徹底教育を受けてきたが、竹内文献との出会い以後、神としての天皇像が爆発的に肥大化した。現人神どころではない。天皇は時空を超越したメシア以上の超越者となった。

真の平和と繁栄は、世界がこぞって天皇に帰依してこそ実現する。けれども、それを阻もうとする敵が存在する。一部のユダヤ有力者が、自分たちの手足として操っている裏工作実働部隊のフリーメーソンがそれだと安江は主張し、この勢力を総称して「ユダヤ人の裏国家」と呼んだ。ここで安江と四王天のフリーメーソン観がリンクする。この裏国家が、欧米各国の「分解作用を行っている」総本山だと安江は見做したのである（『ユダヤ民族と其動向並此奥義』）。

ただし、四王天やヒトラーらのようなジェノサイド肯定の立場を、彼はとらなかった。ユダヤ禍そのものは認めたが、故国復興が成就すれば「分解作用」も収まると考えたからである。

さらに安江には、竹内文献や酒井からの影響で、ユダヤ人を、日本人と同じ血をひく同胞だとも考えていた。日本臣民が天孫族であるように、ユダヤ人もまた神に選ばれた特別な民（選民）であり、彼らのほんとうの故国が日本であることは、モーゼやキリストが日本で学び、日本の土に還ったことからも明らかだと信じたのである。この屈折した神国意識から、日猶同祖論が簇生《そうせい》する。

『神代史』で吐露されたこの壮大かつファナティックな主張を、安江は陸軍大佐という身分のもとでは、ほとんど公にしていない。同書の刊行は昭和十一年だが、奇しくもこの年、第二次天津教事件で巨麿ら天津教関係者が検挙されている。このことも、安江が公刊物で慎重な言い回しに終始した理由に違いない。また、当時の国家が絶対的な神典・正史と位置づけていた『古事記』を、ここまであからさまに批判することは、軍人の立場では到底不可能なことであった。

とはいえ、安江の思いの中には、『竹内文書』にもとづく妄想の史観がまちがいなく深々と根を下ろしていた。五族協和《ごぞくきょうわ》の満州国に、日本人とルーツを同じくするユダヤ人を加えた六族協和の国を築き、高天原を地上に実現するという妄想のルーツは、まさしくそこにあった。

彼がユダヤ民族に示した一見同情的とも友好的とも映る姿勢は、ヒューマニズムなどといった甘ったるく情緒的な思いから発したものではない。はるかに狂気じみた、いわば『竹内文書』流の「八紘《はっこう》一宇《いちう》」思想から生み出されていたのである。

満州における
日本とユダヤ社会の関係

ユダヤ人を排斥するのではなく、八紘一宇の大家族の中に抱擁し、真実の歴史に目覚めさせるという夢を実現する機会が、昭和十二年、安江に訪れる。陸軍の対ユダヤ政策の転換と合わせてユダヤ対策責任者に起用され、満州に渡るのである。

けれどもそこに行く前に、政策転換以前の日本が、満州においてユダヤ社会とどう接していたのかを見ておかねばならない。

満州におけるユダヤ人の拠点は、人口五十万を擁する地方都市ハルビンにあった。昭和六年に満州事変が勃発し、翌年、満州国が建国されると、ユダヤ人の人口は一万五千人前後から五千人以下まで激減したが、事業で成功をおさめたユダヤ富裕層は、まだ少なからず存在していた。

彼らは満州国の事実上の支配者となった日本への協力を申し出るとともに、ユダヤ人に対する庇護を求めた。けれども、日本陸軍が策定していた対極東ソ連謀略計画には、現地住民および軍隊内に反共・反ユダヤ熱を煽るという工作が含まれていた。

昭和7年、ハルビンに入城する日本軍部隊。当時、ハルビンは満州におけるユダヤ人の拠点であった。満州事変勃発前には、1万5000人前後のユダヤ人がいた（写真＝共同通信社）

反共・反ユダヤ思想は、満州国の成立以前からハルビンに根づいていた。ロシアから逃れてきた白系ロシア人社会が陰謀論の最大の温床であり、彼らは「ロシア革命はユダヤの陰謀だ」と確信していた。同じ確信は大正から昭和初期にかけて、日本の一部軍人や知識人にも浸透していた。

関東軍は、白系ロシア人を反共工作に利用した。彼らを諜報・謀略活動などに利用するということは、彼らが行っていたさまざまな反ユダヤ活動に日本が加担することを意味した。それを象徴する陰惨な事件が、日本が国際連盟を脱退した昭和八年に起きている。カスペ事件である。

ハルビンのユダヤ人富豪の中に、時計修理店から身を興し、ついに市内でも屈指の最高級ホテル・モデルンのオーナーとなったジョセフ・カスペがいた。ジョセフには、パリの音楽学校で学び、将来を嘱望された若手ピアニストの息子シモンがいた。満州に帰国する前、シモンは東京などで帰国リサイタルも開いている。

このシモンを、当時日本の憲兵隊の配下となって誘拐・殺人などをくり返していた白系ロシアの一味が誘拐した。彼らは三十万ドルの身代金を要求し、切断したシモンの両耳を父のジョセフに送りつけた。ジョセフは息子の救出を訴えたが、日本警察の動きは鈍かった。在ハルビン・フランス領事館の副領事の尽力により、一味のうちの一人が捕まった。副領事はメンバーから自白を引き出し、日本の警察署長に自白調書の写しを提出するとともに、一味を告発した。

事件は英米仏でも報じられ、大きな批判が湧き起こった。国際世論の批判を受けた日本政府が重い腰を上げ、犯人逮捕の指示を出した。犯人の一部は鉄道警察によって逮捕されたが、シモンの確保はできなかった。そうして同年十二月三日、変わり果てたシモンの惨殺死体が発見された。三カ月を超える監禁・拷問・虐待の結果、誰とも見分けがつかないほどに衰弱し、頬や鼻、手は凍傷から壊疽に進んで、目もあてられない惨状だった。

翌年になって一味六人がようやくハルビン市の警察局に勾留された。一連の流れの中で、日本の憲兵隊が一味の逃亡の手助けをし、偽造パスポートまで与えていたことを、憲兵隊通訳だったアムレト・ヴェスパが後に手記で暴露している（手記は『中国侵略秘史　或る特務機関員の手記』のタイトルで終戦直後の昭和二十一年に邦訳。巻末資料中の中嶋《なかじま》毅《たけし》論文も参照）。

逮捕後も、当局は一方的に一味側に肩入れをした。捜査終了後、記者会見に臨んだハルビン警察の江口刑事科長は、こう言い放った。

「被告等は最も熱烈なる愛国者を以て自ら任ずる者にして、本件犯罪の形態は（誘拐・身代金要求・殺人という）普通事犯たるの観を有するがごときも、その動機は旧政露国を倒壊せしめ、かつその皇室をして悲惨なる結末を遂げしめたる共産主義者、及びこれが中心勢力たりし猶太人に対する報復観念に基く、熾烈なる反蘇・反猶太心理の顕れに他ならず」

満州国の裁判所が下した判決は、四名が死刑、二名が終身刑だった。けれども憲兵隊が、判決を覆した。判決の二日後、憲兵隊は事件を審理した中国人裁判官を逮捕して判決の無効を宣言し、日本人裁判官三名による再審理を強行した。そして翌昭和九年、満州執政の溥儀《ふぎ》が初代満州国皇帝に就くと、即位による恩赦でシモン殺害犯の全員が釈放された。この間にも、憲兵隊や特務機関、白系ロシア・ファシスト団体によるユダヤ社会への圧力は続いた。さまざまなネガティブキャンペーン、満州追放の圧力、シナゴーグやユダヤ教ラビ宅への家宅捜索が頻発した。

在ハルビン総領事代理の長岡半六《ながおかはんろく》が、外相・広田弘毅《ひろたこうき》に送った昭和十年一月十四日付けの報告書が残っている。その中で長岡は、事実上の満州国の支配者である関東軍の行動を掣肘《せいちゅう》することが不可能である以上、関東軍付の特務機関が「支援」し、「満州国政府も許可している」ロシア・ファシストに対する取締等は、本国からの要請があったとしても「困難」だと報告している。

ユダヤ宥和政策「河豚計画」の真実

安江仙弘が特務機関長として大連に赴任する前のユダヤ人に対する空気は、およそこのようなものだった。けれども一方には、満州国発展のためにユダヤ人を利用すべしという主張があった。

日産コンツェルン総帥で、後に満州経済界を牛耳ることになる鮎川義介《あゆかわよしすけ》は、ハルビンがカスペ事件に揺れていた昭和九年、「ドイツ系ユダヤ人五万人の満洲移住計画について」（原本所在不明）と題する論文を発表した。五万人を受け入れることで米国のユダヤ資本を満州に呼び込み、誕生まもない満州経済の飛躍的発展を期すると同時に、満州を強固な対ソ連の防壁にすべきだというのである。

この戦略は、陸軍の安江および海軍の犬塚惟重、大陸派と呼ばれた板垣征四郎《いたがきせいしろう》、石原完爾らの考えるところとも合致していた。米国のユダヤ財閥を味方につけることは、満州を対ソ防共壁とするためにも、満州を工業や産業のエンジンとして日本の国防に利用するためにも、きわめて好都合だ。対米外交を有利に運ぶカードにもなるし、ユダヤ人を受け入れることで、満州こそが「五族共和」の楽土であり、国際連盟が糾弾するような傀儡国家ではないと世界にアピールすることもできる。安江の夢見る「八紘一宇」にとっても、満州は理想実現のための第一歩となる。

こうした一連の経緯を背景に、昭和十二年、陸軍はユダヤ政策を、「抑圧」から「融和」へと転換した。ハルビンの特務機関長には、親ユダヤ的な樋口季一郎少将が就いた。当時、安江は東京歯科医専（現東京歯科大学）の配属将校から第三師団司令部付きとなって名古屋に赴任していたが、陸軍中央は、ユダヤ対策の責任者に安江を充てることを決定した。安江を軍中央に推薦したのは樋口であった。

昭和9年、「ドイツ系ユダヤ人五万人の満州移住計画について」と題する論文を発表した鮎川義介。この鮎川の論文からいわゆる「フグ計画」が国策レベルの計画まで発展したとされる（写真＝国立国会図書館蔵）

かくして同年十二月二十六日、安江が日本側の中軸となって進めてき

ハルビン特務機関長にして、"親ユダヤ"的なスタンスを守った樋口季一郎。安江がユダヤ工作にコミットするうえで、樋口は欠くことのできない存在だった。

た第一回極東ユダヤ人会議がハルビンで開催され、樋口とともに、安江はオブザーバーとして第一回会議に参加した。

会議では、ハルビンを本部とする極東ユダヤ人協会の設置が正式に決定された。ハルビン在住のユダヤ人の多数がロシアからの避難者や旧ロシア軍籍だったため、このときまで彼らはユダヤ人の敵である「白系ロシア人の一部」として扱われてきた。けれども日本軍部がユダヤ人による民族自治を黙許したことにより、この会議で、彼らはようやく「ユダヤ人」への復帰を果たした。

翌十三年、大連特務機関長となった安江は、すぐさま『現下ニ於ケル対猶太民族施策要領』をまとめた。その前文には、極東ユダヤ民族の「日満依存傾向ヲ利導」して、世界に散らばるユダヤ人に及ぼし、「八紘一宇ノ我大精神ニ抱擁統合スルヲ理想」とするとある。これは安江の夢にほかならなかったが、現実を見据えることも、もちろん忘れてはいなかった。

日満政府によるユダヤ社会への表だった関与は避け、「内面工作ニ依リ裏面隠微」に関係を取り結んでいくこと、ユダヤ資本の導入を拙速に進めてユダヤ人の「増長」を招かないよう留意すること、満州全土におけるユダヤ人工作は関東軍司令官が統制し、各実施機関が緊密に連携してこれを支えることなどとしている。

この方策は、当時関東軍参謀長だった東條英機の名で、満州国総務長官に送付された。これをもって、東條にはユダヤ人庇護のヒューマニティがあったなどとする短見もあるが、後に安江を排斥したことからもわかるように、東條にはそのような殊勝さは一切見当たらない（詳しくは第三章「石原完爾」、第四章「昭和天皇と東條英機」参照）。石原完爾が喝破したとおり、東條は何らの思想も持たず、その場その場の事務をこなすだけの能吏にすぎない。

安江がまとめた対ユダヤ策は、満州から日本政府に送られ、同年十二月の五相会議（近衛首相、池田蔵相、有田外相、板垣陸相、米内海相）で「猶太人対策要綱」となって実を結んだ。

ユダヤ排斥を進めているドイツ・イタリアへの配慮は必要だが、日中戦争の遂行上、特に経済建設のためには「外資（ユダヤ資本）ヲ導入スルノ必要」があること、ならびに対米関係の悪化を避ける必要があることに鑑み、積極的なユダヤ人招致こそ行わないが、「資本家・技術家ノ如キ特ニ利用価値アル者」に限っては満州で受け入れることなどを、政府方針として決定したのである。

とはいえ、ユダヤ人がフリーメーソンなどを駆使して世界転覆・世界支配をもくろんでいるとする陰謀論が消えたわけではなかった。安江はすでに『プロトコール』を偽書と見なしていたが、日本国内には信奉者が幅広く存在しており、政官界にも国家主義団体にも根を張っていた。

軍部も例外ではなかった。陸軍中央で対ユダヤ問題を担当する軍令部第三部は、ナチス・ドイツと歩調を合わせてメーソンの陰謀に関する研究や宣伝活動を行っており、その一部は昭和十三年の東京高島屋における「思想戦展覧会」で展示された。これに海外メディアが反応し、「日本政府がユダヤ人駆逐を開始した」と報じたので、政府があわてて展示を削るという騒ぎもあった（戦時中の昭和十八年にも東京銀座松屋で「国際秘密力とフリーメーソン展」が開催されている）。

こうした薄氷の状勢の中、安江は自己の信念であるユダヤ人との融和、八紘一宇への取り込みのために飛び回った。狙いはユダヤ財閥の懐柔にあった。

けれども、国家間の巨大な政治経済闘争の前には、妄想と変わるところのない安江の計画など、歯牙にかけられるわけもなかった。竹内文献にからめとられた時点で、安江の目にはどんよりとした不透明の膜がかかり、世界を見る冷徹な目が失われた。その膜が、大連特務機関長時代まで続いていたことを傍証する以下の証言を、筆者は前記の實方氏から聞かされている。

「竹内巨麿の後を継いだ義宮氏は、『神代の万国史』に掲げた自身の経歴の中に『大連特務機関』と書いていますが、安江大佐のご子息の弘夫氏によれば、これも安江大佐の配慮であったとのことです。おそらく事実でしょう。満州から引き上げてきた安江の家族の面倒をしばらく見てくれたのは大本の出口一家だったと、これも弘夫氏からじかにうかがったことです。こうした人脈は、あまり表には出ていませんが、安江大佐の一面を物語るものだと思います」

安江は一貫してユダヤを介した日米和解工作に奔走していた

話をもどそう。昭和十四年、米国が日米通商航海条約の破棄を通告し、翌十五年から、対日輸出制限が一気に加速した。特殊工作機械、石油製品、航空ガソリン添加用鉛、鉄・屑鉄などに相次いで輸出制限がかかり、八月には航空機用ガソリンの輸出が禁止された。一連の対日政策は、資源弱小国の日本にとっては致命的な打撃だった（第四章で詳述）。

苦境を乗り切る手段として、安江や犬塚らは、上海ユダヤ財閥の巨人サッスーンを利用する構想を献策した。サッスーン財閥がアメリカから物資や工作機械などを輸入し、それを日本に回すという迂回輸入案である。けれどこの起死回生案も、日独伊三国同盟にひた走る政府・軍部の採用するところとはならなかった。

国内にはユダヤ陰謀論が渦巻き、反米感情は燎原の火の勢いで増大している。そんな中、現下の苦境を乗り切る窮余の一策として三国同盟に舵を切った日本政府に、ユダヤ難民を満州に受け入れることで対米問題の解決に動くなどという選択肢は、そもそもありえなかった。

昭和14年、アメリカが日米通商航海条約の破棄を通告してきた。この窮地を乗り切るため安江らは、上海のユダヤ財閥サッスーンを利用する構想を献策した
（写真、椅子に座る人物がサッスーン財閥の礎となった王デビッド・サッスーン）

三国同盟がベルリンで調印された昭和十五年九月二十七日の翌日、安江のもとに陸軍省から電報が届く。「予備役に編入、現地待命」――クビの宣告であった。

ただちに東京に飛んだ安江は、東條と面会して憤懣をぶちまけた。「近く現役復帰させ少将にするから」という東條の懐柔を拒絶して満州にもどり、

大連市桃源台の自宅前で撮影された一枚。安江（写真右）はこの家でソ連に連行されるまで過ごしていた

ユダヤ対策にあたるための私設安江機関を立ちあげた。けれどもこの時点で、安江が果たせる役割はほとんど残っていなかった。

敗戦直前のどさくさに紛れてソ連が参戦し、戦勝国に居座った。敗戦後、帰国するよう多くの知人・友人に勧められたが、安江は断固としてそれを拒み、現地にとどまった。

「日本をこのようにしてしまったのは我々年配の者達の責任だ。俺はその責任を取る。ソ連が入って来たら拘引されるだろう。俺は逃げも隠れもしない。敢然として行く」

こう遺言してソ連軍に連行され、ハバロフスクの収容所で一期の幕を閉じたと、息子の弘夫が書いている（『大連特務機関と幻のユダヤ国家』）。

昭和二十九年、東京青山斎場で行われた在日ユダヤ人協会主催の慰霊祭の弔辞で、安江と石原完爾の連絡役を務めたハルビン国際ホテル社長の寺村《てらむら》銓太郎《せんたろう》が秘話を公表している。

昭和十九年の末、安江と関係するユダヤ人会有力者の斡旋で、日米和平の突破口を開く可能性を秘めた情報がもたらされた。寺村が安江と石原の連絡係となって話を詰め、阿南陸相、梅津参謀総長などの協力も得たが、結局、陸軍中央に握り潰されたという。真偽は知れない。けれども、安江が一貫してユダヤを介した日米和解工作に奔走していたのは事実だ。

家族とともに撮影された貴重な一枚。歴史の舞台裏で、ユダヤを介した日米和解工作に奔走した、安江弘仙というひとりの“神懸かり軍人”が存在していた（写真提供・實方直行）

　ユダヤ民族基金が所有している「ゴールデンブック」という書物がある。ユダヤ人国家建設のために寄付を行った人々の名と寄付金額を記録した、いわば奉加帳《ほうがちょう》だ。この奉加帳を、樋口季一郎の孫で明治学院大学名誉教授の樋口隆一が実際に見た思い出を、早坂隆に語っている（「〝もう一人の杉原千畝〟ユダヤ人を救出した温情の軍人『80年目の証言』」文藝春秋 digital）。

　樋口季一郎の名はゴールデンブック第六巻の四〇二六番目にあり、並んで安江仙弘、第一回極東ユダヤ人大会を企画し、樋口や安江とともに日猶提携のために奔走した医師のアブラハム・カウフマンの名が記載されていた。彼ら三人の欄には、他の人々のような寄付金額の記載はなかった。三人の功績を歴史に残すためにとられた、特別な措置であったという。

犬塚惟重……いぬづか　これしげ
ユダヤ陰謀論の深淵で揺れ動いた海軍大佐

反ユダヤか親ユダヤか

海軍の犬塚惟重と陸軍の安江仙弘《やすえのりひろ》、この二人は日本軍きってのユダヤ通として名を馳せ、満州・中国において実際に数々のユダヤ人工作に携わった。けれどもその評価は、反ユダヤ陣営の代表的人物とする意見と、親ユダヤ陣営の代表的人物とする意見の間で激しく揺れており、とりわけ犬塚は評価の隔たりが大きい。

昭和十四年、犬塚は彼のユダヤ研究の決算書ともいうべき『ユダヤ問題と日本』（以下『ユダヤ問題』と略称）を宇都宮希洋《うつのみやきよう》の筆名で出版した。

この筆名は、犬塚にとっては特別な意味をもつ。犬塚という氏名は藤原道長《ふじわらみちなが》の兄・道兼《みちかね》の曾孫の宇都宮宗円に発すると伝えられる。この宗円が、関東から九州に降って犬塚郷（現・福岡県大木町）に築城・定着し、以後、地名の犬塚を名乗ってきたが、惟重の父・浩道は「将来ひとかどの者となったら宇都宮氏を称えよ」と言い聞かせていたので、先祖の栄えある氏名を筆名にしたというのである。その宇都宮希洋名で、犬塚はユダヤ人についてこう書いている。

「二千年前に祖国を失い、全世界中に流浪した猶太《ユダヤ》民族は、各国内で寄生的生活を営んでいたが、唯一の頼みとするところは金、金、金であった。二十世紀に亘る長年月、彼等が民族的団結とその特徴

大正15年、海軍少佐時代の犬塚惟重の貴重な写真
（写真提供・實方直行）

を失わなかったのは、唯一つ聖典タルムードの戒律と、〝猶太人は神の選民にして、異民族はゴイム（豚－畜生）である〟との思想であった。而して亡国の民の征服者への怨恨は支配階級への反逆となり、社会革命思想に移行し、遂には世界赤化、世界征服の野望のもとに民族的団結を図るに至ったというのが、欧米猶太研究家の一致せる論点である。……事実、世界の金の三分の二は猶太財閥の金庫に眠り、世界言論機関の八十％は猶太統制下にあり……人工的猶太人と称される国際秘密結社フラン・マソン（英語読フリーメーソン）が全世界にその秘密力の根を張っている」

こうしたユダヤ人観は、犬塚自身の著述・講演録等によるかぎり、昭和十七年までほぼ変わっていない。ユダヤ人が握っているとする秘められた力を、犬塚は「国際秘密力」と呼び、フリーメーソンなどを駆使して世界を動かしている闇の政府の実在を断固として力説し、その政府を「国際的黄金地底政府」とも呼んでいる。「地底政府」という表現に、彼のフリーメーソン観、ユダヤ観が端的に表れている。

当時、一部で唱えられていた日猶《にちゆう》同祖論は、犬塚にとっては論外の暴論だった。明治の佐伯好郎《さえきよしろう》によって先鞭をつけられ（『景教碑文研究』明治四十一年）、その後、キリスト教の洗礼を受けた酒井勝軍《さかいかつとき》（『神州天子国』昭和二年、『橄欖山上疑問の錦旗』昭和三年）、神学博士で牧師の小谷部全一郎《おやべぜんいちろう》（『日本及日本国民之起源』昭和四年）、日本ホーリネス教会初代監督の中田重治《なかだじゅうじ》（『聖書より見たる日本』昭和七年）らが日猶同祖論を唱えて多数の読者や信者を獲得してきたのだが、犬塚は同祖論そのものを否定した。また、ユダヤ最上層部の世界支配戦略と怖れられてきた『シオン賢者の議定書』の偽書説も一蹴して、欧米では「その真偽を疑う研究者は殆どいない」と断言するなど、その反ユダヤ色に、微塵の揺るぎもなかった。

ところが一方では、こんな主張もある。

戦後、犬塚は親ユダヤ組織である日猶懇話会をつくって会長におさまるのだが、同会員の一人だった三村三郎《みむらさぶろう》（九鬼文献などの研究者で熱心な大本信者）は、こう書いている。

「昭和十三、四、五、六年当時の彼（犬塚）の親ユダヤ的活躍は実に目覚ましいものがある。彼はたまたま軍籍にあったために……日本国家のためという立場を離れることは出来なかったであろうから、ユダヤ人を利用するという建前に立たされたに違いない。そのためにユダヤ人側から見れば彼の親猶主義なるものは批判され疑惑を持たれたであろう。にもかかわらず犬塚氏の当時の心境は一貫して純乎たる親ユダヤ観に立って政府および軍首脳部に対猶政策を献策していた」（『ユダヤ問題として裏返して見た日本歴史』）

戦後、犬塚は親ユダヤ組織「日猶懇話会」を組織した。同組織のメンバー三村三郎は『ユダヤ問題として裏返した日本歴史』で、犬塚を「親ユダヤ」と高く評価している

このように、犬塚には反ユダヤと親ユダヤという全く相反した評価がつきまとっている。いずれが犬塚の本当の顔なのか。まずはその足跡を追っていくことにしよう。

シベリア出兵を契機にユダヤ問題に目覚める

犬塚惟重は明治二十三年七月十一日、犬塚浩道・千鶴子の長男として東京で誕生した。先祖は龍造寺氏に仕えて以来の佐賀藩士で、父の浩道も旧佐賀藩士とされるが、事蹟等は伝わっていない。ただ、関係者の書簡から、母は関東大震災で亡くなり、父もほどなく病没したようなので、一家は本籍地の佐賀を離れて東京で暮らしていたらしい。

明治四十一年、海軍兵学校（三十九期）に進んで四十四年に卒業。海軍少尉に任官し、大正六年の第一次世界大戦時には駆逐艦・榊の乗員としてイギリス艦護衛のため地中海に出動した。このときドイツ潜水艦との戦闘で艦長以下五十九名が戦死するという甚大な被害を受けたが、犬塚は奇蹟的に助かった。宇都宮希洋の希洋は、この体験から名づけた筆名だと、妻のきよ子が語っている。希は稀な生還、洋は地中海ということなのだろう。

ユダヤ問題に目覚めたのは、三年後の大正九年。四王天《しおうてん》や安江と同様、日本軍のシベリア出兵が契機となっている。このとき犬塚は沿海州守備のために軍艦・肥前でウラジオストックの警備の任にあたったが、ロシアの反革命軍から入手した『プロトコール』に強い衝撃を受けた。そのときのことを、講演でこう回想している。

「その当時、一般の露西亜人は過激派（ロシア革命側）に対して非常に反感をもって居った。で、過激派を支持しているのは要するに猶太人で、又バルチザンの如きも指導者が猶太人である。そこで吾々

昭和5年、海軍中佐時代の犬塚。この年に開催されたロンドン海軍軍縮会議で
日本政府は条約を批准した。犬塚はこの会議を
「猶太の一機関フリーメーソン秘密結社の策動」と見なしていた（写真提供・實方直行）

から観ると、（白系ロシア人もユダヤ系ロシア人も）同胞（だが）、猶太から見れば（非ユダヤ系の白系ロシア人は）ゴイ（畜生）である。今迄軽蔑迫害されて居た露西亜人を（ユダヤ系ロシア人が）片っ端から大量惨殺する訳です。……尚、露西亜人から特務機関が手に入れた『シオンのプロトコール』というものがあります。それは、その当時露西亜人が持っていると、過激派即ち猶太派が見付け次第に没収焼却し、所持した当人は殺されるという危険文書だった。……私も当時それを見まして、これは非常に研究を要する大問題だ、どうしてこういう問題が今迄論じられなかったろうと云う疑問を起し、ここで先ず研究の必要を痛感した訳であります」（『国際思想戦に就て』）

ここから犬塚のユダヤ問題研究が始まったのだが、研究に拍車がかかったのは、昭和三年暮れに海軍のフランス大使館付武官補佐官として渡仏して以降のことだ。同じころ、陸軍の安江仙弘もパレスチナなど中東各地や欧州・ソ連を視察してユダヤ問題にコミットするようになるのだが、犬塚も休暇を利用しては欧州各地のユダヤ人の現況を視察し、「内地では入手できない反ユダヤ、親ユダヤの書籍類も集めたし、各国の研究団体ともできる限り連絡」をとって、ユダヤに関する知見を深めた（犬塚きよ子『ユダヤ問題と日本の工作』）。

そのさなかの昭和五年、ロンドン海軍軍縮会議が開催され、海軍内に渦巻く強い反対意見を押し切って、政府が条約を批准した。重巡洋艦保有量が米国の六割に抑えられるなど、海軍の条約反対派（艦隊派という）にとっては全く納得のいかない条約であり、このときの政府と軍部の対立、および海軍内の艦隊派と条約賛成派（条約派という）の対立が後々まで長く尾を引くことになるのだが、犬塚はこの会議を違う視点から観察していた。本人の言葉を引こう。

「（会議でも）猶太の一機関フリーメーソン秘密結社の策動ということが問題となりました。そこで私は、これは最早自分限りの研究ではいかぬ、軍部としても、もっと突っ込んでやらなければいかぬと、痛感し自ら決する所があった。これは外交官あたりに相談して見ても、その当時はそういうことは問題にされていなかった。そこで最早他人を待つ事なく総ての犠牲と困難を予期して積極的にこの研究に入ったのであります」（『国際思想戦に就て』）

かくして同年十二月に帰国すると、犬塚はユダヤ問題の研究に本格的に取り組み始める。

横須賀鎮守府参謀長、青島特務艦長を経て大佐に進級した昭和九年十一月、犬塚は海軍の中枢である軍令部出仕を命ぜられ、作戦立案や用兵などを司る第三部配属されて、宣伝・謀略・思想戦・ユダヤ問題などを担当することとなった。

海軍内での研究に加え、犬塚は軍外部で活動している反ユダヤ陣営の糾合と提携も積極的に推進した。自ら命名した「国際政経学会」の中心メンバーとして活動し、反ユダヤ主義にもとづく激烈な論文の数々を、宇都宮希洋名で機関誌『国際秘密力の研究』に発表し始めたのである。

国際政経学会は、外務省の外郭団体として昭和十一年に発足している。理事長は極右国家主義者として知られた元警視総監の赤池濃《あかいけあつし》、常務理事にガチガチの反猶・親独派の若宮卯《わかみやゆう》之助《のすけ》、増田《ますだ》正雄《まさお》らが就き、四王天延孝《のぶたか》、安江仙弘《のりまさ》らも会員として名を連ねているが、実質的な中心人物は増田と犬塚だったと見られている。

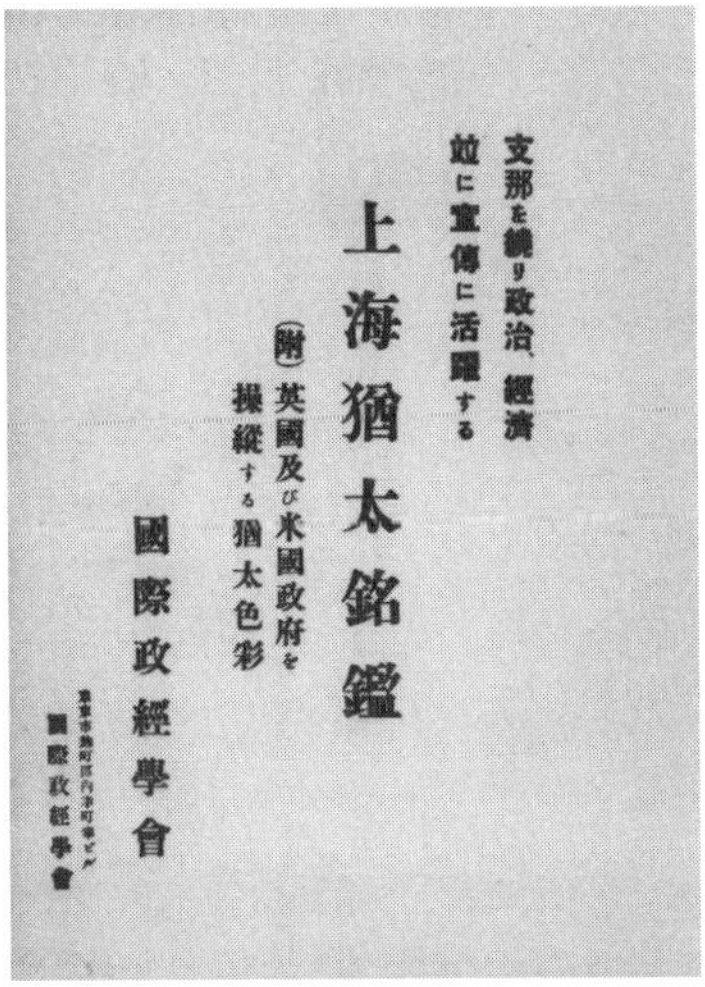

犬塚が中心メンバーだった外務省の
外郭団体「国際政経学会」は、
反ユダヤ主義の書物や機関紙を数多く
発行した（写真＝国立国会図書館蔵）

「大統領から下はギャングまで、米国を代表するあらゆるものは殆ど猶太の息がかかっている」

当時の犬塚の思想とはいかなるものだったのか。

昭和十三年の論文「支那事変は猶太問題を暴露す」によれば、犬塚は世界を二大陣営の対立・闘争時代と見ていた。二大陣営とは、共産系すなわちユダヤの国際秘密力のもとにある「人民戦線」と、それに対抗する反ユダヤ・防共の「国民戦線」である。

支那事変が引き起こされた昭和十二年、日本政府は国際共産主義運動を指導するコミンテルンに対抗すべく日独伊防共協定を結んだが、犬塚はこう主張していた。

「日独伊防共協定の成立により、人民戦線対国民戦線に、世界は二分され、思想戦が行われつつある事は、最早何人も否定できぬ。……この人民戦線の背景は何ものであるか。それは……仏蘇を中心とせる猶太マソンの筋書の具体化に過ぎない。……有終の美は、英米仏蘇の裏面にある猶太勢力の宣伝謀略戦を撃破克服の如何にかかる事大である。蒋介石《しょうかいせき》長期抵抗思想の背後は、排日・抗日・侮日を多年に亘り注入した彼等の、宣伝謀略戦力の成果である事を明確に認識すべきである」

日獨伊防共協定成る

大阪朝日新聞

號外

伊も日獨協定に參加

ローマでけふ調印

畫期的三國の提携

防共議定書

議定書

昭和12年11月6日、日独伊防共協定の成立を報じる新聞。コミンテルンに対抗すべく締結された協定を犬塚は「猶太マソンの筋書の具現化に過ぎない」と論じた犬塚を筆頭とするユダヤ陰謀論者のあいだでは、ソビエトを盟主とする共産主義も、英米仏を盟主とする民主主義も、ともにユダヤの「秘密力」の演出下にあると理解されていた。近代メーソン発祥の地である英国と、大陸派メーソンの一大拠点である大東社を擁するフランスがユダヤ勢力の温床であることは論を俟たないが、犬塚にとってはアメリカもまったく同様だった。

「米国は米大陸の発見そのものが、猶太人コロンブスによってなされ、当時全欧にみなぎっていた猶太人迫害と追放のはけ口に南北米大陸を取り上げたものだけに、開拓建国から現在に至るまで猶太人の手でなされたというも過言でない。上は大統領から下はギャングまで、米国を代表するあらゆるものは殆ど猶太の息がかかっている」（『ユダヤ問題』）

これらの記述を見ただけで、冒頭に引いた三村三郎の「昭和十三、四、五、六年当時の彼（犬塚）の

クリストファー・コロンブス（上）とマシュー・ペリー（下）。
コロンブスの出自は今も不明だがスペイン系ユダヤ人説がある。
犬塚は彼らの背後にはユダヤがおり、世界支配のために動いていると見た

親ユダヤ的活躍は実に目覚ましい」という文章の虚構性は明確になる。当時の犬塚は、ガチガチの反ユダヤ主義者だったと断言してよい。

犬塚のいう反ユダヤ・防共の「国民戦線」についても、説明しておかねばならない。犬塚は全体主義国家、ファシズム国家の戦線を国民戦線と呼んで肯定し、世界の中で最も理想的な全体主義国家を実現しているのは皇国日本だと断言した。

「ナチス及びファッショの理想的全体主義をヨリ以上の形式に徹底して具現し、三千年、実践し来ったものが、実に一君万民の皇道日本である。故にヒットラー総統の限りなき日本皇室尊崇と、日本国民に対する絶大の信頼は、敢て親しく総統に接した邦人の説く所を待たずしても、その当然性を肯定し得るのである」（『ユダヤ問題』）

その日本に、ユダヤは牙を剝いてきつつある――犬塚はそう主張した。しかも昨日今日の話ではない。すでに戦国時代のキリシタンの渡来時から、ユダヤは日本に触手を動かし始めていたと、彼は日猶関係史を完全に無視した暴論から説き起こす。続く「徳川時代の切支丹抜天連《キリシタンバテレン》の背後には猶太勢力が伏在して」おり、西欧では唯一通商を認められていたオランダの商人も「勿論、猶太人であったに違いなく、彼等の為に日本は莫大な金銀を持ち去られ」た。

さらに、ユダヤ勢力による本格的な日本侵攻が、米国東インド艦隊司令長官マシュー・ペリーの黒船来航から始まった。ペリーの目的は「我国を猶太植民地に」することだったが、幸い当時の米政権が民主党に移り、内政上の都合から日本植民地計画は棚上げされた。

それから七十有余年、ユダヤ勢力の侵攻はいよいよ本格化してきた。彼らが日本人の「盲目的な欧米崇拝熱」を利用して社会主義思想や自由主義思想を日本に植え付けた結果、昭和になると社会のあらゆる面でユダヤの影響が顕在化するようになった。犬塚自身の言葉を引こう。
「倫敦《ロンドン》（軍縮）会議、満州、上海両事件当時の日本の国際的孤立と、国民思想の混乱、軍民離間策動などを生み、政治家、外交官巨頭の一部にも猶太系フランマソン（大東会を中核とするフランスのフリーメーソン結社）思想の浸潤を見、遂には官学の中枢帝大法学部の主要分子も思想的に猶太化され、天皇機関説の如き万邦無比の国体破壊観念が白昼横行する時代を現出するに至った」（『ユダヤ問題』）
それだけではない。ユダヤの「3S政策」（セックス・スクリーン・スポーツ）で日本の青年男女の堕落に拍車がかけられ、今日の思想的大混乱が出来《しゅったい》しているというのである。

皇国絶対主義の〝呪縛〟がもたらした悲劇

こうした思想のもと、犬塚は軍令部第三部でユダヤ工作に腐心し、昭和十四年四月からは上海の海軍武官府に転属した。海軍人事局から伝えられた内意は軍艦に乗る海上勤務だったが、それでは海軍警備地区内のユダヤ人対策に取り組むことができない。そこで「予備役編入と引き替えに上海在勤を願い出」（犬塚きよ子前掲書）、現役を退くという形で海軍武官府の特別調査部（犬塚機関）に籍を置き、従前どおり機関長の嘱託を受けてユダヤ対策を担当した。

日米開戦の昭和十六年、犬塚はふたたび充員召集となるのだが、その後の歩みを見る前に、軍人としての犬塚をチェックしておきたい。

職業軍人としての犬塚の能力は、どうひいき目に見ても高くはない。民間右翼や国家主義者、一部の神憑りの軍人たちが、欧米と日本の絶望的なまでの国力差を度外視して神国日本論をふりかざし、日本には神風がある、竹槍でも勝てると叫んだのと大同小異の主張を展開している。

犬塚はいう。日本は「敵が強ければ益々強くなり、数的武力の劣勢を神秘的精神力によって凌駕する」。だから、英米仏蘇の武力の総和をもってしても、ユダヤ側に勝ち目はない。

さらに海洋国・日本を攻撃するためには人民戦線側は海洋を抑え、「絶対制空権」を確保しなければならないが、「日本がその大小無数の島嶼を巧みに利用する空軍総兵力内作戦」には到底匹敵し得ないから、「航空機の日本近海までの侵入はなし能わざるのである」。

加えて「日本の海空武力の補給は、驚異的発達をみた日本人独特の熟練度と、これを背後から供給する人的並びに資源的豊富さにより、卿等（ユダヤの指導層）の日本に迄さし向け得る兵力を、遙かに超越して余りある」——犬塚は、滔々としてこう主張する（『ユダヤ問題』）。

事態を客観視できる一部の軍人は、陸軍であれ海軍であれ、とりわけ制空権問題に多大の不安を抱いた。同じ反ユダヤ陣営でも、四王天延隆がこの点に関して早くから警鐘を鳴らしていたことは、先の節で見たとおりだ。明治の成功体験の残滓である巨艦主義からの転換を図り、近代戦に不可欠な空の守りに備えなければ国が危ういと主張していた軍人は、決して少なくない。後の章でとりあげる石原莞爾も、まさしくその一人だった。

けれども犬塚は、日本の海軍力や空軍力を冷静客観的に評価する能力をもたず、仮に物量で劣ったとしても「神秘的精神力」によって日本が勝つと唱え、ユダヤ陣営に「残されたる唯一の途は、日本にまつろい従うのみ」だと楽観論を唱えつづけた。

この一事からもわかるとおり、犬塚はとても国防の任に与ることのできるレベルの職業軍人ではなかった。とはいえ、これは犬塚個人の問題とはいえない。日本陸海軍の実に多くの高級軍人たちが、犬塚と同様の皇国絶対主義の〝呪縛〟にがんじがらめになっていた。

彼らがそのように主張した最大の根拠は、日本には宇宙の主宰神である天照大神直系の「天皇」がおわすということのほかには何ひとつなかった。

このイデオロギーは維新後に明治政府が援用し（ルーツは江戸国学）、国民に力ずくで押しつけてきたものだが、明治中期までは、国民に対する十分な説得力をもつまでには至っていなかった。けれども日清・日露戦争の勝利が、状況を大きく変えた。

古代以来の世界の超大国である清を破り、当時の世界の超大国とみられていたロシアを破ったという厳然たる事実と、神々が守護している天皇の国は、いかなる国も侵すことができないという根拠のない妄想が、がっちりと結合する契機となり、その後の日本の最大の躓きの石となったのである（この経緯は拙著『偽史の帝国』で詳述した）。

反ユダヤから親ユダヤへの転身
犬塚が到達した「結論」

ここまで見てきたとおり、犬塚は熱烈な反ユダヤ主義者だった。王制を破壊し、民主主義を実現しようとしている人民戦線と、統制国家および国民の忠誠的連帯を志向する国民戦線の二大陣営に分裂

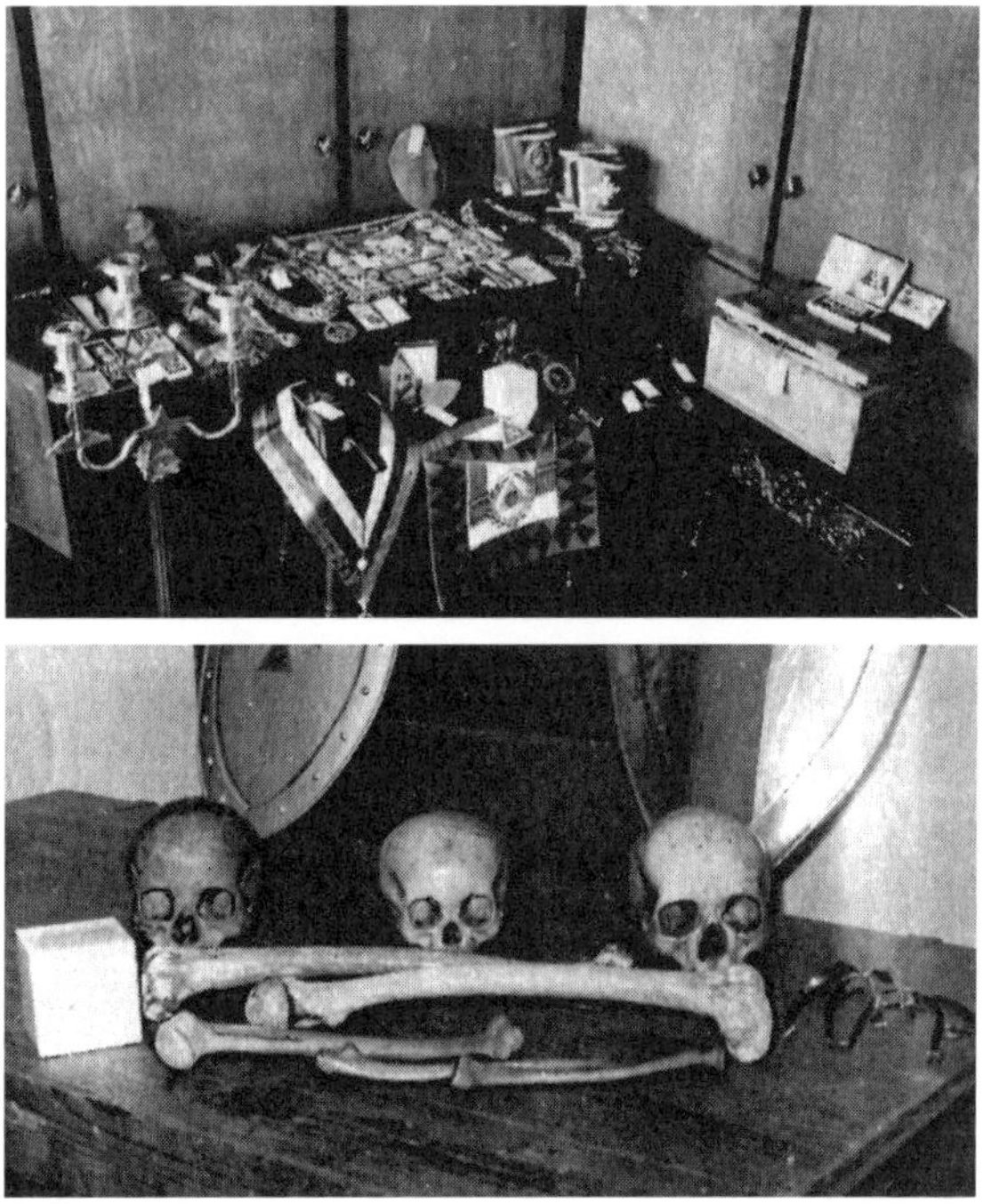

上海フリーメーソンの拠点の捜索によって押収された
「儀式用具」と頭蓋骨など

して争うに至ったのは、世界支配をもくろむユダヤ勢力の陰謀の結果にほかならず、ソビエトを盟主とする共産主義も、英米仏を盟主とする民主主義も、ともにユダヤの「秘密力」のもとにあると主張してやまなかった。その犬塚が、昭和十七年を境に、反ユダヤから親ユダヤへと転身する。

　昭和十四年末から予備役にまわっていた犬塚は、昭和十六年十二月の日米開戦を機に充員召集を受けて上海在勤の海軍武官に復帰し、海軍武官府の特別調査部々長を拝命した。その任務は、犬塚が専門とする「猶太問題及（ユダヤ）財閥並に秘密結社の調査」だった。

　翌十七年夏、犬塚指揮のもと、特別調査部は、一部陸軍の協力も得ながら、上海フリーメーソンの拠点三ヶ所――フランス租界のアメリカン・マソニック・テンプル、共同租界の英系マソニック・ホール、および海軍警備地区内の支那人メーソン結社の強制捜査に踏み切った。捜査は結社本部のみならず、英米の中国駐在本部長、書記長など幹部結社員の私邸にまで及ぶ徹底したものとなり、過去二、三十年にわたる結社関係の資料、往復文書、アジア各地の結社資料、メーソンの祭祀用具など膨大量の資料を押収するに至ったのである。

犬塚らは、これらの資料を徹底的に調べあげた。陰謀論を裏付ける資料が出てくるはずだと、当初は思い描いていたはずだ。けれど見込みは外れ、犬塚はついに従来の持論だったユダヤ陰謀論を撤回せざるをえなくなった。実際に調べてみたところ、年来主張してきた「ユダヤの秘密力」なるものが、どこをどう探しても見出せないことに気づいたのである。

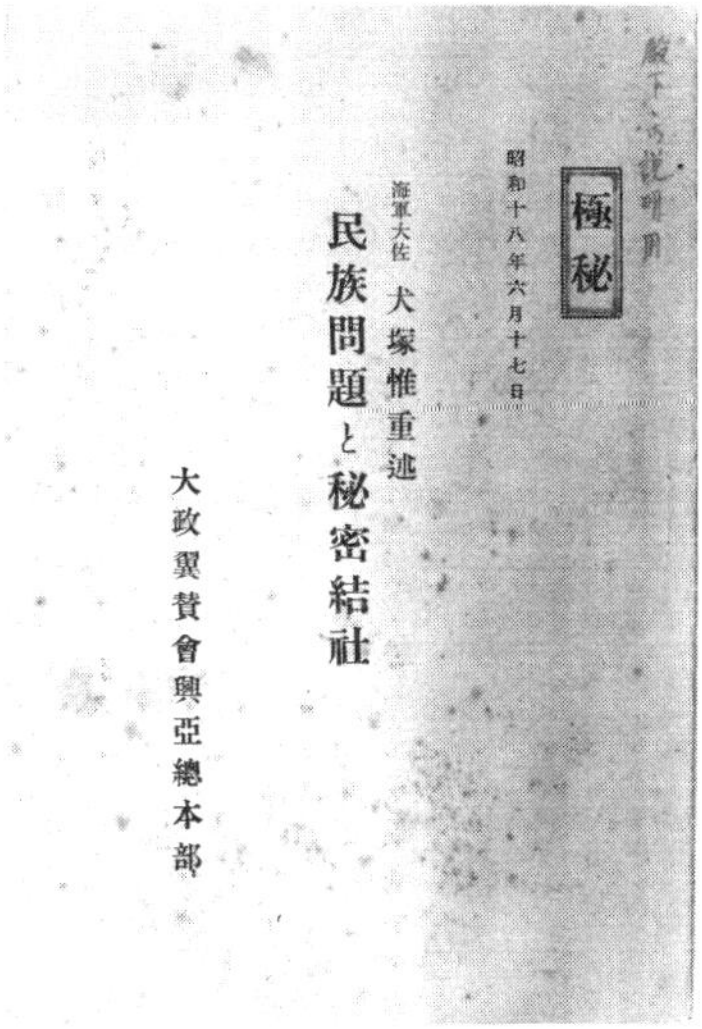

犬塚の思想を知る上で重要な文献『民族問題と秘密結社』。表紙には「極秘」、さらには手書きで「陛下御説明用」の文字が見える（写真提供・實方直行）

犬塚の〝転向〟を端的に物語る文書がある。彼が大政翼賛会興亜総本部で行った講演、および右腕である秘書の新明希子（後に妻となって犬塚擁護の論陣を張った犬塚きよ子）の付論からなる『民族問題と秘密結社』（昭和十八年六月十七日、以下『民族問題』と略称）だ。

「極秘」と銘打たれているのみで刊記はない。犬塚の思想を知る上で、またこの時期のユダヤ問題を考える上で欠かすことのできない貴重な文書だが、宮沢正典『増補ユダヤ人論考』の詳細な文献目録にも記載がなく、該文書に言及している論者も見出せない。私が披見したのは研究家・實方直行氏所蔵にかかる犬塚きよ子旧蔵本で、本文中には犬塚惟重自身のものと思われる書き込みが随所にあり、表紙には「殿下御説明用」という犬塚本人の朱書きがある。皇族軍人は陸海とも多数いるため、殿下が誰を指すかは明らかでない。

この講演は、犬塚が主務としてきた宣伝謀略の指針を説くために行われたもので、「世界諸民族の悉くを日本に頼らせる方向に指導するを第一とし、この目的の下に万邦無比の日本の国体を他に知らしめる必要」性が力説されている。

従来の大東亜共栄圏の宣伝のみでは、白人と東洋人の人種戦となり、世界をまるごと天皇のもとに統治するという八紘一宇《はっこういちう》の理想とはかけ離れた戦いになる。そうした無益な戦いを避け、諸外国をしておのずから日本にまつろわせる最良の方法は何かが力説されているのだが、その中で、犬塚はこう明言しているのだ。

「あらゆる方法、あらゆる角度から両者（ユダヤと米英系メーソン）の関係を追求したが、その結論はフリー・メーソンは米英の謀略機関であって、猶太人が操縦するどころか、猶太人が利用されている機関であった。即ち、欧米では一般に劣等人種として極端な差別待遇をされている猶太人が、結社内部では表面上排斥されず、米英人と平等に扱って貰えるのみではなく、結社員同志の同胞感情から社会的にも特殊な利便を与えられ、結社員が死んだ後は未亡人、子供にまでもその共済の手が伸ばされるという点に、猶太人の如き亡国民にアッピールするところがあるのである」

植民地の一部の現地人を取りこんで手駒にするというのは、他民族支配の常套手段だが、メーソンはそのための機関にほかならないと犬塚は講演で力説した。中国、フィリピン、東インド、台湾、ハワイなどのメーソンも、みなこの戦略を駆使してきた。現地の有力者、資産家などを結社員として迎え入れることで彼らのエリート意識をくすぐり、反白人思想の防波堤とし、民族独立運動を阻止するという「思想謀略」を、メーソンは実践しているというのである。

「(英米の植民地では) 犬と東洋人は入るべからず等のひどい差別待遇をしておく一方、一度結社に加盟した東洋人を白人と平等に扱うのは、彼らの優越感を昂める最も適切な手段であって、これに依って東洋人中の米英教育を受けたインテリは喜んで米英の操縦に屈する結果となる」

戦時中、同盟国のドイツが日本人を「名誉アーリア人」と位置づけた例や、戦後、激しい人種差別で知られたイギリス連邦所属の南アフリカ共和国が、経済関係への配慮から日本人を「名誉白人」として遇してきた例などが、ただちに思い浮かぶ。

一部のユダヤ人も、この謀略にとりこまれてメーソンに加入した。けれどもその数は微々たるものであって、メーソンに影響を及ぼす力などまったくない。ユダヤ人がメーソンを動かしているのではなく、米英系メーソンがユダヤ人を操縦し、「寄付金を絞り取」っているのが実態だと犬塚は断定し、従来の誤ったユダヤ禍論に強く警鐘を鳴らしたのである。

犬塚の忠実な代弁者であるきよ子も、こう書いている。

「一七一七年エジンバラで最初のメーソン憲章ができ、大結社が誕生して百年余りユダヤ人のメーソン加入は許されず……さらにユダヤ人側には宗教的訓戒に、『メーソンとはおいしい聖食のご馳走の上

昭和２年、まだ大学時代のきよ子。
きよ子は犬塚の妻であり、
犬塚の忠実な代弁者であった
（写真提供・實方直行）

をトカゲが横切って汚したものと同じ、決して口にしてはならない』と言い、宗教上では加盟を禁じている組織であったことも判明した」（『ユダヤ問題と日本の工作』）

　ここにおいて、日本が倒すべき真の敵は、ユダヤではなく英米であると、犬塚は明確に認識を改めた。ただし、転向に関する総括的な発言は、管見のかぎりまったく行われていない。そのため、かつての陣営の仲間からまで、「犬塚ハ猶太ニ買収サレタ」、「犬塚ハ（猶太から）一服盛ラレタ」（『中里義美日記』昭和十八年九月二日）と見なされた。

　ユダヤ人ではなく、英米こそが陰謀の担い手、日本が倒すべき真実の敵だということが明らかになった以上、ユダヤ人を敵と見做した上で行ってきた従来の施策は、断然改めなければならない。逆に、経済分野や思想・情報分野で絶大な力を握っているユダヤ勢力を日本側に取り込み、彼らの力を利用する方途を考えなければならない――犬塚はこう主張するようになるのだが、ここから彼の思想は一気に神憑っていく。

　安江仙弘が迷いこんだのと同じ迷宮――竹内文献などに記された超古代史および歴代天皇の御作とされる神代文字の正統性を、世界各地の古代遺跡や遺物などの調査研究によって科学的に実証し、日本こそが世界人類の母国であり宗主国だと証明することで、ユダヤ人を心服させ、日本に帰依させていかねばならないと考えたのである。

「即ち、日本は人類の母国なり……」

日本の超古代史を海外にアピールするという宣伝工作は、上海フリーメーソン拠点の強制捜査以前から、犬塚によって実行されていた。

反ユダヤからユダヤ容認に転向する前の昭和十六年、犬塚は米系『上海イブニング・ポスト』紙の腕利きのユダヤ人記者に、日本政府および軍部の寛大なる対ユダヤ方針、世界を一家と見なす八紘一宇精神、その必然的な帰結としての人種平等観を説いた。

同紙は当時著名な反日新聞だった。にもかかわらず、「ユダヤ人は希望を転ず」という見出しのもと、一面全段抜きで、東すなわち日本の方位こそが希望の地だという記事を掲載し、反響を得た。そこで一週間後、こんどは「青森県三戸郡戸来《へらい》村に現存する基督《キリスト》の子孫」というセンセーショナルな宣材を記者に提供した。先に述べた竹内巨麿と酒井勝軍の合作によるキリスト渡来説である。

犬塚としては「事の真偽は別として、日本は神秘的な興味深い国であると思わせる一手段」だったと述べているが、これが本音かどうかはわからない。竹内文献は弾圧の対象になっている危険文書だから、その信者と思われることを避けるために、犬塚がわざわざ「事の真偽は別として」と予防線を張った可能性が高い。

「Jews Turn Hopes」（ユダヤ人は希望を転ず）の見出しで『上海イブニング・ポスト』が報じた記事。これは犬塚による宣伝工作の成果だった

　ともあれキリスト教国の英米にとって、キリストの日本渡来説や子孫の現存説が衝撃的なネタだったことはまちがいない。『上海イブニング・ポスト』紙はさっそくこのネタも採用し、犬塚が提供した四枚の写真とあわせて掲載した。

　以上の昭和十六年の「基礎工作」の後、ユダヤ陰謀論の呪縛から抜け出た犬塚は、一段と神憑った思想宣伝に打って出る。『民族問題』と同じ昭和十八年に発行された『人類の母国「神国日本」』（本書も『民族問題』と並ぶ犬塚の最重要著作だが、やはり宮沢の文献目録には記載されていない）では、日猶同祖論ばりの天皇メシア観が全面的に展開されるのである。

　たとえばユダヤ教では、メシアは「日出づる方」、すなわち東（日本）から白馬に乗って現れると信じられているが、それは日本天皇のことだと匂わせている。愛馬の白馬に跨がる昭和天皇の姿は、当時の日本人にはなじみのものだった。また、天皇家の菊花紋と同じ紋章がエルサレムにあるとか、菊花紋類似の紋章を「殊の外猶太人が尊崇し、愛用している」とか、先代サッスーンはダイヤモンドに十六弁菊花紋章を彫刻し、指輪として珍重していたとか、極東ユダヤ大財閥のカドーリは「日本紙幣の御紋章をいつも礼拝していた」と述べ、かつては否定していた日猶同祖論について、こう記すに至っている（カッコ内も犬塚）。
「猶太人の日本への関心は種族的謎に関連した特殊なものがある。倫敦と紐育《ニューヨーク》で刊行した猶太大百科辞典中『日本』の項に依ると、日本は『ロスト・テン・トライブ』（二千六百余年前行方不明となったイスラエル十支族）中の一支族であると記している。……日本人と猶太人が似ている事実は、大体幕末来朝していた医師シーボルト（猶太人）が我が上流階級を見て『これこそロスト・テン・トライブの一つ』と感じ入って同族に知らせて以来、猶太識者に普及し、今では一般大衆の女子供まで常識となっていることである。日本人でも小谷部全一郎等『日猶同祖論』を説いた人もあったが、此等の説を放置しておくと英王室などと同様、日本が猶太人の分派と云われる虞れがある故、余は殊に猶太人に対して、日本は人類の母国なりと訓えるに努めた所以である」（『人類の母国「神国日本」』）
竹内文献や日猶同祖論ばりの観念世界にどっぷりと浸かった上で、犬塚は『上海イブニング・ポスト』にネタを提供した。「真偽は別として」提供したのではなく、彼自身がそう信じていたがゆえの提供だった。だからこそ犬塚は、新聞に記事が出たとき、大いなる成功だと自賛した。前掲書で、犬塚は誇らしげにこう語っている。
「余は学説、遺跡、古文献等の研究に基き、『氷期前亜細亜大陸と分離した日本列島は、天啓に依って人類文化の発達を見、氷期後の新石器時代に人類の世界再分布の母国となり、青銅器、鉄器等の文化を伝え、神代に於て八紘一宇を具顕せり。即ち、日本は人類の母国なり』との説を、実証を挙げて紹介し、昭和十六年四月三十日付イブニング・ポスト紙は之を『飛騨地方に多数の史蹟発見す』との見出しにて、智利《チリ》で発掘した日本神代文字の写真を添えて詳しく掲載した」

同記事は、上海で発行されていた他のユダヤ系各紙にも、独・露・英文によって紹介され、『上海イブニング・ポスト』と並ぶイギリス系反日新聞『ノース・チャイナ・デイリー・ニュース』紙でも報じられた。この突飛きわまりない記事が、日本人とは比較にならないリアリストのユダヤ人にどれほどまともに受け取られたか大いに疑問があるが、犬塚はこれをもって自身の思想謀略戦の大成功例と見なし、以下の主観的評価を下している。

「この記事に依って、彼等は（世界文明が）日本から発生したことを肯定し、民族発生の根本問題で日本に指導され、思想戦的に降伏した証明となった……。彼等としては統治される国家として仰ぐのに、日本の国体が一番有難度く、尊く、まつろいたいと覚悟が出来たから、この挙（一連の記事の掲載）に出たものである」（『民族問題』、カッコ内は藤巻）

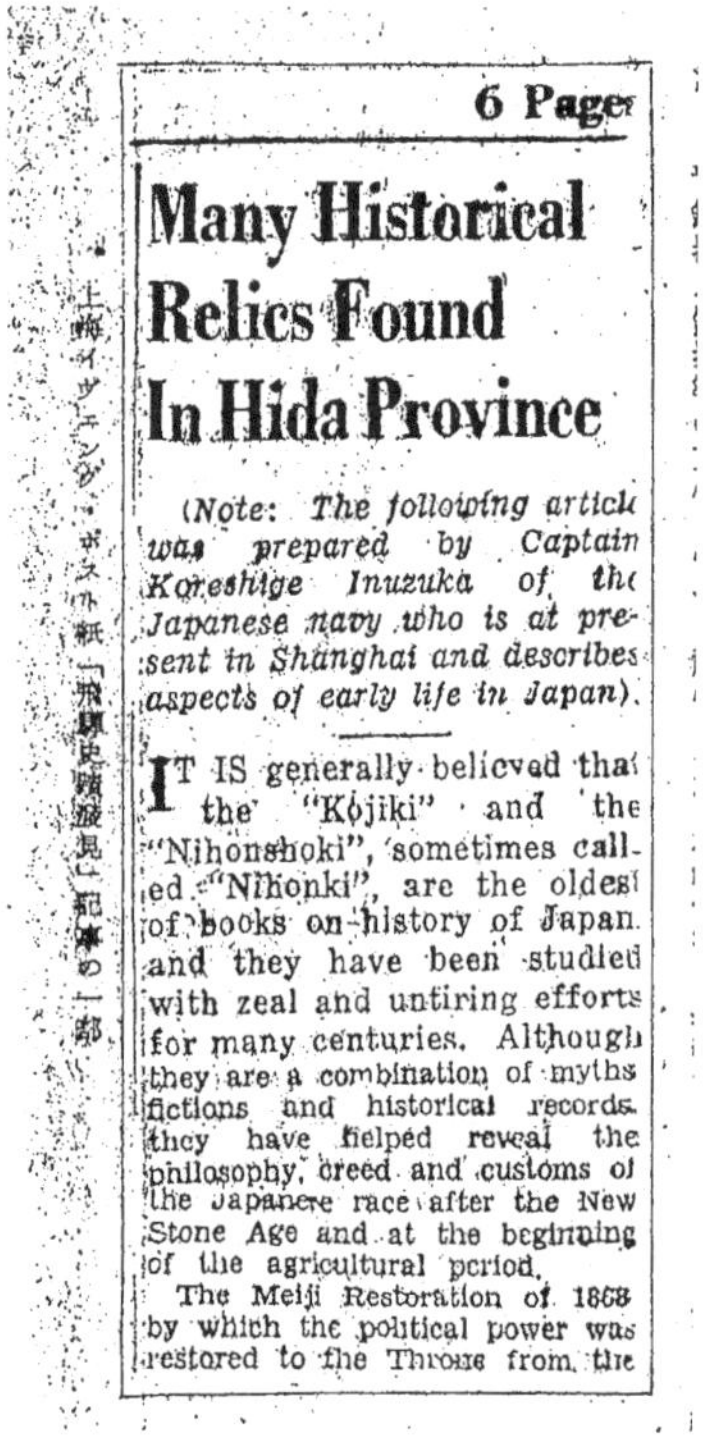

6 Page

Many Historical Relics Found In Hida Province

(Note: The following article was prepared by Captain Koreshige Inuzuka of the Japanese navy who is at present in Shanghai and describes aspects of early life in Japan).

IT IS generally believed that the "Kojiki" and the "Nihonshoki", sometimes called "Nihonki", are the oldest of books on history of Japan and they have been studied with zeal and untiring efforts for many centuries. Although they are a combination of myths fictions and historical records they have helped reveal the philosophy, creed and customs of the Japanese race after the New Stone Age and at the beginning of the agricultural period.

The Meiji Restoration of 1868 by which the political power was restored to the Throne from the

上海イブニング・ポストに掲載された「飛騨地方に多数の史跡発見」の記事。犬塚は上海の謀略機関を指揮して日本が「世界人類の母国」であり、世界文明の起源は日本にあるとする思想謀略戦を仕掛けた（昭和16年）

昭和十八年の一連の著作で犬塚が力説している思想宣伝の方針は、すでに昭和十四年二月の秘密文書『上海対猶方策案』で明確に骨子が述べられている。この文書は犬塚機関のユダヤ工作方針を述べたものであり、つまりは犬塚本人の対猶方策にほかならない。

そこで示されているのは、英系ユダヤ財閥サッスーンの要人に対する「日本及び聖戦目的の認識、日本との協力によって初めて得られるユダヤ人の利益など、親日、日本依存に転向せしめる空気を醸成する予備工作の実施」や、「極東ユダヤの英国依存を日本依存に転向せしめる工作」、「国際金融資本の誘致方策」などであって、徹頭徹尾、政治的リアリズムに基づいている。

犬塚の対ユダヤ方策案を人道的な親ユダヤ方策と見做すロマンチストが、今日少なからずいるようだが、この方策はあくまでユダヤ人を利用するためのものであって、甚だしい困苦に陥っているユダヤ人を救済するために立てられた方策などではない。上海ユダヤ人側としても、それをわかった上で、日本が真に利用できる国か、自分たちにとって利益にかなう国かの瀬踏みを行いつつ、犬塚機関との関係を保持していたと考えるのが妥当なのである。

これが昭和十三、四年時点から一貫する犬塚の対ユダヤ政策だということを、しっかり確認しておく必要がある。

ユダヤも皇国日本から枝分かれした国のひとつ

対ユダヤ政策が、ユダヤの親日本化、究極的にはユダヤ人の皇民化にあるのであれば、ユダヤ禍論の立場でも、親ユダヤ論の立場でも、やるべきことに変わりはない。

犬塚がユダヤを悪の総本山と見なすユダヤ禍論者の立場だったときには、その悪を言向け和して、善の方（それは日本天皇への帰依を意味する）へと〝改心〟させることが企図された。その後、ユダヤは悪の総本山でも何でもないと認識を改めたが、対ユダヤ政策を変更する必要はなかった。誤った宗教観・文明観を頑なに固持するユダヤ人を言向け和して、善の方へと〝改心〟させれば、目標であるユダヤ人の皇民化は達成されるだろうと考えたからである。

ユダヤ人皇民化策として、犬塚は持論である「日本＝人類の母国」説を採用した。これは犬塚の確信であり、信念でもあった。昭和十三年に行った大日本聯合青年団指導者講習会での講演で、すでに犬塚はこう述べている。

「日本の国家の非常に古く日本民族の固有思想や文化が驚くべき優秀なものであるというようなことが最近実蹟や確実な文献に依り日本神代文字の研究に神代文化研究所なるものが出来、熱心に最近行われて居ります。……天照大神の御代には既に神代文字象形神字があって創作者は五十建《いたける》命（或は五《い》十言建《そことたける》命）及び思兼《おもいかね》命であるということが『上記《うえつふみ》』に書かれて居るそうであります。尚それを裏付けるような色々なものが日本の国内から出て来る」（『「国際思想戦」講演抜粋』）

さらに犬塚は、同講演で神代文化研究所への期待も表明している。

同研究所は冨士製作所社長の田中清一《たなかせいいち》をスポンサーとして、神代文字信奉者の小寺小次郎《こてらしょうじろう》が弁護士の田多井四郎治《たたいしろうじ》、高窪喜八郎《たかくぼきはちろう》、増田正雄ら超国家主義の面々らとともに昭和十三年に設立したもので、日本の神代文化の国家による研究機関設立を訴えていた。犬塚は文部省の思想研究調査委員会の海軍側委員も務めていたが、同委員会に対しても「私見として」神代文化研究の必要性を「進言」した。その理由は、「人類の母国日本」「我が国体の尊厳」の立証にあった。

昭和十八年、犬塚は異動命令を受けて上海を去った。陸軍を中心とするユダヤ禍論者の陰謀によるものだと、妻のきよ子は断言している。これにより、かろうじて保持されてきた日本とユダヤのパイプは遮断された。その後、南洋諸島の兵員輸送船団護衛任務に就いた犬塚は結核で帰国し、昭和二十年五月に召集解除、軍歴を終えた。

富士山の研究家として知られた
工学博士・神原信一郎の妻・恭子と犬塚。
犬塚は『冨士古文献』の研究に力を注ぎ、
長い間、求めて得られなかった
三輪義熈の『神皇紀』（『冨士古文献』の要約版）を
恭子から譲り受けた

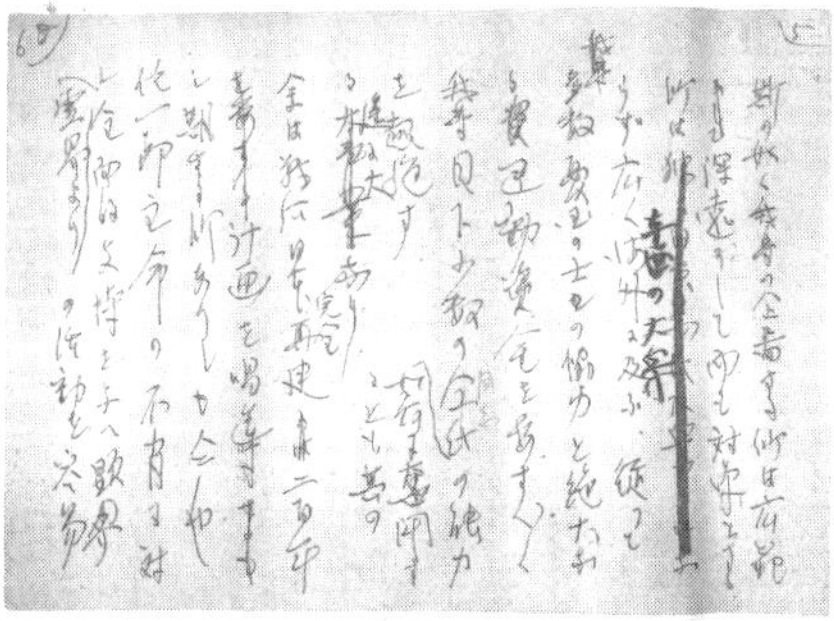

神原信一郎による十年祭の祝詞の草稿。
ここには『神皇紀』を譲り受けるまでの不思議な
霊話が綴られている（写真提供・實方直行）

犬塚ときよ子との共著で昭和30年に刊行された『冨士むかしむかし』

戦後も「人類の母国日本」の証明に情熱を燃やし続けた犬塚は、とりわけ『富士古文献』の研究に力を注いだ。長い間、求めて得られなかった三《み》輪《わ》義熙《よしひろ》の『神皇紀』（『富士古文献』の要約版）を入手したのは昭和二十九年。富士山の研究家として知られた工学博士・神原《かんばら》信一郎《しんいちろう》の未亡人・恭子から譲り受けたものだが、犬塚の遺文中に、この件に関する未発表の文書がある。昭和三十年に行われた神原信一郎十年祭で犬塚がよみあげることになっていた祝詞の草稿だ。

それによると、恭子未亡人には霊能があったが、ある人物から霊手療法を受けて以降、能力が著しく向上した。そんな折、富士関係の資料を探していた犬塚との接点ができ、夫・信一郎が集めてきた資料や研究を犬塚に託した。以上の経緯、および今後の活動方針を、犬塚は右の祝詞で、こう述べているのである。

「信一郎主命の霊は恭子夫人を直通し、我等を指導し激励し、富士高天原に神つまります、いと尊き神々の聖旨を伝うるに至れり。……余は戦后日本完全再建二百年計画を唱導し、期する所ありしも、今や信一郎主命の不肖に対し霊界より全面的支持を与へ顕界の活動を容易ならしめんとの意図を、夫人を介して伝へらる。茲に於て我等同志、勇躍神示の大業成就に邁進せんとす」

『冨士古文献』、および神原の研究は、自身の悲願である「人類の母国日本」説を科学的に証明する最有力資料だと、犬塚には思えた。その発想のもと、同古文献に基づく神代史のダイジェスト『冨士むかしむかし』を、犬塚は妻きよ子との共著で昭和三十年に刊行している。

日本は「絶対的な神国」であり、「人類発生の根源国」と確信していた犬塚。その信念には一片の揺らぎもなかった（写真提供・實方直行）

逝去は昭和四十年。日本を絶対的な神国とし、人類発生の根源国と確信する犬塚は、戦後、日猶懇話会会長なども務めたが、日本を失われた十氏族の一とする類いの日猶同祖論に与することはなかった。

彼にとっては、ユダヤもまた皇国日本から枝分かれした国のひとつにほかならなかったのである。

山本英輔……やまもと　えいすけ

四国・剣山にソロモンの秘宝を求めた海軍大将

「神の愛に満ちたる霊弾が、心の原子爆弾となって、神の手によって、日本に投下さるべきだ」

昭和十一年二月二十六日未明、千四百八十三名の下士官兵をひきつれた陸軍青年将校による未曾有のクーデターが勃発し、日本が震撼した。このとき、蹶起《けっき》将校のあいだで浮上していた革命政府案のひとつに、山本英輔内閣があったといわれる。

事件後、皇道派系陸軍幹部らの軍からの追放（予備役編入）や左遷人事が断行され、海軍からも予備役編入者が出た。その一人が、「皇道派に同情的」とみられていた右の山本海軍大将であった。

二・二六事件により、日本は軍部独裁の道へと一気に突き進む。

皇道派を一掃して実権を握った陸軍統制派は、政治への関与を急速に深め、日中戦争、国家総動員法の公布、東條英機《とうじょうひでき》内閣の発足、日米戦争と、破滅への一本道を驀進していくのである。

かりに二・二六事件が成功し、山本内閣が誕生していたら、別の道が開けたのではないかという意見が、一部にある。右翼陣営の巨魁・頭山満《とうやまみつる》が「至誠の防弾チョッキを着ている」と評したほどの山本なら、かくも悲劇的な道を盲進することはなかったのではないかという見方だが、果たしてそうだろうか。万一そのような事態が訪れたなら、ある意味で東條内閣より以上に危険な〝狂気の日本〟が生まれたのではないかと筆者は思わざるをえない。

なぜそう考えるのか。それについて述べる前に、山本の経歴をざっとみておこう。

大将時代の山本英輔。
右翼陣営の巨魁・頭山満は山本を
「至誠の防弾チョッキを着ている」と評した
（山本英輔著『七転び八起の智仁勇』より）

まだあどけなさが残る小学生時代の山本
（写真＝『七転び八起の智仁勇』より）

明治九年五月十五日、山本英輔は元薩摩藩士の山本吉蔵、母ノブの長男として、鹿児島加治屋町に生まれた。総理を二度にわたって務めた山本権《やまもとごん》兵衛《べえ》海軍大将は、英輔の叔父にあたる。

誕生の翌年、西南戦争が勃発した。父の吉蔵は、屯田兵として単身北海道に渡っていたが、変を聞いて急ぎ帰薩すると、官軍側の陸軍大尉として従軍し、敵弾を受けて戦死した。

母の手で愛育された英輔は、鹿児島の師範学校付属小学校に入学したが、明治二十二年に上京して慶應義塾幼稚舎に転入。卒業後は軍艦操練所翻訳方だった近藤真琴が開いた攻玉社で学び、海軍学校へと進んで明治三十年に卒業後、海軍士官となった。

同三十七年、日露戦役に従軍。ドイツ駐在武官、艦隊参謀、軍令部参謀、戦艦三笠艦長などを歴任して、大正九年に少将、同十三年中将と順調に出世し、昭和四年には第一艦隊司令長官と連合艦隊司令長官を兼務するに至り、同六年には最高位の将官である大将に補任されている。

その後、横須賀鎮守府司令長官、軍事参議官を歴任するが、参議官として奉職していた昭和十一年、冒頭で述べた二・二六事件が勃発し、蹶起軍に同情的だったことから危険視されて予備役に編入され、在野での政治宗教的な活動を開始するのである。

戦前の山本は、ほとんど神憑りともいうべき皇道主義者だった。ところが戦後になると、一転して熱烈な平和論者、国際協調主義者に変貌する。日本がアメリカ戦艦ミズーリ号において無条件降伏文書に調印した昭和二十年九月二日、山本は「神の愛霊弾宣言」なる文書を草した。
「第二次世界大戦が、忽然として終りを告げ、平和の燭光が現れ世界を挙げて、人は皆歓喜した。神の愛に満ちたる霊弾が、心の原子爆弾となって、神の手によって、日本に投下さるべきだ。世界の恒久平和が、これ（原子爆弾）によって、始めて期待し得られるように、霊弾の効果もまた偉大であるべきだ」（『七転び八起の智仁勇』昭和三十二年、以下『自伝』と略称）
人類を滅ぼすことさえ可能な大量破壊兵器の原爆を、世界に「恒久平和」をもたらすものとして肯定し、次は「神の愛に満ちたる霊弾」が「日本に投下さるべきだ」と宣言する海軍大将は、戦前には、世界を指導できるのは天皇を戴く日本のみだと主張し、
「何れは一度は捨つべき命――御稜威《みいつ》八紘《はっこう》に輝く聖天子の馬前に於て捨つるこそ、これまた名誉で在り光栄にあらざる乎。……日本は、遠からず支那をきっかけに、世界平和の盟主の王座に、雄々しくも、ゆるゆると進まんことは、たとえ木の葉が沈んで石が浮いても金輪際間違いはない」（『愈々国家総力戦』昭和十四年）
と力説していた人物なのである。
さらに山本は先の「宣言」において、欧州・アジア・北米・南米・アフリカの五連邦による「世界連邦」樹立を唱え、「世界の君主は世界会議で決める」べきだと主張した。敗戦のわずか数年前まで、世界統治の資格をもつ君主は天皇をおいてほかにはおらず、全世界による「天皇帰一」こそが永久平

和につながる唯一の道だと叫んでいたにもかかわらず（『暁の動員』）、敗戦後は戦前口をきわめて否定していた民主主義のルールをいともあっさりと受け入れ、持論だった「天皇帰一」論をただちに袖の下に隠したのである。

日本の〝神霊界〟と山本の深いつながり

一部のオカルトマニアの間では、山本は四国・剣山《つるぎさん》に眠るとされるソロモン王の財宝、とりわけ十戒の石板を納めた契約の箱（アーク）の発掘をおこなった人物として名が知られている。

山本が、竹内文献信奉者でキリスト日本渡来説の映画まで撮った仲木貞一《なかぎていいち》らとともに発掘に着手したのは、戦後の昭和二十七年だが、剣山アーク埋納説は、戦前から高根正教《たかねまさのり》や内田文吉《うちだぶんきち》らによって唱えられており、昭和十一年からは実際に数次の発掘が行われ、彼らの報告によれば、明らかに人工のものと思われる磨きこまれた玉石や、五色粘土のトンネルなどが発見されたという。

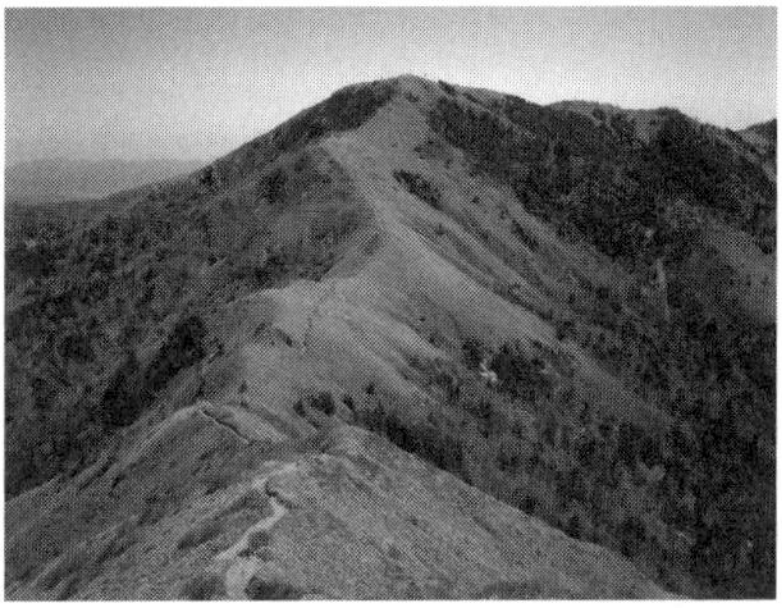

四国・剣山。山本は昭和27年、剣山に眠るとされたソロモンの秘宝、アークの発掘に着手した

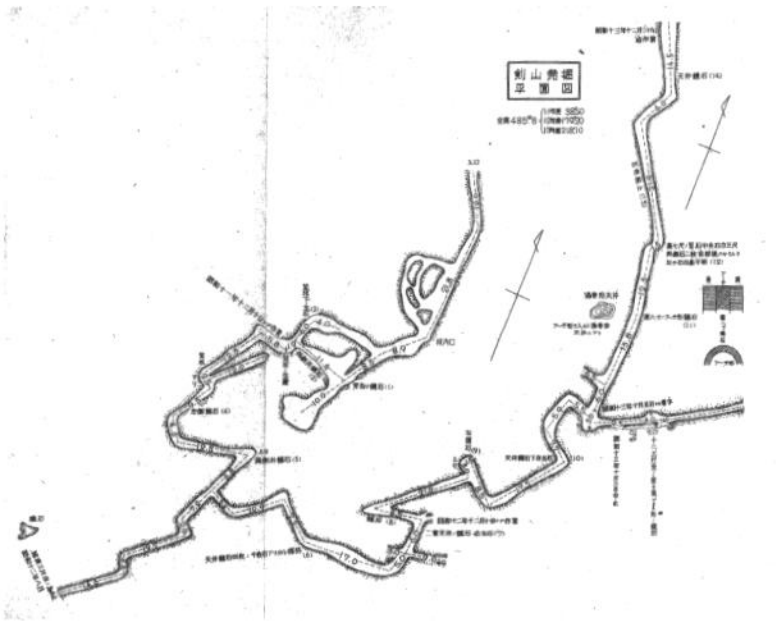

剣山発掘の平面図
（写真＝七転び八起の智仁勇』より）

高根らの発掘は、資金難から昭和二十年に頓挫したが、剣山のことは親ユダヤ陣営の山本にも伝え

られており、山本は戦前から「全く同志的に（高根・内田らと）相結んでその発掘を援助」（三村三郎『ユダヤ問題と裏返して見た日本歴史』）し、発掘の支援者探しにも動いていた。そのターゲットの一人が、大正天皇第三皇子の高松宮宣仁《たかまつのみやのぶひと》親王だった。

剣山発掘の支援者として、山本が白羽の矢を立てたのが、高松宮宣仁親王だった（写真中央。写真＝国立国会図書館蔵）

『高松宮日記』昭和十九年三月二日の条に、山本の名が出てくる。山本が宮に「黙思録指示ノ宝物探シ進ミアルコト」を報告し、「仝所《どうしょ》ニ関スル黙思録ノ解釈謄写」を持参したというのだ。

「黙思録」は『ヨハネ黙示録』を指し、「黙思録ノ解釈謄写」とは、高根正教が「三十有余年」にわたって積み上げてきた『黙示録』の言霊解釈をまとめたと称する謄写文書を指す。

五十音を絶対視し、ただの思いつきで聖書と日本の古典をつなぎあわせた中根の言霊解釈は、言語学者・橋本《はしもと》進吉《しんきち》博士の上代特殊仮名遣研究から導き出された古代の音韻論（上代には少なくとも八十七音が発音され、使い分けがなされていたことが記紀万葉から証明されている）など、国語学や史学の知見をいっさい無視した稚拙なこじつけ論そのものだったが、山本はその説に深く共鳴していた。そこで、山根の謄写文書を宮家に持参するとともに、昭和十一年から高根らが行ってきた発掘（日記にいう「宝物探シ」）を高松宮に説明し、支援を求めたのである。

高松宮は海軍畑で育ち、昭和十六年には横須賀海軍航空隊教官の職にあったが、横須賀には海軍策源地の機能を統轄する横須賀鎮守府があり、山本は昭和三年および七年の二度にわたり、同鎮守府の司令長官に任ぜられていた。おそらくこうした海軍時代のつながりから宮に接近したものだろうが、宮は山本がもちこんだ怪説に興味を示さなかったらしい。四月十二日の条には、海軍大学の教授嘱託だった寺本武治《てらもとたけじ》少将に黙示録・言霊・剣山について尋ねたうえで、「ヤハリ後援シタリ勉強スル必要モナシト思フ」と記している。

山本は数回にわたって高松宮を訪ねたらしい。けれども、まじめで常識を重んじる人柄だった宮から、色よい返事は得られなかった。けれども、剣山にかける山本の執着は敗戦後も続き、昭和二十七年からは、自ら発掘に乗り出した。スポーツニッポンの前身である「新関西」新聞が、剣山発掘に関するヨタ記事を掲載している。

「発掘を行った結果、ついに百余りの人体ミイラと古代食器、タブレット（泥土板に古代文字を書いたもの）、さらに発掘者が水ガラスあるいはカガミ石と呼んでいる堅いガラス状の不思議な加工物を張りめぐらした住居跡を発見した」（三村前掲書所引）

これはほとんどがデタラメで、裏付けとなる物証はない（関係者の間では駐留米軍が接収して本国に持ち帰ったなどと説明されている）。ともあれ、山本には、こうした荒唐無稽ともいえる神秘説に飛びつく性癖が、若いころから一貫してあった。

一枚の写真をごらんいただきたい。昭和二十七年十一月、日猶同祖論者や親ユダヤ論者の集まりである「日猶懇話会」に集まったメンバーを撮影した貴重なショットだ。

前列向かって右から犬塚惟重《いぬづかこれしげ》、ユダヤ教ラビ（宗教指導者）のフランケル、山本英輔、三浦関造《みうらせきぞう》、仲木貞一、二列右から犬塚きよ子、鳥谷幡山《とやばんざん》、高嶋辰彦《たかしまたつひこ》、三村三郎など、ユダヤ関係および竹内文献関係の重鎮がずらりと並んでいる。

昭和27年11月、日猶同祖論者や親ユダヤ論者の集まりである「日猶懇話会」に集まったメンバーを撮影した貴重なショット。当時の日本における神霊界の主要・重要メンバーが会している（写真＝三村三郎『ユダヤ問題と裏返して見た日本歴史』より）

犬塚については前節で書いた。彼は昭和五年に第一艦隊副官と連合艦隊副官に補されているが、その前年、山本が第一艦隊司令長官と連合艦隊司令長官に就いており、犬塚は山本のもとで部下として働いていた。おそらくそのころからのつながりなのだろう、両者は戦後も深く交流を続けていた。神代史運動研究家の實方直行氏は、「山本大将が犬塚大佐宅に伺候すると、犬塚は平伏して頭が上がらなかった」という証言を、「大佐のご長男」から得ている。

次の三浦関造は日本メソジスト教会の牧師から神智学系のオカルティストに転じた人物で、日猶懇話会の副会長として会長の犬塚を支えた。仲木は先にも記したとおりの竹内文献信奉者・日猶同祖論者であり、この時期には山本とともに剣山の発掘を行っていた。

二列目右の犬塚きよ子は、戦時中、犬塚の右腕となってユダヤ工作や反メーソン活動に奔走した犬塚夫人。鳥谷幡山は山根キクがキリストの日本渡来説でセンセーションを巻き起こす以前から、同説を主張していた熱烈な竹内文献信奉者の画家。高嶋辰彦は、未遂に終わった吉田茂首相暗殺によるクーデター計画事件（昭和二十五年）のメンバーで、戦時中は霊能者による国家防衛構想を抱いていた旧陸軍少将。三村三郎（三浦一郎）は九鬼文献の研究から言霊、古神道、霊術、ユダヤ・メーソン問題など、オカルトのあらゆる分野を彷徨った神霊界古参の〝業界人〟である。

山本は、こうした人脈と戦前・戦後を通じてつながっていた。ところが戦後に出した『自伝』では、ユダヤ問題についてはほぼ完全に口を閉ざしており、剣山発掘の思想的背景や動機についても、ほとんど何も語っていない。竹内文献についても同様であり、日本を世界の宗主国とし、ユダヤのルーツは日本にあるとする竹内文献流の超国家主義的思想——これはＧＨＱが最も神経質に禁圧した思想でもある——について、ほぼ完全に沈黙したのである。

「竹内文献」「シオン賢者の議定書」というふたつの書がもたらしたもの

時期は不明だが、山本が竹内文献を読んでいたことは、酒井勝軍から贈られたとみられる竹内文献テキストの『神代秘史』（昭和十年刊）が山本の旧蔵本中にあることや、酒井が山本から贈られた『ザ・

グレート・ピラミッド』にインスパイアされ、後の「太古日本のピラミッド」説へと発展させたことなどから明らかだが、こうしたオカルティックな背景についても、山本は口を閉ざしている。

けれども戦前の山本の著作からは、竹内文献を筆頭とするいわゆる超古代文献からの影響が、明らかにみてとれる。たとえば山本は、戦中こう主張していた。

「中心分派・中心帰一の天則に従い、天皇は既に世界を統一せられ、八紘一宇の世界があったので、今や再びその実現に向かって進展しつつある様に思う」（『天皇帰一の生活』昭和十七年）

この表現には解説が要る。「中心分派・中心帰一の天則」とは、世界の諸国は日本天皇および日本国の枝国として発展してきたものだから、親である天皇および日本に帰一するのが宇宙の法則だという意味だが、注目されるのは、それに続く「天皇は既に世界を統一」しており、「八紘一宇の世界があった」という部分だ。

知られるように、竹内文献では、かつて天皇が世界に君臨し、皇子らを各地に派遣して開拓・統治せしめ、文化文明を生み育てたとし、これが真正の太古史だと主張していた。「天皇は既に世界を統一」という山本の言葉は、これを受けている。

戦後、竹内文書などについて沈黙した山本だが、山本が竹内文書を読んでいた事実は、酒井勝軍から送られたとみられる『神代秘史』（竹内文書テキスト）が彼の旧蔵本にあったことからも明らかだ。写真には山本の署名があるのがわかる

太古の天皇統一時代は巨大な地殻変動で滅び去り、日本と世界との関係は断絶した。その後、長大な時間が経過したが、「今」――つまり日中戦争から日米戦争へと展開しつつある現代は、再び原初の天皇統一世界の「実現に向かって進展しつつある」時代だと山本は見た。そこから、大東亜戦争およびアジアへの侵攻が正当化される。植民地の住民に対しては、「我等（日本人）の祖先が嘗てここに来て統治しておった、その古えに復するものだと教うべき」だというのである。

ユダヤ問題に対する関心は、さらに早い。大正七年のシベリア出兵時、山本は戦艦三笠の艦長として出動し、ウラジオストックに入った。このとき彼が入手した文書こそが、かの『シオン賢者の議定書』なのである。山本は自伝でこう述べている。

「浦塩（ウラジオストック）陸軍司令部にて、『シオン』の決議を入手して、之を翻訳した。之は秘密書類で、外部に出るのではないが、之を手に入れて、三笠に持って来て謄写刷を頼んだ。……共産主義の宣伝で、各上層階級に進入して、之をやらせ、又新聞を買収してその太鼓を叩き、時には反対派の新聞も置いてやらせる。芝居映画等にも用い、政策などがあった。私は一冊を床次《とこなみ》内務大臣に送って、気をつけなさいと言ってやった」

わかりにくい文章で、ユダヤなどの表現はたぶんGHQへの配慮から意図的に避けている。大正末から昭和初期にかけて猛威をふるったユダヤ・フリーメーソン陰謀論を「共産主義の宣伝」の一言で済ませているが、当時の状況は四王天延孝や安江仙弘、犬塚惟重の項で詳述したとおりであり、日本国体が今にもユダヤによって転覆させられるというヒステリックな恐怖は、大正末から昭和初期にかけて、広く国内に蔓延していた。山本は、その先鞭を付けた人物の一人なのである。

山本が『議定書』の訳書を政府中枢の床次竹二郎《たけじろう》内相に送っている点も注目される。後に「政権亡者」と揶揄された床次は、竹内文献のシンパという裏の顔も持つ内務官僚上がりの代議士(立憲政友会)で、周辺には数多くのきな臭い話が渦巻いているが、いまそれを見ていく余裕はない。ここでは、山本が「内務大臣」に『議定書』を送ったことに注意しておきたい。

内務省は、地方行財政などのほかに警察も管轄して、国民生活全般を取り締まる強大な権力を握っていた。国体護持の本山ともいうべき巨大官庁であり、対共産主義、対民主主義、対ユダヤ・フリーメーソンの取り締まりは、内務省の管轄下にあった。

その内務省のトップである床次に『議定書』の翻訳書を送ったということは、山本がすでに大正七年の時点でこの問題に並々ならぬ関心を寄せ、強い警戒心を抱いていたことを示している。ちなみに、安江仙弘が『議定書』の全訳を含む『世界革命之裏面』を刊行したのは大正十三年なので、山本はそれより六年も前に同書を翻訳していたことになる。まさしく先駆者といってよい。

日本語こそが「宇宙の真理」と合致した言語

山本がかかわっていた人脈を、もう少し見ておこう。

昭和十二年、弁護士で皇道主義の前衛でもあった中里義美《なかざとよしみ》は、竹内文献等の超古代史こそが日本および世界の正史であることを証明・宣布し、唯一無二の世界の盟主である天皇による世界統治を扶翼《ふよく》するために、「神乃日本社」を創設した。同社には、社会的な影響力を持つ政界や軍部などの国家主義の大立者から、過激な古神道系人脈までが網羅されている。

昭和十三年時点で「顧問」として公表されているのは、華族では一條實孝《いちじょうさねたか》（公爵）、上杉憲章《うえすぎのりあき》（伯爵）、政治家では菅原通敬《すがわらみちよし》（枢密顧問官）、水野錬太郎《みずのれんたろう》（貴族院議員）、赤池濃《あかいけあつし》（同）、菊池武夫《きくちたけお》（同）、軍人では南次郎《みなみじろう》（陸軍大将）、小磯国昭《こいそくにあき》（同）、佐藤清勝《さとうきよかつ》（陸軍中将）、秦真次（同）、柳川平助《やながわへいすけ》（同）で、山本英輔も海軍所属の唯一の顧問として名を連ねており、古神道・言霊関係では、荒深道斎《あらふかみちのり》、吉良宇治《きらうじ》那理《なり》、武智時三郎《たけちときさぶろう》らの名が顧問の列に見える。

顧問の下には評議員が置かれたが、そこにも神道系教団の代表や宮司、古神道家、軍人、弁護士、大臣秘書官、医学博士、占術家などの興味深い名前が列挙されており、中里を支持した人脈の幅広さに驚かされるが、彼らの紐帯となっていたのが、天皇に対する絶対的な信仰なのである。

これら人士のうちでも、南次郎、小磯国昭、山本英輔ら陸海軍首脳は中里と太いパイプでつながっており、山本は昭和十二年十一月に創刊された機関紙『神乃日本』（後に『神日本』と改題）の題字を揮《き》毫《ごう》した。神乃日本社は活動目的として、神霊現象・言霊学・神代文字・神代並びに古代各文献・猶太人問題などに関する研究と報告等を掲げているが、これらはそっくりそのまま山本の関心事と重なっている。戦前・戦中の、熱に浮かされたような秘教的天皇絶対主義が掲げたテーマは、いずれも山本自身のテーマにほかならなかった。

たとえば言霊に関して、山本は神乃日本社の顧問だった武智時三郎や、同社評議員の内山智照《うちやまちしょう》、山《やま》腰明将《こしめいしょう》（陸軍歩兵少将）らから学んでいる。いずれも数霊や言霊の研究に没頭した面々であり、武智の門下からは、内山のほかに岡本天明や小笠原孝次らが出ている。

これらファナティックな言霊論者に学んだ山本は、戦後になると、日本語こそが「宇宙の真理」と合致した言語だと主張した。「日本語の子音の半分は火の性質を有し、半分は水の性質を有して、丁度陰陽水火の交りで、宇宙の万象万物生成発展をなせるに相当しているので、五十音の組み合わせにより、森羅万象が生まれてくる。……『言葉は神なり』とゆうバイブルの言は、日本語に於て始めて立証される」（『真理の光』昭和二十六年）というのである。

古神道の秘儀の中でも、とりわけ秘教的色彩の強い松浦彦操《まつうらげんそう》の「器教《ききょう》」も、山本の言に従うなら、山本が著述することを勧めた結果世に出たもので、刊行記念の披露宴を水交社（海軍将官の現役皇族を総裁とする海軍将校の親睦・研究団体）で開いたのも山本の斡旋によったという。

器教というのは、伊勢神宮の斎宮に伝えられてきたとされる「つつみ・たたみ・むすび」の教えをさす。紙や紐などを用いて「包み・折り・結び」を行い、神との媒介をなす器（たとえば折り紙）をつくることで、神との交流から神人合一まで実現されるのだという だ。

この幻の技は、斎宮に仕えた松浦家の祖先の女官が、南北朝時代以降、吉備国の同家内で秘かに伝承してきたものだと、松浦彦操は述べるのだが（『みふみかたどり』）、その松浦は、かつて山本の講演を聞き、山本を「器教」受法の有資格者だと認めていた。そこで人を介して山本と面会し、技の一部を教授した。

山本は「一枚の紙で色々のものを造る方法を、妻と共に二カ月計り習った」。その際、秘技に関する解釈をすべて筆記したが、火事で焼失した。そこで山本から松浦に出版を持ちかけた結果、天下の奇書『みふみかたどり』が昭和十五年に刊行され、今に残されたというのである。山本は松浦の再婚相手の仲介も行ったと述懐している。

山本と大本教、その知られざる関係の真相

霊術についての関心は、これら秘儀秘伝の世界との関わりよりずっと古い。病気がちだった母ノブは、山本が幼少のころから修験者による悪霊祓いなどを受け、神仏への信仰を熱心に行っていた。山本にとって、女手ひとつで自分を育て、海軍軍人への道まで開いてくれたノブは、この世で最も尊敬すべき理想の女性であり母だったから、その母が存在を認め、実際に行っていた目に見えない世界との交流・交渉は、彼の心に深く刻印されたに違いない。

ちなみにノブは、後年、山本が癰《よう》と丹毒《たんどく》で危篤の状態に陥ったとき、「神水」などを持って鹿児島から駆けつけ、医者にも治せないでいた病を快癒に導いたことがあったという。

山本と霊術との具体的な接点は、明治三十九年（山本三十歳）のときだ。肺病だった先輩の篠崎大尉が、催眠術で知られる桑原俊郎《くわばらとしろう》の霊術治療を受けて健康を回復したことに興味を抱き、当時、教官だった秋山真之《あきやまさねゆき》や他の学生らとともに、桑原式精神霊動の講習を受けたという。

大本の鎮魂帰神は、大正六年（山本四十一歳）に体験した。

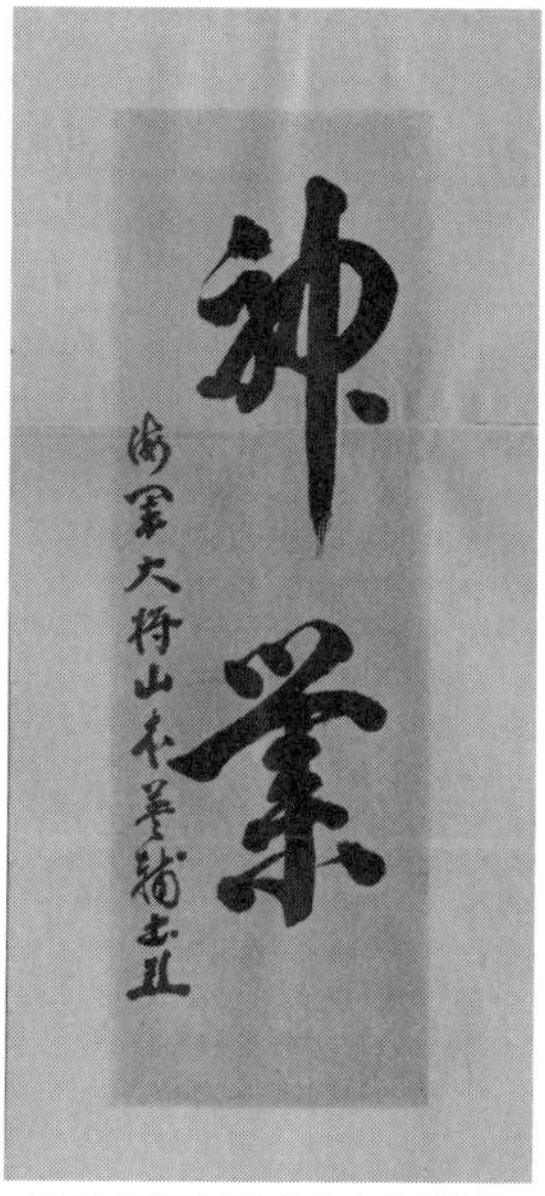

天下の奇書『みふみかたどり』に付された山本の筆による「神業」の文字（写真＝国立国会図書館）

このころノブは胃癌を患い、自力歩行が困難なほどに悪化していた。そんなおり、欧州出張から帰国した山本が、同年五月に盲腸炎で入院していた海軍の大先輩の秋山真之（第二章「秋山真之」参照）を見舞ったところ、秋山から「大本教の王仁三郎が『（あなたの盲腸は）何日頃には膿が出るが、それが更に何日頃になると治る』と言ったが、実際その通りになった。馬鹿にならぬよ。君も暇があったら一度行って見たまえ」と綾部行きを勧められた。

当時、大本教主顧問だった秋山は、ほどなく王仁三郎と喧嘩別れし、反大本の急先鋒になるのだが、この時点では、まだ大本に共鳴しており、山本のために紹介状を書いた。そこで山本は、母のためにお守り札をもらおうと、六月九日に大本を尋ねた。

山本に大本教の拠点・綾部行きを勧めた秋山真之。秋山は病状の悪化により大正6年に海軍を辞し、のちに皇典研究会を設立した（写真＝国立国会図書館）

綾部では、すぐに山本を座敷に通し、王仁三郎自身が応対した。世界の立替え立直しなどの議論の後で王仁三郎から鎮魂を受けたところ、たちまち山本に霊動が起こった。

「あなたは大変よい霊動が起こる。ひとつ神殿に行って本式に鎮魂をやってごらんなさい」という王仁三郎の勧めに従い、秋山真之ら海軍将官の多くに鎮魂帰神を施していた浅野《あさの》和三郎《わさぶろう》（後の心霊科学協会創設者）を審神者《さにわ》として、金龍殿で本格的に鎮魂帰神を受けた。このときの様子は、浅野の『冬籠　綾部生活の五年第二部』と、山本の自伝では、かなり内容が違っている。

浅野によれば、山本はすぐに帰神状態となった。降りた神霊の名を浅野が問うと「素戔嗚尊《すさのおのみこと》」と答え、同時に自分めがけて猛然と攻めかかってきた。驚愕する浅野の眼前に立った山本は、浅野の頭を両断する勢いで、組んだ両手を振り下ろした。ところが拳は右左に逸れて、当たらない。激しく風を切る音だけが耳に響く。

「もしただの一箇でも打たれるなら、自分に審神者の資格がないのである。その時は潔くこの職を返済するまで」と腹を決めて瞑目し、一心に「神界からの御援助」を祈った。

一方、山本は荒れ狂って四十八畳敷の金龍殿の座敷を駆け廻り、絶叫し、組んだ拳を浅野めがけて振り回した。浅野によれば、このとき山本に憑ったのは「天狗」だったが、大本の大神が眷属《けんぞく》の天狗と龍神を送ったので、ついに山本に憑いた天狗が座敷にへたりこんで叩頭し、敗北を認めた。この神霊同士の格闘は実に二時間以上もつづいた――と浅野は書いている。

山本の回想でも、素戔嗚と称する霊が憑って暴れ回ったくだりまでは浅野と大差がない。「或は右を突き、或は左を突き、縦横無尽に前後左右に飛び廻わり切りまくる、あの広い金龍殿を所狭しと立ち廻った勢いは凄まじいものであった」という。

浅野が書いていないのは、このとき山本の口から出た「ナイカクソウリダイジン……」という謎の言葉だが、山本はこれを二・二六事件の際、自分が総理大臣に任命される可能性が高まり、新聞にもその記事が出たことの予言だと推測している。

このとき山本の肉体は憑霊によって動かされており、自分の意志では抑えられなかった。操られる

当時の大本の拠点・綾部の再現イラスト。
右下にある金龍殿で山本は鎮魂帰神を受けた
（写真＝国立国会図書館蔵）

浅野和三郎（写真）を審神者として
本格的な鎮魂帰神を受けた山本
には何者かの霊が憑き、山本は数
時間にわたり暴れまわったとされる
（写真＝国立国会図書館）

まま立ち回りつつ、どうしたら鎮められるかと考えていると、突然「左斜上方に……紅い盆の如き形でドンヨリとした太陽が現れたので、私の活動は瞬間に静まり、手を合せて平伏し、忝じけなや天照大神と伏し拝んだ」。これで憑依状態から抜け出たというのが、山本の回想だ。

鎮まった後、浅野が山本の憑霊に説諭したことは浅野も山本本人も書いているが、受け取り方はまったく違う。

「私は恰も催眠術の暗示の様だなと感じ、割合に下手だなと思った。この時、（浅野の）説法が上手で私を感心さしたら私は大本教の信者になったかも知れぬが、余り感心しなかったから、大本教の訪問はこれが最初であり、最後であった」

以上が山本と大本の唯一の接点だ。ネットで山本を検索すると、「剣山」と「大本」関連ばかりがヒットし、「大本シンパ」、「大本人脈」などという表現も目につく。けれども、大本シンパ説には何の根拠もない。大正六年に山本が綾部を訪れ、出口王仁三郎と浅野和三郎から鎮魂帰神を受けたという、ただその一点のみにもとづく憶説にすぎない。

母の胃癌を治した仏教系霊術師・木村天真の心霊療法

大本の霊術に惹かれることはなかったが、その後、ノブの胃癌は熊本の仏教系霊術師・木村天真《きむらてんしん》の心霊療法で、奇跡的に癒やされた。癌が体内で溶け、まるで「チョコレートのよう」な排泄物となって体外に排出されたと山本は自伝で書いている。

この「奇跡」があって以来、山本は木村から大きな影響を受けるようになった。

木村は、諸病の原因は死霊・生霊にあると教えていた。これらの霊が、病者に取り憑くことで自己の果たせなかった欲望や恨みや怒りなどを「表現」したものが「病」であり、憑かれた側にも、憑霊の怨恨等と結びあう因縁があるので、両者は照応しあっている。病は霊障だが、その霊とは死霊・生霊だけを意味するのではなく、自身の霊も含まれる。つまるところ「みな自己が病を作りて我身を苦しむる」（木村『病源研究』）のであり、病とは、過去・現在・未来の三世にわたって自分自身の思いや行いが生み出した迷妄の塊である「業報」にほかならない。

この業の報いを解消するために、木村は病者の心身上に現れている病霊を浮き上がらせ（このとき病者に霊動が起こり、憑霊が病者の口を借りて語り出す）、これと問答し、その誤りを諭すとともに、病者自身が自己執着を捨て去るように教え導く。

執着から脱すれば、人は「迷」から「悟」の道に生まれ変わるので、「自己執着の悪魔は仏身に化し、この土（肉）は光に満てる寂光土となり、今まで苦悩（心）のありし地獄界は極楽となり、身も所も更に改むるでなく我が心は仏、肉は浄土と変ずる」（木村『病源自覚術』）というのだ。

木村のこの霊術により、確かにノブの癌は癒えた。木村による心霊療法の威力を目の当たりにした山本は、さっそく木村の門を叩き、東京にも招いて木村式霊術の講習会を数箇所で開いた。

木村が唱えた「三世流転・因果応報の理」は山本が深く傾斜した思想であり、戦後、山本が心血を注いで書き上げた『真理の光』の序でも、「三世流転・因果応報の必然を人類に確認せしめること」ができれば、「真善美の地上天国」は実現すると述べている。

山本の母・ノブの胃がんを霊術で救った木村天真（写真・向って右）と山本母子。これを契機として、山本は深淵なる霊術の世界へと入り込んでいくこととなる（写真＝『七転八起の智仁勇』より）

山本が手を染めたのは、木村の霊術に止まらなかった。霊媒による物理的心霊現象の実験にも戦前・戦後を通じて、複数回参加している。

戦前の実験会は、浅野和三郎の心霊協会会員だった子爵・間《ま》部詮信《なべあきのぶ》の主宰だというから、稀代の物理霊媒・亀井三郎《かめいさぶろう》が実験霊媒役を受け持った可能性があるが、詳細は語られていない。けれども、交霊会や心霊現象に対する関心は戦後も一貫してつづいており、敗戦から間もない昭和二十五年八月と九月に竹内満朋《たけうちみつとも》を霊媒としておこなわれた交霊実験会では、竹内霊媒の指導霊であるインドのローム霊が虚空から「直径約一寸程の立派な水晶の玉」を創り出した現場に立ち会い、「本当に無から有が生じた」と記している。

　心霊関連に対する強い関心から、山本は易の小玉呑象《こだまどんしょう》、観相の石龍子《せきりゅうし》の講話も聞いた。日本初のヨガ行者として知られ、独自の心身統一法を編み出して統一哲医学会を創設した中村天風《なかむらてんぷう》の講習も受けた。そしてこうした目に見えない世界の探求の中心には、常に「比類なき中心君主」（『天皇帰一の生活』）である「天皇」の幻像があったのである。

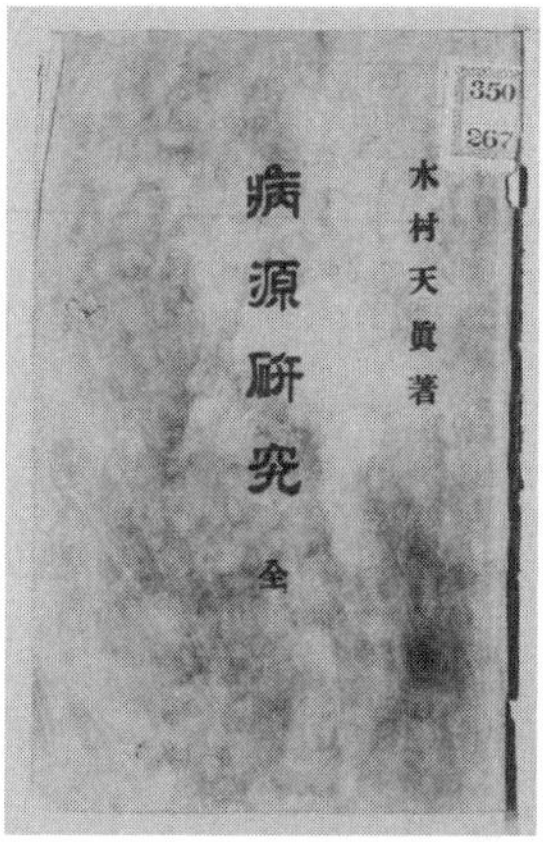

木村が残した著作『病原研究』と『病原自覚法』。木村の思想は山本に大きな影響を与えた（写真＝国立国会図書館蔵）

「天皇陛下の御稜威は絶対であり、同時にその御力は無限大である」

右に書いてきたとおり、山本は神秘と名のつくものなら何にでも強い興味を示し、貪欲に探求した。けれども彼は、世間にありふれた迷信家というわけではなかった。文系・理系でいえば理系の人間であり、若いころは水雷長、海軍兵器廠々員、海軍工廠検査官などを歴任し、日露戦争では無線電信機の改良や無線電信に関する新発見などで金八円の賞賜に与っている。海軍諸記号も、山本の私案が後に制式に採用されたものだという。

その後は幕僚の道を進み、海軍大学を卒業して尉官から佐官に昇進した明治四十年（山本三十二歳）には、海軍全体の作戦・指揮を統括する軍令部の参謀となり、以後、佐官から将官へと昇進していく間に、海軍大学校長、海軍航空本部長（山本は早くから航空戦の備えの重要性に着目し、海軍航空部門の研究推進や軍用気球の研究を推進していた）、横須賀鎮守府司令長官、第一艦隊司令長官、連合艦隊司令長官などの重職を歴任して、海軍を代表する顔の一人でありつづけた。

他方、世界情勢に対する見聞も、きわめて豊かだった。二十四歳時の英国初出張を皮切りに、欧州各国、中近東、ロシア、アメリカ、南米まで、在任中は文字どおり間断なく世界各国を廻っており、ロシア皇帝、スペイン皇帝、ムッソリーニ首相など各国要人とも面会してきた。

軍関係の要人や各種施設の視察も行っており、ドイツではツェッペリン号に乗り、英国や米国では造船所などを視察し、各国の繁栄と国力のすさまじさをじかにその目で見た。だから山本は、日本と欧米との国力の差は明確にわかっていた。にもかかわらず、予備役に編入された昭和十一年以後、戦争へと急傾斜していく時代思潮に乗り、それを煽る国家主義者サイドと行動をともにした。その最大の理由は、日本と天皇に対する、ほとんど盲目的なまでの信仰にあった。

山本にとって「日本は絶対」であり、「欧米諸国は相対」であって、両者には決定的な違いがあると思われた。「如何に彼等が強大に見えても、相対のものであるから、これが束になって来たところで、絶対を動かすことはできない」。なぜ日本が「絶対」なのか。「天皇」が存在するからである。「天皇陛下の御稜威は絶対であり、同時にその御力は無限大である。……日本の軍人が屡々戦場に於て、人間業とは思えぬ、神業に等しい働きをするのは何故かといえば、これは天皇陛下の絶対無限の御稜威を戴いているからである」（『暁の動員』所収「時局と皇道精神」）

山本が抱いていたこの「天皇帰一」の幻想は、敗戦によって潰えた。この時点で七十歳だった山本は、冒頭でも書いたとおり、敗戦後には絶対的な持論だったはずの日本神国論も天皇帰一論も捨て去り、熱烈な世界平和論者に住み替えた。

けれども、彼が心から戦前・戦中の「天皇帰一論」を放棄したのかといえば、おそらくそうではなかったろう。ＧＨＱが徹底した国家主義者狩りを行っている中で書かれた自伝などでは、それにかかわる経歴の大半は慎重に隠されている。

けれども、戦後も言霊や心霊科学などの研究を続け、あるいは剣山発掘に乗り出し、犬塚惟重らの日猶懇話会に参加するなど、戦中から連続する動きを止めなかった山本が、天皇帰一の夢の一切を消去したとはとうてい思えない。

昭和8年（1933）12月23日、皇太子のご生誕を祝して、皇居前には日の丸を掲げた多くの国民が押し寄せた。戦後も世界の盟主国・日本と世界盟主としての天皇を思い描いた山本。その視線の先にあったのは、昭和天皇ではなかった（写真＝国立国会図書館蔵）

彼はおそらく、依然として世界の盟主国・日本と、世界盟主としての天皇を思い描いていたに違いない。ただしその場合の天皇とは、昭和天皇ではない。

皇太子（現上皇）が誕生したとき、「日の御子が旭日輝く今日の朝、国の光と生れましにけり」と歌った山本は、米軍の『スター・エンド・ストライプ』紙に掲載された皇太子にまつわる占星術の記事を読み、未来の天皇への思いを抑えきれず、自伝にこう書いている。

「皇太子殿下は、一九三三年十二月二十三日午前六時三十五分、摩羯宮の下に御誕生に相成った。この時は二万年に唯一度起こるとゆう、新月、金星、土星及び太陽が丁度並列した時点であった。……我等は日本皇室の弥栄と、日本国の隆盛を祝福するものである――」

小磯国昭《こいそくにあき》……神代文字に八紘一宇の神意を見た男

小磯の「神がゝりの傾向」に不安を抱いていた天皇

昭和十九年七月十八日、倒閣運動に抗しきれなくなった東條内閣が総辞職し、総督として朝鮮統治に当たっていた予備役の陸軍大将・小磯国昭に組閣の大命が下った。

本土防衛上、また反攻上、絶対に死守しなければならないとして東條内閣が昭和十八年九月の閣議および御前会議で決定した絶対国防圏が、十九年二月のトラック島空襲、六月のマリアナ沖海戦の大敗で完膚なきまでに破られ、サイパン、グアムもあいついで陥落。太平洋の制空・制海権を失った日本の敗戦は必至という絶望的な状況で、小磯は首相に就任した。

「卿（小磯）ら協力して内閣を組織すべし。特に大東亜戦争の目的完遂に努むべし」

大命拝受に際し、小磯が天皇から受けた勅語がこれであった。

天皇の意思は、現時点での「休戦媾和」ではなく「戦争継続」――小磯はそう受けとめ、小磯内閣としてとるべき方針を心に固めた。敗戦後、食道がんと戦いながら巣鴨の獄中でまとめあげた自伝『葛《かつ》山鴻爪《やまこうそう》』で、彼はこうふりかえっている。

「大東亜戦争の目的完遂ということは……米英支を撃滅して大東亜共栄圏を確立するということである。戦況の現段階から推せば、米英支の撃滅という前提条件が既に実現至難である。然し……仮令《たとい》至

昭和19年7月、日本が敗戦必死の絶望的な状況下で
首相に任命された小磯国昭
（写真は朝鮮総督時代のもの『葛山鴻爪』より）

天皇は小磯を「神がゝりの傾向もあり」と見ていた。
複雑な思いのなか、天皇は小磯に何を託そうとしたのか
（写真・AFP＝時事）

難であっても克服を企図せねばならぬ」

「最後の一戦に勝利を獲られる望がないとも断言は出来ぬ。仮令、撃滅は出来ずとも、一時的撃破位は可能かも知れぬ。そこで和戦を決しても晩《おそ》くはあるまい」

　悲壮な覚悟で、小磯は大命を拝受した。自伝にあるとおり、この時点でアメリカ・イギリス・中国の「撃滅」が「実現至難」だということは、戦況や残存戦力などの機密情報を入手できる立場にあった軍中枢はもちろん、民間でも多少なりとも戦況判断のつく者なら、とうに見当はついていた。にもかかわらず、天皇が下した勅語は「大東亜戦争の目的完遂」だった。承詔必謹《しょうしょうひっきん》——詔《みことのり》を承けたら必ず謹んで従うべしとする軍の伝統に従う以外、小磯に選択肢はなかった。

　一方、任命した昭和天皇の思いも複雑だった。国家が潰れるかどうかという瀬戸際での舵取りを、小

磯に任せて大丈夫なのか。小磯では無理ではないのかという危惧があったが、重臣会議の結論が小磯内閣であってみれば、了とする以外の道はなかった。

天皇の小磯観が、御用掛・寺崎英成《てらさきひでなり》の『昭和天皇独白録』に記録されている。

「私は小磯は三月事件にも関係があったと云われているし、又神がゝりの傾向もあり、且《かつ》経済のことも知らないから、稍ゝ《やや》不安はあったけれど、米内（光政）平沼（騏一郎）の二人が勧めるので、不本意乍ら、小磯に大命を下すことにした」

三月事件とは、陸軍中堅幹部と民間右翼が連携して宇垣一成《うがきかずしげ》を首班とする軍事政権を樹て、昭和維新を断行しようと計画した昭和六年三月のクーデター未遂事件を指す。

陸軍側は橋本欣五郎《はしもときんごろう》ら桜会メンバー、民間側は大川周明《おおかわしゅうめい》や清水行之助《しみずこうのすけ》らが中心となって計画を練りあげ、当時軍務局長という要職にあった小磯も、中心人物の一人として動いた。クーデターが成功した暁には首班候補となるはずだった宇垣は、後に日記に「小磯の台頭が炎となり小磯の軽挙が招来したる三月事件」と、後世の史家に自分は無関係だったと訴えるかのような文言を記している。

事件そのものは、決起前に中止に追いこまれた。けれども、事件に小磯が関与していたということは、天皇の耳に入っていた。この国で軍を動かすことができるのは、唯一陸海軍の統帥権をもつ天皇のみであり（『大日本帝国憲法』第十一条）、天皇以外の者が私的に兵を動かせば、天皇・国家に対する叛逆となる。そんな計画に、一時的とはいえ賛同したと伝えられている小磯に「不安」を感じたのは当然だが、さらに天皇は小磯の「神がゝりの傾向」にも不安を抱いていた。

小磯の「神がゝり」に関して、天皇がどのような情報を得ていたのかは知れない。けれどもこの小磯観は、まちがいなく正鵠を得ていた。具体的な中身を追う前に、まず小磯の経歴をざっとふりかえっておきたい。

陸軍士官学校、陸軍大学を歩んだエリート軍人

明治十三年三月二十二日、小磯国昭は栃木県宇都宮で小磯家の長男として生を享けた。父は元庄内藩士の小磯進で、宇都宮警察署警部、山形県参事官などを歴任し、後に衆議院議員になっている。

父の転任で山形に移った小磯は、中学まで山形で過ごした後、陸軍士官学校、陸軍大学というエリートコースを歩んだ。陸大での成績は三十三番とふるわなかったが、これは現地戦術で教官と意見が対立したとき、頑固に自説を押し通して成績を落とされたのが原因だという。漢文漢詩をよくし、抜群の記憶力を誇る頭脳明晰な人物でもあった。

満州事変が勃発した昭和六年、小磯は中将に進級した。翌年には関東軍参謀長兼特務部長となって満州に赴任。同九年に広島第五師団長、十年には朝鮮軍司令官に親補された。

山形尋常中学当時の写真。中列右端が小磯。のちに小磯は陸軍士官学校、見習い士官を経て、陸軍大学というエリートコースを歩んだ（写真＝『葛山鴻爪』より）

この間、陸軍内では荒木貞夫《あらきさだお》・真崎甚三郎《まさきじんざぶろう》をトップとし、尉官級の青年将校を中核とする皇道派と、それを掣肘する幕僚らからなる統制派の二大派閥が、陸軍の実権を巡って激しく暗闘していた。けれども昭和十一年の二・二六事件で皇道派が壊滅に追いやられると、皇道派や宇垣一成に近かった将官らも、統制派によって次々と軍中枢から排除された。

二・二六事件で総辞職した岡田内閣に替わり、広田弘毅《ひろたこうき》に組閣の大命が下ったが、広田内閣も一年ともたずに総辞職に追いこまれ、宇垣一成にお鉢が回ってきた。統制派が牛耳っている陸軍は宇垣内閣の誕生を喜ばず、三月事件の責任問題を持ち出すなどして（宇垣は三月事件の際、大川周明らから計画を聞かされており、事前に知る立場にあった）、宇垣内閣には陸軍大臣（陸相）を推薦しないと決定した。大臣がそろわなければ組閣ができず、流産するからである。

そこに至る前、宇垣は小磯に陸相就任を要請している。けれども小磯は、陸軍三長官（陸軍最高幹部の陸軍大臣・参謀総長・教育総監）の同意が得られないという理由で要請を固辞した。陸軍の協力を得られる見込みがなくなった宇垣は、無念の臍《ほぞ》をかみながら大命を拝辞した。その結果、昭和十二年二月二日、岡田内閣で陸相を務めた林銑十郎《はやしせんじゅうろう》に組閣の大命が下ったのである。

宇垣内閣の流産は、宇垣に近い小磯にも暗い影を落とさずにはおかなかった。当時、朝鮮軍司令官だった小磯は、近いうちに自分も予備役に編入されるものと覚悟した。そして林内閣が成立した翌十三年七月、予想どおり小磯の予備役編入が決まった。

その後、小磯は政界に活動の場を移す。平沼・米内内閣で拓務大臣を歴任したのち、十七年に朝鮮総督として再び朝鮮に渡るのである。

「我神日本は世界全人類の祖国にして、日本天皇は即世界天皇に在します」

小磯がいつどのような経緯で「神がゝり」のオカルト人脈と関わるようになったか、明らかではない。けれども、雑誌『神日本』の発行人で、竹内文献をはじめとする、いわゆる超古代文献を熱烈に信奉して、政官界や軍部への運動を続けていた弁護士の中里義美《なかざとよしみ》（前項「山本英輔」参照）と昵懇《じっこん》の間柄だったことは確実で、予備役に編入された昭和十三年には、小磯は中里の経営になる神乃日本社の顧問に名をつらねている。

『神日本』という雑誌が、いかなる目的で創刊されたかを端的に物語っているものに、同誌巻頭に掲げられた「本社の主張と使命」がある。以下はその典型だ。

「国体の明徴《めいちょう》と顕幽一貫の臣道は
天津《あまつ》霊嗣《ひつぎ》皇 尊《すめらみこと》絶対至上信仰の確立にあり
我日本は世界全人類の祖国にして
日本天皇は即世界天皇に在します
——（昭和の維新は世界の廃藩置県（世界組織の再編成）である）——」

国体の明徴とは、この国は過去・現在・未来を通じて天皇の国であり、天皇だけが唯一絶対の「主権者」だという天孫降臨以来の国のありよう（国体）を明らかにするという意味で、憲法学者・美濃《みの》部《べ》達吉《たつきち》が唱えた天皇機関説を弾劾するために用いられた。美濃部は天皇の地位について、法人たる国家の最高機関であり、主権者ではないとする明治以来の憲法学説を提示したが、この学説を、国体を揺るがす不逞叛逆思想だと騒ぎ立てたのは、政治的な影響力を握ろうと画策した軍部や在郷軍人会、軍部につながっている政治家、右翼諸団体だ。時の岡田内閣は軍部等の猛烈な圧力に抗しきれず、昭和十年、「国体明徴宣言」を出すとともに、美濃部の著書を発禁処分とした。

国体明徴に続く「顕幽一貫の臣道は天津霊嗣皇尊絶対至上信仰の確立にあり」とは、天皇が万物の上に立ち（神々でさえ天皇から神階を授かるという形で天皇に従属する）、臣民が天皇に仕えるという日本国家の在りよう（国体）こそが、神霊界から現界までを一貫する万古不易の神律だという超国家主義的な観念を前提として、このことを腹の底から理解するためには、天照大神の血をついできた天皇に対する「絶対至上信仰」を国民が「確立」することが必須であり、それこそがすべての臣民（日本国民）の生きる道（「臣道」）だという意味だ。

ここまでは、昭和前期以来、異常な熱心さをもって唱えられてきた、当時としてはごく一般的

神乃日本社を創設した弁護士・中里義美。
明治25年、青森県三戸郡八戸町に生まれ、
仙台の第二高等学校時代には柔道部主将を務め
仙台陸軍幼年学校などで柔道を教えていた。
写真は20代頃の柔道着姿の中里。
（写真＝『中里義美と「神日本」運動』より）

なこの国の洗脳イデオロギーなのだが（政府機関では文部省が宣伝の中核を担った）、次の「我神日本は世界全人類の祖国にして、日本天皇は即世界天皇に在します」は、安江仙弘《やすえのりひろ》以下の軍人の項で書いた竹内文献流の世界観の引き写しにほかならない。

世界に散らばる五色人《いろひと》（世界全人類）も、彼らの文化や文字・言語も、もとをたどればすべて皇室に源を発している。だから日本こそが「世界全人類の祖国」であり、天皇は、事実太古には「世界天皇」として君臨していた。それを伝えているのが『竹内文書』や『ウエツフミ』などの超古代文献であり、その歪んだ抄本である記紀にも、わずかに消息が伝えられている。

天皇が神から授かった「世界天皇」という役割は、今日においても微塵も変わっていない。ただし、太古に起こった地球規模の地殻変動で日本と世界の関係が断絶し、枝国の王が乱立した結果、正しい歴史とあるべき秩序が失われ、世界はもつれた糸のように乱れてきた。その結果が闘争の巷と化した現代世界にほかならないのだが、今や時節が到来して、天皇がふたたび「世界天皇」に君臨する時を迎えた——中里らは、そう確信した。

そこから出てきたのが、「昭和の維新は世界の廃藩置県（世界組織の再編成）」という最後の一行だ。明治維新により、日本国の大政は将軍家から天皇に奉還された。次は世界における大政奉還だが、正しい歴史を知らない枝国の王や政府は、その理由も必要性も理解していない。だからこそ、明治維新の成立前に皇軍と賊軍による全国規模の戦闘があったのと同様、今日の日本は世界を向こうに回して聖戦に臨む時を迎えている。この聖戦を勝ち抜くことで、「世界の廃藩置県」は成就し、恒久平和と繁栄の神代が再現される——中里らはこう考えたのである。

今日のわれわれから見れば、精神破綻者の妄想以外の何ものでもない。けれどもこの妄想を、軍人や政治家・官僚も含めた支配階級の一部は、固く信じた。ユダヤ陰謀論者の中に、竹内文献の信奉者が数多くいたのも、天皇が世界天皇に〝復帰〟することを妨害する敵の本丸を探した結果、ユダヤ人に行き着いたからにほかならない。

現実は、政治経済や歴史や文化などが、もつれた糸のように複雑にからみあってできている。けれども陰謀論者たちは、その糸を丹念に解きほぐす作業を放棄し、自分たちに都合のよい歴史や文化のピースだけを集めて継ぎはぎするのを常とする。そうしてつくりあげた自分たちの「物語」のみが真実だと声高に主張し、物語に反する一切を、ときには暴力に訴えてでも否定する。さらに彼らは、一種の使命感と高揚感にかられて「物語」の広布に乗り出す。結果、物語に惹きつけられた衆庶《しゅうしょ》がシンパとなって彼らを囲繞し、国家主義の右翼も陣営の行動部隊として参加するのである。

昭和前期、とりわけ戦中にこの国でくりかえされた愚行がこれだった。政府はこの種の陰謀論を巧みに利用して、国民に対する「八紘一宇《はっこういちう》」思想の洗脳を進めた。最もラディカルなユダヤ陰謀論の梁山泊・国際政経学会が、外務省の外郭団体として発足したのはそのためだし、国民に「家畜の忠誠心」（大宅壮一）を植えつけるために文部省が編著した『国体の本義』や『臣民の道』も、その具体例だ。

世界をひとつ屋根の下に治めるという意味で当時の政府が用いた八紘一宇は、中里らのいう「世界の廃藩置県」とまったく同じ意味を担っている。そして、この竹内文献流の世界観の心酔者の一人こそ、天皇が「神がゝり」を懸念した小磯国昭だったのである。

日本による朝鮮統治の正統性の論拠として利用された「日鮮同祖論」

昭和十五年、神之日本社の主催で「神日本思想強調の夕べ」が催された。そこで小磯は、注目すべき講演を行っている（以下の引用のカッコ内も小磯）。

「私は朝鮮に赴任中（藤巻注＝昭和十年の朝鮮軍司令官をさす）、朝鮮の神代史に見逃すことの出来ない曾尸茂梨《そしもり》（素戔嗚尊《スサノオノミコト》）の故事に興味を覚えたのであるが、それは曾尸（牛）茂梨（頭）…牛頭天王…牛頭山…牛頭里（村）の存在で、これは紛れもなく素戔嗚尊の御活動範囲の史蹟を綴る尊き史料と拝察するのであります」

曾尸茂梨とは、高天原で乱暴狼藉を働いたスサノオが地上に追放され、「新羅《しらぎ》の曾尸茂梨」に天下ったと『日本書紀』第四の一書に記されている古代朝鮮の新羅にあった地名だ。新羅に渡ったスサノオは、やがて「自分はこの国にはいたくない」と考えて船出し、出雲の鳥上峯《とりかみのみね》（鳥髪山、現在の船通山）にたどりついたと書紀

神乃日本社の顧問として名をつらねていた小磯が、同社主催の「神日本思想強調の夕べ」で講演したときの様子（写真＝『中里義美と『神日本』運動』より）

は伝える。

この曾戸茂梨の意味を小磯は「牛頭」だと解し、牛頭《ごず》は牛頭天皇の異名をもつスサノオのことだから、古代朝鮮はもともとはスサノオの国であり、その痕跡が牛頭山や牛頭村の地名であって、日本人と朝鮮人は、遡れば同祖の国だという日鮮同祖論を唱えたのである。

小磯のいう「朝鮮の神代史」とは、浜名寛祐《はまなひろすけ》が著した『日韓正宗溯源《にっかんせいそうそげん》』を指している。小磯より十三歳年長の浜名は、陸軍経理学校を卒業して経理畑を歩んだ将校だが、日露戦争時に奉天で古陵墓から発見されたという十世紀の史書『契丹古伝《きったんこでん》』の写本を日本に持ち帰った。

契丹族の秘史と称する同書に取り組んだ浜名は、「日韓は当昔かつて一域であって、共通神話の上に同一の祖神を有し」た同族（浜名は「東大神族《シウカラ》」と名付けている）だと解読し、古代中国の伝説的帝王である堯《ぎょう》、舜《しゅん》も東大神族に属する「支那先住者」、つまり〝原日本人〟であり、日韓・中国にまたがる広大な国土は、元来、〝原日本人〟のものだったと主張した。

朝鮮から満州・中国大陸にわたる広大な地域の経営を行ったのは、東大神族の宗家である日本から大陸に渡ったスサノオであり、書紀の「曾戸茂梨」伝承は、この太古史の一端を伝えたものにほかならない。けれども後代、異民族である漢民族が侵入して東大神族の国土を奪い、今日のいわゆる中国を築きあげた――。

浜名が唱えたこの日鮮同祖論を、小磯は歴史的な事実として受けとり、その真正性は竹内文献や書紀の一書などが担保していると考えた。朝鮮は日露戦争の勝利後に行われた韓国併合により、日本国の一部となっていたが、小磯は日鮮同祖論を根拠に、併合は朝鮮の反日運動家らが訴えるような強奪でもなければ、朝鮮民族の抹消を企図したものでもなく、彼らをほんらいの宗家である日本に里帰りさせてやった天皇の温情による処遇、朝鮮人にとっての慶事だと主張した。

さらに、日本が進出した満州も、目下激烈な戦闘が行われている中国も、もとをただせば「東大神族」の土地にほかならない。つまり、八紘一宇の大理想（世界の廃藩置県）にもとづいて、必ず日本天皇が統治しなければならない土地だと見なしたのである。

日鮮同祖論そのものは江戸時代からあった。明治以降も、スサノオを新羅の王と主張した国学者の星野恒《ほしのひさし》や、言語学・国語学の面から日本語と朝鮮語の同系論を唱えた金沢庄三郎（『辞林』監修者）、「日鮮両民族同源論」を執筆した在野の歴史家・喜田貞吉《きださだきち》などの碩学が提唱しており、こうした言説が、日本による朝鮮統治の正統性の論拠として利用されてきた。

けれども、小磯はこうした学問によるアプローチを踏まえたうえで、日鮮同祖論を唱えたのではない。彼は、軍隊で叩きこまれた明治以来の尊皇絶対思想を『竹内文書』や浜名の『日韓正宗溯源』によって肉付けし、太古天皇による世界の統治を証拠づけるピースのひとつとして、日鮮同祖論を信奉したのである。

小磯が秘かに計画していた「神代文字研究機関」

小磯が信じていたオカルト説は、これにとどまらない。彼は、日本文化こそが世界の古代文明の源であるとする説を支持していた。また、世界各国の文字のルーツは日本の神代文字だとする説を受け

神乃日本社大阪支部発会式の様子。前列右より2人目が公爵・一条実孝、
同3人目が貴族院議員・水野錬太郎、同5人目が伯爵・上杉憲章、そしてその隣が中里。
『神日本』にはこうしたそうそうたるメンバーが顧問として名をつらねていた
(写真=『中里義美と『神日本』運動』より)

入れていたし、キリスト日本渡来説を強力に推し進めたことで知られる山根菊子の怪著『光りは東方より』も読んでいた。

「海外諸国の至るところに発見される奇妙不思議なる彫刻の文字が我国の神代文字に合すれば、これまた簡単に読破されるというではないか。故に吾等は断じて現実の科学証左に捉われることなく、揺ぎなき万代の根柢を為すき昔に還って、報本反始の古神代史実の究明こそは、刻下焦眉の急であると断ぜずには居られない」

先の講演で、小磯はこうも述べている。ここで小磯の念頭にあったのは、インカ帝国の遺蹟から発掘された遺物の文字(安江仙弘が外務省から借り出して竹内巨麿に解読を依頼した古代文字)が、竹内文献に記された「天越根文字《あめこしね》」で解読できるとか、エジプトのピラミッドから出た粘土板の一部も、日本起源の「結縄文字」と「スメル文字」であるとかいった主張である。

講演の前年、小磯の同志ともいうべき中里が「神代史実調査会設置案」をまとめている。日本は世界を統治すべき神命を負った神国であり、その正当性を世界に周知徹底させるためには、神代史の闡《せん》明《めい》が必要だ。そのためには、国家が地球規模の神代史調査会を設置すべきだとする建議書である。

その中で、中里はこう述べている。

「我が神代日本は、当時（竹内文献等の描く超古代当時）既に朝鮮、満蒙、支那、印度、波斯《ペルシャ》、亜羅比《アラビ》亜《ア》、埃及《エジプト》、バビロン、猶太《ユダヤ》並に中南米に嘗《かつ》て存在せし摩耶《マヤ》国、インカ帝国及び一万年前に於て太平洋中に陥没せる『ミュウ』国等をも悉く言向《ことむ》け和《や》わして居た程の、比類なき崇高優秀な文化と武力とを有せし、真個八紘一宇の祖神国であった」

小磯の講演は、こうした思想を背景になされていたのだが、さらに驚くべき秘史がある。

日米開戦前夜の十六年、中里は時の近衛内閣に「神代文字実在確認ノ建白書」を提出すべく、朝鮮総督として二度目の朝鮮在勤中だった小磯に連署を求めた。神代文字の実在が確認されれば、世界のすべての古代文明のルーツは日本だということが明らかになる。そうなれば、日本の八紘一宇が正統な理由にもとづく神意の聖戦だということが明らかとなり、大東亜戦争の帰趨も決すると、中里ら『神日本』のメンバーは真剣に考えていたからである（まったく同趣旨の発想から、犬塚惟重が宣伝活動を行っていたことは三節で述べた）。

わざわざ朝鮮まで出向いて小磯の署名を求めたのは、小磯ならまちがいなく連署してくれるはずだと考えていたからに違いない。けれども小磯は、「独自に神代文字の研究機関設置の件を建白したいから」という理由で断ったことが、『中里日記』に記されている。

そして実際、小磯はそれを実行に移すべく、ひそかに計画を進めていたらしい。というのも、十七年に渡鮮してきた中里に対し、小磯は独自の「神代文化研究機関」の創立草案を示し、「その人選と組織編成」を中里に依頼したというからである(『中里日記』十二月十九日条)。

「古代日本とユダヤとの関係については一家見を有していた」

小磯の周辺にいたのは、中里ら神日本関係者だけではない。『九鬼《くき》文献』を初めて世に送り出した三《み》浦一郎《うらいちろう》は、小磯が朝鮮軍司令官として朝鮮に赴任した昭和十年、神道家で国学者の今泉定助《いまいずみさだすけ》の紹介を受けて面会し、以来、「格別の知遇」にあずかる間柄となった。

三浦は、三村三郎の筆名でこう書いている。

「ユダヤ問題と国体論については、(小磯と)つねに意見が一致していた。氏は竹内文献や『ウエツフミ』、契丹古伝、富士文庫(超古代史を伝えたものとされる『富士宮下文書』)等を好んで読み、古代日本とユダヤとの関係については一家見を有していた」(『ユダヤ問題と裏返しで見た日本歴史』)

九鬼文献の翻刻を含む『九鬼文書の研究』の刊行は昭和十六年。この前後、三浦は日朝間を往来しつつ、同文献とも深いつながりのある大本教の研究と支援活動に力をそそぎ、十七年には大本の提携団体である世界紅卍字会《こうまんじかい》の京城道院(京城は今日のソウル)に入信した。

十七年といえば、小磯が朝鮮総督として再び渡鮮した年でもある。三浦とは当然連絡があったようで、三浦が紅卍字会の幹部を満州から朝鮮に招き、京城道院の開壇式を行った際には、小磯総督や板《いた》垣征四郎《がきせいしろう》朝鮮軍司令官らの「肝入り」があった（森克明「『九鬼文献』の周辺」）。

さらに驚くべき秘話がある。組閣の大命拝受の二ヵ月前、まだ朝鮮総督として仕事をしていた昭和十九年五月十八日の中里の日記に、こんな記述が出てくるのだ。

「朝八時、小磯総督の自宅を訪い戸来岳磐境《へらいだけいわさか》の映写費弐仟参百六円也を無条件にて快く手交し呉れたり。彼も少々分る男なり、次期総理には最適任なり」

このとき中里は、竹内文献宣伝映画で使う曾尸茂梨撮影のために朝鮮に出張しており、旧知の小磯を訪問して、撮影資金の援助を依頼した。映画は『日本におけるキリストの遺跡を探る』というドキュメントで、ロケ地には戸来村のキリストの墓、酒井勝軍が鑑定した日本のピラミッド、エデンの園に措定された迷ケ平《まよがたい》、大湯ストーンサークル、朝鮮・曾尸茂梨の素盞鳴史蹟などが選ばれており、制作は日本大学講師から東京中央放送局（ＮＨＫの前身）に転職していた仲木貞一が担当した。仲木は昭和十七年にムー大陸沈没説を論じたチャーチワードの『南洋諸島の古代文化』を翻訳・上梓しており、戦後は犬塚惟重《いぬづかこれしげ》らとともに日猶懇話会を設立している。

この「神がゝり」そのものといってよいオカルト映画に、小磯はポンと二千三百六円もの大金をさしだした。当時の大卒・技術系社員の基本給料月額が八十五円、事務職が七十五円、中卒が四十二円、最も低い国民学校初等科卒では二十一円となっているので（「改正会社経理統制令」昭和十九年）、小磯の援助金は高給取りである大卒・技術系社員の給与の二十七ヵ月分（二年四ヵ月分）、中卒の給与所得者なら実に約百十ヵ月分（約九年分）に相当する。

これだけの大金をただちに醸出したところに、小磯の竹内文献に寄せる思いが表れている。しかも完成したフィルムは、後日「首相官邸に於いて映写」され、小磯は「秘書官と共に鑑賞」したというのである（實方直行『中里義美と「神日本」運動』）

小磯が背負わされた重すぎる十字架

「戦争継続内閣」

小磯内閣の登場に、中里ら超古代史信奉派は欣喜雀躍した。小磯が首相なら、日本の真姿の開顕、ほんものの国体明徴が、国家の政策として推進されるだろうと期待したからである。

けれども、「神代文化研究機関」創立の実現に費やす時間など、小磯にはまったくなかった。潰れかけている日本を立て直すにはどんな手が残されているのかを必死で模索し、ろくに相手にしてくれない陸海軍との困難な折衝や、蒋介石《しょうかいせき》政権との単独和平工作に腐心したが、発足当初から総辞職まで、小磯は誤算と嗟嘆の連続に明け暮

小磯内閣の閣僚の面々。前列左から2人目が小磯（写真＝『葛山鴻爪』より）

小磯によって内閣と軍令機関の情報・認識の共有と必勝態勢を構築するために新設された最高戦争指導会議。写真正面が天皇陛下。写真右の奥から2人目が小磯。
（写真＝『葛山鴻爪』より）

れた。

小磯の不明といってしまえばそれまでだが、首相になって初めて、小磯は政府が軍の握る情報から完全に遮断されているという現実を徹底して思い知らされた。

政府機関のひとつである陸・海軍省の最高統括者は陸軍大臣と海軍大臣だが、彼らはあくまで軍の編成や装備などを担当する「軍政」機関の長であって、実戦に関わる現場の情報を直に握っているわけではない。作戦・用兵を担当する「軍令」機関は、天皇に直属する陸軍参謀本部と海軍軍令部であり、これら陸海軍の中枢が握っている情報は、内閣にはあがってこない。つまり首相であっても、戦争状況を正確に把握することのできない仕組みになっている。

小磯はこの状況を変えるべく、自身が現役軍人に復帰して陸相を兼務する方途を摸索した。けれども小磯の腹案はことごとく軍中枢から拒絶され、苦肉の策で小磯が創設した最高戦争指導会議では、首相は近代的作戦用兵を知らないと愚弄までされた。

自伝に記された「日本軍の損害や苦境等に就いては皆目知らされていなかった」「作戦上の情報機関を有たぬ首相としては、敵情を判断すべき何らの根拠が無い」という嘆きは、まさに事実そのとおりだった。権力を一手に握っていたように思われている前代首相の東條英機ですら、実は同様の苦悩を味わっていたのである。

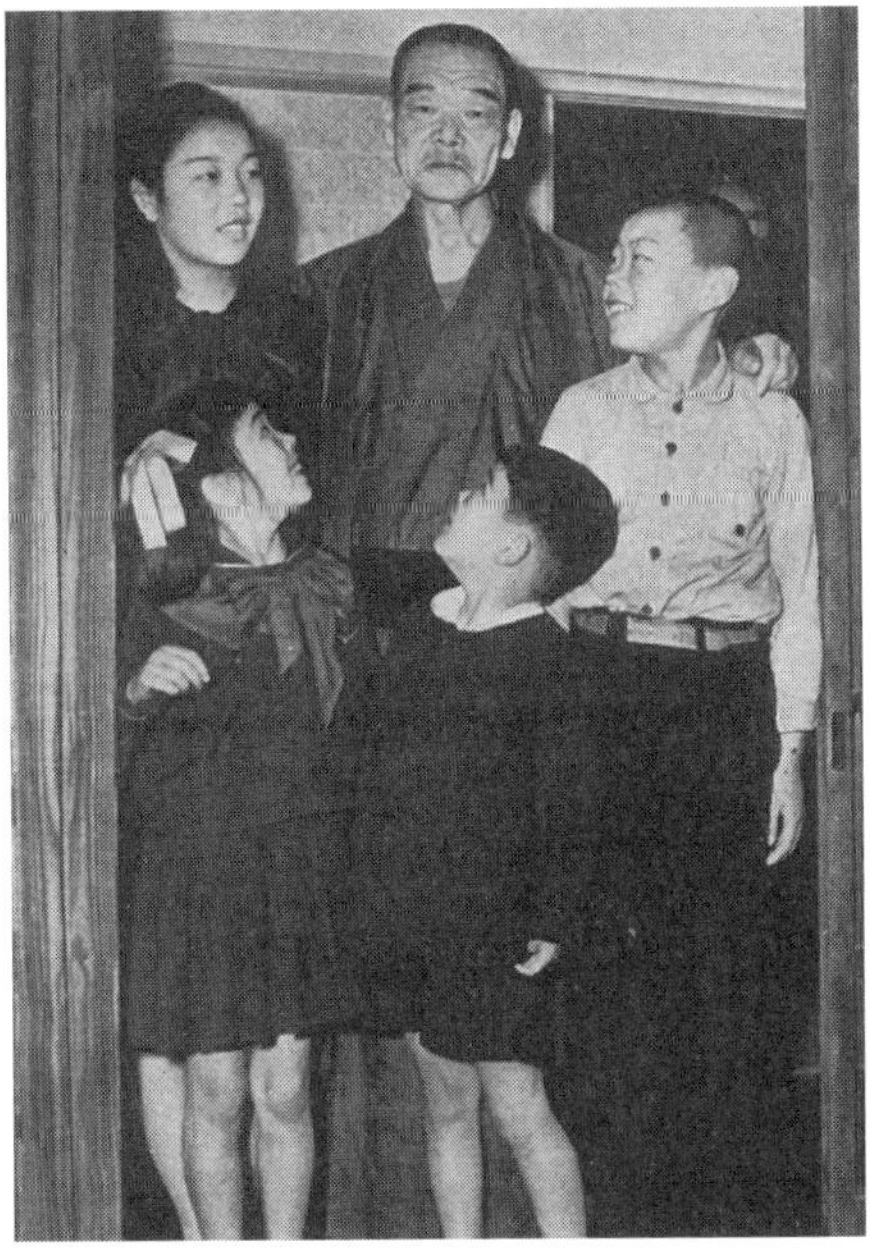

昭和23年、東京裁判で終身禁固刑の判決を受けた小磯が昭和25年に一日帰宅した際、孫に囲まれて写真に収まる小磯。頰はすでに痩せこけているのが写真からもわかる（写真＝『葛山鴻爪』より）

小磯は無能だったとよくいわれる。そうかもしれない。けれど、だれが政府を率いても、この国家体制でできることは、ほぼなかった。行くところまで行くしかない、陸軍による日本まるごと道連れの無理心中に付き合うほかはない——そんな末期的な状況が出来していた。

小磯は、「勝った時期に休戦和平に這入りたいという考の許に、一度でよいから見事に勝って貫いたいと念願に燃えて」いた。それは昭和天皇の悲願でもあった。また、「今後は……本土で決戦し、元寇の変に倣って敵を（神風によって）覆滅した時機に（米国との休戦交渉を）選ぶ以外、収拾の途がないと考へてゐた」（『葛山鴻爪』）。

これらの切なる願いは、要するにただの「神がゝり」の祈りに過ぎなかった。国政のトップがなすすべもなく「念願」に望みをかけ、戦争を指揮する軍部が無為無策の玉砕戦法を叫ぶのみというのでは、道が開ける道理はなかった。

戦争継続内閣という十字架は、小磯にはあまりに重すぎた。敗戦の年である二十年四月、八方塞がりの小磯内閣は何もできないままに総辞職し、鈴木貫太郎が後継した。

戦後、小磯は戦争犯罪人として逮捕され、巣鴨プリズンに拘禁された。

昭和25年11月3日、巣鴨拘置所内で食道がんにより死去。享年70歳。山形県新庄市に建てられている小磯の墓。ここに山形県が生んだ唯一の内閣総理大臣にして、「神がゝり」の軍人が眠っている

昭和二十三年、極東国際軍事裁判（東京裁判）が下した判決は終身禁固刑。すでに食道癌を患っていた小磯は、記憶をたよりに長大な自伝『葛山鴻爪』を書きあげた。けれどもその自伝には、神日本での活動のことも、竹内文献をはじめとする偽史や神代文字のこともまったく記されていない。

逝去は昭和二十五年。拘置所の中で七十年の人生を終えたのであった。

第二章　古神道系団体の周辺

矢野祐太郎……やの　ゆうたろう

「神の国」建設を夢見た海軍大佐

昭和天皇崩御を予言――闇に葬られた「島津ハナ事件」

前蔵相の井上《いのうえ》準之助《じゅんのすけ》が昭和七年二月、三井財閥総帥の團琢磨《だんたくま》が翌三月に血盟団のテロによって斃れ、続く五・一五事件では犬養毅《いぬかいつよし》首相が「問答無用」で射殺された。その後もテロ未遂は続き、昭和十一年に起こった陸軍青年将校らによる二・二六事件では、蔵相・高橋是清《たかはしこれきよ》、内相・斎藤実《さいとうまこと》、教育総監・渡辺錠太郎《わたなべじょうたろう》らが凶弾に斃れ、首相の鈴木貫太郎《すずきかんたろう》も九死に一生の深傷を負った。

吹き荒れるテロの嵐に国民は戦慄し、とりわけ腐敗の元凶としてテロの標的となっていた支配階級は、恐怖のどん底に叩きこまれた。

そんなさなかの八月、異様な逮捕情報が天皇側近の重臣たちにもたらされた。遡ること九年前の昭和二年に皇后宮職《こうごうぐうしき》の女官長に就き、その後、大日本連合婦人会理事長に就任していた島津《しまづ》ハル（治子）が、仲間の高橋ムツ、角田ツネらとともに国家改造も視野に入れた妖しげなカルトを組織し、不敬罪で逮捕されたというのである。

ハルは薩摩の雄・島津久光《ひさみつ》の孫で、昭和天皇の后である香淳《こうじゅん》皇后の従叔母にあたる。隠れもない名流の血を受けた元女官長の逮捕それ自体が衝撃だが、不敬罪の中身はさらにショッキングなものだっ

明治以降に行われてきた古神道系オカルティズムのすべてが、矢野には流れ込んでいた。
矢野と彼の秘密結社は松本清張の未完の大作『神々の乱心』のモデルとされている

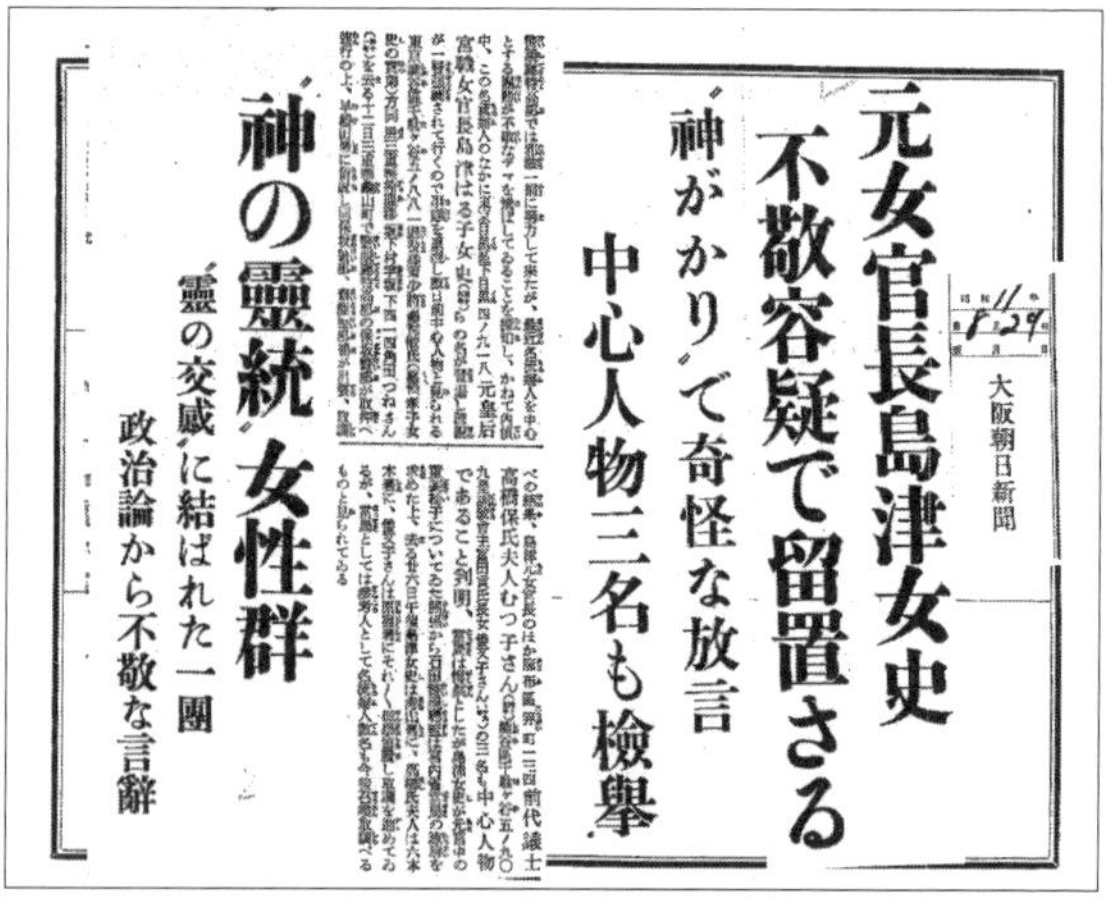
大阪朝日新聞
元女官長島津女史
不敬容疑で留置さる
"神がかり"で奇怪な放言
中心人物三名も検挙
"神の靈統"女性群
"靈の交感"に結ばれた一團
政治論から不敬な言辭

「島津ハル事件」を報じる当時の新聞記事
（大阪朝日新聞・昭和11年8月29日付
所蔵：神戸大学経済経営研究所 新聞記事文庫）

た。容疑に関する情報の詳細は警察が公表を抑えたので国民は蚊帳の外だったが、重臣らは警察幹部から説明を受けて知っていた。『木戸日記』に、「島津治子聴取書」が書き写されている。詳細を写しているのは、内容のあまりの異様さに激しい衝撃と不安を覚えたからだろう。

聴取書によると、昭和七年暮、ないし八年一月頃、角田ツネが紹介状も持たないで唐突にハル宅に来訪し（角田は三重県出身の助産婦だが、神憑りして霊媒となっていた）、あなたは天御中主《あめのみなかぬし》大神・天照大神・大《おお》山祇《やまつみ》神の霊統を引く身魂の持ち主だと告げた。

この出会い以前から、ハルは高橋ムツら少人数の仲間と交霊会（法座）を開いていたが、ツネの来訪以後は彼女と法座を開くようになり、さまざまな神や生霊・死霊を呼び寄せては会話をかわし、降霊にのめりこんだ。

彼女たちに呼び寄せられた神霊の中には、国常立《くにとこたち》神など高貴な神々のほかに、秩父宮や高松宮の「生霊」、ステッキ銃で皇太子暗殺を謀った難波《なんば》大助《だいすけ》の「死霊」などもいた。これらの神霊を通して得られた衝撃の霊界情報、および彼女たちのカルトの運動方針について、ハルはこう供述している（文中カッコ内は引用者）。

「（イ）天皇陛下は前世に御因縁あり、国体明徴惟神《かんながら》の道は立て得させられず、早晩御崩御は免れず。（ロ）地上にひもろぎを立て、惟神の道を樹て、国体を明徴にしなければならぬ。岩戸開きとは此のことなり。其の鍵は私（ハル）が持つ。

（ハ）国体明徴惟神の道を立つるには、高松宮殿下を擁立しなければならぬ（以下略）」

意味の通りにくい文言なので、言葉を補足して説明すると、こうなる。

「昭和天皇は前世からの因縁により、神政成就の天皇となることはかなわず、早晩御崩御の運命にある（その時期は昭和二十年）。天と地、神と人をつなぐ神籬《ひもろぎ》（神人直話の場）を樹て、神命のままに祭政を行うという太古以来の神政のかたちを復興する方は、大正天皇第三皇子の高松宮をおいてほかにはない。太古の神政時代に還ることこそが真実の岩戸開きであり、岩戸開きの鍵を握るのは、この島津ハルにほかならない――」

ハルとともに法座をリードした角田ツネも、こう供述した。

「一、国体明徴は、現皇統には高松宮殿下を措いて他になし。高松宮殿下は南朝の正統故有栖川《ありすがわ》宮殿下の霊統を受け、国体明徴の地上肉体的顕現者なり。

二、島津ハル、角田ツネ、高橋むつ等の霊感によれば、昭和維新の断行、神政の成就は、皇太子（現上皇）御七歳の時に始まり、昭和二十年完成す。之れ即ち神政の実現なり」

昭和天皇崩御の予言までを含む驚くべき国体変革の主張だが、グループの中心が現皇后の従叔母で前女官長でもあった島津ハルだけに、警察や宮内省など関係機関は頭を抱えた。さいわい逮捕時点ではごく少人数のカルト集団にとどまり、軍部の革新派や右翼狂信勢力とのつながりもみられなかったので、ハルらは「感応性精神病（祈祷性精神病）」ということにして法廷には連れ出さず、松沢病院に押し込めて一件落着としたのである。

宮中の奥の院へと忍び寄る怪しげな霊術や神託

この「島津ハル事件」で浮かびあがったのが、退役海軍大佐・矢野祐太郎との関係だった。

カルト集団「神政龍神会《しんせいりゅうじんかい》」を率いる矢野は、ハルらが逮捕される五ヵ月前に摘発されていたが、矢野らの「天岩戸開き」も、皇室そのものの「霊的建直し」を目指していた。そのため矢野は、伝手《つて》を頼って皇室への働きかけをおこなっていたが、その矢野が皇室と特別なパイプでつながっているハルと接点があったことに、捜査関係者らは神経を尖らせた。矢野がハルと手を組んで香淳皇后サイドから皇室への働きかけをおこない、宮中をかき乱そうとしているのではないかと疑ったのである。

霊媒が皇室に食いこんで政治をかき乱したケースは、過去にもあった。中でも深刻だったのが、隠田の行者・飯野吉三郎《いいのきちさぶろう》の一件だ。飯野は昭憲《しょうけん》皇太后（明治天皇后）お付きの女官だった下田歌子《しもだうたこ》を介して皇太子時代の昭和天皇の結婚問題に口をはさみ、皇太子の初外遊に強く反対していた母・貞明《ていめい》皇后に「霊旨」（神託）を届けて外遊実現を裏から支えるなど、数々の政治介入を行っていた。児玉源太郎《こだまげんたろう》に重用され、長州閥とも太いパイプを持つなど、フィクサーとしての動きがあまりに目立ちすぎたことが災いし、政敵から謀略的な詐欺恐喝事件を仕掛けられ、逮捕・失脚に追いこまれたのは、島津ハル事件のわずか十一年前、記憶も新しい大正十四年のことであった。

飯野の事件後、事態を憂慮した内大臣の牧野伸顕《まきののぶあき》は、下田歌子の宮中出入りを差し止め、あわせて飯野との絶縁を歌子に命じた。

分厚いカーテンに閉ざされた宮中の奥の院には、こうした怪しげな霊術や神託などで皇族らの心をつかもうとする秘教家・狂信者らにつけこまれる危険性が、常につきまとっていた。しかも昭和天皇・秩父宮・高松宮の生みの母である貞明皇后には神憑り的な気質があり、狂信性があった。矢野とハルの関係に牧野や木戸ら天皇側近が特別な注意を払わざるをえなかったのは、宮中のこうした裏事情が深く絡んでいたためとみてよい。

とはいえ、矢野とハルに特別な提携関係はなかった。教組と信者といった見方をする論者もいるが、ただの憶測にすぎない。たとえば皇室ジャーナリストの河原敏明はハルを矢野の「信者」とし、矢野が主宰していた神政龍神会は「治子たちの霊感を売り物とする類似宗教」（『昭和の皇室をゆるがせた女性たち』）だと決めつけているが、根拠は何もない。そもそも矢野自身にも、また矢野の妻のシンにも霊能があり、神憑りの託宣を降ろしていた。少しでも矢野の著作に当たれば、河原のいうような事実など存在しえないことはただちにわかる。

また、矢野に関して優れた小論を書いた作家の沖野岩三郎《おきのいわさぶろう》は、矢野がその主著である『神霊密書』を昭和天皇に献上することができたのは、たぶんハルの「仲介」によるものであり、矢野がハルらに会ったのも「神政主義を宮中に宣伝するため」だろうと書いている（「神政龍神会」）。しかしこれも事実ではない。詳しくは後述するが、『神霊密書』は竹田大妃宮《たけだたいひのみや》（明治天皇第六皇女・恒久王妃昌子内親王）の仲介で宮中に持ちこまれたもので、ハルは何ら関係していない。

神政龍神会と矢野をモデルに『神々の乱心』を書き、未完のままで逝去した松本清張《まつもとせいちょう》はさすがに慎重で、両者に接点があったことを記すにとどめ、それより先には踏みこんでいない（『昭和史発掘』十二巻）。史家の原武史《はらたけし》も同様で、矢野とハルの関係については深く立ち入らず、結果として曖昧な印象を残したまま筆を止めている（『皇后考』、『松本清張の「遺言」』）。

実際のところ、両者に同志的、もしくは師弟的な関係はありえなかった。それというのも、矢野の幻想する昭和の「岩戸開き」と、ハルらが妄想したそれとは、水と油の関係にあったからである。

矢野は熱烈な昭和天皇信仰者であり、来たるべき天皇による世界統一時代は、昭和天皇によって成就されると確信していた。一方、島津ハルは、前にみたとおり昭和天皇を一種の欠格者と見なしており、皇太子明仁のもと、高松宮が（おそらく摂政として）神政を成就すると主張していた。

こうした世界をご存知の方ならただちに了解されることだが、天皇の「霊統」（霊的な血統）観が根本的に食い違っている者同士の提携は、万に一つもありえない。霊統にもとづく立替え立直しの運動方針が、水と油にならざるをえないからである。

矢野の思想と行動を決定づけた『竹内文献』

とはいえ、矢野とハルに接点があったこと自体は事実だ。ハルはおそらく矢野から、天皇がなぜ世界の天皇、もっといえば宇宙の始まりから地球の支配者と位置づけられた天皇なのかについてインスパイアされた。そのことは、ハルの以下の供述からみてとれる。

「あけずの蔵――矢野祐太郎等より聞く。茨城県竹内神社の傍にあり。宮司は竹内巨麿《たけうちきよまろ》――此研究も必要なり」

ハルのいう「あけずの蔵」とは、前の章でさまざまな方面から見てきた竹内文献を指す。同文献は、竹内巨麿の管理のもと、彼が創建した茨城県磯原の皇祖皇大神宮（ハルのいう「竹内神社」）に秘蔵されていた。そのことを矢野らから聞いたとハルは供述しているわけだが（矢野は竹内文献を奉賛する「神宝奉賛会」の発起人兼会長だった）、くだんの竹内文献こそ、天皇が世界天皇であることを連綿と書き連ねた希代の怪文書なのである。

矢野の思想と行動は、竹内文書との出会いによって決定づけられた。松本清張らはこのことのもつ意味の重要性についての認識が弱いが、この一点は、大いに強調されなければならない。

矢野が初めて皇祖皇大神宮を訪れ、竹内巨麿と対面して文書や神宝を披見したのは昭和五年八月末のことだ。太古日本のピラミッド説や、モーゼ、キリストらの日本渡来説などを主張した酒井勝軍《さかいかつとき》に案内されて参拝したもので、そのときの感激を矢野は「今日迄に現れた国祖（出口ナオのお筆先に顕れた国常立大神＝艮金神《うしとらのこんじん》）、『日の出大神』その他の神示（ナオの三女・福島ヒサのお筆先その他）が、悉く真である事の現実的証拠を握る事を得」たと書いている（『肝川由来記』）。この昭和五年に、ハルらは矢野と初めて対面しているのである。

以来、矢野は、お筆先や霊媒を用いた霊界通信などによる神霊文書と竹内文書を筆頭とする超古代文献を総合して、矢野版竹内文書ともいうべき神代・全宇宙史の『神霊密書』を完成させた。

一方、ハルはハルで、独自に皇室を中心とした霊的革命の道を探っていたものらしい。興味深い供述を、木戸幸一《きどこういち》が日記に記している。

「島津は将来自分が再び女官長となり、山本（英輔《えいすけ》）大将が侍従長となる等と（取調官に）述べ居ると云う」（昭和十一年九月十二日条）

昭和維新が成り、神政が成就したあかつきには、ハルが女官長、山本英輔が侍従長となって、天皇皇后を補佐すると述べたというのである。これは法座において、神がそのようなお告げを下したことを意味する。

ここに出てくる山本英輔とは、第一章で書いた海軍大将の山本のことだ。彼がさまざまなオカルトに入れ込んでいたことは前述のとおりで、その究極が四国・剣山のソロモン王の宝物探しなのだが、彼は島津ハルの法座にも夫婦で参加していた。矢野や酒井勝軍ともつながりをもっている。この山本を、二・二六事件で蹶起した将校の一部は維新内閣の首相の適任者とみなして期待をかけ、ハルは侍従長にふさわしい人物だと考えて、山本とのコンビで天皇皇后を補佐するという、ほとんど悪夢としかいいようのない未来を妄想した。ここに戦前から戦中にかけて日本を支配していた狂気が、はっきりと見て取れる。それは個人を超えた、時代の狂気なのである。

配役こそ異なるが、実は矢野もそっくり同じことを考えていた。妻のシンを皇祖皇宗の神霊を取り次ぐ皇室直属の霊媒とし、自身は霊媒に降った神霊の身元や正否を判定する審神者《さにわ》となって、昭和天皇の神政を補佐する機関をつくる——これこそが神政龍神会の目標だった。

その意味で、矢野とハルは、同じ妄想の裏と表といってよかった。違うのは、仕えるべき神政成就の天皇が異なっていたこと、および、矢野が時代の欲する壮大な「神話」（物語）をつくりあげたのに対し、ハルらにはそれがなかったという点だけだ。

あるいはハルらにも、自分たちのカルトで共有していた「物語」が存在したのかもしれないが、それを見出すのはたぶん困難だろう。ハルが松沢病院に封じられた時点で、不名誉きわまりない文書類は、官憲や島津家によって残らず湮滅せられたに違いないからである。

出口ナオのお筆先が切り開いた新たな世界

矢野祐太郎は、明治十四年三月十五日、四男一女の長男として東京・築地に生まれた。父は鉄道技師の矢野源次郎、母はテルという。築地中学から海軍兵学校に進み、日露戦争では連合艦隊司令長官・東郷平八郎《とうごうへいはちろう》の旗艦三笠に乗って参戦した。その後、呉の海軍工廠検査官、同廠砲熕《ほうこう》部員などを歴任して艦政本部に転じ、以後退役までの十七年間の大半を同本部員として過ごしている。

艦政本部は海軍省に属する海軍の主要官庁で、造艦・各種海軍兵器開発・燃料・機関などの研究開発から生産までの諸業務を担当したが、同本部員として奉職していた間、矢野は不発弾が多かった旧式の信管の改良、檣式マストの開発、艦載砲をボタン式で自在に操作するための電動装置の開発など、いくつかの重要な業績を残している。

心霊世界の探究にも意欲的だった。この方面への関心は若年からのもので、参禅、気合術、弟や妹

大使館付け武官として赴任していたヨーロッパ（イギリス）時代の写真。
矢野がこの時代に接した『シオン賢者の議定書』は、
その後の彼の思想に大きな影響を与えた

を練習台にしての催眠術実験、心霊現象の研究などに熱心に取り組んだ（対馬路人「新宗教における天皇観と世直し観」）。こうしたメンタリティは、山本英輔と共通している。

矢野が本格的にこの世界に開眼したのは、大本との出会い以後のことだ。

大正六年、矢野は海軍兵学校時代の恩師だった浅野《あさの》正《まさ》恭《やす》少将（次節で詳述）から、大本に入信した息子を連れもどしてほしいと頼まれて綾部に出向いた。綾部には、前年から大本入りして熱烈な信者になっていた正恭の弟の浅野和《わ》三郎《さぶろう》がいた。和三郎はのちに大本を離脱し、大本批判の急先鋒の一人となるのだが、当時は教団の大幹部となって立替え立直し運動に没頭していた。

矢野はその和三郎と面談し、開祖・出口ナオのお筆先（『大本神諭《おおもとしんゆ》』）を見せられた。もともと心霊世界に深い関心を寄せていた矢野は、たちまちその世界にのめりこんだ。

矢野が大本に惚れ込んだ大きな理由のひとつに、お筆先にみなぎる強烈な反欧米・反物質主義がある。「日本は神道、神が構わな行けぬ国であるぞよ。外国はけものの世、強いもの勝ちの、悪魔ばかりの国であるぞよ」（『大本神諭』明治二十五年旧正月）――お筆先には、こうした神示が充満しており、艮金神と称する神の言葉は、矢野の世界観とぴったり合致していた。

入綾する直前の大正五年まで、矢野は足かけ四年間、大使館付武官として欧州に勤務している。その間に『シオン賢者の議定書』に接した矢野には、艮金神の警告はいちいち合点がいった。艮金神の叫びは、矢野自身の心の叫びそのものだった。お筆先に心酔した矢野はただちに研究に没頭しはじめ、ほどなく「海軍俊英の矢野」ではなく、「大本の矢野」へと人生の軸足を移しかえた。第一次大本事件が勃発した大正十年には、海軍情報を独断で王仁三郎に流し、機密漏洩による謹慎七日の懲罰を受けるまでのガチガチの大本信者になっている。

やがて矢野は、軍人生活と信仰生活の二足のワラジを捨て、世界の「立替え立直し」の一兵卒とな

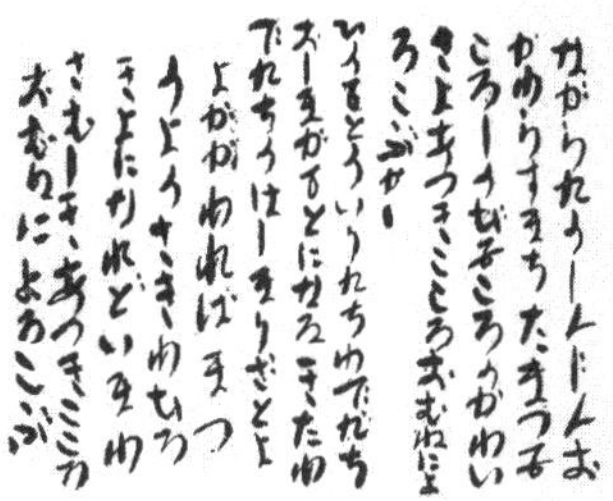

矢野の神秘家としての側面を
開眼させるきっかけとなった、
出口ナオとナオによるお筆先。
これを見た矢野は、
すぐさまその世界にのめりこんだ

って働こうと肚を決めた。海軍側は、じき少将に昇進するのだから待てと慰留した。けれども矢野は慰留を振り切り、大正十二年に退役して予備役に回った。ここから、第二の人生が始まる。

矢野の人生に大きな影響を与えた四人の女性

矢野の人生に決定的な影響を与えた女性が四人いる。第一は大本開祖の出口ナオ。第二はナオの三女で、反王仁三郎派の筆頭ともいうべき福島ヒサ。第三は、大本の「控えの聖地」として特別視された肝川《きもかわ》（現兵庫県川辺郡猪名川町肝川）の霊媒・車小房《くるまこふさ》。第四は、矢野によって霊媒素質が開花され、彼の最も忠実な霊界通信機となった妻のシンである。ナオについては、すでに膨大な関係著述があるので略し、矢野とヒサおよび小房のかかわりからみていくことにしよう。

話は大正二年に遡る。この年の一月、大本の布教師・小沢友吉《おざわともきち》が肝川を訪れ、太古の龍神が鎮まると伝えられてきた雨の森の社で断食断水の行に入った。地元で農業を

出口王仁三郎夫妻と福島ヒサ（久子。写真・右）。大正4年以降、王仁三郎とヒサの対立が顕在化し、彼女は大本の拠点を綾部から大阪に移そうと画策した

営む車末吉が、新築の幽斎修行場を提供するなど小沢を援助したことで、車家と大本とのつながりが生まれた。

末吉には小房という妻があった。もともと霊媒気質だった彼女は、小沢との出会いが縁で、神憑りして「艮の金神」などと口走るようになった。

小房に関しては、皇室との因縁が伝えられている。彼女の母・伏屋艶子《ふしやつやこ》は伏屋守子《もりこ》の娘だが、守子は明治天皇の生母である中山慶子《なかやまよしこ》に仕えた女官であり、守子の姉の文子は明治天皇の側室だったというのだ（車栄一『宇宙創造より自在限定にいたる由来記』）。小房の出自については、孫の栄一の記すところと矢野の記すところに複数の食い違いがあり、いずれが正しいか定かではないが、とにかく小房には皇室との何らかのつながりがあったらしい。母から継承した「明治天皇御墨痕の御料紙」という家宝も現存すると矢野は書いている（『肝川由来記』）

車小房の祖母・伏屋守子は明治天皇の生母である中山慶子に仕えた女官だった。小房の出自については定かではないが、皇室とは何らかのつながりがあったとされる（写真＝小房の子・栄一の『由来記』より）

やがて王仁三郎が肝川に出入りするようになると、肝川の因縁が徐々に開かれはじめた。肝川は、八大龍神《はちだいりゅうじん》と総称される太古神の鎮まる特別な聖地、お筆先にいう「大本の控えの場所」とされ、国祖・国常立大神の眷属神である龍神たちは、国祖から地の霊界の統治権を奪い取った悪神の目をかすめるために、肝川に隠れたものと位置づけられた。

その後、大本幹部らもさかんに肝川を訪れるようになり、大正七年十月には浅野和三郎・多慶子《たけこ》夫妻や後に神道天行居《てんこうきょ》を開くこととなる友清歓真《ともきよよしさね》らが参拝し、夫の矢野より先に大本信者となっていた妻のシンも肝川入りしている。それから一ヵ月もたたないうちに、出口ナオが国替《くにがえ》（逝去）となった。以後、大本は王仁三郎体制で運営されることとなるのだが、ナオ派の矢野は新体制を評価することができず、次第に反王仁三郎色を強め始めた。

なぜ王仁三郎ではいけないのか。王仁三郎の大本霊学を、大石凝真素美《おおいしごりますみ》や弟子の水谷清《みずたにきよし》らの剽窃と見なしたことも理由のひとつだが、より根本的な理由は、王仁三郎に対する不信にあった。「国祖の行われる大神業は、現界的には日の本の御皇室を中心として、全世界の撥乱反正《はつらんはんせい》（乱れた世を治めてもとの正しい状態にかえすこと）を実施する」ことに尽きる。ところが王仁三郎は「この事理明白なお筆先の真意と御仕組の根本義を解する事が出来」ず、「自らが世界を統一するのだという考えを抱く様に」なった。その結果、「御皇室を無視し、臣下としてあるまじき、思い上がりの沙汰の限りを尽くしたので、遂に国祖初め善なる神々から見捨てられ」、神々は大本から離れた――と考えるに至ったのである（『肝川由来記』）。

矢野が「国祖の大神業」と位置づけた「全世界の撥乱反正」とは、昭和前期に政府によって国是とされた「八紘一宇《はっこういちう》」にほかならない。中里義美の「世界の廃藩置県」で、その場合の人間界の中心は、いうまでもなく天皇ということになる。ところが王仁三郎は、天皇ではなく自分自身が「撥乱反正」

の中心となるべく行動しているように、矢野には見えた。国家が大本に二度にわたって大弾圧を行った理由もそこにある。

では、ナオの衣鉢を継ぐ者は誰なのか。矢野は、ナオ三女の福島ヒサこそが後継者だと見なし、綾部の大本を離れて大阪大門正道会《まさみちかい》を拠点とするヒサら一統（八木派という）と提携した。

矢野の指針となった三大お筆先

ナオや王仁三郎に特別に目をかけられていた車小房も、王仁三郎とは距離をおくようになり、矢野・福島と接近した。対する王仁三郎も、「肝川は魔の場所である。森ケ谷の麓には盤古《ばんこ》大神の悪霊が現れる」と従来の主張を転じ、信者の肝川参拝を禁ずるようになった。

矢野の妻シンはさまざまな神示を伝達し、矢野と神政龍神会をリードする存在となる

ヒサや小房は典型的な霊媒だった。トランス状態に入ると、ほとんど人事不省、狂乱の体となり、激しく叫び回ったり、暴れ狂うこともあった。ヒサの場合は、母であるナオの血がそうさせていた可能性が高い。ナオ自身、修行時代には同様の狂態を示す

ことがあったし、長女の大槻ヨネも発狂して座敷牢閉じこめとなったまま亡くなっている。

小房もまた狂態を演じた。彼女の場合は大正二年から霊流が開いて交信が始まったと伝えられるが、同五年以降に神憑りが熄み、昭和三年になってぶりかえした。「オイッチニ、オイッチニ（一、二、一、二）」と軍事教練のような恰好で手足を高く上げ、裸足で村中を歩き廻りながら「時期が来た、時期が来た」と、一週間ものあいだ叫び回ったと、孫で後継者の栄一が書いている。

ただし彼女たちには、神示を世に出す旺盛な力があった。ヒサのお筆先である『日の出神諭』、小房の『肝川神示』、国祖初発の復活宣言を伝えたナオの『大本神諭』、この三大お筆先が、矢野らの最大の指針となった。

来たるべき立替え立直しで主役級の働きをすると信じられていた肝川龍神は、昭和三年、肝川から大阪の正道会神殿に遷座した。このとき八大龍神を自分の身体に降ろして大阪に運ぶお役目は、矢野の妻シンが仰せつかった。シンは遷座祭でも神憑りとなり、神前で天津祝詞を奏上したのち、「これにて八大龍神ここに鎮まりました」と大音声で宣言した。

これ以後、神政復古の大神業は、福島ヒサ、矢野夫妻、車夫妻らを中心として進められるはずだった。ところがここまできたところで、矢野とヒサの間に亀裂が入った。昭和四年十月、神憑りしたシンに、「まさみち会に集まる者、一人として神の御心を了解し居るものなきは、嘆かわしき次第」という神示が降ったのである。

八大龍神は、自分らの神体を正道会から肝川に還すようにと矢野夫妻に命じた。これが矢野とヒサの決別の合図となった。矢野自身が八大龍神を自分の体に憑けて肝川に遷座すると、その後、関係する神霊から、妻に相次いでお告げが降るようになった。

「肝川の御神霊（八大龍神）は東して、目下宮中の御守護の大任務に服して居られます」（昭和四年十一月十六日、三乗大嶺山窟の白龍神の神示）――この神示により、八大龍神が肝川から宮中に移り、天皇皇后の守護についたことが知れた。ついでシンに、こんな神示が降った。

「宮中は、乱れに乱れて居ります。これは仏魔が這入りましての事。下から下からと思いしなれど、矢張り上下両方からの建直しが必要になりました」（昭和五年一月十二日）

「誠に宮中は見苦しく、汚く、嘆かわしき事に御座ります」（昭和五年一月二十六日、肝川八大龍神の託言）

矢野の講話を編述した『肝川由来記』には、矢野が王仁三郎と距離を置くこととなる経緯が記されている。矢野は福島久子に傾倒するも、両者の関係は1年で破綻した

矢野夫妻は、このころから神霊を介して皇室に関する種々の情報を「細大漏らさず」受け取るようになる（『肝川由来記』）。彼らの神業の最終目標は、いうまでもなく「全世界の撥乱反正」だったが、第一章で見た軍人たちとの最大の違いは、日本天皇による世界統治を実現するために大陸・満州に日本の軍事的・経済的拠点を築き、英米やソ連の背後にいるユダヤ・フリーメーソンという最大の敵と対決する準備を整えるという「下」からの立直しではなく、まず根本中の根本である宮中の改革から

おこなわねばならないと思い定めた点にあった。

昭和五年の神示にある「上下両方からの建直し」とはこのことを意味しており、「乱れに乱れて」いる「上」、すなわち宮中の廓清こそが目下の急務だと受けとったのである。

宮中を攪乱し、ユダヤを操る「金毛九尾」

世界は跳梁跋扈する悪霊の手先のユダヤ勢力に動かされているという、欧州勤務以来のユダヤ陰謀論、矢野を〝覚醒〟に導いた『大本神諭』などのお筆先、世界の太古史の正伝と彼が信じた竹内文献などへの沈潜から、矢野はついに独自の神代史を生み出すに至る。

矢野によれば、「創造」の時代に発生した宇宙は、その後、欲望のおもむくままに活動する「自在」の時代に入った。「自在」の時代とは、大本でいう「体主霊従《たいしゅれいじゅう》」（肉体・物質が霊魂・精神を従属させている状態）、強いものの勝ちの時代で、それとは真反対の「霊主体従《れいしゅたいじゅう》」によって世界を統治してきた国祖・大国常立神の地の艮（東北）への隠退と連動している。

日本はほんらい地上における霊主体従国の総本山で、国祖直系の霊統である天皇が永遠に治めるべき神国だった。ところがやがて天皇まで体主霊従の外国系の身魂に取りこまれ、世界も人心も乱れに乱れてくるようになった。

驚くべきことに、記紀が初代天皇と伝えている神武天皇も、その一人だと矢野はいう。神武天皇の身魂は天照彦《あまてるひこ》大神と並ぶ悪神の双璧、山武姫《やまたけひめ》大神にほかならない。この女神は「古来固有の日の本を破壊せむとする簒奪者、侵入者」で、配下の金毛九尾《きんもうきゅうび》神や仏魔などを駆使して日本を持ち荒らし、その悪世は、以来江戸末期までつづいた。けれども天運の循環にともない、宇宙全体をもとの霊主体従時代――矢野のいう「限定」時代に切り替えることが神界で決定された。

「神の世界にては太初の神代ながらの神政布かれ、現界では神武天皇以前、葺不合《ふきあえず》皇朝時代の大御代に還って、日本天皇が再び全世界を御統治御親政遊ばす事になった」というのである(『大御神業御進捗記』、以下注記がない場合はすべて同書からの引用)。

この神業は、国祖の霊系を受けついで誕生した明治天皇に課せられ、世の切り替わりの到来を人民に宣べ伝える役割は、幕末から明治にかけて出現した黒住教、天理教、金光教、妙霊教、大本教の開祖に課せられた。ところがこのときの神霊革命は、悪神の妨害により頓挫した。悪神はまず明治天皇皇后である美子《はるこ》皇后(昭憲皇太后)に憑いて輿入れした。このとき「日蓮系仏魔」も美子とともに

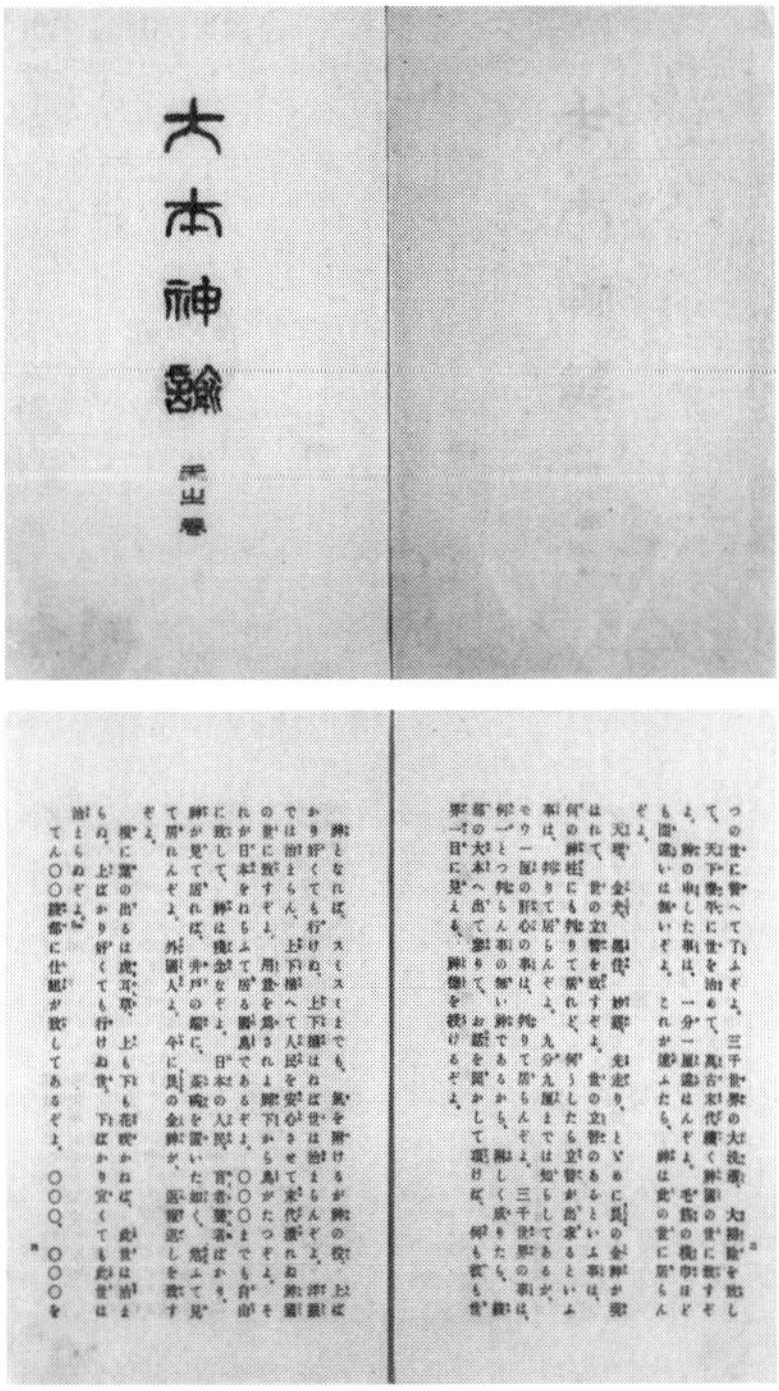

大本の経典『大本神諭』。矢野の神秘家としての覚醒のきっかけとなった『大本神諭』に対する崇敬は、生涯変わることがなかった
(写真＝国立国会図書館蔵)

宮中に入り、金毛九尾の手先となって宮中を攪乱した。そのため明治天皇を守護していた国常立神が宮中から離れ、現界の立替え立直しは次代の天皇に移されることとなった。

ところが続く大正時代になると、魔の妨害がいよいよ激しさを増してきた。大正天皇の皇太子時代に輿入れした節子《さだこ》妃（貞明皇后）は、後の昭和天皇、秩父宮、高松宮を相次いで出生したのち皇后に就いたが、その身魂は「外国系にしてしかも極悪神霊たる金毛九尾神」で、神政成就を妨害するために大正天皇を公務が不可能になるほど深刻な病に陥れた。天皇は大正十年に摂政を立てて公務から退いており、政府は天皇の病気の悪化を理由にしているが、真因は〝霊障〟だと矢野は主張した。貞明皇后の背後の金毛九尾こそが、大正天皇の働きを封じたと見たのである。

矢野が「極悪神霊」と主張した金毛九尾は、大本神話から発出している。王仁三郎は、ロシアに盤踞する八頭八尾の大蛇、インドに生まれ世界を荒らし回っている金毛九尾、ユダヤに生まれた六面八臂の邪鬼を三大悪霊と呼んでいたが（『伊都能売神諭《いづのめしんゆ》』その他）、矢野はこの悪霊を自身の「神話」に取りこんだ。そしてこれら悪霊のうちの金毛九尾こそが貞明皇后に取り憑き、宮中を「乱れに乱れ」させている本体であり、ユダヤを操っているのも金毛九尾だと主張したのである。

矢野の高弟で、ともに逮捕された元海軍中佐・加世田哲彦《かせだてつひこ》（神政龍神会の中心メンバー）も、警察の取り調べに対し、「大正天皇の御悩みの真の原因は、御皇統に内在する原因に発したるに非ずして、全く外部より金毛九尾神の然らしめたるもの」だと明言している（「判決書」）。彼のいう「御皇統に内在する原因」とは、当時、世間で噂されていた天皇家の遺伝的な欠陥のことだが、そうではなく「金毛九尾」による霊障だと龍神会では確信していたことが、この証言から知れる。

かくして大正天皇による神政復帰も、頓挫のやむなきに至ったが、摂政宮の裕仁《ひろひと》親王（昭和天皇）の代になって、ようやく神政成就の機が熟した。なぜなら昭和天皇は待望久しい皇統第一代天皇（天日《あめひの》豊本葦牙気皇身光大神《むとあしかびきみのしのみひかりおおかみ》天皇――この神皇初代天皇は『竹内文書』に由来する）の直系霊統をわが身魂として誕生し、良子《ながこ》皇后もまた皇統第一代天皇の后の霊統の持ち主であり、このふたつの純正な魂がそろったのは、まさに神代以来の出来事だというのである。

菊のカーテンの内情を
神示によって受け取っていた矢野

貞明皇后が第二皇子の秩父宮を可愛がる一方（原武史は「溺愛」したと書いている）、第一皇子の昭和天皇と確執があったということは、今日では広く知られた内情だ。原武史はその文脈から貞明皇后と昭和天皇の秘められた関係を再解読し、『皇后考』に結実させている。

たとえば二・二六事件勃発後、昭和天皇が皇道派の蹶起将校に「激怒」して断固たる処分を主張したのに対し、貞明皇后および彼女が「溺愛」する秩父宮は、蹶起将校らに同情的だったことや、事件後、秩父宮が赴任先である弘前の歩兵第三十一連隊から急遽上京すると知らされ、昭和天皇が不機嫌

途切れていた真正の正神の霊統の復活は昭和からで、
昭和天皇と香淳皇后こそが、「世界の天皇・皇后」となって
現界に神政を敷き、正真の平和統一世界を実現する――
矢野はそう説いた（写真＝国立国会図書館蔵）

になったこと、しかも秩父宮の上京は貞明皇后が「最も強く希望」したことなどから、この事件における昭和天皇の心の動きの読み方のひとつとして、母子間および兄弟間の確執の可能性を指摘している。原の炯眼というべきだろう。

　このように、菊のカーテンの奥では、母子・兄弟の暗闘が現実に展開されていたのだが、そんな秘められた内情を国民が窺うことなど、できるはずもなかった。ところが「現界における畏《かしこ》き辺り（宮中）の霊的の動きを、細大漏らさず」神示によって受け取っていた矢野は、貞明皇后と昭和天皇の対立を、確かに摑んでいた。軍部や宮中高官、政界などにパイプをもっていた矢野だけに、それらの筋から情報が入っていたものと思われる。

　おそらくそのためだろう、矢野は秩父宮についても昭和天皇の聖業を妨害する金毛九尾系の魂と位置づけ、秩父宮妃となるロンドン生まれで「外国魂」の松平《まつだいら》勢津子《せつこ》の輿入れで、昭和天皇の最も近い身内に「金毛九尾の御肉体が御三方御揃いに」なったと主張した。御三方とは、貞明皇后・秩父宮・勢津子妃三方の〝悪霊憑き〟を指す。

　昭和五年一月二十九日に矢野シンに降りた金毛九尾の「一の番頭」も、秩父宮について「母君（貞明皇后）の霊統を受けし御方、吾々のひつぽう（引方、親類縁者）」と漏らし、秩父宮六歳のときに「御霊が替りました」と語っている。

　矢野によれば、すでに神界での立替えは完了しており、「自在」の時代は終わっている。現界の暦でいう昭和五年六月一日（旧暦五月五日）、神界において「天地御和合」（善悪両神団の和合）の大号令がかけられ、太古以来の悪神・天照彦大神も神界における大政を奉還したというのだ。

残るは現界の立替ゑのみだと確信した矢野は、昭和七年十一月、矢野神代史の最終形である『神霊密書』を完成した。この怪著成立の様子を、戦後の昭和三十六年になって、矢野シンが自らの筆で漏らしている。

「昭和七年の節分の夜のこと、彼（矢野祐太郎）は『今日までに口伝にでも、文書にでも、伝え残して無いことを、お前が余りに熱心に聞くので、神もついお前の熱心に免じて此点までは教えたのだから、お前は自分の頭に刻み込んだその事を書き残せ』との、御神命を霊受したのであります。

この霊受の直後に、彼から鼻血が洗面器に半分ほども出ましたが、これは神命の業に就く彼の肉体が浄よめられたものなのでしょう。それで一両日を休養して五日から口述をはじめました。（中略）口述に当っては一枚の原稿も一冊の参考書も用いずに、すでに神示されていたものを喋ったのでありまして、時偶《ときたま》に言葉がふっと途切れますので彼を見ますと、彼は正座しながら腕組みしたままで天井を瞰《にら》らんで『ああそうですか、ウンウン』などと独り言を言っているのです。それで『天井になにか変ったことがあるのですか？』と聞きますと『ウン、いまあそこに神様が字を書いて教えて下さっていたので、それを読んでいたのだ』と、また喋り続けて数日間で口述を終りましたが、その口述したものを集成したのが此の『神霊密書』であり『図表』なのであります」（昭和三十六年にシンが復刻した同書の「まえがき」。八幡書店版には未収録）

逮捕後、特高警察が矢野が活用した諸資料等をまとめている。出口ナオ・福島ヒサ・車小房・矢野シンらによるお筆先その他の霊告神示、矢野が「現示」と呼んで最重視した『竹内文書』、大石凝真素美・大国隆正《おおくにたかまさ》・水谷清・水野万年《みずのまんねん》・春日興恩らの皇道霊学に関する諸説、『上記《うえつふみ》』、『天地言文《あめちことふみ》』（九鬼文献)、『神皇紀《じんのうき》』(富士古文書)等のいわゆる超古代文献がそれだが、シンの言葉がほんとうなら、矢野はそれらをすべて頭に入れた状態で、手に一物も持たずに口述したのである。

昭和天皇の手に渡った矢野の大著『神霊密書』

この大著が完成すると、矢野はさっそく動き出した。

なにをさておいても、まっさきに献上しなければならないのは昭和天皇だ。現界の立替えには、皇統第一代天皇の身魂である昭和天皇自身に、霊的実相や神国日本の〝真実の歴史〟を自覚していただく必要がある。それさえかなえば、現界の立替え立直しは成就する。

とはいえ、当初矢野には、その手立てがなかった。そこでまず、伝手のある高松、久邇、東久邇、梨本、閑院、朝香、竹田の各宮家に献上した。すると、竹田大妃宮(昌子《まさこ》内親王)から、「天皇様に差上げしたいから、一部届けて欲しい」と声がかかった。

貧窮の中、三円で夜着を売って印刷用紙を買い求め、どうにか印刷した百部は、もはや一冊も残っていない。新たな用紙を買う金もないと困っていると、神日本社の顧問で、矢野のシンパでもあった伯爵・上杉憲章《うえすぎのりあき》が、鳥の子用紙を提供してくれた(公判記録によれば、上杉は昭和九年の神政龍神会結成の際、夫婦で結成式に参加している)。こうして入手した鳥の子に、矢野自身が『神霊密書』を浄書し、桐柾薄板の表紙を付けて、昭和天皇への献上本をつくりあげたのである。

献上本がどのようにして昭和天皇の手に渡ったのかについては、前記シンの復刻本に「そえがき」

を寄せた安部《あべ》時敏《ときさと》が経緯を記している。

　当時、矢野には特高が張り付いていた。そのため自分で竹田宮家に届けると宮家に迷惑がかかるのでできなかったが、さいわい竹田宮家の隣に住む北白川宮家（成久王が当主の北白川宮家であれば、妃は竹田大妃宮の妹の房子内親王になる）の娘に婚儀がもちあがっており、宮中からも使いが往復し始めていた。そこで使いの女官（名は不明）に献上本を渡し、女官は「北白川宮邸からお庭伝いに竹田宮邸に」移動して大妃宮に手渡し、大妃宮から良子皇后に、良子皇后から天皇にという経緯で献上本が昭和天皇の手に渡った。その後、大妃宮を通じて、皇后から確かに天皇に献上したというお言葉と、嘉納のしるしの「御紋菓一折」が下されたと安倍は書いている。

　こうして天皇への工作を首尾よく果たした矢野は、昭和八年には世界天皇の「現示」である『竹内文書』を日本全体、さらには世界にまでアピールするために、竹内巨麿を名誉総裁に担いで神宝奉賛会を組織した。

　けれども、さまざまな利害や思惑が交錯する団体を束ねていく実務的な能力は、矢野には欠けていたようだ。翌年、内紛で神宝奉賛会から離脱した矢野は、すでに何度も書いてきた自前のカルト、神政龍神会を立ちあげた。

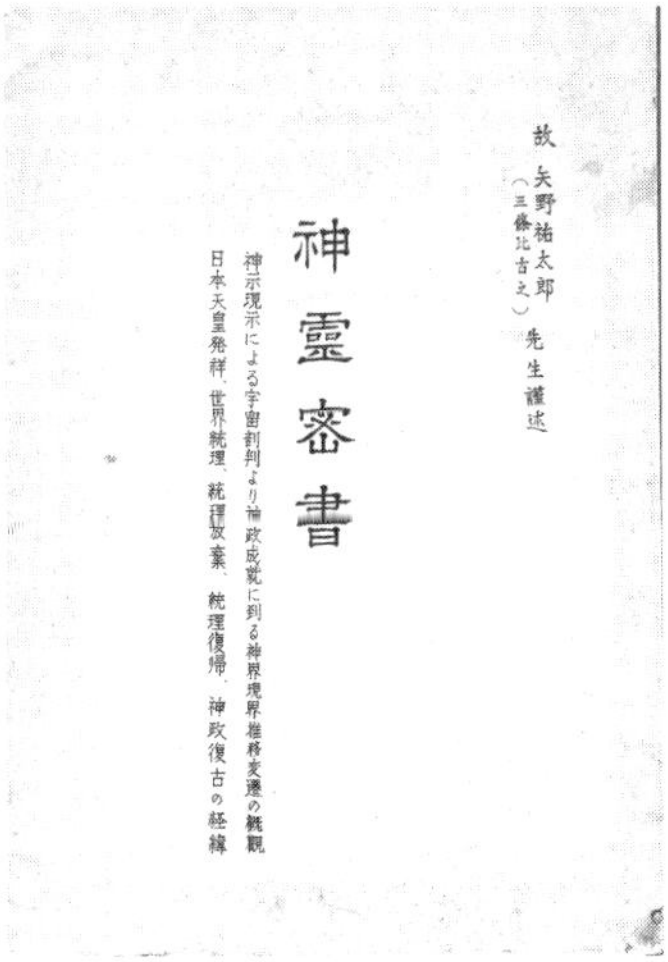
故 矢野祐太郎（三條比古之）先生謹述

神靈密書

神示現示による宇宙創判より神政成就に到る神界現界推移変遷の概観
日本天皇発祥、世界統理、統理放棄、統理復帰、神政復古の経緯

昭和5年の『竹内文書』との出会いによって、矢野は自身の神秘主義思想を体系化した。矢野の思想の到達点ともいうべきものが、彼の主著『神霊密書』だった

昭和7年以降、立て続けに著作を発表した矢野は、
昭和9年独自の秘密結社「神聖龍神会」を組織し、
現界立直しの準備を整える。だが、矢野の思想は
国体を揺るがす危険思想とみなされた。昭和11年3月、
司直の手が伸び、獄中で謎の死を遂げた……

けれども、当局から見れば不敬の極みとしかいいようのない言説を広め、皇族方への工作を重ねている矢野は、到底放置しておける存在ではなかった。昭和十一年三月、矢野や加世田ら神政龍神会関係者が逮捕され、矢野は昭和十三年八月二十二日、五十八歳を一期に獄死する。当局は遺体の引き渡しを拒んだが、引き取りに行った弁護士の中里義美（前記・神日本社代表）と長男・迪穂の訴えを容れて、「死因の詮索はしない」ことを条件に、遺体の引き渡しに応じた。

とはいえ、あえて死因を詮索するまでもなかった。遺体には「或る種の薬を一服盛られたが為の中毒死だと判断が出来る紫暗色の斑点が全身に現れていた」(前出安倍)。

神政龍神会事件の直前、茨城県磯原町の竹内巨麿が、不敬罪で茨城県警に拘引されている。矢野が逮捕されてほどなく、島津ハルも逮捕された。またこの前年末には、大本を跡形もなく潰そうという国家の意図が露骨に示された第二次大本事件も起こっている。

明治国家が創出し、昭和前期の政府と軍部が一体となって国民洗脳の道具とした神国日本・天皇世界総帝説こそが、彼らの生みの親にほかならなかった。ただし彼らは、従順な孝子ではなく、鬼子であり徒花だった。その徒花たちが一斉に摘み取られた後、日本は泥沼の日中戦争から太平洋戦争へと突入していくのである。

浅野正恭……あさの　まさやす

反大本の急先鋒となった海軍少将

教団「大本」に大きな足跡を残した浅野兄弟の功績

帝国陸海軍の将兵の多くに絶大な影響を及ぼした新興宗教といえば、熱烈な日蓮主義を日本中に広めた田中智学《たなかちがく》の国柱会《こくちゅうかい》と、お筆先の終末予言や立替え立直しの全国宣伝で巨大宗団に成長した出口王《でぐちお》仁三郎《にさぶろう》の大本が双璧だろう。

大本成長の核となったのはもちろんカリスマの王仁三郎だが、〝もうひとつの大本の顔〟として八面六臂の働きをした浅野和三郎《あさのわさぶろう》の力も大きく、とりわけ海軍将兵を綾部の大本に引き寄せたのは、横須賀の海軍機関学校で英語教授をしていた和三郎といってよい。

その和三郎の兄が海軍将校の浅野正恭（最終階級・海軍少将）で、正恭も一時期大本に入信し、教団に足跡を残している。開祖出口ナオの肖像写真がそれだ。

写真嫌いのナオが単独で写っている写真は、和三郎が大本入りした大正五年時点で、一枚しか存在していなかった。翌六年の東京出張の途次、綾部に立ち寄った正恭は、「教祖さんも御老体だから一枚残して置く方がよい」と和三郎にもちかけた。

正恭は無類の「写真狂」で、江田島の大尉時代から撮りためてきた写真は、「幾百千枚」に達していた。そこで和三郎が王仁三郎に相談すると、王仁三郎も賛成し、さっそくナオにかけあった。当初難

大本時代の数少ない浅野正恭の写真。
大本の重要人物だったが、後に反大本の急先鋒へと転じた

色を示したナオだったが、王仁三郎が熱心に勧めることでもあり、「神さんに伺ってみますわ」と話が進み、撮影の段取りとなった。和三郎はこう記している。

「教祖さんは木綿の紋付をつけて、いとつつましやかに坐を占められた。兄はゴム球を握って立った。自分は傍の方で見物して居たが、当時の光景は自分の眼の裡にアリアリと今に残って居る。恐らくこれは永久に残るのではないかと思う。……その種板は大本に奉納され、今は御神体とともに岩戸の奥深く秘蔵されている」（『綾部生活の五年』）

逝去の前年に撮られたこの写真（P172参照）は、ナオ晩年の面影を伝える唯一無二の写真として、今日にいたるまであらゆるところで使われている。機関誌『神霊界』が開祖の逝去を受けて出版した特別号（大正七年十二月）の巻頭にもこの写真が掲げられているが、そこには「海軍少将　浅野正恭氏謹写」のキャプションが付されている。

正恭は何を信じて大本に入信し、いかなる理由で反大本の急先鋒となったのか。その背景を追っていくことにしよう。

理論派で学究肌の人物だった正恭と大本の接点

慶応三年（一八六八）十二月二十八日、正恭は代々医業をなりわいとする浅野家の元斎《げんさい》・かん夫妻の次男として、茨城県の源清田《げんせいだ》村（現・稲敷郡河内町西部）に生まれた。大政奉還がおこなわれ、日本が徳川将軍の国から天皇の国へと大転換することとなった激動の年である。

上に兄の璋《あきら》がいるが、経歴等はわからない。弟の和三郎は東京帝大英文学科を卒業後、英語教師として海軍機関学校に奉職。その後、心霊問題への傾斜から大本に身を投じ、第一次大本大弾圧事件後は同教団と決別して心霊研究に後半生を捧げ、わが国心霊科学の父となった。

一方、兄の正恭は、士官養成のために設けられた海軍兵学校に入学した（明治十八年）。当時、同校は築地にあったが、二十一年に広島県安芸郡江田島町に移転したため、二十二年卒業（海兵十五期）の正恭は移転後初の卒業生となった。同期に後の首相の岡田啓介《おかだけいすけ》や海軍大臣の財部彪《たからべたけし》らがいる。

正恭の軍歴に、華々しい軍功は見当たらない。実戦向きの軍人タイプではなく、理論派で学究肌の人物だったようで、海軍では兵学校砲術教官や砲術練習所教官、海軍機関学校教官、陸軍要塞砲兵射撃学校教官、海軍大学校教官などの教官職を歴任し、造船監督官としてイギリスにも出張した。軍艦の副長や艦長としても任務についているが、陸での教育・監督生活が圧倒的に長く、二十代から四十代までの大半を教官として過ごした。

正恭と大本の接点は、大正五年の和三郎の入信に始まる。大本が皇道大本と名を改め、「皇国言霊学と皇道大本の宣布」に大々的に乗り出したのは翌六年で、この前後の数年は大本と海軍士官らが最も親近した時期にあたっている。

和三郎を大本に導いたのは海軍予備機関中佐の飯森正芳《いいもりまさよし》であり、その飯森を大本に勧誘したのも同じ海軍予備機関中佐の福中鉄三郎《ふくなかてつさぶろう》で、この福中・飯森ラインから和三郎が入信し、正恭をはじめとして数々の海軍士官が大本に接近するようになった。

当時の『神霊界』（大本機関誌）には、海軍関係者の引きも切らない綾部詣でが記録されており、『大

有名な出口ナオの写真は、
正恭が撮影したものだった

本七十年史』も「舞鶴から来訪する海軍将校はほとんど連日におよび、遠くは呉・横須賀あたりからも参綾」したとしているが、この表現に誇張はない。

　このころの大本の布教の様子がよく伝わってくる、珍しい資料がある。王仁三郎が大正四年、大本の宣伝部隊として創設した「直霊軍《ちょくれいぐん》」の活動がそれだ。

　直霊軍には、ナオの三女で『日乃出神諭』を下ろした福島ヒサも加わっている。ヒサが、後に矢野祐太郎《やのゆうたろう》や「肝川神示」で知られる車家と提携して反王仁三郎派の拠点を築いた霊媒だということは、前節で書いた。

　飯森は王仁三郎によってこの直霊軍の「副将軍」に抜擢され（当初の「正将軍」は出口直日《なおひ》＝王仁三郎と澄の長女で大本三代教主）、精力的に日本各地を回るのだが、同軍旗揚げの様子を、飯森は私淑する高田《たかだ》集蔵《しゅうぞう》に宛てて、次のように書き送っている。

「（大正四年）九月二十五日、別紙軍規軍制によりて直霊軍の旗揚げをなし、翌二十六日綾部町に二十余名の軍霊（軍所属の信者）と共に出陣、停車場其の他にて開戦、翌二十七日往復九里の弥山に参詣、二十八日より三十日にかえり丹後元伊勢大江山に進軍、各所の村落にて神軍旗、革正旗、十球旗を樹てて数名の軍霊と共に奮戦罷在候《まかりありそうろう》。軍霊の服装は襷鉢巻。大雨を冒して行軍、自炊野営、一同元気にヤリ居り候。一心奉公、共同生活の実現を以て、宇宙国家一身の修祓《しゅうばつ》を志し居候」

将軍といい、軍規・軍制・開戦・軍霊・進軍・行軍といい、意図的に軍隊式の用語が取り入れられている。この種の王仁三郎の〝趣向〟はその後も発揮されており、日本陸海軍の最高指揮官である大元帥（昭和天皇）の乗馬と同じ白馬にまたがった軍装姿の写真まで撮らせていた。こうしたきわどい挑発が、王仁三郎による皇位簒奪の野望の表れのひとつと見なされ、和三郎や正恭の大本離反、国家による大本大弾圧へとつながっていくのだが、それについては後述する。

和三郎は、この飯森に導かれて大本に入信した。けれども正恭は、当初は和三郎の大本入りに強く反対していた。

「弟が初め大本教に関係するに至った時には、私は呉に勤務していましたが（大正三年から呉工廠砲熕部長・造兵監督官）、その事を聞いて大いに反対であったが為、数回書を以て、迷信に走るの不可なることを説いたものです。私などは明治時代の教育を受けて成長したものであるから、神に対する観念の如きは、皆無といって宜しい程でした」（「記憶を辿りて」）

正恭の「神に対する観念の如きは皆無」という述懐は、事実と考えてよい。実際、明治の文教方針は、旧来の民間信仰や類似宗教（大正時代以降、新興宗教はこう呼ばれた）を「迷信」として否定し、欧米流の科学的な思考を軸とする近代国家への脱皮へとひた走っていたからで、その反動が、明治中期以降の神憑り的な日本神国信仰・天皇信仰へと国民を誘導する一因になっている。

兄よりも先に大本に入信し、
第一次大本大弾圧事件後は同教団と決別して
心霊研究に後半生を捧げた和三郎

正恭も和三郎も、この明治教育のもとで育った。にもかかわらず、和三郎が大本に走ったのは、大本が理屈一辺倒の宗教ではなく、霊術（鎮魂帰神）による奇跡を目の当たりに見せることのできる宗教だったからである。

和三郎との数次の手紙でのやりとりを重ねた後、正恭は自分の目で大本の実態を確認すべく綾部におもむいた。けれども逆に、大本の説く「敬神尊皇愛国」に共鳴することとなり、とにもかくにもお筆先を研究しなければならないと、気持ちが変わった。

和三郎はすでに一家で綾部に移住して猛烈な大正維新運動に挺身していたが、正恭も翌六年には入信し、大正八年になると、ついに綾部に移住するまでになった。

この年の暮れ、正恭は海軍中将に昇進するとともに、待命《たいめい》となっている。待命とは、地位はそのままで、具体的な職務や任地が未定の待機状態をいうが、軍隊の場合は事実上の解雇通知であり、ほどなく予備役編入となる。正恭も翌九年に予備役に回され、海軍を去るのである。

大本にのめりこんでいた兄弟が、なぜ後に大本批判の急先鋒となったのか

綾部に移住した年から、さっそく正恭の論文が『神霊界』に発表され始めた。同年九月号の「一信者の物質観」、翌九年二月号から五回にわたって連載された「老子道徳経略解巻上」、同十二月号の「霊主体従」、大本弾圧の年である大正十年の「日本の建国」などである。

大正7年12月に執り行われた出口ナオの葬列の様子。開祖・ナオの死は、さまざまな影響を教団に及ぼした

一方、入信ほどなくから王仁三郎の右腕となっていた和三郎は、皇道に惹かれて参綾してきた海軍関係者の多くに、かたっぱしから鎮魂帰神をほどこした。その中には、第一章で書いた海軍大将の山本《やまもと》英輔《えいすけ》や、前節の矢野祐太郎も含まれている。いずれも大正六年のことで、正恭が入信した年にあたっている。これら海軍の親近に続いて、大本は陸軍内にもじわじわとシンパを増やし、政府や軍当局から次第に厳しい監視の目を向けられていくのである。

大本教団内における和三郎の地位は、開祖ナオの死後、王仁三郎に比肩するほど巨大なものとなっていった。祭政一致を謳う大本の運営は、「祭」（祭祀）を本体である「皇道大本」が掌り、社会活動全般など「政」の方面を補完組織の「大日本修斎会《だいにほんしゅうさいかい》」が分掌するという形でおこなわれたが、和三郎は修斎会会長（後に総裁）に就き、

大正10年の第一次大本事件で逮捕され、大阪控訴院に出廷する断髪の王仁三郎と浅野和三郎(右)。ナオ死後の皇道大本は、この二大巨頭によって運営された

正恭も和三郎会長を補佐する修斎会顧問から副会長(後に副総裁)の要職に就いて、猛烈な勢いで「大正十年立替説」の宣伝を推進した。

お筆先に「世界の人民三分になるぞよ」と告げられている古今未曾有の大峠、世界の立替えの時が大正十年に迫っており、改心した者だけが立替えに続く立直しの世界に入ることができるとする大本の終末論である。

和三郎は、まるで熱に浮かされた者のように大正維新運動にのめりこみ、終末論宣伝の中核となって大本を動かした。そのためマスコミなど外部はもちろんのこと、内部の信者からも「浅野の大本」という批判が出るほどで、「浅野和三郎は終始大日本修斎会長として、兄正恭は顧問として、大本運動の実権は全くこの兄弟の手に掌握され、出口王仁三郎氏はたゞ教主輔として神示を承るだけの御用として……大本の奥深く祭り上げられ、大本は殆ど浅野の大本であるかの如くになって居た」(松本健一『神の罠』所収、信者・東尾吉三郎の証言)。

ここまで深く大本にのめりこんでいた浅野兄弟が、なぜ手の平を返したように大本批判の急先鋒となったのか。理由は、大正十年の第一次大本弾圧後、王仁三郎の唱える「敬神尊皇愛国」が、浅野兄弟の信じるそれと根本から違っていると認識するようになったからだ。正恭も和三郎も徹底した天皇主義者であり、大本も同じだと信じて活動してきた。ところが王仁三郎の本心は別で、実は皇位の簒奪をひそかに狙う逆賊だと見做すに至ったのである。

大正10年の第一次大本弾圧で破壊された綾部・本山宮
(『寫眞通信』大正十年十月號)

正恭は大正十四年に綾部を離れ、和三郎も同年、綾部を引き払って横浜の鶴見に転居した。

正恭の大本観および大本批判は、彼が大正十五年にガリ版刷りで出版した『大本教の叛逆思想』に端的に表明されている。この稀書は国会図書館にも所蔵がなく、ようやく金沢大学図書館の貴重本コレクション中に発見したもので、これまでほとんど紹介されていない。

この中で、正恭は大本を「憲法上、我日本に存在を許してはならぬ性質のもの」と断じ、数々のお筆先を引きつつ、王仁三郎がいかに恐るべき野望を隠しもっ

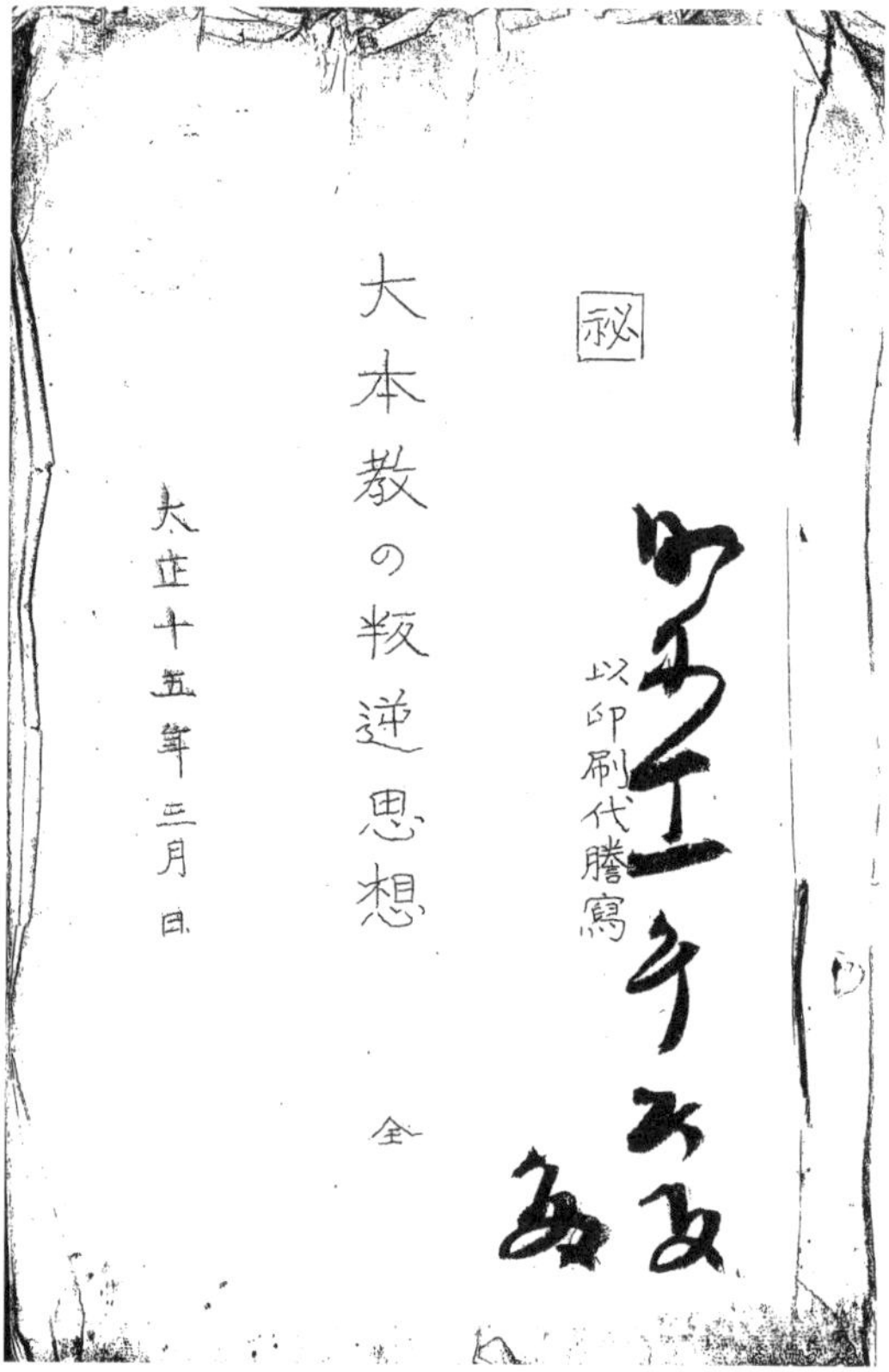

ガリ版刷りの『大本教の叛逆思想』には、
正恭の大本観・大本批判が記されている
（金沢大学附属図書館所蔵）

ているかを論述している。骨子は以下のようなものだ（引用にあたっては改行を詰め、適宜読点を施した）。

「明治二十六年月日『神諭』に、『〇〇〇は綾部に守護がいたしてあるぞよ。あとは宜くなりて綾部を都と致すぞよ』とある〇〇〇をてんしの伏字であるとし、綾部を都と致すとは、従来普通の遷都論だと解釈されていたようであるが、焉んぞ知らん、〇〇〇は神の王を意味するところのてんしならんとは。故に遷都は遷都であるかも知らねど、その遷都たるや綾部に守護してあるところの神の王、露骨にいえば王仁三郎が天位を干犯し、その結果、綾部が都となることを意味する遷都である。……そして綾部が所謂都となれる暁、日本人に要求するところのものは、明治三十一年旧五月五日付『神諭』に次の如く出て居る。『日本の人民の天からの御用は三千世界を治め、神の王の手足となりて、我身を捨てて神皇の御用を致さなならぬ国であるから』、即ち日本人民は王仁三郎なる神の王の為めに身命を擲《なげう》たねばならないのだというにある」

お筆先や大本文書は、反天皇の文字であふれていると正恭には思えた。

たとえば、天皇を「人民の王」とし、「神の王（神皇）」の化身であるナオと王仁三郎に対置しているお筆先が、いくつも認められる。また、王仁三郎の『善言美詞』は、天皇の統治を「現界」に限ったものと位置づけ、そのはるか上に統治神としての「伊都《いづ》の霊《みたま》・美都《みず》の霊《みたま》の大神」（厳霊・瑞霊）を置いているが、この厳霊の大神はナオ、瑞霊の大神は王仁三郎を意味しており、なおかつ厳霊・瑞霊の陰陽神は、究極では「至仁至愛真神《みろくさま》」に集約される。

ミロクさまと呼ばれる至仁至愛真神は、ナオのお筆先を漢字かな文に改めた王仁三郎の『大本神諭』においては、「天照皇大御神《あまてらすすめおおみかみ》」とも「天御中主大神」とも「天の御先祖」とも表記されているが、そこに王仁三郎の野望が端的に表れているとして、正恭はこう批判する。

「王仁三郎自身、自ら『キリストの再臨』『ミロクの出現』と称して居るが、キリストとは神の王の意、ミロクも……天の御先祖であり神の王である。然らば王仁三郎は天照皇大神であり天の御中主神であり、神の王であり、現世幽界統治の神皇陛下であるということになる。日本の王となるものは此の神の王でなければならぬ（大正五年旧十一月八日の『神諭』）というに至っては、逆賊的文字も此に至って極まれりというべしである」

「立替え立直し」に見え隠れする王仁三郎による「国家転覆」の策謀

さらに正恭は、立替え立直しとは王仁三郎による国家転覆の策謀にほかならないと論を進める。なぜならお筆先は、今の世を「人民が神になりて居りた」世だと言い切り、これから世界に起こるのは「世の立直しを致す神（艮金神《うしとらのこんじん》）と、此侭で何時までも続かして行こうとする神（皇家守護の神々）との戦い」だと規定しているからだ。

「世の立直しを致す神」が勝てば、「竹は倒れる、桜は散る世」になる。そんな時節が「参りたぞよ」と、お筆先は示している。正恭は、竹が倒れ、桜が散るということの意味までは書いていないが、この「竹」には皇室の一族を意味する〝竹の園生《そのう》〟が隠されており、日本国花の「桜」には、天皇の帝国や天皇の軍隊という密意が秘められていると見たのである。

天皇家のルーツをにおわす記述も、お筆先には見えている。

「世の中の枝の神やら、向うの国の極悪神の性来の血筋やら、日本へ渡りて来て」「此様な惨い事に日本の国を致した」とお筆先はいう。皇室に外国魂の悪神が入りこみ、皇位を奪っているとする認識は、前項で書いた矢野祐太郎にも見られたもので、矢野がいかに深く『大本神諭』に影響されたかを物語っているのだが、正恭はこうした皇室観そのものが王仁三郎の野心の表れだとして弾劾し、証拠として王仁三郎の『霊界物語』を挙げる。

同書では、正義を実現する天の宰相（大八洲彦命《おおやしまひこのみこと》）と、艮金神の隠退後に世界の統治神となった体主霊従の悪神（盤古《ばんこ》）大神の霊的闘争が幾重にも描かれているが、「大八洲彦命が王仁三郎を、盤古大神が恐れ多くも皇室を諷するものであることは、同書を読むものの何人でも看取し得るところ」だと、正恭は主張したのである。

今の世は天地上下が逆転している。それを本来の姿にもどすという艮金神のお筆先を、信者時代の正恭や和三郎は、天皇が世界の統治者に復帰することだと解釈し、一身を賭して大正維新運動に挺身した。けれども王仁三郎の肚は、見込みとは違っていた。自ら天皇の地位につくことこそが、窮極の立替え立直しの意味だと正恭は確信し、王仁三郎への叛旗を翻したのである。

皇位簒奪という野心を証する秘事の一端を、正恭は同書で漏らしている。

「大本検挙の際、天照大御神の直系が直ちに出口に伝わり、恐れ多くも皇室を傍系とせる図解が、時の修斎会長たる某によって発見せられ、それは直ちに処分されて押収されずに終りし事実がある……此図解は王仁三郎の作成せるものである」

名を伏せているが、当時の修斎会会長は弟の和三郎にほかならない。この記述が事実だとしたら、天の祖神の直系は出口ナオを筆頭とする出口一族であり、立替え立直し後の皇都は、東京でも京都でもなく、お筆先のいう綾部ということになる。

熱烈な天皇主義者の正恭が、これを「我日本に存在を許してはならぬ」叛逆思想とみたのは必然だった。『大本教の叛逆思想』の中で、正恭はナオに憑った霊についてこう記している。

「直《ナオ》に憑依したという艮の金神国常立尊と名乗るところの神は、果たして何であるか……直は極めて貧困な生活を営めるところより、人情の常として世を恨み人を怨んだのは当然である。……此の如き怨恨報復の心に相応せる霊魂が、同調和律的に（ナオに）憑依するに至ったものに外ならない。少しく民族史に触れるなら、アイヌ民族が現日本民族に駆逐された事実は言う迄もない。従ってアイヌ民族からすれば、現日本民族は怨むべき仇敵となることであろう。……直の相貌がアイヌ型であることも之を証する好資料である」

ナオとの明確な決別宣言であり、お筆先との決別宣言だ。お筆先は、皇祖神とは何ら関係のないアイヌ民族中の恨みをもった霊魂がナオに書かせたものだと正恭は確信し、和三郎もまったく同様の結論に至ったのである。

正恭・和三郎にとって、天皇の「尊厳」「神聖」性は微塵も揺るがぬ定理に等しいものであり、「体主霊従の悪神」の身魂とすることなど、断じて許されない叛逆思想そのものだった。だから二人は王仁三郎・ナオを切り捨て、『大本神諭』と断然袂を分かった。皇室内に悪神が入りこんでいるとする説を受け入れた矢野祐太郎とは、この点がまったく違った（第二章五節で述べる友清歓真《ともきよよしさね》も、正恭・和三郎と同じ視点から大本を否定している）。

ナオをアイヌ霊の被憑依者とした正恭は、王仁三郎に憑いている霊についても、「その霊魂は土蜘蛛のそれであるらしい」と断じ、「彼もまた之を肯定して居る」と付け加えている。王仁三郎が自ら土蜘蛛憑霊者だと「肯定」したという話は、にわかには信じがたい。けれども正恭は、昭和十六年の随想「記憶を辿りて」の中でも、「土蜘蛛族の霊魂であるということは、王仁三郎自身も認めて、私に明言したことがある」と言い切っている。王仁三郎の意図が那辺にあったかは別として、それに類することを正恭に語ったことはあったのかもしれない。

大本離脱後も王仁三郎の亜流から抜け出せなかった正恭

天皇を天照大神直系の現人神と見なす正恭にとって、大本はもはや自分がとどまるべき場所ではなかった。綾部を引き払った正恭は、以後、弟の和三郎を補佐して心霊の〝科学的〟な究明、および自身の信じる神霊主義の普及に乗り出していく。

淺野和三郎個人雜誌

心靈と人生

第二卷第十號

十月號

目次

卷頭言
心靈問答
盲人と術
小說 ……
寶吉の晚年
セーゲル夫妻の實交術
幽界行脚
獨語
心靈倶樂部
編輯室より

心靈科學研究會

和三郎が創刊した機関誌『心霊と人生』（大正14年）。「浅野和三郎個人雑誌」として出発したが、組織化が進むと個人誌ではなく「心霊研究と神霊主義」を謳うようになった

けれどもその神霊主義は、天皇を唯一の統治者として絶対視し、日本の国体に「世界無比の尊厳」を認める超国家主義的なものであり、天皇の位置づけを除けば、大本の主張とさして大きく隔たるものでなかった。『古事記』の描写が顕幽両界にまたがるもので、現在の世界史の予言になっていると

する説も唱えたが、こうした『古事記』予言書説は王仁三郎はじめこの時代のオカルティストが執拗に主張していたことであり、一部の軍人を虜にしてきた類型思考そのものだった。

正恭はまた、日本を絶対的な正義国として信仰した。もちろん根拠はない。日本は天皇国だから正義国にきまっていると信じたのである。

満州事変から続く戦争を、正恭はこの視点からながめた。日本が乗り出した戦争は、どれも「利権獲得とかいうような、さもしい根性から出発せるものでは断じて之れ無く」、「東亜の新秩序を建設するための「崇高なる武士道」にもとづく「聖戦」だと主張し、この聖戦は「武士道と商業道」の戦いだとも主張した（「何をか抜本塞源とはいふ？」）。

商業道とは欧米やソ連の戦争目的を指したものだが、日本を「武士道」の国、欧米等を「商業道」の国とする二分法も、王仁三郎の「霊主体従」と「体主霊従」の言い換えにすぎない。正恭は、王仁三郎を徹底否定したつもりになっていた。けれども彼は、大本離脱後も王仁三郎の亜流から抜け出ることができなかったのである。

王仁三郎は、ユダヤの脅威についてもたびたび言及していた。同じように、正恭も商業道の大元締めともいうべきユダヤおよび秘密結社（フリーメーソン）の陰謀を力説した。彼がユダヤ陰謀論者となったのも、やはり『シオン賢者の議定書』が契機だった。和三郎が創刊した機関誌『心霊と人生』昭和十三年一月号の「認識の根本是正」に、正恭のユダヤ禍論がまとめられている。

「私が初めて猶太思想の一端に触れ得たのは、今から約二十年前の事に属する。即ち我国が欧米諸国と共に、大正七年シベリヤ出兵の当時、我陸軍が図らず入手したものに『シオンの議定書』なるものがあった。……之を極秘に附する必要上、初め浦塩方面派遣軍艦の司令塔内で翻訳されたということで、その翻訳を当時私は手写したものである」

浦塩方面派遣軍艦内で翻訳された『議定書』とは、第一章で書いた山本英輔の翻訳にかかる日本初の訳書のことだろう。山本本人が、「浦塩陸軍司令部にて、『シオン』の決議を入手して、之を翻訳した」と自伝で書いている。

正恭によるユダヤ禍論の中身は、他のユダヤ陰謀論者と何ら変わるところがない。正恭が『議定書』の骨子としてまとめた十五箇条を掲げておこう。

「一、黄金を所有すること。その黄金はあらゆるものを購求することが出来る。

二、印刷物を専有すること、その手段によって非猶太人を堕落させ、馬鹿と化し、且つ騒乱を惹き起させる事が出来る。

三、自由思想、懐疑説及び基督教破壊の目的を以てする破戒の観念を、非猶太人に接種する事。

四、家族主義を破壊する事。

五、玉座の守護、愛国心養成学校たる陸軍を廃滅する事。

六、陸軍嫌いの人民中に、軍備反対の念を益々煽動勃興せしむる事。

七、非猶太人の為め、国債及び私債を募集することを容易ならしむる事。即ち此は彼等の為め便利な罠である。

八、取引場の振興を謀る事。取引場は非猶太人を投機に引入れ、財産を大資本家の手に移す手段である。

九、手工的職業を、大資本の製造工場を以て換える事。
十、猶太人の為め、有らゆる官職に就く道を開き、そして国家の立法者中に加わる事。
十一、非猶太人中に労働階級の発達を図る事。
十二、有らゆる不平、有らゆる革命を援助する事（是れは我資本を増大し、吾々を目的に接近せしむ）
十三、全世界に波動しつつある社会運動を指導する事。
十四、他の国民は漸次イスラエル人の奴隷となるであろう。此の目的を速やかに達成する為めには、社会運動の味方と詐る事が必要である。
十五、吾々は目的を達成するため、可能なる程度に労働階級を保護することが必要である。斯くの如くすれば、希望通り民衆を挑発する事が出来る」

ユダヤの支配下にある世界と対抗できるのは「日本精神を措いて他にはない」

この計画はすでに欧米やロシアで実施されており、ユダヤ教の敵だったはずのキリスト教も、とうにユダヤに征服されていると正恭はいい、つまるところ両者は同じ穴のムジナだと主張した。なぜならユダヤ教が信仰する独一神も、キリスト教の独一神も、同じエホバだからである。

財力から見ても、情報宣伝戦の方面から見ても、世界はすでにユダヤ資本の支配下にある。これに対抗できるのは「日本精神を措いて他にはない」（同前）と訴える正恭は、和三郎が創刊した『心霊と人生』誌で過激な日本主義の論陣を張った。

メートル法をやめて旧度量衡にもどすべし。西暦を廃して皇紀の暦法を東亜各国に拡げよ。議会に神殿を設け、神前で議事を進行せしむべし。日独伊の三国同盟は天地の神の現界経綸の意図。八紘一宇の実現に努めよ。英米との対決を恐れるなかれ——正恭はこう訴えた。これらの主張を見れば、正恭がいかなるスタンスで敗戦までのみちのりを歩んだかが知れるだろう。

依るべきものは、天皇と日本国体と王仁三郎流ではない純一な古神道以外にはなかった。和三郎とともに心霊学探求の道に入った正恭だったが、その心霊学も古神道抜きにはありえなかった。

大本を離れた後も、引き続き古神道や『古事記』の研究を継続していた和三郎が、どのような動機と経緯で心霊科学研究会を発足させたかについて、正恭はこうふりかえっている。

「心霊学は、我古神道とも一致するもので、古神道を学問的に闡明するには、是非共心霊学的解釈に待たねばならぬことを知るに及んで、その信念は益々鞏固となり、大正十一年、数次綾部・東京間を往復し、知名の士と相諮り、遂に心霊科学研究会を組織し得るに至ったのであります。此くして翌十一年には東京に移住し、本郷本町の寓居で、『心霊研究』なる雑誌を発行する運びとなりました」（「記憶を辿りて」）

『古事記』に対する関心は、正恭のほうが一段と旺盛だった。大正十一年に『古事記に拠る宇宙創造概観』を上梓すると、それを深化させた『科学より観たる古事記』（昭和三年）、『古事記生命の原理』（昭和七年）、『古事記日本の原理』（昭和十八年）などを次々と刊行した。

正恭の「日本的神霊主義」をよく示している行動がある。昭和九年、正恭は皇都付近に瓊々杵尊《ににぎのみこと》を奉斎すべしとの趣意書をまとめ、「陸海軍の将星数氏に示して、主唱者たるの承諾と署名とを得、之が

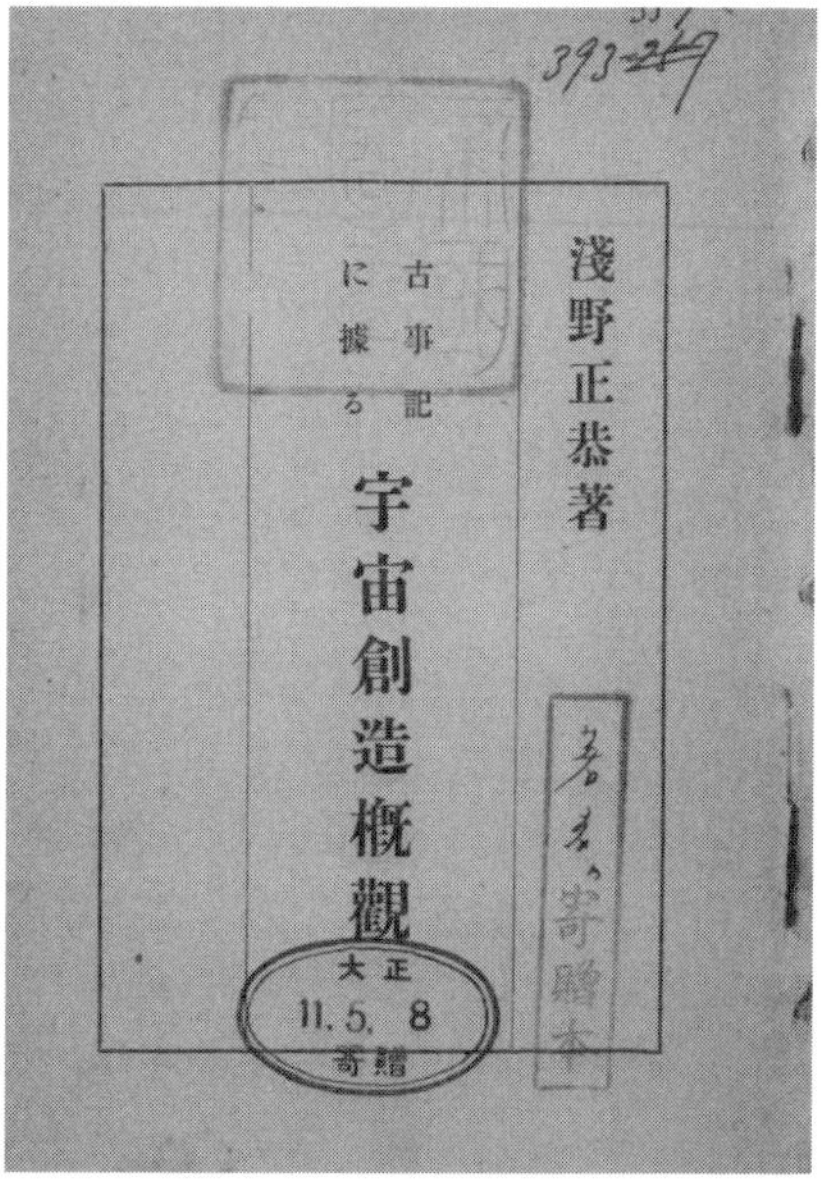

淺野正恭著

古事記に據る
宇宙創造概觀

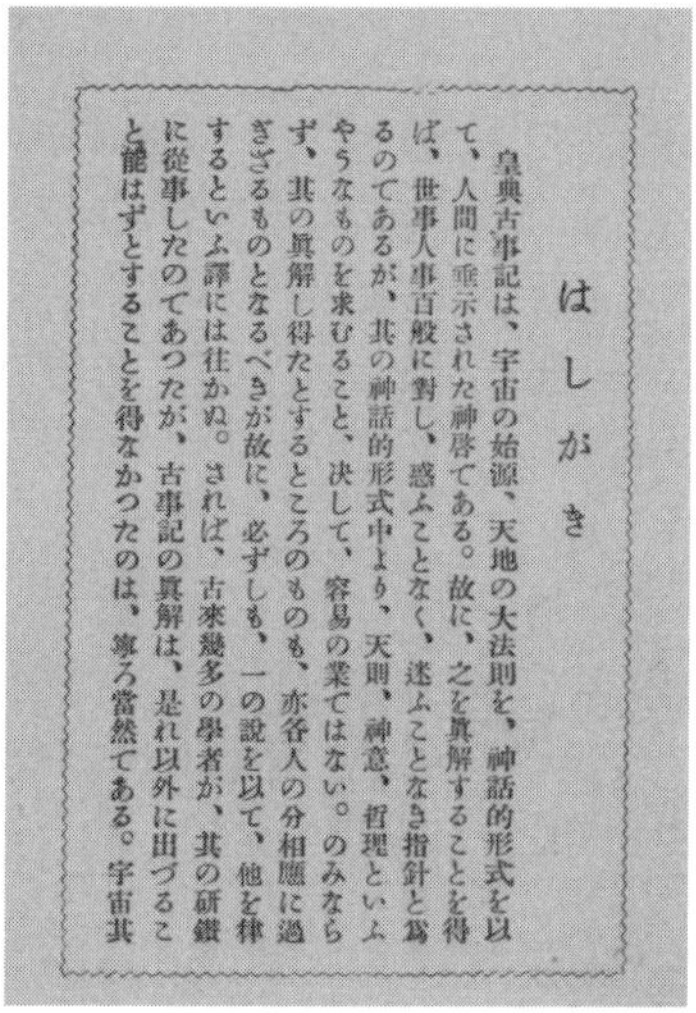

はしがき

皇典古事記は、宇宙の始源、天地の大法則を、神話的形式を以て、人間に垂示された神啓である。故に、之を眞解することを得ば、世事人事百般に對し、惑ふことなく、迷ふことなき指針と爲るのであるが、其の神話的形式中より、天則、神意、哲理といふやうなものを求むること、決して、容易の業ではない。のみならず、其の眞解し得たとするところのものも、亦各人の分相應に過ぎざるものとなるべきが故に、必ずしも、一の說を以て、他を律するといふ譯には往かぬ。されば、古來幾多の學者が、其の研鑽に從事したのであつたが、古事記の眞解は、是れ以外に出づること能はずとすることを得なかつたのは、寧ろ當然である。宇宙其

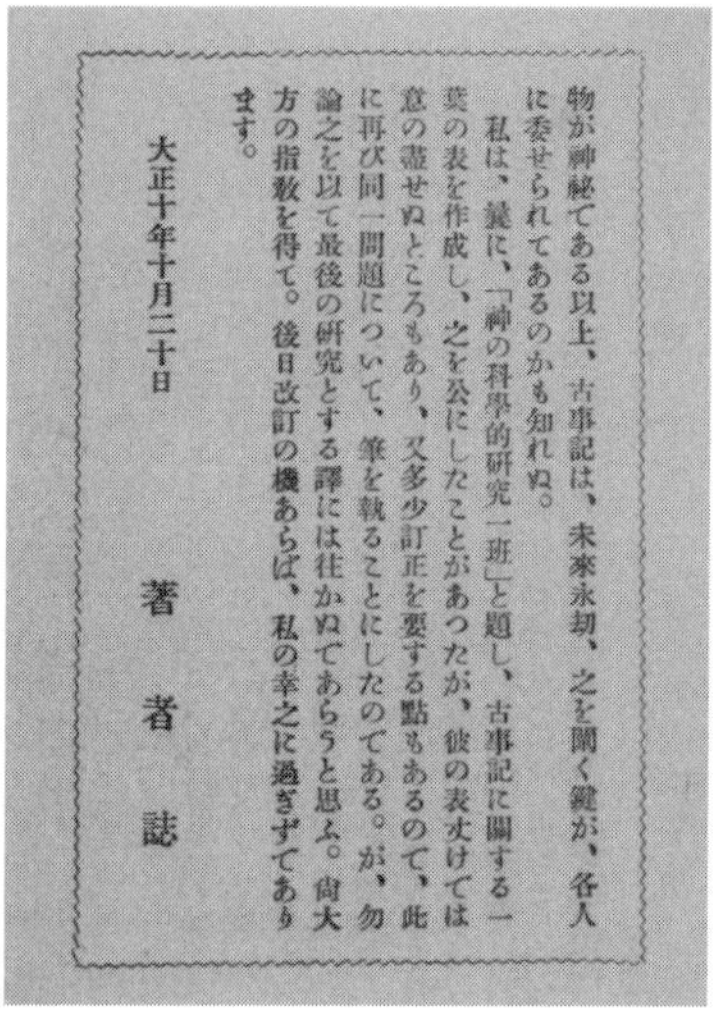

物が神祕である以上、古事記は、未來永刧、之を開く鍵が、各人に委せられてあるのかも知れぬ。

私は、曩に、「神の科學的研究一班」と題し、古事記に關する一葉の表を作成し、之を公にしたことがあつたが、彼の表丈けでは意の盡せぬところもあり、又多少訂正を要する點もあるので、此に再び同一問題について、筆を執ることにしたのである。が、勿論之を以て最後の研究とする譯には往かぬであらうと思ふ。尙大方の指教を得て。後日改訂の機あらば、私の幸之に過ぎずであります。

大正十年十月二十日　著者誌

大正11年に上梓された『古事記に拠る宇宙創造概観』（写真＝国立国会図書館蔵）

実現に一歩を踏み出」すべく、奉斎運動を起こしている（「日本的神霊主義の立場から」）。

現下の日中戦争は、必ず日米戦へと行きつかざるをえないが、星条旗を国旗とする米国が「星の文明」なのに対し、皇国日本は日の丸を国旗とする「日の文明」なのだから、世界文明は必ず米国の象徴である夜（星）から、赫々たる日本の夜明け（日）へと進展していくと訴える正恭の思想に、王仁三郎とさしたる隔たりはなかった。

両者の決定的な対立は、つまるところ国祖・艮金神を皇国の神とするか、異民族の神とするかという一点にのみ存したが、それは要するに「天皇」という巨大な葛藤の問題への対処の仕方の違いにほかならなかった。天皇を「現人神」として受け入れなければ日本人たりえないという異常な状況の中、正恭はほとんど反射的にそれを〝事実〟として受け入れた。一方、王仁三郎は、天皇を相対化し、巧みに利用することで道を開こうとしたのである。

終戦後、正恭の文章から、戦前あれほど頻出していた皇国や天皇の文字があっさり消える。逝去は昭和二十九年。ここにもまた、皇国史観に翻弄された一軍人の典型的な姿が見える。

秋山真之……あきやま　さねゆき

「霊夢」によって日露戦争を勝利に導いた海軍中将

国家の命運を賭けた博打だった「日露戦争」

浅野正恭は一度は大本に入信しながら、王仁三郎の神観・国体観が自身のそれと氷炭の関係にあることに気づき、大本批判の急先鋒となった。これから書こうとしている秋山真之も、九分九厘まで大本に傾きかけたが、王仁三郎とは相容れないことに気づいて離反している。時代は明治に遡るが、秋山の名を不動のものとした日露戦争からその行跡を追っていこう。

勝ち目はほとんどない。負ければ国は滅ぶ——日露戦争は、まさしく国家の命運を賭けた博打だった。当時日本には、戦費や弾薬の備えすらろくになかった。リアリストの伊藤博文《いとうひろぶみ》は、断固として開戦の不可を唱えた。明治天皇も反対だった。国政の中枢だけではない。陸軍の大ボスとして君臨し、絶大な権力を握っていた元勲の山県有朋《やまがたありとも》も、当初は非戦論だったというところに、この戦争の〝ありえなさ〟がよく現れている。

にもかかわらず、日本は開戦に踏み切った。兵器弾薬のほとんどと戦費の四割を英米に頼るという綱渡りで、国際感覚にうとい極東の田舎者が、勇んで戦場に飛び出した。

長期にわたる消耗戦は絶対に不可能だ。短期決着以外、日本に勝機はない。そのためには、ロシアが南方の拠点としている旅順をなんとしても陥落させて、制海権を握る必要がある。旅順のロシア艦

大日本帝国海軍の伝説的軍人・秋山真之。
だが、その心霊主義的側面については、
あまり触れられてこなかった

隊（東洋艦隊）を潰さないかぎり、日満間の武器弾薬や食糧の補給線が切れてしまう。そうなれば、後に待っているのは泥沼の消耗戦だ。陸軍が陸側から旅順の要塞を落とし、海軍がロシア艦隊を潰滅させること——これが勝つための必須の条件だった。

他方ロシアも、日本を一挙に叩き潰すべく、欧州方面に展開中のバルチック艦隊を日本方面に向けて回航させた。戦闘の経過は込みいるので省く。ここまで累々たる屍を積み上げてきた日本の活路は、ウラジオストク港目指して回航してくるバルチック艦隊を、港に入れる前に潰滅させることのみ——そんな待ったなしの状況で、日本海海戦の火蓋が切って落とされた。

ロシア側は戦艦八隻、装甲巡洋艦一隻、装甲海防艦三隻の十二艦。対する日本は戦艦四隻、装甲巡洋艦八隻の十二艦。ほぼ互角の艦隊は、明治三十八年五月二十七日午後、対馬海峡沖で激突した。そして当日、東郷平八郎率いる連合艦隊は仮装巡洋艦三隻を含む敵艦七隻を一気に撃沈し、翌日には残る敵艦を殲滅して五隻を捕獲するという、古今未曾有の戦果を挙げたのである。

この海戦で全艦隊を動かしたのが、作戦参謀中佐の秋山真之だ。その秋山ですら、かくも一方的な勝ちは「不可思議」だとくり返し、「天佑神助《てんゆうしんじょ》」と考える以外、説明のつけようがないと、唯一の著作『軍談』で本音を吐露している。

秋山が「天佑神助」といったのは、まぎれもない本音だった。ウラジオストクを目指すバルチック艦隊が、対馬海峡を抜けて日本海を通るコースでくるか、太平洋側を回航して津軽海峡もしくは宗谷海峡を抜けるコースでくるかは、まったく不明だった。必死に情報収集に努めてはいるものの、敵艦の動向が摑めず、首脳部の意見は対馬海峡説と津軽海峡説に割れて紛糾した。

そんなジリジリとした日々を送っていた秋山が、五月二十四日、不思議な夢を見た。本人が綾部で浅野和三郎に直話した霊夢譚を、浅野の『冬籠』から引こう。

「士官室に行って安楽椅子に身体を投げた。眼をつぶって考え込んで居る中に、ツイうとうととしたかと思うた瞬間に、例の眼の中の色が変って来た。そして対馬海峡の全景が前面に展開して、バルチック艦隊が二列を作り、ノコノコやって来るのが分明に見えるのです。占めたと思うと、はッと正気に返って了った。……モウこれで大丈夫だ、バルチック艦隊は確かに二列を作って対馬水道にやって来る。それに対抗する方策は第一にはこう、第二にはああと、例の私の七段備えの計画ができあがりました。……いよいよ二十七日の夜明けとなって……とうとう開戦という段取りになったのですが、驚

リアリストの伊藤博文（写真・上）、陸軍のボス・山縣有朋らは日露戦争に反対した。まさに日露戦争とは、"ありえない"戦争だった（写真＝国立国会図書館蔵）

いた事には敵の艦形が三日前に夢で見せられたのと寸分の相違もありませんでした。一と目それと見た時には、私は嬉しいやら、不思議やら、有難いやら、実に何とも言えぬ気持ちでしたよ」

この秘話を秋山はそれまで誰にも話しておらず、大本営への報告書その他にも記していない。日本の命運を一片の夢に託したようなものだから、とうてい理解されないだろうし、誤解も招く。そのため自分一個の心中に秘めていたのだが、大正五年、綾部を訪れて王仁三郎と浅野に面談したとき、ここなら自分の神秘体験を話してもかまわないだろうという気になったのである。

秋山が夢によって敵艦隊の動向をありありと見たのは、日本海海戦が最初ではなかった。

前年六月、日本の陸軍徴傭運送船・常陸丸《ひたちまる》が、ロシア艦隊によって撃沈される事件が起こった。このときも敵艦隊の位置捕捉ができず、連合艦隊は苦慮したが、秋山は敵が津軽海峡を目指して北進する姿を、しかもそれがルーリック号とグロムボイ号であることを、夢中、はっきりと幻視した。先の述懐中、「例の眼の中の色が変って」というのは、このときの体験を指している。

日露戦争で初めて
リアルに体感した「神」の存在

慶応四年三月二十日（一八六八年四月十二日）、秋山真之は五男一女の五男として、伊予国松山城下（愛媛県松山市）で誕生した。家は代々松山藩に仕えた下級武士で、父の平五郎久敬は徒士《かち》目付、母・貞も松山藩士の娘だった。

生活の苦しさから、真之は寺の養子に出されかけたが、兄・好古《よしふる》のとりなしで養子を免れた。好古は秋山の人生において物心両面で絶大な影響を及ぼしている。この英明な兄弟については、司馬《しば》遼《りょう》太《た》郎《ろう》の『坂の上の雲』などで御存知の方も多いだろう。

秋山兄弟について、『類聚《るいじゅう》伝記大日本史』の海軍編に、簡潔な紹介がある。

「幼年時代の真之は、兄の好古とその性格は全く正反対であった。後年、典型的な古武士として、三軍を叱咤した好古将軍は、その幼時、大の泣き虫で、母をして、果たして一人前の人間になるのだろうかとさえ案じさせたものであった。これに反して、弟の真之は、やんちゃな、いたづらっ子で、遊ぶ時には何時も餓鬼大将であった」

兄弟生誕の地・愛媛県松山市には、秋山兄弟の銅像がある（写真右＝好古《よしふる》、同左＝真之）

中学は夏目漱石の『坊ちゃん』で知られる地元の名門・松山中学校に進んだが、親友の正岡《まさおか》子《し》規《き》が東京で学ぶために中退して上京したことに刺激を受け、真之も中学五年で中退して上京した。当時の真之は、職業軍人ではなく未来の大臣を夢見ており、大学予備門（現・東京大学教養学部）に入学した。学費等の面倒は、陸軍士官学校を出て下級将校になっていた好古がみた。

その後、真之は政治家ではなく軍人の道を選び直し、海軍兵学校へと進んだ。もともと頭は抜群に切れた。学生時代を首席で通して卒業し、日清戦争は航海士として従軍した。そ

日本海海戦・戦闘開始直前の帝国聯合艦隊旗艦「三笠艦橋の図」。
中央で刀をついて立っているのが東郷平八郎。
その右横にいるのが、秋山真之（写真＝国立国会図書館蔵）。

の後、海軍の俊英として米国で学び、帰国後は海軍大学の教官に抜擢されて、日本で初めてロールプレーイング型の図上演習（兵棋演習）を持ち込むなど、「日本海軍の兵学百年の根幹を築いた」（同前）。近代的な海軍兵学の体系を確立したのは真之である。

迎えた明治三十七年、日露戦争が勃発した。海軍大学の教官から日露戦争の参謀に異動したのは、連合艦隊司令長官・東郷平八郎の要請による。

当初、艦隊の旗艦である三笠に乗艦して東郷を補佐する参謀長を務めたのは、名参謀として名高い島村速雄《しまむらはやお》だったが、島村は途中で第二艦隊第二戦隊司令官に転任しており、他の参謀もすべて更迭された。人事の入れ替えは激しかった。そんな中、最初から最後まで作戦担当参謀の職務を務めあげたのは秋山ただひとりで、事実上、日露戦争の作戦計画は秋山の頭脳から生み出された。東郷は秋山の献策をことごとく受け入れ、史上例のない大勝利を摑んだのである。

この日露戦争で、秋山は「神」の存在を、初めてリアルに体感した。戦後、ふたたび海軍大学教官にもどり、その後は数々の軍艦艦長、第一艦隊参謀長、軍務局長などの要職を歴任しているが、この間、神を求めての遍歴が重ねられた。

なぜ神を求めたのか。理由ははっきりしている。国際情勢・国内情勢いずれの方面から見ても、日本は危ういという焦躁にも似た危機感と、それを打開する唯一無二の道は、日本人が本来もっていたはずの神とつながる道の復活以外にないという思いからであった。

古神道、新興宗教……神を求めた秋山の遍歴

秋山は、まずに川面凡児《かわつらぼんじ》の古神道に傾倒した。

豊前国宇佐郡小坂村（大分県宇佐郡院内町）に生まれた川面は、宇佐神宮の神体山（大元山）で修行を積み、上京後は長野新聞、紀州熊野新報などで主筆を務める一方、仏教など諸教の研究にも精力的に取り組んだ。その結果、森羅万象を網羅する古神道の根源の道に到達したとして「祖神の垂示」を提唱し、明治三十九年に稜威会《みいづかい》を創設した。神道を体系化し、独自の鎮魂法や海浜などにおける禊行事を広めた明治・大止を代表する神道系行者（古神道家）といってよい。

その川面のもとに秋山を誘ったのは、鉄道関連の事業などを行っていた奥沢福太郎《おくざわふくたろう》という川面信者

「神」の存在を体感した秋山が最初に傾倒したのが、川面凡児の古神道だった（写真＝国立国会図書館蔵）

だった。自書『みそぎ行教本』で、奥沢は当時をこう回想している。

「当時、知遇を忝うして居た、海軍中将秋山真之将軍や、鵜《う》澤聡明《ざわそうめい》博士を初め、その他二、三の知友にこれ（川面凡児の人物・識見）を談じた処、是非一席小集を催し先生の講話を聴かせよとの希望であったから、早速それを（川面）先生に伝えしに、意外にも先生曰く、道は自ら進んで説くべきものでない、来たって克く聴かんとする者には、王侯貴人たりと車夫馬丁たりとも差別は要せぬと、断固拒絶されたには、頓と閉口してしてしまった」

奥沢はなおも食い下がり、川面を説得して講話会が催された。これを機に秋山は川面を「敬慕」するようになり、秋山の縁で当時の海軍大臣・八《や》代六郎《しろろくろう》と川面のつながりもできた。

川面を道の師として『古事記』などの古典を講究し、出版事業も行った古典研究会は、奥沢、秋山、鵜沢らが発起人となって創設したもので、大正三年十二月、東京築地の海軍水交社で発会式を行っている。右翼巨頭の頭山満《とうやまみつる》、超国家主義者で大物法学者の筧克彦《かけいかつひこ》など錚々たるメンバーが集まる中、秋山は挨拶に立ち、かつ天皇陛下と考究会の万歳三唱の発声も受け持ったという（金谷真『川面凡児先生伝』）。海軍将校らの親睦の場である水交社が会場となったということは、この会がまさしく秋山の肝煎りだったことを示している。ちなみに水交社は、明治三十六年、秋山が宮内省御用掛・稲生真履《いのうまふみ》の三女・季子と結婚式を挙げた場所でもあった。

古典研究会は月二回例会を催し、これも秋山が司会を務めたというが、彼には一種の〝飽き癖〟があった。後に浅野和三郎に、「何所へ行って見ても、半歳か一年経つ中に自分の方が偉く思われて来て仕方がない」と述懐しているとおり、当初は大いに感心し、尊敬していた相手でも、そのうち物足りなさを覚えるようになり、やがて離れていく癖が、秋山にはあった。

川面から離れた後、秋山は東京池袋の天然社に出入りするようになった。

天然社は、天理教の麹町教会教師で、信者から「池袋の神様」と呼ばれていた岸本可賀美《きしもとかがみ》が開創した新興宗教で、佐田彦大神（猿田彦）を主祭神として祀っていた（一説に羽田稲荷を祭っていたといい、浅野和三郎も稲荷と書いている）。

岸本は相当いかがわしい人物だったらしく、大正五年十二月、詐欺容疑で捕まっている。当時の新聞記事によると、岸本は茨城県の結城《ゆうき》城址に金塊が眠っているさまを透視したと称し、信者らを騙って数億円にのぼる「出資を為さしめ」た（読売新聞・大正五年十二月十三日付）。翌年行われた公判で弁護人が裁判所に請求した証人の中に、秋山海軍少将の名もあるので（ただし秋山の証人請求は却下）、彼がこの怪しげな霊術家と関係をもっていたことは間違いない。

秋山が天然社に出入りするようになった理由は不明だが、岸本が提唱していた霊術への関心ではなく、その予言に引かれたもののように思われる。

当時の新聞によれば、岸本は「我が帝都に外国から飛行機の襲来する事を予言し、盛んに国民の愛国的精神を説いて居た」（東京朝日新聞・大正十二年十二月七日付）。日本に大国難が迫っているという思いは秋山も共有しており、これまでのように天皇の御稜威と皇祖皇宗の「天佑神助」に頼るだけでは国が潰れると焦慮していた。

先に引いた『軍談』で、秋山はこう訴えている。

「かく荒《すさ》び来りたる世界人心の変調は、二年や三年で容易に復旧するものでなく、内に外に荒び荒びて禍乱に禍乱を襲《つ》ぐに禍乱を以てするのが、古来人類の歴史に実証せる処で、現下の暴魔と目せらるる独逸が近く屈服するとしても（第一次世界大戦におけるドイツの敗北のこと）、これは唯だ欧州の戦局に一段落を付ける丈けで、開闢以来未曾有のこの世界の大乱がこれで終熄するものとは思われないのである。本来この大乱が何から起ったかと云えば、その近因は無論独逸の覇気妄想に発したのであるが、抑もまた世界の人類が、心的の人生為楽を忘却して、物的の生存競争のみに没頭し、その罪障が積り積りて、この大禍乱を醞成したのであるから、未だ未だこれしきの流血で、青天白日を見る訳には行くまい」

明治以来の欧化政策で、徳育を忘れて知育偏重に傾いた日本も、欧米同様「物的の生存競争のみに没頭し」ている。現下の第一次世界大戦は序章に過ぎず、東洋の利権をうかがう虎狼は、今や息づかいが聞こえるところまで迫っている。日本人民がこぞって覚醒しなければ、来たるべき惨禍は避けがたい――こうした思いから、秋山は川面や岸本と関係を結んで古神道の研究に取り組み、彼らから離れると大本にも接触した。

海軍の定期異動で第二水雷戦隊司令官となった、大正五年十二月のことである。

「大本の神は真正の皇国の神ではない」秋山が抱いた確信

「この時期（大正五年前後）における入信者のなかに、海軍関係の人々が目立って多いことが注意をうながす。まず福中（海軍機関中佐）にはじまり、飯森（同）から浅野和三郎、ついで浅野の実兄である正恭（海軍中将）の入信となり、浅野が綾部に移住すると秋山真之（海軍少将）がまっさきに参綾した。秋山は日露戦争当時の参謀として有名であった」

上下巻で二千ページを超える大著『大本七十年史』の中で、秋山真之について触れているのはこれだけだ。

松本健一は、「大本教団所蔵『神諭正解』の王仁三郎の証言によれば、この連絡をしたのは王仁三郎自身で、秋山に『色々大本の教義の事を話し』たあと浅野に面会せしめた」と書いている（『神の罠』）。『大本七十年史』の書きぶりでは、秋山が浅野を追って綾部にお参りしたような文章になっているが、実際は王仁三郎から声をかけての参綾で、秋山と和三郎はこのときが初対面だった。名将・名参謀として世間に知れ渡っていた秋山を大本に引き入れ、一種の広告塔に使おうという腹が、王仁三郎にあったものと思われる。事実、王仁三郎はいきなり秋山に「大本教主顧問」の肩書きを与え、これがきっかけで海軍の現役将兵の入信が「ますます増えた」（松本前掲書）。

けれども秋山は、わずか半年後には大本を離れた。王仁三郎と和三郎という、大本を牽引する二大巨頭と議論をかわし、その主張に「九分九厘迄」納得したものの、最後の一厘のところで大本の神は真正の皇国の神ではないという確信を抱いたものらしい。

その間の事情を、秋山は大正六年七月二十三日付の手紙で同僚の海軍将官に書き送っている。それから約半年後に秋山は没しているので、この手紙は最晩年の秋山の国家防衛問題に関する所感を生々しく伝える貴重な資料といってよい。

手紙には、こうある。

「大本教の如き、古事記の解釈、神代の解説等、殆ど前代未聞と謂うべき程に卓越致し居り、殊に現代魔魅の跳梁跋扈より一世を済度（世界の救済）するには、天の非常手段（艮金神による立替え立直しのこと）に依り、破壊淘汰の神慮に依るの外なしと断定し、その由而来《よってきた》る事由と経路とを明細に示され、小生が当初より神慮は一切衆生の済度にありて、此の如き酷烈なるものにあらずとの反論も、次第に論破せられ、終に小生も成程と過信したるが、……所説とか信条とは実に立派なるも、九分九厘迄入込みて、最終に其の本霊と接触するに至り、初めて其の正邪を判別し得る程に、九分九厘迄は一点の非の打ち様のなき如く装い居候」（狩野力治『大本教の正体 正教歟邪教歟』所収の秋山の手紙、手紙からの引用は以下同）

ここでいう「本霊」は大本の主祭神を指すものと考えてよいが、いかにしてその正邪判別がなされたのか、具体的な中身は述べられていない。

ただ、何があったのかをうかがわせる資料（『神諭正解』）をもとに、松本健一が興味深いことを書いている。「秋山真之は大本教主顧問となったものの、大正六年五月末の帰神によって盤古《ばんこ》大神と名のり、出口なおや王仁三郎をその手足として使おうと大言壮語したので、なおが立腹し、以後大本とは喧嘩別れとなった」（松本前掲書）というのだ。

中国をルーツとする盤古大神は、大本では日本による世界統一を妨害する悪霊の一柱と考えられていた。その悪霊が大本を支配しようと動いていることが、秋山の神憑り（帰神）で明らかになったためナオが「立腹」し、秋山と「喧嘩別れ」した――字義通りに受けとれば、こういうことになる。

けれども秋山の言い分は違う。手紙にある「本霊」、すなわち大本主神の正体は、大本がいっているような国常立大神ではなく、天皇家を妨害する目的をもった何らかの邪神（秋山にかかったのが盤古大神だというのはあくまで王仁三郎の主張であって、実際にいかなる神霊がかかったかは明らかでない）だと受けとったらしいのである。

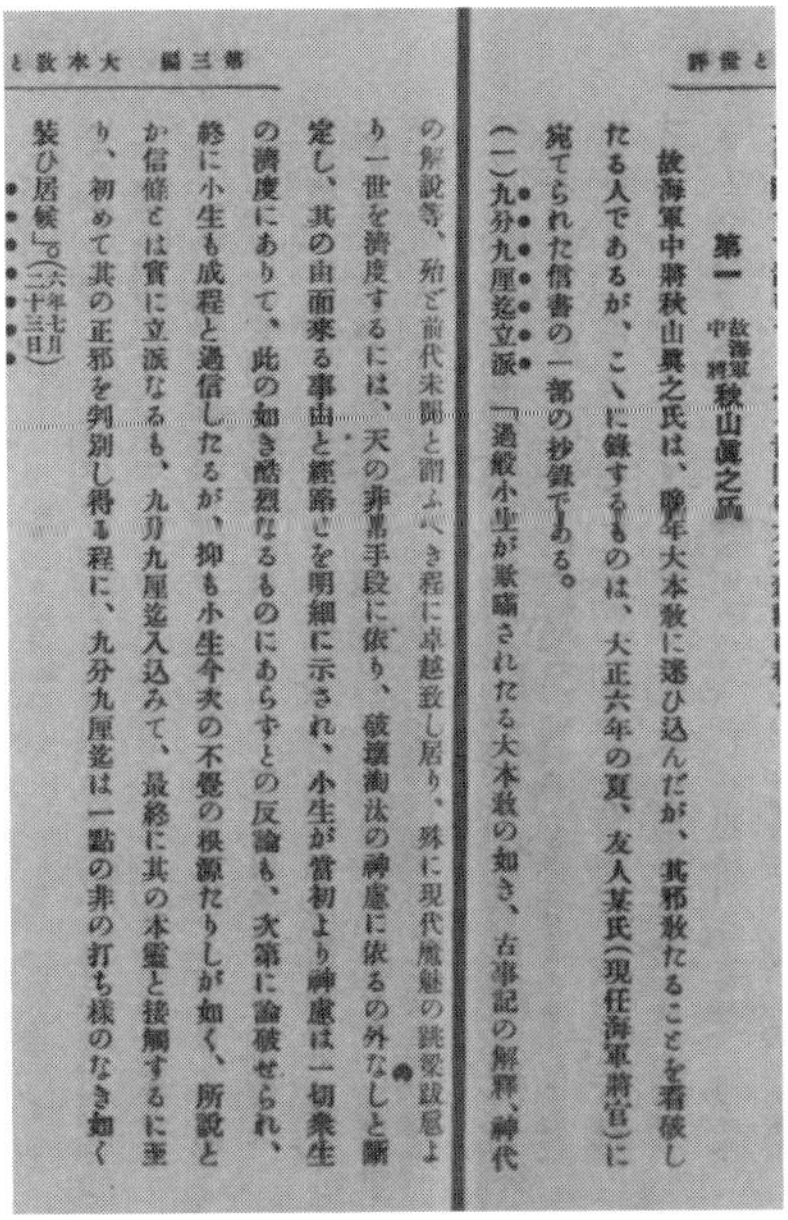
と批評

第一　故海軍中将秋山眞之氏

故海軍中將秋山眞之氏は、晩年大本敎に迷ひ込んだが、其邪敎たることを看破したる人であるが、こゝに録するものは、大正六年の夏、友人某氏(現任海軍將官)に宛てられた信書の一部の抄録である。

(一)九分九厘迄立派「過般小生が棄擲されたる大本敎の如き、古事記の解釋、神代の解説等、殆ど前代未聞と謂ふべき程に卓越致し居り、殊に現代魔魅の跳梁跋扈より一世を濟度するには、天の非常手段に依り、破壞淘汰の神慮に依るの外なしと斷定し、其の由而來る事由と經路とを明細に示され、小生が當初より神慮は一切衆生の濟度にありて、此の如き酷烈なるものにあらずとの反論も、次第に論破せられ、終に小生も成程と過信したるが、抑も小生今次の不覺の根源たりしが如く、所說とか信條とは實に立派なるも、九分九厘迄入込みて、最終に其の本靈と接觸するに至り、初めて其の正邪を判別し得る程に、九分九厘迄は一點の非の打ち樣のなき如く裝ひ居候」。(六年七月二十三日)

第三編　大本教と

秋山はなぜ大本を見限ったのか。秋山が晩年に同僚の海軍将官に送った手紙には、その理由が克明に書かれている（写真＝『大本教の正体：正教歟邪教歟』国立国会図書館蔵）

先の手紙の続きで、秋山はこう書いている。

「大本の教長たる出口王仁三郎の魔霊（老大天狗）も、中々に由緒ある高等のものにて、又近くは池袋に神道の一派を開きかけたる岸本某も、数千年を経たる白狐の妖霊に依りて、一時奇応を示し、是亦○○迄侵入せんと企てしが、魔と魔との同志打ちに依りて、大本教の魔力に打破せられ、今や其の魔霊は岸本を去りて他に相移り居り候」

伏せ字には、皇家・大内など、天皇家を意味する文字が入るとみてよい。また岸本某とは、先に記した天然社の岸本可賀美だ。秋山の手紙には、岸本が大本に関して書いたものの「記録」が引用されている。以下が記録の引用部分だ。

「大本教祖出口ナヲに憑き居る悪霊は龍蛇にして、元素佐鳴命《すさのお》に退治せられた八頭八尾のオロチの子、其当時は卵体にて某国（ハワイ）に生み落され、大鰐に孵化せられたるものにて、其の時代より我が○○（皇家か）を怨み奉り、手を代え品を換え、我○○を呪い、或は平将門に憑り、或は足利尊氏に憑り、其の他色々の人物に憑りて仇を為し来れるが、常に天照皇大神の御稜威に打たれ、時には改心帰順したる事あるも、元来が悪霊なれば、いつかは其の本性を現し、不穏の挙を企て居る……」

世界には悪霊が跳梁跋扈しており、虎視眈々と皇国を狙っているという一種の霊的陰謀論は、反ユダヤ陣営の軍人たちとも共通するものだが、秋山もこれと同じような観念に衝き動かされていたことがわかる。戦争の背後には魔霊の存在があり、魔霊は日本を狙ってあの手この手で皇家に食い入ろうとしていると秋山は信じ、ひたすら国防方策の立案に腐心したのである。

「嗚呼何を言うても最早遅し、……退いて筐底の古剣でも磨こう」

手紙はこう続く。

「独逸のカイゼルもヒンデンブルグも、皆な魔神に使役せられて、彼の如き暴威を揮い、ラスプウチンの悪魔も、露国皇帝を全然魔化して、彼の始末たらしめ申し候、併し霊界の消息によれば、斯く欧州を荒したる大悪魔は、今や欧州を去りて東亜に来り居り、西欧刻下の戦雲（第一次世界大戦）は、唯だ此悪魔の所行の余波を人界に残せるものに有之候……結局は邪は正に勝たずに帰する訳なれども、兎に角現代は御同様人心の修養足らずして、鬼神以上の霊位たる声聞縁覚、菩薩又は仏にもなり得べき人間が、逆まに魔鬼に翻弄制御さるる事、返す返すも残念至極に存候」

ここで声聞・縁覚・菩薩・仏という仏教の述語が出てきたのは、彼が神道のみならず、仏教にも深く心を寄せていたからだ。平生、袂に観音経を入れていたと伝えられるのもそのためだ。

仏教でも、悟りを妨害して世を攪乱する魔の存在が説かれている。手紙にあるような「魔神」「大悪魔」を打ち払うためにも、一身については心身の修養鍛練、国家については海軍を徹底改革し、近代化を進めなければならないと秋山は力説・献策していたが、残り時間はほぼ尽きかけていた。

右の手紙を書いた時点で、すでに進行していた虫垂炎が悪化し、腹膜炎を併発して、大正七年二月四日、五十一歳の若さで鬼籍に入ったからである。

日露戦争時、ともに連合艦隊参謀として働き、その後も秋山から特別な知遇を受けていた清河純一《きよかわじゅんいち》中将は、こう回想している。

「将軍がその死病であった盲腸炎を始めて病んだ時（大正六年五月）のことだった。病篤しというので秋山家から使があったので、私は取るものも取りあえず飛んで行った。その時将軍は襲い来る患部の激痛の為めに顔一面ビッショリと冷汗をかいて居られた。にも拘らず、その苦痛を抑えて私を引き寄せ、その頃問題になっていた艦隊補充計画を初め、海軍の重要問題に対して悉く自分の意見を述べ、斯うして置きさえすれば万一、九州の一部を一時敵に委する様な苦境に陥っても、結局は必ず勝って見せる、この事は書きはじめようとして居た所へ、此の病気如何ともする能わず、仄聞する計画はよくないから、この意見を至急次官、次長に咄して呉れと謂われた」(秋山真之会編『秋山真之』)

臨終の地は、自宅ではなく神奈川県小田原の山下亀三郎《やましたかめさぶろう》の別邸だった。なぜ激しく病む肉体を引きずってまで小田原に滞在していたのか。それは小田原に、海軍と激しい主導権争いを演じてきた陸軍最大のボス、元老・山県有朋の別荘の古稀庵があったからだ。

その別荘を、秋山は「続けさまに訪問した」。海軍に関して、どうしても訴えておかねばならないことがあったらしい。「将軍は『是非国家の元老として考えて貰いたい』とて余程重要な建言をした」(同前)。このことは、後に山県自身が山下亀三郎に直接語ったことだという。

臨終の様子は、長男の大、秋山と昵懇だった山下汽船(現・商船三井)創業者で別邸所有者の山下亀三郎、桜井真清《さくらいまきよ》少将、清河純一中将らその場に立ち会った人々からの聞き取り、塚原嘉一郎《つかはらかいちろう》が筆記した遺言資料などをもとに、伝記編纂会の秋山真之会がまとめている。

逝去前日の三日深夜、秋山は「おはぐろどぶ」のような黒い血を、幾度も吐いた。長男の大に「お父さんは死ぬるんですよ」と静かに別れを告げ、「宗教に依る人格の確立と、社会の救済」を遺誡した。すでに危篤状態に陥っていた四日午前三時頃、秋山は山下別邸に詰めかけていた見舞客に別れを告げるため病室に招き入れたが、言葉は別辞だけではなかった。

「将軍は精神的には死の直前にある人とは思われない元気さであった。将軍は階下まで聞こえるような、しかも機械のような早口で時局を論じ、国難（日米戦争）の将に来るべき事を予言し、対外的には国防の要を、対内的には思想の統一を切々と説いた。就中陸軍に関しては故白川義則《しらかわよしのり》大将に、海軍に関しては森山慶三郎《もりやまけいざぶろう》中将を招いたが不在なので小林軍医中佐に対し、大に力説する所があった。『今日の情態のままに推移したならば我国の前途は実に深憂すべき状態に陥るであろう。総ての点に於て行詰を生じ、恐るべき国難に遭遇せなければならないであろう。俺はもう死ぬるが、俺に代って誰が今後の日本を救うか』というような激した口調であった」

夜は白々と明けはじめていた。「不生不滅、明けて鳥の三羽かな」と辞世を詠み、障子をすべて開放させて太陽が昇る前の相模灘の黎明を病床に引き入れると、「ああ、これで気持ちがさっぱりとした」とひとりごちた。それから息子たちに最期の言葉をかけ、日ごろ読誦していた『般若心経』と『教育勅語』を交互に誦しながら、逍遥と旅立った。

死の瞬間まで一貫した秋山の思いは、『軍談』大尾の一行に集約されている。

「嗚呼何を言うても最早遅し、吾人は唯だ神明の加護を信頼し、退いて筐底の古剣でも磨こう」

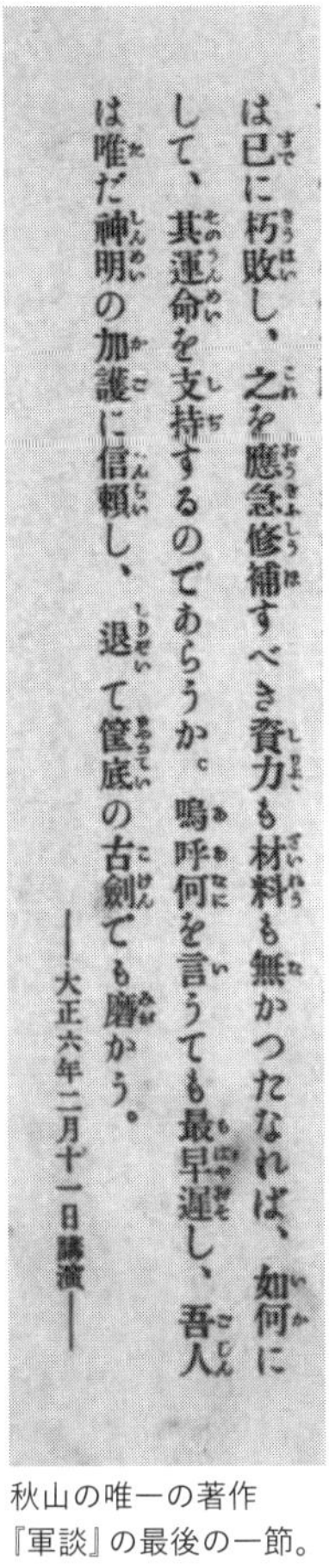
は已《すで》に朽敗《きうはい》し、之《これ》を應急修補すべき資力《しりよく》も材料《ざいれう》も無《な》かつたなれば、如何《いか》にして、其運命《そのうんめい》を支持《しぢ》するのであらうか。嗚呼何《ああなに》を言《い》うても最早遲《もはやおそ》し、吾人《ごじん》は唯《た》だ神明《しんめい》の加護《かご》に信頼《しんらい》し、退て筺底の古劍《こけん》でも磨《みが》かう。

——大正六年二月十一日講演——

秋山の唯一の著作『軍談』の最後の一節。ここに秋山の思いが集約されている（写真＝『軍談』国立国会図書館蔵）

秦真次……はた しんじ

超古代偽史に日本の神性を見た陸軍中将

皇道派・荒木貞夫の「忠実な番犬」として統制派の内定・弾圧を画策

第二の明治維新をめざす過激な体制破壊活動が、昭和六年から七年にかけて一気に噴出した。三月事件、十月事件、血盟団事件、五・一五事件、神兵隊《しんぺいたい》事件と相次いだクーデター未遂・テロ事件がそれだ。これらの事件は、いずれも急進的な国家改造を主張する陸海軍の青年将校らが中核となり、民間の右翼愛国団体が呼応して起こされた。

昭和六年の三月事件と十月事件で若槻《わかつき》内閣が倒れると、犬養《いぬかい》内閣の陸相として荒木貞夫《あらきさだお》（当時中将）が入閣した。皇道精神の権化とみられてきた荒木に対する青年将校や民間右翼らの期待は大きく、おのずと荒木を軸とする派閥、荒木派が生まれた。いわゆる皇道派である。

その荒木の「忠実な番犬」と見なされ、自分が指揮する憲兵を使って対抗派閥である統制派の内偵・弾圧を画策したのが秦真次だ。

秦といえば、まず思い起こされるのが竹内文献などいわゆる超古代文献に対する肩入れだ。

竹内巨麿《たけうちきよまろ》が開いた天津教《あまつきょう》は、昭和七年と十一年の二次にわたって弾圧されており、七年時の第一次天津教事件では、巨麿が用いていた菊花紋章類似図形の使用禁止、竹内家所蔵の宝物類および『竹内

神憑り軍人のなかでもひときわ異彩をはなった秦真次。
だが、秦に関する伝記的資料はおどろくほど少ない

文書』（これらを総称して竹内文献という）の公衆供覧禁止、鳥居その他の施設・器物の一部改修および撤去という処分を受けた。

そこで巨麿は、営利法人「合資会社・天津教大司庁」を設立。同社を拠点として天津教の布教・宣伝を継続したため、昭和八年、ふたたび警察当局から衆庶参拝、守札・神符の頒布ならびに神宝の公衆供覧禁止を命ぜられた。これにより教勢は著しく衰えたが、他方、一部の熱狂的な信者が巨麿の周辺に集まり出し、不穏な言説が醸成されつつあったところから、二・二六事件二日後の十一年二月十三日、茨城県警が摘発に乗り出し、巨麿や教団関係者らが不敬罪、文書偽造行使罪、詐欺罪容疑で逮捕されるに至った。第二次天津教事件である。

当時の天津教の信者数は、警察資料によれば「漸く数百を数うる」程度だった。にもかかわらず検挙に動いた背景を、『特高月報』（昭和十一年四月）はこう記している。

「近時国家主義思想の台頭して国体明徴等の問題盛に論議せられ、国史乃至は神代史等の研究盛に行わるるに至るや、竹内は前記屢述の『御神宝』を以て、我国上古神代史の秘奥を解く唯一の鍵なるが如くに吹聴宣伝して斯道著名士の吸引に努めたる結果、軍部其の他に於ける一部好事家の来社漸次頻繁を加うるに至る」

信者数こそ微々たるものだが、国家の基軸である記紀神典を否定する言説を巨麿が「吹聴宣伝」し、そこに名だたる高級軍人や政治家らが出入りしている状況に、当局が危機感を抱いたのである。

第二次天津教事件が起こる前年末、秦は神宝類をひそかに靖国神社の遊就館に移動させた。人類史上、無二の神宝と信じた竹内文献を、警察の押収から守るためである。

これについて、先の『特高月報』はこう記す。

「客年末、大本教の大検挙に次いで天理教首脳部の検挙せらるる等のことありて……竹内及び同教幹部等は俄かに狼狽して罪証の隠蔽を企図し、前記神宝の大部分（約五百点）を客年十二月二十八日、夜陰に乗じて密かに搬出し、東京市内某所に其の保管を託するに至れり」

このときの搬出に手を貸したのが秦であり、東京市内某所が靖国神社なのだが、陸軍の大物で前憲兵司令官でもあった秦や、戦死した英霊を祭る靖国神社の名を出すことを憚ったためだろう、いずれも名は伏せられている。ただし、遊就館に運び込まれた神宝は「目下之が保管者等に対し引渡を要求しつつありて、近く之が引渡を見る見込」とあるとおりの運びとなった。

精神主義・軍国主義の推進論者だった荒木貞夫。
皇道派の名は荒木の口癖だった「皇道」に由来する。
秦は荒木の「忠実な番犬」と見なされていた
（写真＝国立国会図書館蔵）

秦は、神道にも深々とのめりこんだ。天照大神を全宇宙の統治神、天皇を世界全体の統治者とする思想をさかんに宣揚し、自ら「世界新秩序の建設および大東亜共栄圏の指導原理」と位置づけた「マコトの道」を提唱するとともに、鎮魂帰神などを修し、毎朝未明に起き出して日拝・君が代を三唱する「太陽道」を実践していた。

さらに秦は、親ユダヤ陣営の日猶《にちゆう》同祖論者としても知られており、公言もしていた。三村三郎がこう書いている。

「氏はみづから『秦氏はユダヤ人である』といい、自分は『ユダヤの血統だ』と誇示していた。（退役後）皇學館大学に在学中はズッと『猿田彦神社社務所』に下宿し、同神社の代々の社家で猿田彦命の末孫と言われる宇治土公貞幹《うじとこさだもと》氏に『猿田彦命というのはユダヤ人じゃ、君も私と同様にユダヤ人の末孫じゃな』と言われていた」（『ユダヤ問題と裏返して見た日本歴史』）。

このように、秦は神憑り軍人の中でも異彩を放った人物だが、伝記的な資料はきわめて乏しい。残された資料から、その思想と行動を追っていくことにしたい。

皇道派が全盛の時代に憲兵司令官に就任

秦真次は明治十二年四月六日、小倉藩医だった秦真吾の長男として誕生した。

小倉藩は豊前国小倉（福岡県北九州市）を藩庁とした藩で、毛利・細川・小笠原と藩主が替わり、明治二年、藩庁を仲津郡豊津に移して豊津藩と改称、同四年に廃藩となった。秦はこの豊津藩の藩校を改組した豊津中学に学んだが、その後上京し、成城学校、陸軍幼年学校、陸軍士官学校と進み、明治三十三年、同校を卒業して歩兵少尉に任官した。同期には杉山元《すぎやまげん》、畑俊六《はたしゅんろく》、小磯国昭《こいそくにあき》、皇道派としてともに荒木貞夫を支えた柳川平助《やながわへいすけ》らがいる。

熊本の第六師団に所属する歩兵第四十六連隊付将校として軍歴をスタートすると、日露戦争出征をはさんで幕僚・将帥教育を主な目的とする陸軍大学に入学し、卒業（明治四十二年・第二十一期生）後は参謀本部に勤務した。大正二年、歩兵少佐に昇進すると、翌年からオーストリアやオランダで公館付武官として海外勤務経験を積み、その後も順調に昇進して、陸軍兵器本廠付、陸軍省新聞班長、歩兵第二十一連隊長、東京警備参謀長、歩兵第十五旅団長、奉天特務機関長、東京湾要塞司令官などを歴任したときには中将まで昇進していた。

秦は陸軍士官学校から陸軍大学を卒業したエリートだった。秦の同期には、杉山元、畑俊六、小磯国昭といったのちの大物が連なっていた（上から杉山、畑、小磯。写真＝国立国会図書館蔵）

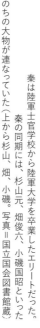

昭和7年に勃発した「五・一五事件」で射殺された犬養毅。皇道派の重鎮・荒木は次の内閣でも陸相としてどどまったことで、皇道派は全盛期を迎えることとなった
（写真＝国立国会図書館蔵）

秦が最も気を吐いたのは、青年将校期待の星だった荒木中将が、満州事変さなかの昭和六年末、犬養毅内閣の陸軍大臣に就任し、軍政を握って以降のことだ。

犬養が昭和七年五月の五・一五事件で射殺された後、後継の首相には、犬養が総裁を務めていた立憲政友会の新総裁・鈴木喜三郎《すずききさぶろう》が選ばれるものと思われたが、財界と結んで汚職事件の数々をひきおこすなど、国政の腐敗と混乱を招き続けてきた政党政治への世論の批判は強く、新聞も「政党内閣絶対反対」と書き立てた。五・一五事件の青年将校らに世論の同情が集まった背景には、鬱積する政党政治家への怒りがあった。

政党内閣に対する軍部の反発も大きかった。青年将校らによる五・一五テロは、まさにそこを標的として断行されたものであり、陸軍首脳も、後継内閣問題で政党内閣の再現は絶対反対という立場をとった。そのため元老の西園寺公望《さいおんじきんもち》は、天皇に鈴木内閣推薦の上奏をおこなうことをあきらめ、退役海軍大将の斎藤実《さいとうまこと》を推薦した。こうして挙国一致内閣の斉藤内閣が誕生した。

斉藤内閣の陸相候補には、朝鮮軍司令官・林銑十郎《はやしせんじゅうろう》大将の名が上がっていた。けれども、盟主・荒木の留任を強く希望していた皇道派は、林への辞退工作を重ね、結局荒木の留任となって、皇道派はここに全盛時代を迎えた。この荒木陸相のもと、自ら手を挙げて陸軍警察の憲兵司令官に就いたのが、秦なのである。

当時、秦がどのように見られていたかを示す、「檄」と題された怪文書がある。

「(秦は)軍事警察の長たるに及び、即ち、岩田愛之助《いわたあいのすけ》なる右傾暴力団愛国社長をして、数万金を与え、昭和七年八月以降十数回に亙り、牧野伸顕、一木前宮相、宇垣大将、西園寺公、或は薩派等各方面を中傷する事実無根の怪文書を出さしめ、然も内務省、警視庁等が、此の怪文書出版を捜査せんとすれば、部下の某憲兵曹長を派してこれが中止方を交渉し憲兵隊で捜査すべきとなし、暗にこれを保護し、或は、大阪の暴力団長笹川某をお抱え壮士として、その売名行為によって、財界は勿論、官界、政党方面を威圧し、……民心の不安を大ならしむるあり。しかも笹川某の上京の都度、莫大の運動費を手交、警察方面の捕縛を防止するため、常に私服憲兵をして、保護せしめつつあり。彼の常套手段は、怪文書、流言蜚語、暴力団の使嗾等あらゆる悪辣なる手段により、さらにお抱えの御用記者数名を置き、その流言を裏書きする如く報道をなさしめ、時々は自己の部下たる憲兵本部の課長をすら欺かんとすることあり。……彼の行う所は即ち赤露のゲーぺーウー(GPU=ソ連の秘密警察、国家政治保安部)、わが往時の目明し制度以上なり」(大谷敬二郎『昭和憲兵史』所収)

文中の岩田愛之助は、自身が創設した右翼団体・愛国社の門下の佐郷屋留雄《さごうやとめお》が昭和五年に浜口雄幸《はまぐちおさち》首相を暗殺したことで名を轟かせた急進国家主義の大物で、後に佐郷屋を娘婿とした。「大阪の暴力団長笹川某」は、同じく右翼の国粋大衆党を率いていた総裁の笹川良一《ささがわりょういち》だ。

当時、東京憲兵隊で秦の部下だった大谷敬二郎《おおたにけいじろう》は、この怪文書の作成者を、皇道派の「反対者、どちらかといえば宇垣派と見られる右翼一派」だろうとし、誇張や事実歪曲はあるものの、「当時を知るものにとっては、そこに、いくらかの思いあたる節もある」と書いている。

国家改造という大義のためなら、暴力的手段に訴えることも辞さないとする皇道派の青年将校たちは、これら右翼勢力とも連携した。

連隊長や部隊長らは、軍紀を無視して動き回る青年将校を諫めたが、将校らはそうした声に耳を貸すことなく主義主張の宣布に奔走し、軍部内外の同志の拡大に努めた。上官が叱責すると、軍紀を破った青年将校ではなく、上官のほうが左遷されるという異常な事態も出来《しゅったい》した。軍部の人事が荒木系の軍人たちに握られていたため、皇道派に都合のよい人事がまかりとおったのである。

当時、指導的な地位にいた青年将校の一人は、「荒木の指示があるから、われわれは絶対に検挙されない」と公言していたというが、事実、荒木やその腹心の真崎甚三郎ら皇道派のボスたちは、青年将校の暴走を黙認した。こうした不軌をまっさきに糺さねばならないはずの憲兵も、担当大臣である陸相が荒木で、かつ憲兵司令官が皇道派幹部の秦だったから、追及がおよぶはずもなかった。青年将校らが「東京憲兵隊には味方がいる」と豪語したのも当然だった。

秦の部下だった先の大谷も、憲兵司令官時代の秦による政治関与、怪文書による反対派の中傷と言論弾圧、反荒木派に属する宇垣系将軍ら幕僚派に対する動静監視は「遺憾ながら事実」だと認めている。ゆえに憲兵は「皇道派に奉仕する私兵」とまで批判されたのだと。

神国日本を支えた特殊なイデオロギー

憲兵司令官に就いた昭和七年二月、秦は東京日日新聞から執筆依頼を受けていた著述を書きあげ、翌月に上梓した。国防の現状と展望、国防に必要な信念等を説いた『帝国の国防』がそれだ。秦の思想が端的に表明されているので、少し詳しく紹介しておきたい。

同書において、秦は国防の目的を「金甌無欠《きんおうむけつ》なるわが国体の天壌無窮《てんじょうむきゅう》性と弥栄《いやさか》の実現」を防衛することだと規定する。そのためには、帝国日本の「生命線」である満蒙の権益を死守し、「逐次東亜大陸に正当なる発展をなさなければ」ならない。アジアへの「積極進取」、すなわち進攻は神武肇国《じんむちょうこく》以来の「伝来の国是」であり、その遂行を妨害するものは「排撃」あるのみだと主張した。

これは秦にかぎらず、没歴史的な皇国史観を盲信した軍人たちが異口同音に唱えていたことで、秦のいう「わが国体の天壌無窮性と弥栄」とは、噛み砕いていえば「君

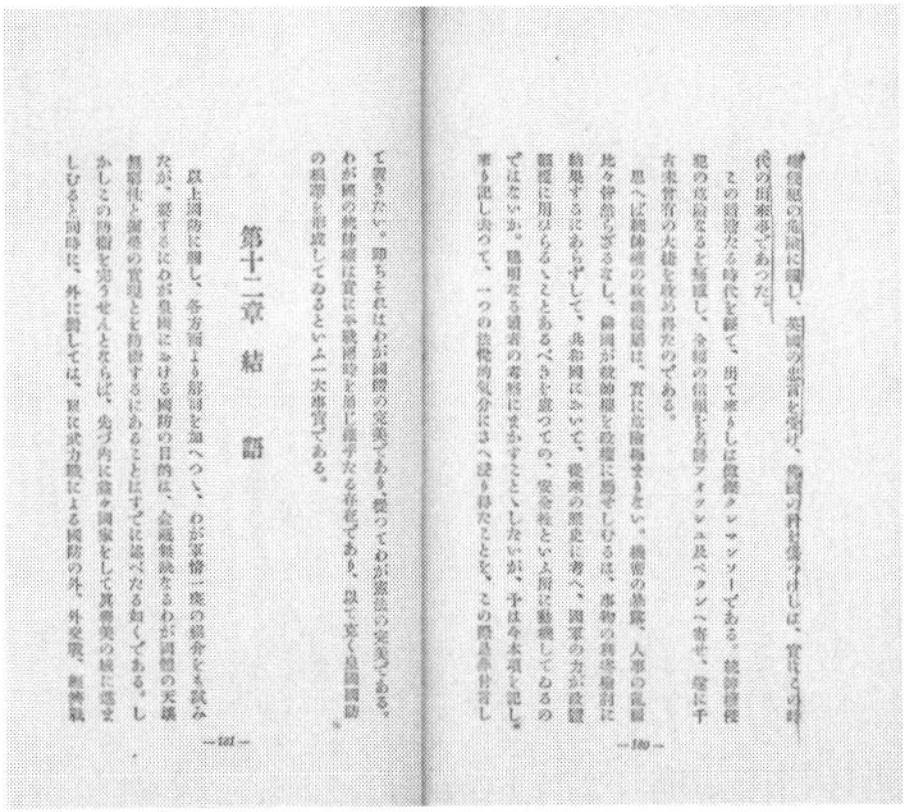

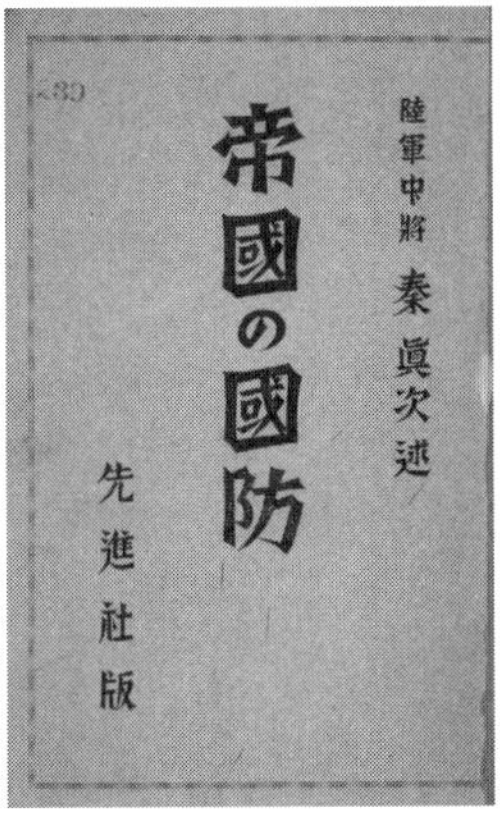

秦の著作『帝国の国防』。同書には秦をはじめとする軍人による「神国日本」を支えるエキセントリックなイデオロギーが色濃く反映されている（写真＝国立国会図書館蔵）

が代は千代に八千代に」にほかならない。軍隊も国民も、ただそのためにのみ存在しているということを意味する。

ただし、多少なりとも現実的・合理的な感覚をもつ軍人は、この「天壌無窮性と弥栄」が、国家および軍の権益を守るための一種のお題目だということを理解していた。ところが秦の場合、そうではなかった。いわば神憑り的に盲信したのである。

天皇の大権である統帥権（軍隊を統べ率いる大権）を、秦は、皇国のために「死せよ」と将兵に命令することのできる大権だと規定したうえで、そのような命令は「人より人に対して致さるべきものであるか、断じて然らず」と、まずは否定して見せる。人間が人間に対して「死せよ」と命ずることができないのなら、だれができるのか。それができるのは「神」のみだ。そして、天皇は「現人神《あらひとがみ》」にほかならない。だからこそ、天皇は統帥権を握って「死せよ」と命ずるのであり、「軍人は実に現人神の御命令のまにまに、神の国、皇国のため、屍を馬革に包むを以てその分とし」、「自分の行く手に死の栄光を認め得る」のだ。

このことは、軍人に限った話ではない。現人神を戴く日本人は、誰であれ、「死せよ」という要求を「無条件に肯定する」。神国日本とは、そういう特殊な国柄の国であり、だからこそ先輩兵士たちは「悠久なる国家に対する奉仕」の念に「無意識」に従って、「国家の万歳を叫び、法悦的感激にさえ浸りつつ、帰するが如く死についた」というのである。

秦が抱いていたような虚構に虚構を重ねたイデオロギーそれ自体は、軍首脳部にとって何ら不都合なものではなかった。「上官の命を承ることは実は直に朕が命を承る義なりと心得よとの聖勅（明治天皇による軍人勅諭）は、軍人の常に感激措かざるところ」とも、秦は書いた。

軍隊においては、上官の命令は、そのまま天皇の命令だ。だからこそ、絶対服従が強要されるのだが、その一方で秦は、上官の命令を無視した皇道派青年将校らの横暴、軍紀破りは黙認し、憲兵隊を使って彼らを守ることまでした。平然と矛盾を犯して、何らの痛痒も感じなかった。

右翼・国家主義者まで巻き込んでの青年将校らの大胆な国家改造運動が、統帥権の否定につながる由々しき反軍・反国家的な行動だということは明らかだった。そのため荒木もついに黙視できず、抑制に動いた。するとその反動で、荒木の人気に翳りが出てきた。それと呼応するかのように、軍を本来の規律ある組織に建て直さなければならないとする清軍の気運が、陸軍中枢を担う中央幕僚部の佐官級ら——いわゆる統制派——を中心にもりあがってきた。青年将校らがこの統制派に激しく反発し、抑えがきかなくなって、ついに荒木陸相は辞任に追いこまれた。

陸軍にはびこる「非合法的革新思想の排除と下剋上的風潮の払拭」（大谷前掲書）という名目のもと、ここから反荒木派（統制派）による皇道派の粛正・左遷人事が推し進められ、昭和九年八月、秦も憲兵司令官の職を解かれて、仙台の第二師団長に左遷された。そして翌十年九月、予備役に編入されて、軍人生活にピリオドを打つのである。

「もはや一刻も放置できぬ」政府を震撼させた「昭和神聖会」

この昭和十年から十一年にかけては、皇道派系の軍人や右翼団体に強烈なクサビが打ち込まれた時期であり、軍閥の暗闘がピークを迎えた時期として注目される。

　関連した動きのひとつに、昭和十年の第二次大本大弾圧がある。

　弾圧前年の昭和九年、王仁三郎《おにさぶろう》は、「愛国的諸団体の戮力《りくりょく》合同を促進し、憂国諸名士の協心結束を遂げて、以て皇道主義的諸政策の力強き貫行を期せん」（『大本七十年史』）として「昭和神聖会」を設立。東京・九段の軍人会館に三千人を超える参加者を集めて発会式を挙行し、トップの統管には王仁三郎、補佐する副統管には黒龍会主幹で生産党総裁・紅卍字会《こうまんじかい》日本総会々長の内田良平《うちだりょうへい》が就き、政官界や陸海軍将校、右翼団体、右翼言論界などの重鎮・幹部が一堂に会した。

　賛同者として名を連ねている者の顔ぶれをみれば、昭和神聖会の規模がおのずとわかる。内務大臣・後藤文夫《ごとうふみお》、逓信大臣・床次竹二郎《とこなみたけじろう》、文部大臣・松田源治《まつだげんじ》などの閣僚議員、竹内文献などに入れあげていた公爵で貴族院議員の一条実孝《いちじょうさねたか》、後に東條英機首相の腹心となる陸軍中将・安藤紀三郎《あんどうきさぶろう》、皇道会副総裁の同中将・等々力森蔵《とどりきもりぞう》、退役後に大日本国粋会理事長となる同中将・貴志弥次郎《きしやじろう》、国家主義陣営の巨頭として君臨する黒龍会・頭山満《とうやまみつる》、同会代表・葛生能久《くずうよしひさ》、生産党委員長・吉田益三《よしだますぞう》、国粋系言論誌『日本及日本人』主宰者の五百木良三《いおきりょうぞう》、青年日本同盟会長・津久井竜雄《つくいたつお》、皇道主義と任侠道を合体させた暴力団右翼団体・大日本関東国粋会理事長の梅津勘兵衛《うめづかんべえ》、日本の国連脱退時の全権となる松岡《まつおか》洋右《ようすけ》、北一輝《きたいっき》や大川周明《おおかわしゅうめい》の同志で右翼陣営の論客として知られた拓大教授・満川亀太郎《みつかわかめたろう》、ユダヤ陰謀論で鳴らした若宮卯之助《わかみやうのすけ》――ほんの一部を挙げただけでも、これだけの顔ぶれが並ぶ。

　王仁三郎のかけ声通り、右翼団体の多くが昭和神聖会と提携し、一年後には支部四百十四、賛同者四十万人という巨大組織に膨れあがって、政府を震撼させた。

昭和10年、「昭和神聖会」発会式ののちに撮影された写真。
写真向かって右から出口王仁三郎、頭山満、内田良平。
昭和神聖会は賛同者800万人という巨大組織へと膨れ上がった。大本教は政府にとってまちがいなく、危険だった（写真＝『民衆の宗教・大本―写真図説』学燈社より抜粋）

大本には予備役軍人の集まりである在郷軍人会所属の信者が多数おり、彼らが大本信者からなる昭和神聖会員の軍事教練を行っていたし、陸軍新聞班も昭和神聖会の中核を担う青年会に陸軍パンフレットを送って支持と宣伝協力を要請するなど、両者には深いつながりがあった。また王仁三郎は皇道派と関係が深く、大正七年に綾部の大本に参拝して以来、秦も大本との関係を保っていた。

　王仁三郎に国体変革・皇位簒奪の意思があったかどうかは別として、国家変革を叫ぶ右翼諸団体との提携や軍部への接近、教勢の急拡大は、国家としては到底放置しておけるものではなかった。当時、当局が何に危機感を抱いていたかを示す唐沢《からさわ》俊樹《としき》の手記がある。唐沢は警察を所管する内務省・警保局の局長で、弾圧を直接指揮した人物だ。

「京都綾部の大本教本部というよりも、出口王仁三郎が右翼と気脈を通じて果たした役割は蓋し想像を絶するものがあった。澎湃《ほうはい》たる右翼革命の蠢動が露骨化し、どうにも手におえぬ情勢になっており、大本教を通じて広く全国の信者からすくいあげた浄財の巨額が、出口の手から右翼に流れ、これが軍資金になって、右翼の勢力は燎原の火のように延びて、やがて手のつけようがなくなることはわかりきっている。……具さに大本教と教主出口王仁三郎の動向を探り、右翼と軍部との接触情況を調査するにつれて、もはや一刻も放置できぬことが判ってきた。それというのも軍人右翼の動きは刻一刻先鋭の度を増し、いつ重大事が突発を見るかわからぬまでに機の熟しきったことがよくわかるからである」(「唐沢手記」『大本七十年史』所収)

かくして昭和十年十二月八日、第二次大本事件が勃発したのである。

さらに約三ヵ月後の十一年二月には、統制派によって逼塞状況に追いこまれていた皇道派が、日本史上例をみない規模のクーデター、二・二六事件を暴発させた。その直前には茨城県磯原の天津教に手入れが入り、翌三月には皇道主義団体の中でもひときわカルト性の濃い矢野祐太郎の神政龍神会が摘発された(第二章「矢野祐太郎《やのゆうたろう》」参照)。

秦が予備役に回され、軍を退いたのは、まさにこうした一連の激動のさなかであった。

竹内文献に深く共鳴していた秦は、冒頭でも書いたように、天津教の神宝を靖国神社に運びこみ、官憲の手から守ろうと動いたが、その二ヵ月前には荒木貞夫、荒木の腹心の真崎甚三郎《まさきじんざぶろう》、竹内文献心酔者で反ユダヤ主義陣営の指導者として活躍していた四王天延孝《しおうてんのぶたか》(秦と四王天は大正時代から接点があり、秦が幹事を務めた民族研究会で一緒だった)、後に巨磨の再審裁判で弁護人を務めることとなる超国家主義者の田多井四郎治らと磯原参拝に出向いている。また、予審時の巨磨の弁護人の引き受け手がいなかったため、秦と義宮《よしのみや》(巨磨の長男)が中里義美《なかざとよしみ》に弁護を依頼し、中里が引き受けたというエピソードもある(實方直行『中里義美と「神日本」運動』)。

世界における唯一無二の統治権者「天皇」という存在

これだけどっぷりと竹内文献に浸かっていたにもかかわらず、同文献に対する直接的な言及が、なぜか秦にはない。ただし、それをにおわせる文書はある。

予備役編入後の昭和十二年四月、秦は三重県伊勢市の猿田彦神社に下宿しつつ、神宮皇学館の研究科に入学した。研究科は大正末から昭和初頭にかけて行われた制度改革によって新設された科で、一年かけて神道を専修した。

昭和十三年の卒業後、秦は猿田彦神社神主・宇治土公貞幹の依頼を受けて、一冊の小著を出版した。十四年七月刊の『天壌無窮の真理』である。

同書の中で秦は、中里がさかんに主張していたのと同趣旨の、公的な神代文化研究機関の設立を訴えているが(「皇学復興の具体案要旨」)、その内容が、まさしく竹内文献をはじめとする超古代文献・超古代遺跡の事実上の擁護論なのである。

秦は神代文化研究機関を、「言語・文献・遺跡・遺物・遺風行法」の五方面にわたり、「わが神代文

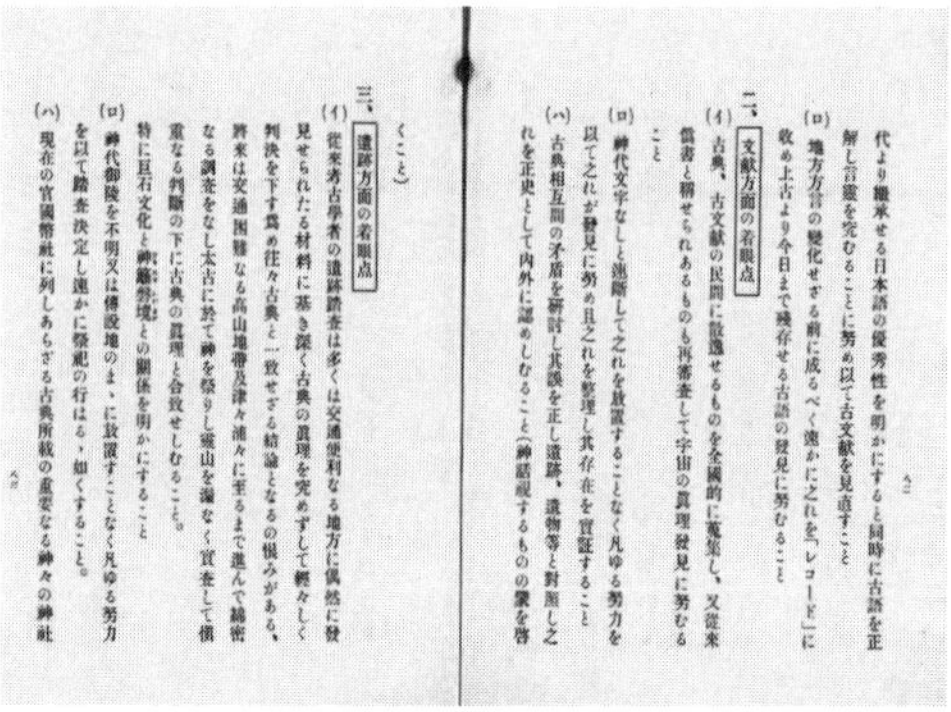
代より繼承せる日本語の優秀性を明かにすると同時に古語を正
解し言靈を究むることに努め以て古文献を見直すこと
(ロ) 地方方言の變化せざる前に成るべく速かに之れを「レコード」に
收め上古より今日まで殘存せる古語の發見に努むること
二、文献方面の着眼点
(イ) 古典、古文献の民間に散逸せるものを全國的に蒐集し、又從來
僞書と稱せられあるものも再審査して宇宙の眞理發見に努むる
こと
(ロ) 神代文字なしと速斷して之れを放置することなく凡ゆる努力を
以て之れが發見に努め且之れを整理し其存在を實證すること
(ハ) 古典相互間の矛盾を檢討し其誤を正し遺跡、遺物等と對照し之
れを正史として内外に認めしむること(神話視するものゝ蒙を啓
くこと)
三、遺跡方面の着眼点
(イ) 從來考古學者の遺跡踏査は多くは交通便利なる地方に偶然に發
見せられたる材料に基き深く古典の眞理を究めずして輕々しく
判決を下す爲め往々古典と一致せざる結論となるの憾みがある、
將來は交通困難なる高山地帶及津々浦々に至るまで進んで綿密
なる調査をなし太古に於て神を祭りし靈山を漏なく實査して慎
重なる判斷の下に古典の眞理と合致せしむること。
特に巨石文化と神籬磐境との關係を明かにすること
(ロ) 神代御陵を不明又は傳說地のまゝに放置することなく凡ゆる努力
を以て踏査決定し速かに祭祀の行はるゝ如くすること。
(ハ) 現在の官國幣社に列しあらざる古典所載の重要なる神々の神社

猿田彦神社神主・宇治土公貞幹の依頼で出版した『天壌無窮の真理』。
同書の中で秦は超古代文献・超古代遺跡に関して事実上の擁護論を展開している
（写真＝国立国会図書館蔵）

化を再研討《ママ》して、その中に宇宙最高の真理の存することを実証する研究機関」だと位置づける。設立目的は「天壌無窮の真理を一般に徹底せしめ、西洋追従の学風を一変して皇学を振興せしむる」こと。裏を返せば、竹内文献などに代表される神代文化には「宇宙最高の真理」が秘められているという主張にほかならない。

さすがに日本語を万国の祖語とする竹内文献流の主張までは行われていないが、「日本語の優秀性を明らかに」し、「言霊を究むる」こと、「神代文字」が確かに実在することを実証すること、「偽書」と称されているものも「再審査して宇宙の真理発見に努むること」などが主張されており、「磯原文献」（竹内文献）への言及もある。

また、酒井《さかい》勝軍《かつとき》、竹内巨麿、荒深道斎《あらふかみちなり》らが主張してきた日本各地の霊山の遺跡——「巨石文化と神籬磐境《ひもろぎいわさか》」の調査研究を行い、「古典」とすり合わせるべしとも訴えているが、この場合の古典が記紀を逸脱した「偽書」を含んでいることはいうまでもない。

日本が天壌無窮の神国であることを実証しなければなら

ないという欲求は、昭和に入って以降、異様なまでに高揚した。大きな契機となったのは、まさしく竹内文献の登場だった。

もしこの〝超古代文献〟が真実の古伝、真実の神代史であると実証されたら、日本は神国だということが事実として証明され、世界の唯一無二の統治権者である天皇が、アジアを、さらには世界を統治することの正統性が保証されることとなる。それは目下泥沼に陥っている日中戦争や、眼前に迫っている対欧米戦争の〝神風〟ともなるはずだ――。

そんな妄想に取り憑かれた人々は、けっして少なくなかった。彼らは、国家が神代文化に関する公的研究機関を設け、自ら証明作業にあたるべきだと主張するとともに、民間研究団体を立ちあげて、自分たちで証明作業に取り組んだ。

中央大学教授・高窪喜八郎《たかくぼきはちろう》の神代文化研究会（昭和十年）や、言霊研究家・小寺小次郎《こてらこじろう》らの神代文化研究所（昭和十三年）は、いずれもこの趣旨で設立された。また、第一章で書いた『宏遠なる我が神代史』の安江仙弘《やすえのりひろ》や、『人類の母国「神国日本」』の犬塚惟重《いぬづかこれしげ》もこの陣営に属しており、とくに犬塚は、文部省の思想研究調査委員会に、「私見として」神代文化研究の必要性を「進言」している。これまでたびたびその名が出てきた中里義美も、この陣営の大物だった。秦も顧問として名を連ねていた中里の神日本社《かみにほん》（昭和十二年）は、国家による研究機関設立を主張して昭和十三年に政府に請願し、十六年には「神代文字実在確認ノ建白書」を提出した。

太平洋戦争突入後の昭和十七年に発足した皇道世界政治研究所も、同趣旨の目標を掲げて設立された。その趣意書には、血盟団事件や天津教事件、相沢中佐事件などの弁護人を務めた元貴族院議員で弁護士の鵜沢總明《うざわふさあき》、元首相の陸軍大将・林銑十郎、昭和十四年に予備役となった神道天行居（友清歓真主宰）道士の陸軍中将・中島今朝吾《なかじまけさご》（中島については次節も参照）、いわゆる新官僚（満州事変後に台頭してきた親軍的・右翼革新的官僚勢力）を代表する一人で、スウェーデン公使やイタリア大使などを歴任し、日独伊三国同盟の締結を強力に推進した白鳥敏夫《しらとりとしお》、ユダヤ陰謀論者でナチズム礼讃者でもあった国家主義陣営の御用学者・藤沢親雄《ふじさわちかお》の五名が「責任提唱」者として名を連ねている。

同会の発起人会（同年六月二十一日、於大東亜会館）で設立趣旨の説明を行った中島今朝吾は、この会が取り組む研究は、本来なら国家が行うべき大事業だが、戦争まっただ中でその余裕もなかろうから、まずは民間で研究所を立ちあげたのだと述べ、研究対象として、竹内文献、物部文書、九鬼文書、豊葦原神風和記、上記、富士古文書、伊勢神宮文庫所蔵の神代文字、各神社に残存する神代文字の神符等、日本各地に現存する神代の諸陵墓、各地に残存する神代文化の遺物並びに遺跡を列挙している。これら「神武以前」に遡る「古文書並に其他各種の貴重なる資料」の闡明抜きには「皇道も惟神の大道も」明らかにすることはできず、従来の記紀を中心とした神道では日本の真姿、天皇の「尊厳絶対」なる本質を明らめることは不可能だというのである。

昭和十九年に首相についた小磯国昭もまた、以前から独自に公的神代文化研究機関設立の腹案を温めていた（これについては第一章「小磯国昭」を参照）。『天壌無窮の真理』の中で秦が提起した「皇学復興の具体案要旨」は、これら人士とまったく同じ発想と文脈から出てきたものなのである。

けれども、皇学館卒業後の秦には、これといった目立った動きはない。神主になったとか、皇祖皇大神宮に奉職したなどの話もあるが、たんなる憶説ではないかと思う。それらを裏付ける資料を見ていないし、とくに後者はありえないからだ。

三村三郎によれば、後年の秦は「専ら神典、国学に精進」した。表だった政治的な動きは封印し、研究三昧の日々に入ったということなのだろう。このころ『言霊学』その他の著書を出版したとも三村は書いているが、実際に出版されたかどうかは確認がとれていない。

逝去は昭和二十五年二月二十四日。晩年は代々木で暮らしていたようだが、長期の入院後に病没した。かつて「軍部の大目付」とまで評され、憲兵司令官時代は飛ぶ鳥落とす威勢を誇って恐れられた秦だったが、晩年は完全に忘れ去られた超国家主義の〝遺物〟となり、敗戦後、ひっそりと世を去ったのである。

満井佐吉……みつい　さきち

「聖戦」の名のもとに「霊的国防」を訴えた陸軍中佐

「『聖戦』という言葉は私が始めて言いだした」

「私は繁忙な陸軍省の軍務局や、その後参謀本部の勤務のかたわら、毎夜毎夜深更までペンを走らせ続けた。……『聖戦』という言葉は私が始めて言いだした」

陸軍中佐・満井佐吉は、その著『神々のいぶき』でこう書いている。日中戦争から太平洋戦争終末にかけての昭和前期、日本全土であたかも呪文のように唱えられ続けた「聖戦」という表現を最初に使い始めたと称した軍人——それが陸軍歩兵中佐・満井佐吉だ。

満井は陸軍大学出の俊英としてだけではなく、神霊の加護と人間側の神行の一致協力によって国家を守護するものとされた「霊的国防」論を唱える極端な神憑り軍人として、また実力行使も辞さない過激な国家改造論者として知られていた。

後の大東亜戦争の到来を「昭和二、三年頃以来叫び続けて、『祖国の聖戦国家化を急げ』と力説し」てきた予見者であり、聖戦国家化の実現を期して秘教的な古神道教団・天行居《てんこうきょ》に所属した道士でもあった（満井佐吉『世界時局と神国日本』）。さらに、神憑りの剣道家として一部で著名な神武参剣道場主・小《こ》泉《いずみ》太《たい》志《し》とともに霊的国防の国家化のために政界などへの運動を起し、国家改造・聖戦勝利に邁進したのである。

満井佐吉は通常なら陸軍中枢で軍政軍務を担うべき
陸軍大学卒のエリート軍人だった。
けれどもその過激な言動により陸軍から排除され、
オカルトに没入して「聖戦国家化の実現」を唱え、
古神道にもとづく「霊的国防」の実践に邁進した
（写真＝国立国会図書館蔵）

満井はまた、軍務局長・永田鉄山《ながたてつざん》を殺害した相沢三郎《あいざわさぶろう》中佐（第三章で詳述）の裁判で相沢擁護の熱弁をふるった特別弁護人でもあった。

軍閥闘争に明け暮れる陸軍中枢への批判をふくむ満井の激しい弁論は、軍部を著しく刺激した。この裁判さなかの昭和十一年、日本を揺るがす二・二六事件が勃発している。

クーデターに関して、満井は完全に局外者であり、何らの関与もなかったが、彼の存在をうとましく思っていた軍部中枢は、満井が蹶起将校に利する言動をしていたという理由で逮捕に動き、懲役三年を課すとともに、免官して軍から放逐した。

満井佐吉とは何者なのか。ほとんど書かれることのない神憑り軍人の主張と行動を追っていこう。

満井の神憑り式思考に多大の感化を及ぼした筧克彦

明治二十六年五月五日、満井佐吉は福岡県企救郡（現北九州市）に生まれた。陸軍資料では士族出身となっているので、

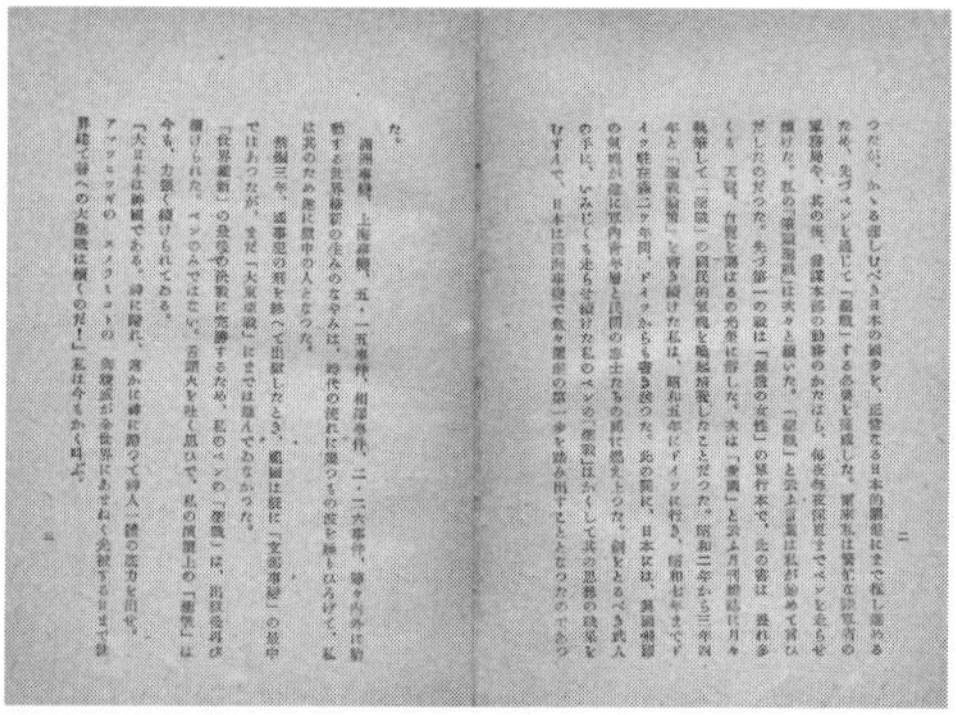
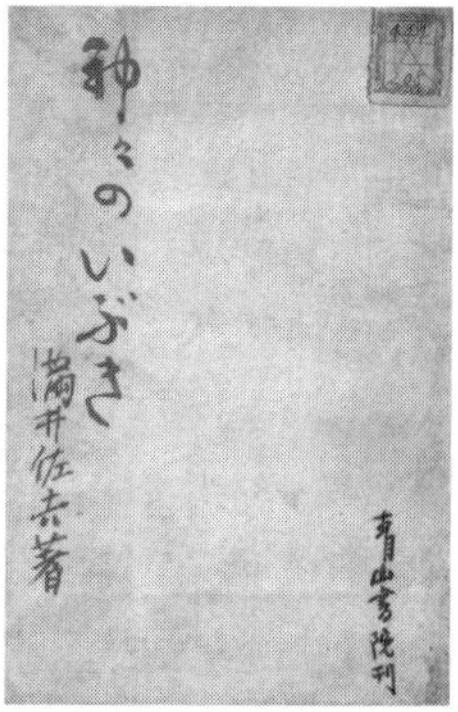

満井の著作『神々のいぶき』。そこには《「聖戦」と云ふ言葉は私が始めて言い出した》（原文ママ）と綴られている（写真＝国立国会図書館蔵）

父は小倉藩士だったのだろうが、家族や先祖については明らかでない。

熊本の陸軍幼年学校、東京の陸軍中央幼年学校、陸軍士官学校と職業軍人の道を歩み、大正三年に卒業すると、小倉の第四十七連隊に歩兵少尉として配属された。

中尉に昇進した大正七年には、シベリア出兵に従軍している。後年、満井は過激な反ユダヤ主義者となるが、そのきっかけはシベリア出兵だった可能性がある。

注目されるのは、中尉時代に筧克彦《かけいかつひこ》の古神道学説に傾斜したことで、これが満井の神憑り式思考に多大の感化を及ぼした。

昭和10年8月12日、陸軍省で
永田鉄山軍務局長を白昼堂々斬殺した
相沢三郎。その裁判で特別弁護人と
なったのが満井だった
（写真＝国立国会図書館蔵）

筧克彦は東京帝国大学教授の憲法学者だが、古神道のファナティックな理論家、国家主義者として知られる。天皇を現神《あきつかみ》とし、その現神の国・大日本帝国が世界を統一支配するのは当然だとするウルトラ国家主義を提唱した筧は、大正十二年には自身の古神道説を秩父宮に進講し、翌十三年には秩父宮や昭和天皇の母で、多分に「神がかり」気質だった貞明《ていめい》皇后自身の希望により、二月二十六日から五月六日まで、沼津御用邸で「神ながらの道」を進講した。

このときの講義録をもとにまとめられた

満井が大きな影響を受けた法学者・神道思想家・筧克彦。満井は中尉時代、筧の古神道学説に傾倒した

のが、宮内省に属する皇后宮職《こうごうぐうしき》から大正十四年に刊行された筧の『神ながらの道』で、出版も貞明皇后の肝いりだった。皇后は「上梓にあたって自らの手で最終原稿をチェックされたのみならず、全国の官国幣社等に寄進される本の表装には、御自身が養われた絹を用いられるなど、大いに力を注がれた」という（中道豪一「貞明皇后への御進講における筧克彦の神道論」『明治聖徳記念学会紀要』復刊五十号所収）。

この本が、第三章で書く石原莞爾《いしわらかんじ》や皇道派青年将校ら多数の軍人に多大の影響を与え、天皇絶対思想の理論的支柱となったことは銘記されねばならない。その筧に、満井も心酔したのである。

話を満井にもどそう。

大正十三年に陸軍大学を卒業した満井は、昭和五年にはドイツに駐在、ナチスの躍進をその目で見て大きな刺激を受けた。帰国後、久留米の歩兵第四十八連隊大隊長、同じく久留米の歩兵第五十六連隊大隊長を経て、昭和八年、陸軍省（東京・市谷）に異動した。〝栄転〟という名の左遷であった。

陸軍内部でも危険視された満井の過激思想

満井が左遷された理由は、久留米時代の活動にある。

国家改造を熱望する満井は、昭和七年、同志らとともに民間のファシズム運動団体「大日本護国軍」を立ちあげ、年八十三回もの講演会で反財閥運動を展開するとともに、激烈な調子で国家改造を訴え始めた。私利私欲に汲々としている政党政治家や、彼らと結んで巨利を貪っている財閥らによって、日本は腐敗した。日本を立て直すには、皇族を首班とする軍事政権内閣の樹立以外に方法はないというのである。

満井は、とりわけ三井財閥を猛烈に糾弾した。大日本護国軍は結成一年たらずで軍団員二千四百九十名を数えるまでに膨れあがったが、組織の中軸で満井ら現役の陸軍将校が動いていたことから、護国団は三井財閥にとっても、治安当局にとっても危険きわまりない存在となった。

満井の言動は宮中にまで聞こえて問題視され、内務省警保局も神経を尖らせた。三井財閥は、かねて鼻薬を利かせていた軍中枢にしかるべき対応を求め、陸軍内部でも、このまま満井を久留米に留めておくのはまずいという空気が支配的になった。そこで昭和八年八月、東京に呼び戻して陸軍省新聞班に配属し、その後、陸大教官に異動させた。これが〝栄転〟という名の左遷の理由である。

とはいえ、満井の活動は止むことなく、東京でも三井財閥の糾弾運動を継続した。

「軍服帯剣の将校が、三井八郎右衛門邸に押しかけ、長時間面会を強要したなどという事件も、また大牟田所長属最吉氏が暴漢に襲われ、重傷を負うたのも、このときの話である」（矢次一夫「『彼がいれば東條の時代は来なかった』真面目なインテリ軍人・永田鉄山はなぜ殺害されてしまったのか」『昭和の35大事件』所収）

九州でも事件は起こった。大日本護国軍の参謀だった脇阪利徳が、昭和維新はテロによって実現するほかないと思い定めて護国義勇隊を組織し、福岡県警によって摘発されたのである。

当時の新聞は、こう報じている。

「所謂一人一殺、一殺多生のテロリズムによって昭和維新の断行を期せんとして、元老、重臣、財閥巨頭の暗殺を企てた血誓隊の恐るべき陰謀事件が、本年六月三十日、福岡県直方署決死隊の手により血誓隊隊長脇阪利徳（二七）―日大専門部政治科中途退学―を捕縛、つづいて七月八日までに男女隊員六名を検挙するとともに兇器のピストル、短刀、爆薬をも押収し全部福岡に連行、県特高課、地方検事局において厳重糾明の結果、罪状明白となり八月九日遂に起訴と同時に、福岡地方裁判所の予審に附せられ……何れも有罪公判廻しと決定した」（神戸又新日報、昭和九年十二月三十日付）

脇坂らは西園寺《さいおんじ》公望《きんもち》、牧野《まきの》伸顕《のぶあき》、蔵相・高橋是清《たかはしこれきよ》、三井《みつい》室町家当主・三井高精《こうせい》、三菱財閥四代当主・岩崎《いわさき》小弥太《こやた》らを目標人物と定め、「十一月中旬、新宿御苑で催される観菊御会《かんぎくぎょかい》の終了後、その退出帰途を待構えて自動車に一人ずつ飛び乗り暗殺する計画を企てていた」（同）。

満井が組織した大日本護国軍は、このような隊員を擁していた。治安当局や軍当局が神経を尖らせたのは当然で、だからこそ満井を陸大教官に押し込めたのである。

その後の経緯は、冒頭で記したとおりだ。相沢事件の弁護でその矯激な思想が忌避され、昭和十一年の二・二六事件関連で逮捕されて、昭和十二年から服役生活に入ったのである。

「天行居」が唱道した「霊的国防」の意味

ここで少し時間をもどし、後に満井が感激して入信することとなる天行居をみておきたい。

大本から離脱して新たな古神道団体を立ち上げた友清歓真《ともきよよしさね》は、昭和三年、正神界から「霊的国防の完成」という神命が下ったとして、「天関打開」「霊的国防」の唱導を開始した。

天行居には、四大綱領というものがある。

一、日本は神国の中の神国也
一、日本天皇は天に於ける神の王の人間世界に於ける表現なり
一、石城山は地の神界大都の現世界に於ける表現地なり
一、以上の三大事実立証のために神々の経綸は天行居の出現となる——

この四大綱領を掲げて、友清は山口県田布施《たぶせ》の石城山《いわきさん》に天行居を立ちあげた。石城山は神の経綸が発せられる神策の発現地であり、神界にあるとされる大都を地上に移写した神界の「表現地」と位置づけられていたが、友清はさらに石城山を「日本における霊的参謀本部」と定め、神直属の軍隊である「天行神軍」の創設に動いた。一般信徒や同志は天行神軍の兵士と位置付けられ、天行居の指導層はそれぞれの階級に応じて将官・佐官・尉官などに改称された。さらにこれと並行して、霊的国防のための「天行神軍修法」が開始されたのである。

満井という神憑り軍人を読み解くうえでの重要な人物であり、大正から昭和初期にかけて沸き起こった「古神道」の理論的支柱として活躍したのが、友清歓真だった

軍隊組織を真似た組織づくりは、浅野正恭や秦真次の節で書いたとおり、大本の出口王仁三郎がすでに直霊軍《ちょくれいぐん》でおこない、昭和九年には大幅に規模を拡大させた昭和神聖会を創設、在郷軍人会による軍事訓練のまねごとまでおこなわせていた。友清の天行神軍が、王仁三郎の向こうを張って構想されたものかどうかは不明だが、意識するところはあっただろうと想像する。

友清は、大正十三年に出版した『闢神《びゃくしん》霧《む》』の時点から、ユダヤ勢力の主力が米国に集ってひそかに日本に挑みかかっており、やがて日米決戦となることは必至で、その戦争は「太古よりの経綸による神魔両軍の決戦」になると主張していた。天皇が君臨する日本を、正神界に導かれた神国とする友清は、それと敵対する勢力の中心にユダヤを据えたユダヤ禍論をくりかえし力説し、ユダヤ教の神エホバを邪神と断じた。

「国際ユダヤ力の秘密の御本尊エホバというものは……或る太古以来の強力なる不平不満・瞋恚《しんに》・嫉妬の大陰魔王ともいうべきものにモーゼが仮りに奉った神名である。エホバという神様はアブラハム以前から居る神のように旧約には書いてあるが、バビロンにも埃及《エジプト》にもカナンにも存在しなかった神である。偏愛、専制、復讐、破壊の神である」(『戦争と古神道』)

さらに同書の中で、友清はこうも書く。

友清は大本を離脱し、新たな古神道団体を立ち上げるに際して、
「日本における霊的参謀本部」と定めたのが山口県・石城山だった

「(エホバは)決して宇宙の創造神でもなく、カナーン地方土俗の淫祠の神であったことは申すまでもなく、『神』として呼称すべきものでなく、邪鬼妖霊の類であって、それが猶太《ユダヤ》族とむすびつき、相互に勢力を増大し、相互に勿体をつけ合いて発達して来た」

その正体は「邪神の王が蛇となって顕現したもの」で、わが国の古伝にも「ヨモツ神」ないし「八岐大蛇」の名で伝えられている。

このエホバと契約を結んだユダヤ人は、時代とともに「ユダヤ秘密力」を着々と涵養・発展させ、その勢力は、いまや「太古以来世界の邪神界の半分」を支配するまでに巨大化した。その力をもって世界を裏から操り、戦争や革命を起させ、ユダヤ以外の諸国民の堕落を促し、反宗教感情を煽るなどさまざまな謀略を進め、最終目標である日本の支配を狙っている。

政治・経済・外交などの現界の制度と人力だけでは、この巨大な敵には対抗できない。現界と霊界は複雑にからみあって連関し、相互に影響しあっているから、現界の人力に霊界の神の冥助が加わってはじめて、問題を解決することができる。そこで出てきたのが霊的国防で、ちょうど神武天皇が東征のおり敵に倒されかかったとき、天照大神から神剣が下されて打ち勝ったように、神々とひとつになって戦うための霊的組織として、天行神軍が創始されたというのである。

霊的国防は、たんに戦闘方面だけをいうのではない。「武力戦に関しては霊的方面からそれに協力し、生産戦に関しても霊的方面からそれに協力し、思想戦に関しても霊的方面からそれに協力するという風に、およそ広い意味に於ける国防と皇威煽揚のために霊的方面から協力する目的において努力すること」が、友清のいう霊的国防の意味だ。

そのために「特殊な訓練と組織とをもって」これをおこなうのが天行神軍の使命で、概念のみをいえば、現界と霊界をつないでいるさまざまな「気線」のうちの邪神妖霊系のものは神行によって斬り払い、正神界の経綸である「天命の気線」は「作振」（奮い起させること）することで、経綸を成就しなければならないと主張したのである。

玄学的な表現で飾られているが、霊的国防とは、要するに神と人とが一致協力しておこなう国防、天業翼賛の国防を意味する。それゆえ友清は、後に第二次世界大戦を「神人協力の決戦」とも表現し、最後には必ず正神側の日本が勝利すると訴え続けたのである。

国家の立直しと霊的国防を実現するために創設された「天関打開期成会」

大正時代から準備が進められ、昭和三年の神命によってスタートした天行神軍は、昭和九年、天行居の拠点である石城山上で挙行された「亜細亜民族代表祈天祭」から活動を本格化させた。祈天祭にはフィリピン、インド、中国、白系ロシア（ロシア革命で極東に逃れたロシア人）の代表者が一堂に会し、「亜細亜は亜細亜の亜細亜にして他民族の圧迫を容《ゆる》さず」と決議した。

ところが翌十年、第二次大本事件が勃発する（事件の背景については前項「秦真次」参照）。内務省の「邪教大本を地上から抹殺する」という過激な方針のもと、王仁三郎をはじめとする幹部が根こそぎ拘束され、本部施設は跡形もなく破壊された。教団には解散命令が下されたが、この一連の流れはマスコミを通じて日本全国に大々的に報道された。

当局による大本徹底弾圧は、天行神軍を組織して動き始めていた友清にとっても、他人事ではなかった。累が及ばぬよう天行神軍制度を廃止し、当局を刺激しかねない士官の呼称もやめて、宗教団体相応の道士に改称した。ただしその一方で、石城山における霊的国防のための秘密修法は継続し、天行居同志たちの献身的な働きにより、朝鮮白頭山、富士山、白馬岳、中国泰山などに「霊的国防神事施設」を次々と設けていった。かくして昭和十三年一月には、小笠原諸島において霊的国防のための神事を執行するに至るのである。

このころ満井は、陸軍監獄で服役生活を送っていた。その満井に、天行居の出版物を差し入れた某

満井が心酔した天行居の友清歓真（写真上・中央）。
友清は神直属の神霊部隊として「天行神軍」を組織し、
「天行神軍修法」（写真下）による霊的国防を目指した

少将がおり、一読、深く魅了された。そこで展開されている理念や国防観、神観、神道観などは、満井自身が抱いていたものに相違なかった。そこで昭和十三年十一月の仮出所後、満井は天行居礼讃を含む小説を書き上げて出版した。

「おお、誰か知ろう此の○○島（小笠原諸島中の島）に、今を去ること○○ヶ月前、……世界建て替えの大海戦を予想して、祖国を護り世界を主宰し給う大神たちを斎き祀った神徒があった。この神徒の人々は、神霊の啓示を奉じて、人跡稀なる此の絶海の小島に、太古以来神伝の秘法を以て、大神たちの神霊を招鎮し奉ったのである。……この事は実に世界大転換に於ける天関打開の鍵であった」（『世界の暁』）

ここでいう神徒とは、いうまでもなく天行居の道士を指す。「成るべく早く友清先生に師事して神の子として本物にたたき上げて頂きたい」（『人生點滴』）と思い定めた満井は、出版後の昭和十四年十月、友清を訪ねてただちに入信した。この時点で、満井はすでに古神道や神道行法についての見識があり、実践歴もあったらしい。

友清に師事した昭和十四年の作と思われる満井の私家版パンフレット『世界時局と神国日本』（刊記なし）で、彼はこう述べている。

「多くの神啓と見るべき先覚の言論の中で、私は特に、神道天行居を通じて為されつつある神様の天啓を皆様に御紹介致します。……神啓を総合した結果によれば、今回の世界時局は即ち世界建て替えの大時局であり、神国日本が此の世界建て替えを主導せしめられつつあるのだそうであります。そうして此の世界建て替えの暁に於ては、全世界が、日本を中心として真に八紘一宇《はっこういちう》の世界となり、世界全人類が、日本の皇室の御稜威《みいづ》の下に、真の平和と幸福とを享受することが出来るようになるのだそうであります。……私は無条件に之を信ずる者であります」

満井は友清に心酔し、友清も満井の入信を歓迎して、いきなり中道士の位を与えた。中道士は、かつての天行神軍では、少佐に相当する。

厚遇はほかにもあった。当時、天行居の代表として友清を補佐していた中川健二《なかがわけんじ》（東京帝大卒の工学士で、海軍技官）や、天行居委員長の花岡善之《はなおかよしゆき》は、新参の満井に対し、いきなり天行居幹事長への就任を懇請した。多忙であり、しかも新参者だからという理由で当初満井は固辞したが、翌十五年元旦には幹事長職を受けた。このときの満井説得には友清もあたっている。

幹事長への就任に先だち、満井は皇道派のボスである荒木貞夫の「肝煎り」で、愛国労働農民同志会（愛同）の総務委員長にも就任していた。しかし、急進的な国家改革を志向する満井は、愛同の労使一体という活動方針を生ぬるいとして批判。会社組織を改正して労働者の地位を大幅に引きあげ、政府には下層労働者のための労働省設置を求めるなど、当時としては過激で先鋭的な主張を重ねて愛同幹部と決裂し、袂を別った。

「腹を立てるとジンマシンが出るといわれる位、感情の激しい人物」（前出矢次）だった満井の急進性は、天行居でもいかんなく発揮された。国家の立直しと霊的国防を実現するため、幹事長就任直後から、さっそく外郭団体として「天関打開期成会」の創設に動いた。「天関打開」は友清の造語で、天皇を世界の総主に戴く世界維新を意味する。

かつて王仁三郎が右翼勢力を糾合して昭和神聖会を組織したのと同じように、満井も創設に際して多くの国家主義団体に参加を呼びかけるとともに、霊的国防のための神行を担う修斎会への参加を会員たちに求めた。さらに、天行居武道道場の創設や、護国隊の結成を計画し、武道の指導者および天行居副幹事長として、小泉太志を推薦した。満井に導かれて天行居に参加した小泉は、昭和十五年の修斎会期間中に「神伝武術講習会」を開いている。

天関打開期成会の発会式は、修斎会の神事終了後に行われた。この間の経緯を、かねて天行居を危険視して内偵を続けていた司法省刑事局の㊙文書『思想月報』（七十二号・昭和十五年六月）は、こう報告している。

「二月五日より開催の修斎会は顧問友清歓真、宗主中川健二両人とも出席せざりし為、満井の総指揮下に益野倍太郎（満井の前の幹事長）指導の連日に亙り鎮魂法・音霊法の伝授、魂布弥《たまふね》術の実習の外、その間に副幹事長鴨居、幹事今村および満井の講演があり、紀元節に当る修斎会の終了日（二月十一日）正午より石城山に於て『天関打開期成会』結成式を挙げた」

写真中央の満井と向かって右の袴の人物が小泉太志である。
小泉は満井が武道の指導者および天行居副幹事長として推薦した人物で、
のちにふたりはさらなる神憑り的な行動を各方面に実践していくこととなる
（写真提供＝『三劫の帝王』より）

期成会の理事長には満井が就任した。本部を東京市世田谷区羽根木町の自宅に置いた満井は、ただちに猛烈な運動に乗り出した。

同会の結成を、満井は書簡で全国の知人関係者にこうアピールしている。

「天関打開期成会は神界と人間世界とを貫く世界再建の大神行を奉行すべき人類有史以来、未曾有の大運動であります。……発会式に際しては理事長満井佐吉を始め多数の同志は、太古神法により開眼修法を施したる神法衣・神法帯・神法襷・神法鉢巻に身を堅め、その他の同志も白衣に身を包んで太古神法による古式の発会と大祈願修法とを実施しました。……かくの如き神秘なる太古神法により発会したる思想団体は、世界未だかつて一つと雖もないのでありま（す）」

けれども、満井を幹事長とする新体制はほどなく破綻する。その間の事情を、『思想月報』はこうレポートしている。

「満井より副幹事長に推薦せし小泉太志は、青森県八戸市大字中居林字外中居一（出身の）小泉太志（当三十四年）にして、知人間に狂信的人物として定評あり、往々狂暴行為に出づる危険ある者なること判明して問題となりたる為、二月二十二日、友清は招電を発して満井を呼び寄せ、種々協議の結果、満井に於て小泉の（副幹事長）辞任方を取計らうことに決定した」

さらに、満井の独走に対して、天行居幹部から猛烈な批判がわきおこり、信者の反発や離反も生じた。王仁三郎のようなカリスマは満井に期待すべくもなく、彼の激しい感情の起伏は、人を引き寄せるどころかたちまち遠ざけた。その結果、幹事長就任から二ヵ月後の定例修斎会の出席者が、わずか四人という惨憺《さんたん》たる事態にまで陥ったのである。

天行居と距離を置き、満井は独自の道を進み始めた……

天関打開期成会の行き詰まりに加えて、満井からの横紙破りの要求が事態をさらに紛糾させた。満井が、天行居の先輩信者で、陸軍における大先輩でもあった中島今朝吾《なかしまけさご》（予備役中将）の除名を求め、同じく先輩信者で皇道派重鎮の柳川平助（予備役中将）も頭から否定したからである。

中島は第十六師団長として昭和十二年の南京攻略に参加・指揮しているが、翌十三年に南京を視察した阿南惟幾が、「中島師団婦人方面（強姦のこと）、殺人、不軍紀行為（略奪など）は国民的道義心の廃退、戦況悲惨より来るものにして、言語に絶するものあり」（木村久邇典『個性派将軍 中島今朝吾』、カッコ内は引用者）と書いたほど暴虐を極めたもので、中島自身、陣中日記に「捕虜七名あり。直に試斬《ためしぎり》を為さしむ時、恰も小生の刀も亦此時彼をして試斬せしめ頚二つを見込（事か）斬りたり」（昭和十二年十二月十三日条）と書き、「大体捕虜ハセヌ方針」だとも記している。

この南京攻略時、中島自らが指揮して略奪した美術品などの存在が発覚して陸軍内で問題となり、昭和十四年、中島は予備役に回されて退役した。退役後は日中戦争の誤りを主張するようになったが、この中島の天行居からの除名を、満井は求めた。

中島除名要求の動機は、友清によると「二・二六事件の際、（中島が）満井を以て無罪とすべきにあらずと主張」したことだというが、事件当時、蹶起将校の鎮圧を主張していた統制派寄りの中島と、青年将校に同情的だった皇道派寄りの満井では、思想的に相容れないものがあったのだろう。

以来二人は犬猿の仲で、友清も調停に苦慮した。

「何とかして融合の道を講じたいと思っていたが、満井の中島除名要求の意志強鞏にして遂に功を奏しなかった。また柳川平助は天行居に於ける模範的信者たる人だと思う。然るに満井は柳川のボンクラと呼び、ツマラヌ男だと頑張っている。満井の一徹心も結構であるが、目的達成のため敵を作ってはならぬと説得してきた」（前記『思想月報』所収の友清の述懐）

けれど友清の説得も効果はなかった。幹事長を辞任した満井は、独立機関となった天関打開期成会に全精力を注ぐようになり、同年十一月、期成会の関連機関として修養道場大有義塾を開くと、年末には「霊感」により「根本的時局対策」を定めた。

神祇院を天皇直属として真の祭政一致を進め、神代の史実を明らかにして神国日本の惟神の大道を国内外に顕揚し、国家運営は「惟神経済」を軸とすべしというのがその概略で、そのために諸悪の根源である財閥の解体、都市と農村の経済格差の撤廃、宗教の統一などを提唱するとともに、日独伊の同盟枢軸を強化し、対英米戦に備えつつ、豊富な資源のある南方への進出を強行し、大東亜共栄圏を完成に導く――として、要路への建白を始めたのである。

講演や雑誌で神憑り的なアジテーションを展開

時局は開戦に向けて加速度的に緊迫の度を増していった。

英米断じて討つべしと叫ぶ満井は、各地で精力的に講演会を開き、雑誌にも「日本の保有する天佑と神助とを加算するならば、日本は全世界を相手として戦い抜き得る力を持つ」（「英米討滅は神の摂理」『実業の世界』昭和十五年九月）といった神憑り的なアジテーションを展開した。

昭和十六年に天関打開期成会から出版したパンフレットで、満井はこう訴えている。

「本当の敵は蒋政権の背後に魔の手を伸ばして排日侮日をあおって来た英米の謀略にあったのである。……英米を以て代表される、ユダヤ金権の魔の手は、日本の敵性を示して蒋政権に政治的、軍事的、経済的援助を与えた。単に通貨や資材を支那に入れたと云うだけではない。上海に於て日本紙幣の大量なる偽造により、日本の物資を支那に吸収して日本をして物資欠乏に陥れたと云うことだ。……日本が此のユダヤ陣営と最後の決戦の後、始めてユダヤの全陣営を屈服せしめて、以て彼等をして日本天皇を全世界天皇として拝せしむることは実に今回世界時局の眼目である」（『惟神経済の樹立を急げ!! 日本を救う道』）

偽造紙幣に関しては、日本陸軍が国家ぐるみで膨大な量の中国紙幣偽造を行い、中国を攪乱していたことが明らかになっている。麻薬の栽培・販売に関しても、関東軍および満州国が重要な資金源としており、東條英機らが管轄していたことや、三井財閥が関与していたことも分かっているが、こう

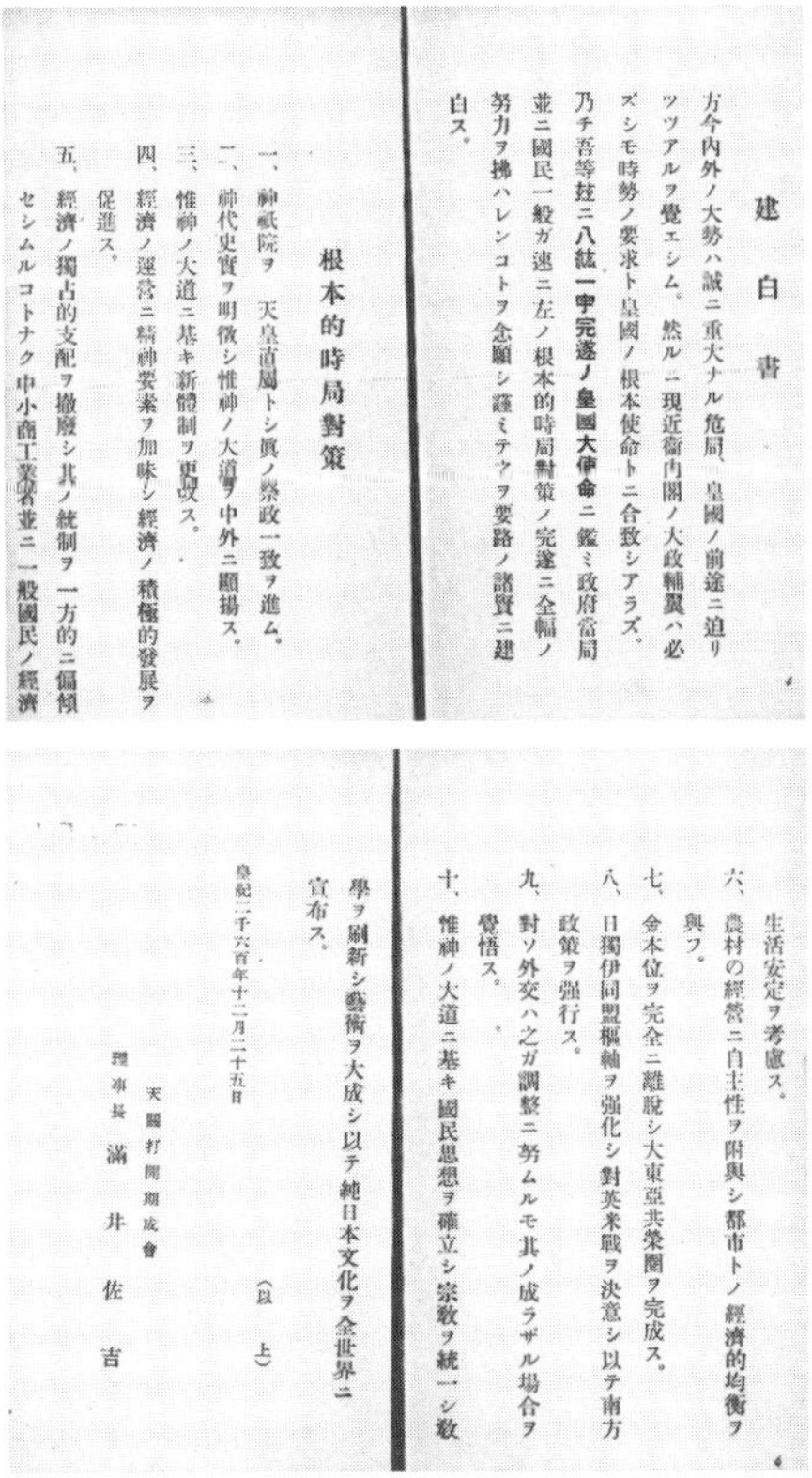

建白書

方今内外ノ大勢ハ誠ニ重大ナル危局、皇國ノ前途ニ迫リツツアルヲ覺エシム。然ルニ現近衞内閣ノ大政輔翼ハ必ズシモ時勢ノ要求ト皇國ノ根本使命トニ合致シアラズ。乃チ吾等茲ニ八紘一宇完遂ノ皇國大使命ニ鑑ミ政府當局並ニ國民一般ガ速ニ左ノ根本的時局對策ノ完遂ニ全幅ノ努力ヲ拂ハレンコトヲ念願シ謹ミテテヲ要路ノ諸賢ニ建白ス。

根本的時局對策

一、神祇院ヲ　天皇直屬トシ眞ノ祭政一致ヲ進ム。
二、神代史實ヲ明徴シ惟神ノ大道ヲ中外ニ顯揚ス。
三、惟神ノ大道ニ基キ新體制ヲ更改ス。
四、經濟ノ運營ニ精神要素ヲ加味シ經濟ノ積極的發展ヲ促進ス。
五、經濟ノ獨占的支配ヲ撤廢シ其ノ統制ヲ一方的ニ偏傾セシムルコトナク中小商工業者並ニ一般國民ノ經濟生活安定ヲ考慮ス。
六、農村の經營ニ自主性ヲ附與シ都市トノ經濟的均衡ヲ與フ。
七、金本位ヲ完全ニ離脱シ大東亞共榮圏ヲ完成ス。
八、日獨伊同盟樞軸ヲ強化シ對英米戰ヲ決意シ以テ南方政策ヲ強行ス。
九、對ソ外交ハ之ガ調整ニ努ムルモ其ノ成ラザル場合ヲ覺悟ス。
十、惟神ノ大道ニ基キ國民思想ヲ確立シ宗教ヲ統一シ敎學ヲ刷新シ藝術ヲ大成シ以テ純日本文化ヲ全世界ニ宣布ス。

（以上）

皇紀二千六百年十二月二十五日

天關打開期成會
理事長　滿井佐吉

天行居と距離を置いた満井は天関打開期成会の活動による注力するようになった。その思想と言動はより過激となっていった
（写真＝満井佐吉著『惟神経済の樹立を急げ!! 日本を救う道』国立国会図書館蔵より）

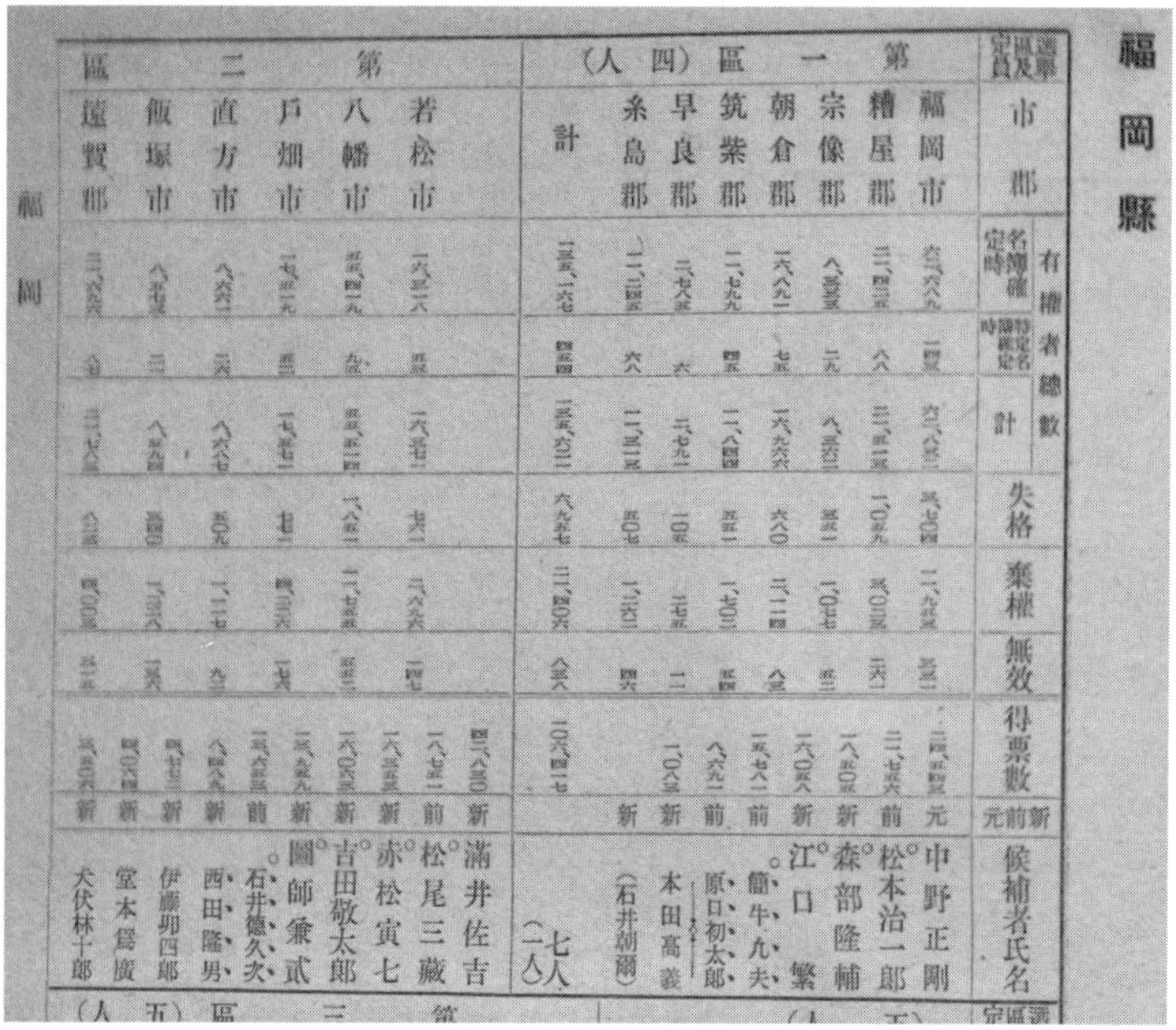

泡沫候補と言われながらも昭和17年の第21回衆議院議員選挙で圧倒的な得票数で当選した満井。だが、昭和21年2月、GHQによる公職追放を受けた（写真＝『衆議院議員総選挙一覧・第21回』国立国会図書館蔵）

した裏面は一切国民には知らされていない。愛国者を任ずる国民は疑うことなく政府の宣伝を受け入れて、日本を絶対的な「正義国」と信じ、右翼陣営も宣伝の片棒を担いできた。満井もまた、自覚することのないまま、そうした宣伝の一翼を担っていたのである。

　満井の活動範囲は、政界まで伸ばされた。日米開戦後、東條英機首相のもとで行われた昭和十七年の第二十一回衆議院議員総選挙――いわゆる翼賛選挙に、主宰する期成会から自身を含む三人の候補者を立て、政治分野への進出をはかったのである。

　当初、満井は泡沫候補の一人とみられていた。このときの選挙は、東條が独裁体制を敷くために自分のロボットとなる推薦候補を立て、臨時軍事費から選挙資金を提供するという常軌を逸した手法で行われたから、満井のように翼賛政治体制協議会からの推薦を受けずに出馬した非推薦候補者は、古くから地盤を守ってきた一部の候補者を除けば、まず当選の見込みはなかった。

東條による非推薦候補者への選挙妨害や暴力を含む陰湿ないやがらせも、半ば公然と行われ、選挙は当選者の八〇パーセントを推薦議員が占めるという異常な結果に終わった。ところが地元福岡二区から立候補した非推薦候補の満井は、四万二千八百三十票を獲得し、満井以外の当選者がいずれも一万票台以下という圧倒的な大差で当選を果たした。

満井の得票比率は日本一に達した。異例の当選を、彼は「明らかに神気の御発動による御加護」（『底力論』）だとみなし、ますます天関打開運動に力を注いだ。

この頃、満井は小泉太志とともに神行を実践するだけではなく、大本営や東條首相らに対し、神力の発動をもたらす霊剣による神法実践を求める手紙を送っている。小泉太志の伝記『三劫の帝王』（竹村碩峯）に、当時、満井が参謀本部や政府に送った手紙が収載されている。一部を抜粋する。

「神人一体即応、大神力の発動を祈る神鍵たる霊剣を、不肖満井佐吉及び、小泉太志、神界より戴きあり。『国定《くにさだ》』在銘日本刀に御剣の大神（フツノミタマ、フツシミタマ、草薙の三柱の大神）の神霊の宿らせ給いしものを、不肖満井佐吉宮内省に奉持し、去る七月二十日、畏くも九重の雲の上、いずの、大御前に奉献の儀許され、七月二十日その儀取り計らわれたり」

「至急左の如く国家的処置必要なりと認む。

第一、大本営内に霊剣奉振を採用すること
第二、内閣殊に神祇院に霊剣奉振を採用すること
第三、皇軍将校及び国民指導者に霊剣奉振を普及すること」

霊剣法の伝授については、満井および「神武参剣士・小泉太志命」が「教授指導申上げる用意がある」と、配布文書「一億布都《ふつ》の御剣を奉じて」に記している。霊剣法は神から授かったものだといい、剣禊、剣祓、剣清めから成り、修法者を「神人合一の境地」に導くと小泉は書いている（「稜威八方鎮剣」昭和十五年）。

実際、満井自身、各地で霊剣を奉じて祈願・神行を実践しており、その験あって空襲を防いだり、神風や雨雪を呼んだとも主張していた。たとえばこうだ。

「去る（昭和十九年）八月二十までに北九州、八幡市地方五回に亘り敵機の空襲を受く、依って不肖満井、八月二十七日より九月二日夜に亘り、八幡、小倉、門司、下関に於て霊剣にて敵の空襲企図を断滅する大祈願をなせり。爾来今日に至るまで他地方には敵機来襲するも、八幡市を中心とする地域には敵機の来襲なし……」（満井の引用文は漢字カナをかなに改めた）

けれども、太平洋戦争は無惨な敗戦に終わった。

戦後の昭和二十年秋、満井は門司市で正義自由党を結成するが、翌年二月、ＧＨＱによる公職追放を受け、正義自由党も解散した。逝去は昭和四十二年。戦後の活動は知れない。

第三章　二・二六事件と天皇信仰

相沢三郎……あいざわ　さぶろう

天皇を「信仰」し、「神示」によって上官を斬った陸軍中佐

純粋一途に天皇を「信仰」した軍人

昭和十一年の二・二六事件は、その後の日本を決定づける歴史の分岐点となった事件として、特別に重大な意味を持つ。幕僚と呼ばれた軍官僚（統制派）が、事件を契機に軍部を完全に掌握し、ほどなく政治の実権まで握って日本を破滅の道へと導くことになったからである。

二・二六事件の背景には、農民や都市労働者の深刻な困窮、政党政治の迷走と政官界汚職事件の頻発、大正期から続くデモクラシーの潮流、左翼運動の進展など、さまざまな要因が複雑に絡みあっているが、直接的な引き金になったのは、事件前年の相沢中佐事件だ。

昭和十年八月十二日午前九時三十分、陸軍中佐・相沢三郎は、断固たる決意を秘めて東京三宅坂の陸軍省の門をくぐった。台湾への定期異動が決まっていたので、相沢は最初に山岡重厚《やまおかしげあつ》中将に転任の

挨拶をし、その後、目的である永田《ながた》鉄山《てつざん》軍務局長（少将）の執務室を訪ねた。

軍務局長は陸軍将校の実質的指導者で、実権は陸軍次官より大きい。とりわけ永田は陸軍きっての切れ者として知れ渡っており、これからは永田の時代になると見られていたが、国家改造運動を志向する皇道派の青年将校たちは、永田に代表される幕僚ら統制派を、天皇の軍隊に巣くう獅子身中の虫とみなして激しく嫌悪していた。

昭和10年8月12日、陸軍省で永田鉄山軍務局長を白昼堂々斬殺した相沢三郎。彼は純粋一途に天皇を信仰した軍人だった（写真＝国立国会図書館蔵）

その永田の執務室前でマントを脱ぎ、手にしていたトランクを置くと、相沢は佩用の軍刀を抜き、無言でドアを開けた。中には永田のほか、兵務課長と東京憲兵隊長がいた。

相沢に目をやった永田は、異変を察して弾かれたように椅子から立ちあがった。「天誅」と叫んで斬りかかろうとする永田を見て、部屋にいた憲兵隊長がとっさに永田を庇ったため、相沢の軍刀が彼の上腕骨に食い込んだ。

逃げようとする永田の背に向けて、相沢は軍刀を振り下ろし、右肩に第一の傷を負わせた。斬られながらも隣の軍事課長室に逃げこもうとして、永田がドアノブを握った。その背部から、相沢が渾身の力をこめて軍刀を突き刺した。このとき左手を刃に添えて刺突したため、親指を除く相沢の四本指が、骨まで達する深さでざっくりと切れた。隣室には、後に首相となる福田赳夫《ふくだたけお》が、陸軍担当主計官として執務していた。

刺された永田はその場に倒れた。けれどなおも気丈に起きあがり、よろめきながら応接用円机付近まで進んだが、そこで力尽きて仰向けにどっと倒れた。永田を追った相沢が、こめかみ目がけて三の太刀を振り下ろし、止めの一刀を喉に突き刺した。致命傷となった刺突傷は深さ十三センチ、こめかみの傷は長さ十五・五、深さ四・五センチに達し、ほどなく永田は失血死した。二・二六事件の直接的な引き金となった、世にいう相沢事件である。

この殺人事件を、相沢は刑死の瞬間に至るまで、国法を超越した神命にもとづく正義の行動と確信していた。天皇絶対の教育は、軍人教育のイロハのイだが、相沢ほど純粋一途に天皇を「信仰」した軍人は多くはない。彼は何を考え、何を目指して事件を起こしたのか。その軌跡を追っていこう。

「それは天皇の御為になるか、ならないか」

相沢三郎は明治二十二年九月六日、宮城県仙台市に生まれた。旧仙台藩士で、維新後は裁判所書記などを勤めた父・相沢兵之助は、息子に幼い頃から徹底した尊皇教育を叩きこんだ。

陸軍幼年学校、陸軍士官学校を経て仙台の歩兵第四連隊配属となったのは明治四十三年。軍隊では主に兵士の体育教育を掌り、陸軍戸山学校や士官学校の教官として兵士を鍛え上げた。六尺（約一・八メートル）近い巨漢の相沢は、古武士の風格をもつ無類の剣道の達人として畏敬される存在であり、また純朴な尊

東京朝日新聞

永田陸軍々務局長
省内で兇刃に倒る
犯人は某隊付中佐

陸相官邸の凝議

不統制の責を負ひ
陸相進退を考慮
教育総監と協議後表明

秋雲に咲く花

永田局長襲撃の
犯人は相澤(三郎)中佐
巷説妄信の兇行

「相沢事件」を報じる当時の新聞記事。この事件が二・二六事件の直接の引き金となった

昭和9年に軍務局長に就任し、統制派の中心人物となった永田鉄山。彼にとって急進的な皇道派は、最大の障害物だった
（写真＝国立国会図書館蔵）

皇家として、青年将校らに感銘を与える存在でもあった。

　この間、自身の心身の鍛錬もたゆまず続けたが、とくに精神の鍛錬では仙台・輪王寺の福定無外《ふくさだむがい》和尚に師事して二年間参禅を続け、大正六年五月末からは軍人のまま東北帝国大学総長・北条時敬《ほうじょうときゆき》の書生となって薫陶を受けた。目的は「尊皇絶対」の体得であり、無外和尚と北条時敬のもとで「自我を去って御国に奉公せなければならないという信念を深く養成せられ」たと、逮捕後、取り調べにあたった予審官に語っている。

　昭和維新への思いが鞏固になっていったのは、陸軍大尉・大岸頼好《おおぎしよりよし》（本章四節で詳述）の導きで昭和維新を志向する少壮軍人らと出会って以降のことだ。その中には、後に二・二六事件を起こすことなる青年将校のほか、元陸軍少尉で昭和維新運動屈指のオルガナイザーとして知られた西田税《にしだみつぎ》や、そのボスである北一輝《きたいっき》らも含まれている。

　昭和六年以降、相沢は上京のたびに彼らから日本の現状や軍中央の腐敗について情報を得、軍を私物化する統制派軍閥の弊害に激しい義憤を募らせた。

直情径行の相沢の判断基準は、「それは天皇の御為になるか、ならないか」であり、この当時、彼の「尊皇絶対」信仰は、すでに不動のものとなっていた。逮捕後の第一回公判（於第一師団司令部内法廷）で、相沢はこう陳述している。

「天皇は天地創造の大神の身代わりであらせられる。万世一系天壌無窮であることは当然の原理である。大御心の不易であることを考えると、大宇宙の本源は陛下の御実体であらせられる。大君は古今東西、過去現在未来にわたって絶対である」

この主張は、公判を通じて一貫していた。世界人類は、残らず「大宇宙の本源」である天皇の「大御心」にそって「進化発展」していかねばならないと相沢は主張した。

昭和維新を志向する革新的な青年将校らから信奉された、昭和維新運動屈指のオルガナイザー西田税

皇道派青年将校の理論的支柱であり、ボスであった北一輝。西田や北らとの交流を通して、相沢の昭和維新への思いは固まっていった

「（明治天皇の）大御心を拝察すれば、億兆心を一つにせねば朕の罪であると申され、また四海同胞とも申されてあります。しかし四海には、まだ大御心が達していない。現在の社会は資本主義、共産主義、無神論などが跋扈して行き詰まっている」（第四回公判）

それは皇国日本も同じだ。臣民は現人神天皇の心を離れて、私利私欲に狂奔している。この大国難を解決するには、自由民権や資本主義など誤った主義主張に支配されている社会の現況を革新する以外にない。それが昭和維新の目的であるとして、こう述べる。

「要するに天の岩戸を覗く（岩戸を開いて中の神を外に出す準備をするの意）ものは、迷信的な権力、財力を（天皇に）返上することで、これが昭和維新である」（第四回公判陳述）

この「財力返上」は、一部青年将校と同じく相沢も私淑して出入りしていた北一輝の思想であり、二・二六蹶起将校の新国家の目標のひとつでもあった。財界と結んでいる（と彼らが見做していた）永田排除は、国家革新に欠かすことのできない階梯のひとつとされていた。

だから北一輝は、相沢が永田を討ったという報を知って「永田がやられた。お祝いだ」と歓喜し、そのころナマモノ断ちをして精進料理生活をしていたにもかかわらず、「今日は特別だ。おっかちゃん、若殿（養子の大輝）たちに料理を出せよ」といって寿司をふるまったと、門下の辻田虎之助《つじたとらのすけ》が語っている（拙著『魔王と呼ばれた男　北一輝』）

ただし北一輝自身は、天皇を「天地創造の大神の身代わり」とも「大宇宙の本源」とも考えていなかった。幕僚と同様、北の本心も天皇の利用にあったが、北の考える国家革新論と統制派のそれとが異なっていたため、皇道派と組んだにすぎない。相沢らには、それが見えていない。

「二・二六事件」の背景にあった天皇信仰がもたらした悲劇

革命を指向した北と異なり、統制派は体制を保守するために天皇を利用した。明治維新の志士たちが天皇を、力は何もないが地位だけは最高位の「玉《ぎょく》」、〝神輿の中の物言わぬ御神体〟として利用することで明治国家を築きあげたように、幕僚たちも、天皇の威光を徹底的に利用することで軍隊の統制・運用を図り（戦時中は統制の対象が全国民まで及んだ）、権益の拡大を図った。

日本の軍隊組織は、天皇を「玉」として利用する統治者側と、彼らに利用される被統治者側の二重構造で成り立っている。

統治される側は、天皇に帰依することで統治者側にとって使い勝手のよい手駒になることを受け入れる者と、天皇と自分たちのあいだを塞ぐ壁である統治者側を倒し、天皇と一体となることをめざす革新派に二分される。この天皇との一体化を指向したのが皇道派であり、「玉」使いの代表が統制派といってよい。高橋正衛《たかはしまさえ》が、両者の関係を簡潔にまとめている。

「明治維新以降、日本が近代化し、資本主義を達成して『富国』を実現していくには、事物や人が合理的操作を受け入れ、世俗化していかねばならない。官僚・経済人などとともに軍人も軍官僚として……その一翼を担う。この軍人たちは、（一）陸軍大学校（陸大）出身の幕僚とよばれた人たちである（統制派）。他方、（二）『強兵』の軍隊を創建し、持続していくには、死ぬことがわかっている命令にも絶対服従する非合理的世界の極致が根基となる。それは絶対者（天皇）に帰依し、自己をそれに吸収し、一人一人が自己と絶対者との同一性の信仰により成り立つ（皇道派）。日本の軍隊は、この二面性が絶対的要請として固く結ばれていた。同じ軍人が地位・職責の異同に応じて、（一）と（二）の間を往復し、時にどちらかに重点をおく。そして、大将・中将という軍部の高官になるほど、この二面性の矛盾が露呈していく」（「二・二六事件」『国史大辞典』カッコ内も高橋）

統治する側には、組織を維持・発展させていくのに必要な合理的・理知的判断が要求される。そこで幕僚候補は、エリート育成機関である陸軍大学（陸大）で資質と能力に磨きをかけ、さらに篩いにかけられた者たちだけが軍官僚になっていく（陸大卒のすべてが幕僚になるのではない）。

陸大は、誰もが入れるところではない。陸軍士官学校（陸士）を卒業して各地の部隊で軍務についている士官（昭和十二年以後は尉官と呼称変更）のうち、連隊長など所属長に優秀者として認められ、推薦を受けた者だけが受験資格者となる。所属長の推薦を受けても、試験に落ちれば陸大には入れない。だから受験前の数年間、彼らは猛烈な受験勉強に明け暮れる。「陸士卒業者の陸大への入校率は一〇パーセント弱」（波多野澄雄『幕僚たちの真珠湾』）といわれるほどの難関であり、陸軍のエリート中のエリートが、陸大卒なのである。

一方、下士官を含む兵士には、合理的・理性的な判断力は要求されない。要求されないどころか、不要なものとして排除される。軍隊に必要なのは、いかに非合理な命令であっても、上に絶対服従する強兵であって、考えたり判断したりするのは、常に上長だからである。

そこで彼らには、教育・洗脳の徹底がはかられる。何を叩きこむのか。それ自体非合理のかたまりである現人神天皇信仰なのである。

この信仰は、長年の教育によって染みこまされる。祖父母や親兄弟、学者、宗教指導者、学校の教官らは、口をそろえて「天皇は神だ」と教え、上官らは拳で叩きこんでくる。その過程で、天皇は神だという神話を受け入れる者もいるが（陸大出の幕僚も本心は別として神話は受け入れていた）、容易に受け入れられない者もいる。彼も「天皇は神だ」と信じなければならないと思ってはいる。けれども、信じなければと考える自分と、信じられない自分が心の中にいる。下士官が純で真面目であればあるほど、その間に深い煩悶・葛藤がある。

この状態を乗り超えて、天皇信仰を血肉にまでもっていった者に共通して見られる心理情況が、高橋正衛のいう「同一性の信仰」――天皇という絶対者の中に自分をまるごと投げ込み、幻想としての理想の天皇像をつくりあげ、自分はその天皇の赤子、天皇と同じ祖神からきた魂の分かれであり、自分は天皇とともに、天皇の御為に生きていると信じこむことなのである。

相沢三郎は、そのようにして精神を形成してきた。蹶起した青年将校の多くも同じだった。一方、相沢が斬った永田鉄山は、合理的・理性的な判断ができる幕僚中の幕僚だった。

つまりこの事件は、たんなる軍閥同士の権力争いといったものではなく、背景に、天皇信仰そのものがもたらした構造的な悲劇が内在していたのである。そのことは、本項の相沢三郎や次項の磯部浅《いそべあさ》一《いち》の行跡・思想によって明らかになるだろう。

四大財閥を「決定的に全支配権を独占」する「国運進展の癌」と糾弾

天皇を自己と同一化した軍人の一人に、第二章で書いた満井佐吉（陸軍歩兵中佐）がいる。「世界建て替えの暁に於ては、全世界が、日本を中心として真に八紘一宇の世界となり、世界全人類が、日本の皇室の御稜威《みいつ》の下に、真の平和と幸福とを享受することが出来るようになる」と固く信じ、天関打開期成会をリードして「霊的国防」のために動きまわった、あの満井だ。

相沢事件の後、満井は相沢の特別弁護人となって、弁護後の軍人生活における不利益を省みず、裁判を通じて統制派軍閥による権力私物化の非を徹底的に訴えた。

彼が法廷に提出した「証人申請書」の添付別紙には、財閥による日本の富の私物化について、当時、昭和維新を志向した軍人たちがどのように考えていたかが端的に表現されている。

まず農民の窮乏について、満井は明治三十年と昭和八年の米および繭の産額を比較する。

昭和八年時、米は明治三十年の約二・三倍の増産、繭は五倍の増産になっており、本来なら多少なりとも農民の生活が楽になっていなければならない。にもかかわらず、農村全体の負債は明治三十年の一億五千万円から昭和八年には六十億円にまで膨れあがり、「農家の大部分は今やまさに死線を越えて」いる。他方、資本家の蓄財は正反対で、明治三十年に四億円だった銀行預金が、昭和八年には百二十億円と爆発的に増大していることを、数字をもって実証する。

中でも異常なほどの富の集中が行われているのは三井・三菱・安田・住友の四大財閥で、わが国の全銀行の総資本額二百十八億七千九百六十六万円のうち、四大財閥系銀行の資本額は百三十四億七千七十万円。実に全体の約六一％を占めて「決定的に全支配権を独占」しており、「国運進展の癌」になっているというのだ。

問題は、この独占資本が政官界を金力によって動かしているだけではなく、軍部（とりわけ統制派）にまで深く浸透している点にある。さすがに満井は軍人という立場を弁えて内情まで暴露することは差し控えているが、幕僚らに膨大な鼻薬がばらまかれ、将官クラスともなると、豪邸まで提供されてきたことは隠れもない事実だった。

その実態の一部を、海軍少将の真崎勝次《まさきかつじ》が戦後に漏らしている。

海軍少将・真崎勝次。兄は皇道派の頭目の一人・甚三郎

「軍閥の背後にも常に（財閥の）金の魔の手が動いて居る。……軍務局あたりの若い中堅分子や派遣軍の参謀等は、大抵最初にこの手に乗って居る。彼等は赤坂辺や出先の花柳界に連れ出され、有頂天になって豪語する。……天上天下唯我独尊でめでたくなって居る間に子供も出来たり、関係も深くなり、二号三号も出来、借金も多くなるという訳で、抜き差しならなくなると、思想も信念も軍の秘密もなくなり、巧みに金持ちに操縦されて、態よき捕虜となる」（『亡国の回想』）

軍務局には海軍省に属する海軍軍務局と、陸軍省に属する陸軍軍務局があるが、いずれも軍政に関与する

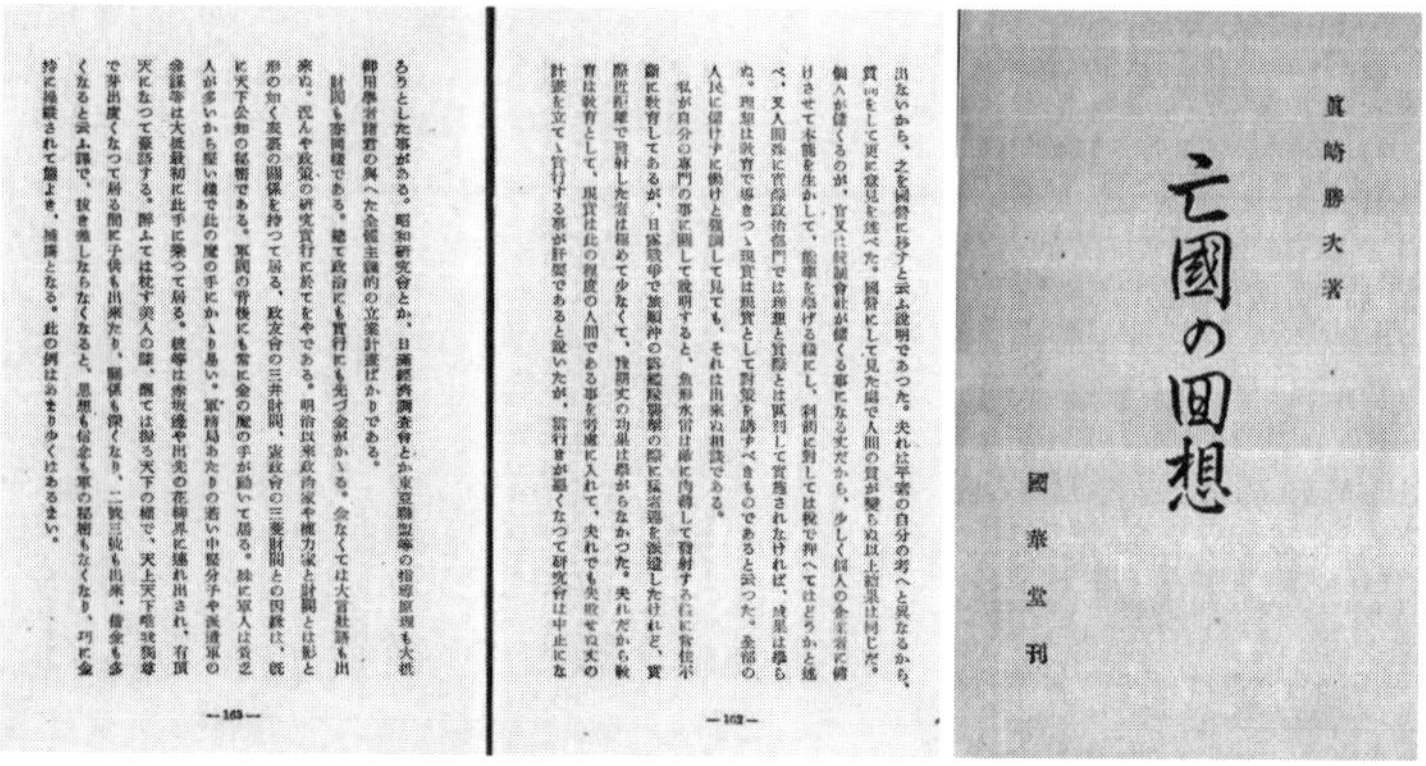

真崎は自著『亡国の回想』で、財閥の金力が軍部にまで深く浸透していた様を指摘している

中枢組織として絶大な権力を保持している。幕僚の一大拠点が、この軍務局だ。それゆえ財閥は、真崎勝次が漏らしたように、軍務局の局員に狙いをつけて籠絡しようとする。

財閥だけではない。財閥と一蓮托生の関係にあった政官界も、軍務局に手を伸ばした。これについては、相沢が永田刺殺前に挨拶に行った山岡重厚《やまおかしげあつ》中将が、手記でこう書いている。

「永田を殺した理由は、教育総監の問題で（相沢が）憤慨したと世間ではいっているが、それだけではないらしい。……（永田が）野心家の集まりと見られる『朝飯会』に関係していたことだ。

『朝飯会』というのは、原田熊雄《はらだくまお》（西園寺公の秘書）や、木戸幸一、後藤文夫、伊沢多喜男《いさわたきお》らが親分株で、その他……貴族院議員や内務官僚らが会合していた。目的はこれらの内務、大蔵畑の官僚は帝大出の優秀者であるが、政党内閣の下では、いくら経っても大臣になれない。県知事や事務次官までいくのがせいぜいであり、政党人の下で働くだけで政治的進出ができない。今政党の力が落目にあるから、この機会に軍部の有力者を一人でも仲間に入れて、軍の力を利用して、若手官僚の政治的進出を図りたいというところに狙いがあったらしい。……軍務局長の永田が（朝飯会に）引張り込まれたのだ。……これに対しかねがねこの連中の動きを快く思っていなかった西田税や北一輝らが相沢中佐にいいふくめたらしい」（「私の軍閥観」、菅原裕『相沢中佐事件の真相』所収）

朝飯会は財閥をバックとした重臣・政党・官僚らのグループで、事実軍中枢への働きかけを行っていた。青年将校らは、永田が朝飯会の一員になっているのは、彼の持論である統制国家を彼らとの提携によって合法的に実現しようとしているためだと見做し、相沢もこの見方に同調していた。

永田の側から見ると、急進的な昭和維新を主張する皇道派は、軍や国家の秩序を破壊する攪乱者以外の何ものでもなく、三月事件から引き続いてテロの対象にされてきた財閥にとっても、皇道派は是が非でも排除したい危険分子だ。この点で統制派と財閥の利害は一致していた。

相沢裁判で、満井佐吉は以下のように言い切っている。

「故永田閣下の目標とするところは、恐らくは修正的に統制経済を実現せんとするに在ったと信じます。然れども統制の実権は、実際に於て財閥団の手中に握らるるも敢えて問わざるものの如くでありました。かくの如きは実質に於て財閥の独占的支配力を強化するものであって、却って国民生活を萎縮し、国防の不安を増大するものであると思います」

国家総動員思想にもとづく永田の統制経済・統制国家プランは、愚直で思想性というものの持ち合わせがない東條英機によって、わずか数年後に実現される。満井が危惧したとおりの国家総動員体制が出来《しゅったい》するのである。

面会した永田に相沢は訴えた――「なにとぞ自決されたがよろしかろうと思います」

永田ら軍閥が構想している統制国家ほど、天皇をないがしろにするものはない。彼らは統帥権を楯に国家の私物化に突き進んでいる――相沢の憂国の思いは、日増しに増大した。

そんなさなかの昭和九年十一月、昭和維新の志を同じくする村中孝次《むらなかたかじ》と磯部浅一（後の二・二六事件リーダー、磯部については次節参照）が、免官となって陸軍から放逐された（士官学校事件）。クーデターを計画したというのが理由だが、実際は統制派に属する辻政信らがでっちあげた完全な謀略だということが、すぐに明らかになっている。この謀略事件の背後にいるのは永田だと青年将校らは確信した。さらに昭和十年になると、皇道派が首領と仰ぐ真崎甚三郎教育総監が、これまた統制派の使い走りとなっていた林銑十郎陸相らの策謀によって罷免された。

もはや猶予はならない。昭和十年七月、相沢は永田を直諫するために福山から上京し、面会して「なにとぞ自決されたがよろしかろうと思います」と訴えた。

このときには、まだ手にかけるという考えはなかった。永田が反省して、権力の座から退くといってくれさえすればいいと考えていたから、「自決とはどういうことか」という永田の問いに、「早速辞職しなさい」と答え、軍務局長は任に非ずと訴えた。

応対は丁寧だったが、永田が非を認めることはなかった。「この次の機会に会って話すか、または手紙で往復して話をしよう」という永田の言葉を最後に、相沢は軍務局長室から辞去した。

人間永田に対する悪感情は沸かなかった。相沢からじかに話を聞いた末松太平によれば、相沢が永田から受けた印象は「必ずしも悪くはなかったようである。温和な、親しみのある人と思ったとも、相沢中佐はいっている」(『私の昭和史』)。

けれどもその一方で、「永田という人は、以前から考えていた通り薄っぺらな人」、「所詮『尊皇絶対』のわからぬ人、責任を徹底的に回避する人」だとも述懐したという。

軍官僚として現実世界の中で軍政を動かしている永田に、相沢がいうような「尊皇絶対」という神憑り思考がなかったのは当然だが、軍人たるもの、すべからく尊皇絶対を捧持すべしと考える相沢にとって、永田は天皇の股肱たるべき軍人に値しない者と映った。

第三回公判で、相沢はこう弁じている。

「尊皇絶対は……宗教ではなくて、天皇の信仰である。あらゆるものは尊皇絶対でなければならぬ。(すべての日本国民は)幾分でも懺悔し、天皇の赤子に立ち還れ」

福山にもどった相沢は、もはや斬るしかないと最後の肚を決めた。第十一回公判から新たな弁護人となった菅原裕《すがわらゆたか》と角岡知良《すみおかともよし》に、相沢はこう打ち明けている。

「毎朝誰にも知らせずに芦田川の突堤に馬を馳って、祈りを捧げました。真の決意は実はそのときできたのであります」

八月十日に福山を発った相沢は、まず大阪に入り、かつて直属の上司だった東久邇宮稔彦王《ひがしくにのみやなるひこ》(当時第四師団長)に台湾異動の挨拶をし、宇治山田に一泊した。翌朝、おりから接近中の台風がもたらす猛烈な風雨をついて伊勢神宮に参拝し、玉砂利に額づいて祈ると、ただちに東京行きの電車に飛び乗った。以後の列車は台風のためすべて運休になっている。

列車は夜九時に品川駅に着いた。その足で明治神宮に詣でて明治天皇に祈りを捧げ、その夜は西田税宅に泊まり、翌十二日朝、西田が留守の間に家を出、円タクをひろって陸軍省に向かった。

西田は前夜、蒲団の上にあぐらをかき、抜いた軍刀の刃をじっと凝視している相沢の姿を目撃している。かくして冒頭の凶行へと至るのである。

犯行後、取り調べにあたった小坂特高主任が永田殺人の現行犯として訊問をおこなうと告げると、相沢は「永田ごとき者を殺しはせん」と否定し、こんなやりとりがあったという（小坂慶助『特高』）。

「伊勢神宮の神示に依って、天誅が下ったのだ。（永田の死は）俺の知った事ではない」

「たとえ伊勢神宮の神示であっても、直接手を下したのは貴官です。それを聞いているのです」

「伊勢の大神が、相沢の身体を一時借りて、天誅を下し給うたので、俺の責任ではない」

「伊勢神宮の神示というが、その神示は、何日、何処で、どんなふうにあったのか具体的に話してもらいたい」

「一言では言い尽くせない。また、いっても理解ができないと思う。……熟慮に熟慮を重ね、絶対の境地に立って決行したのである。絶対の境地すなわち神示である……」

統制派軍閥は天皇にとっての「最大最悪の敵」

小坂は調書に「精神鑑定の要」と記している。狂気下での犯行と推定したのだが、相沢の精神が正常に働いていたことは、その後の予審や公判における陳述などに明らかだ。

手を下したのは自分だが、天誅を下したのは神だ――相沢はそう確信していた。第三回公判で決行前に偕行社で彼が書いた信書について、何か申し述べることがあるかと法務官に問われたとき、相沢が「何だか自分が神に近づいたような気がして何もいうことはありません」と答えたのは、決行を決意したとき、自分が真に天皇すなわち神に近づいたという感覚を覚え、天皇の祖神である天照大神と一体となってこの挙に出たという神秘的な感慨を述べたのである。

相沢から見た統制派軍閥は、天皇の名と権威を借りて私利私欲を図る通俗の権化、天皇の最大最悪の敵以外の何ものでもなかった。その中枢にいると見做した永田を、相沢は「悪魔の総司令」ともいっている。

確かに統制派は、天皇を絶対不可侵の高みに持ち上げ、九重の奥深くに隠すことで国民と天皇の間を遮断し、間に立つ自分たちの統治の道具として利用することを志向した。

他方、皇道派は、天皇を利用するという発想そのものを唾棄し、天皇を文字通りの現人神とみなして、現人神と人間（日本国民）とを直接つなぐ祭政一致の体制が実現することを夢見た。

こんな将棋盤を想像してほしい。統制派が見ている盤面には、天皇である「玉」を囲んで、飛車角や金銀香桂歩という働きの異なる駒が並んでいる。それらの駒を動かすのは玉ではない。なぜなら玉は、明治以降「物言わぬ」ように徹底教育され（これが帝王学の中身だ）、無力化されてきたからだ。将棋は、重臣や軍部や政財界など他の駒の動きによって展開する。統制派は、この将棋の唯一の指し手たらんとして動き、ほどなく東條軍閥政権によってそれを実現することとなる。

一方、皇道派が見ていた盤面には、「玉」と「歩」しかなかった。歩が一致団結して玉を守り、玉による世界経綸を扶翼する。玉から見れば、飛車角も金銀もない。あるのは一視同仁の歩のみでなければならない。その歩が、それぞれの持ち場持ち場で各自がなすべき仕事をし、忠義を尽くして玉を扶翼する。指し手はいうまでもなく玉それ自身（天皇親政）だ。これが天孫降臨以来の日本の正しい道であり、これ以外の在り方は、すべて間違っている――。

同じ将棋のように見えても、統制派と皇道派の将棋には、氷炭相容れない違いがあった。けれどもひるがえって考えると、どちらも〝人間〟天皇を否定し、天皇を人間世界から疎外した点において変わりはなかった。

接見の弁護人に、相沢はこう訴えている。

「陛下はまことにお痛わしくいらせられます。段々御人格の方を持ち上げ奉り、機関説を実行し、御上は次第に小さくお成り遊ばされます。このままの状態で進めば神様が高天原にお還りになることになりはせぬかと怖れます」

これは「天皇は人間であってはならない」「天皇は神でなければならない」という意味だ。統制派・皇道派ともども、立憲君主制を志向し、天皇機関説でよいではないかと側近に語っていた昭和天皇の考えとは真逆になっている。ここに戦前の昭和天皇の悲劇があり、日本の不幸があった。

この相沢事件の公判さなか、昭和十一年の二・二六事件が勃発し、皇道派が壊滅する。

越えて翌十二年七月三日午前四時三十五分、相沢死刑囚は、獄中で最後の書を認めた。文字は「尊皇絶対」。同四十分から四十五分まで、差入れの仏像を前に観音経を誦み、同四十八分、出房。監獄長

東京朝日新聞　昭和十一年七月二日（木曜日）

永田事件に最後斷罪

相澤中佐の上告棄却
近く死刑執行に決る
高等軍法會議判決

相澤三郎中佐

陸軍省一日午後七時公表

一、元歩兵中佐相澤三郎の永田中將殺害事件に關する上告公判は豫て陸軍高等軍法會議に於て審理中の處去る六月二十三日第一回公判を開廷、其の弁論は公開を停め角岡及び菅原兩弁護人より上告趣意の陳述あり次いで同月三十日上告の趣意は理由なきものとして上告棄却の判決言渡ありたり
二、以上の如く原判決の確定を見たるを以て右被告人は失官し近く其の刑の執行ある筈

刑執行の關係法規

子供を立派に教育
相澤夫人・決心を語る

獄中・覺悟の中佐

臨休で對抗
立教當局スト解消の作戰
試験は九月に延期

「日本に

相沢の死刑決定を報じる当時の新聞記事（東京朝日新聞・昭和11年7月2日付）。
この報道の翌日、相沢の死刑が執行された

に礼を述べ、医務室で最後の検診を受けたが、脈拍、呼吸、体温、血圧はすべて平常値だった。

処刑前、看守長から目隠しを促されたが、「やらないでください」といって拒絶した。困惑した看守長が、「射手のほうで困ります」というと、「そうでありますか」と素直に目隠しを受け入れ、午前五時、刑架の前で末期の水を飲むと、逍遙としてあの世に旅立った。

最後に、この死刑の意味するところを暗示する挿話をひとつ書いておかねばならない。不可解なことだが、新聞記者が相沢処刑の時日を知ったのは、軍部からではなく財界人からだった。軍閥はマスコミより先に、財閥側に情報をリークし続けていたのである

磯部浅一《いそべ　あさいち》

二・二六事件で昭和維新を夢見た青年将校

まつろわぬ者を撃つ心――天に代りて不義を撃つ心が――

「（相沢）中佐は頭が悪いと云う事を中央部の幕僚共が云って居りますが、不届きな暴言であると思い遺憾至極であります。吉田松陰の歌に『斯くすれば斯くなるものと知りながら止むに止まれぬ大和魂』と云うのがありますが、『斯くすれば斯くなるものと知りながら』と云う事は理智から出た処の頭のよさを示すもので、この俗智の境を超越した時に、『止むに止まれぬ大和魂』、即ちまつろわぬ者を撃つ心、天に代りて不義を撃つ心が生まれて来るのであります。この境地に進むには俗智の人ではできませぬ。余程透徹した頭のよい人でないと出来ないのであります。俗智小智でなく、小我小慾を離れた大智大我の人でなくては達せられぬのであります」（菅原裕《すがわらゆたか》『相沢中佐事件の真相』）

磯部浅一は相沢事件に関してこう述べ、「大智大我の人」である相沢中佐が、「俗智小智」の人、すなわち永田鉄山《ながたてつざん》を「天に代りて」撃ったのだというおのれの理解を表白している。磯部自身が、まさにこの相沢の心境に立脚して、二・二六事件を起したのである。

その二年前の昭和九年十一月、磯部は同志の村中孝次《むらなかたかじ》大尉（陸軍大学校学生）、片岡太郎《かたおかたろう》中尉（陸軍士官学校予科生徒隊付）、陸軍士官学校在学中の士官候補生五名とともに、クーデタ企図容疑で検挙された。十一月事件（士官学校事件ともいう）である。

作家・三島由紀夫が「二・二六事件の性格を象徴的に体現している」と評した軍人・磯部浅一

磯部とともに二・二六事件の原動力となった、
磯部の同志・村中孝次（写真＝国立国会図書館蔵）

陸軍当局は、村中、磯部らが中隊と戦車を率いて首相・斉藤実《さいとうまこと》、内大臣・牧野伸顕《まきののぶあき》、元老・西園《さいおん》寺公望《じきんもち》ら要人を襲撃する計画を立てていたので検挙し、軍法会議に付したと発表した。けれども実際には、村中・磯部らの皇道派将校を陸軍から排除するため、辻政信《つじまさのぶ》大尉（陸士生徒隊中隊長）が村中のもとにスパイを送り込み、「その頃の革新将校なら誰でも口にする月なみ的な」言辞（大谷敬二郎《おおたにけいじろう》『昭和憲兵史』）を村中から引き出した上で、片倉《かたくら》衷《ただし》少佐（参謀本部員）、塚本誠《つかもとまこと》大尉（憲兵司令部員）とともにクーデター計画としてフレームアップし、憲兵司令部に訴えたのである。

犯罪計画を立証するに足るものは何もなかった。それどころか、辻らがでっち上げた村中・磯部らのクーデター案と称するものには、二、三年も前に満州に転任して国内にいない士官や、村中らと接点のない無関係の士官が蹶起参加者として記されるなど、辻らの謀略を傍証する記述もあった。

当然ながら、軍法会議は証拠不十分で不起訴とした。けれども軍は、村中・磯部に停職（半年間復職できず、そのまま一年経てば自動的に予備役）、士官候補生らに退学という処分を下した。

村中らは辻、片倉、塚本を収監中から誣告《ぶこく》罪で訴え続けたが、陸軍は動かなかった。そこで業を煮

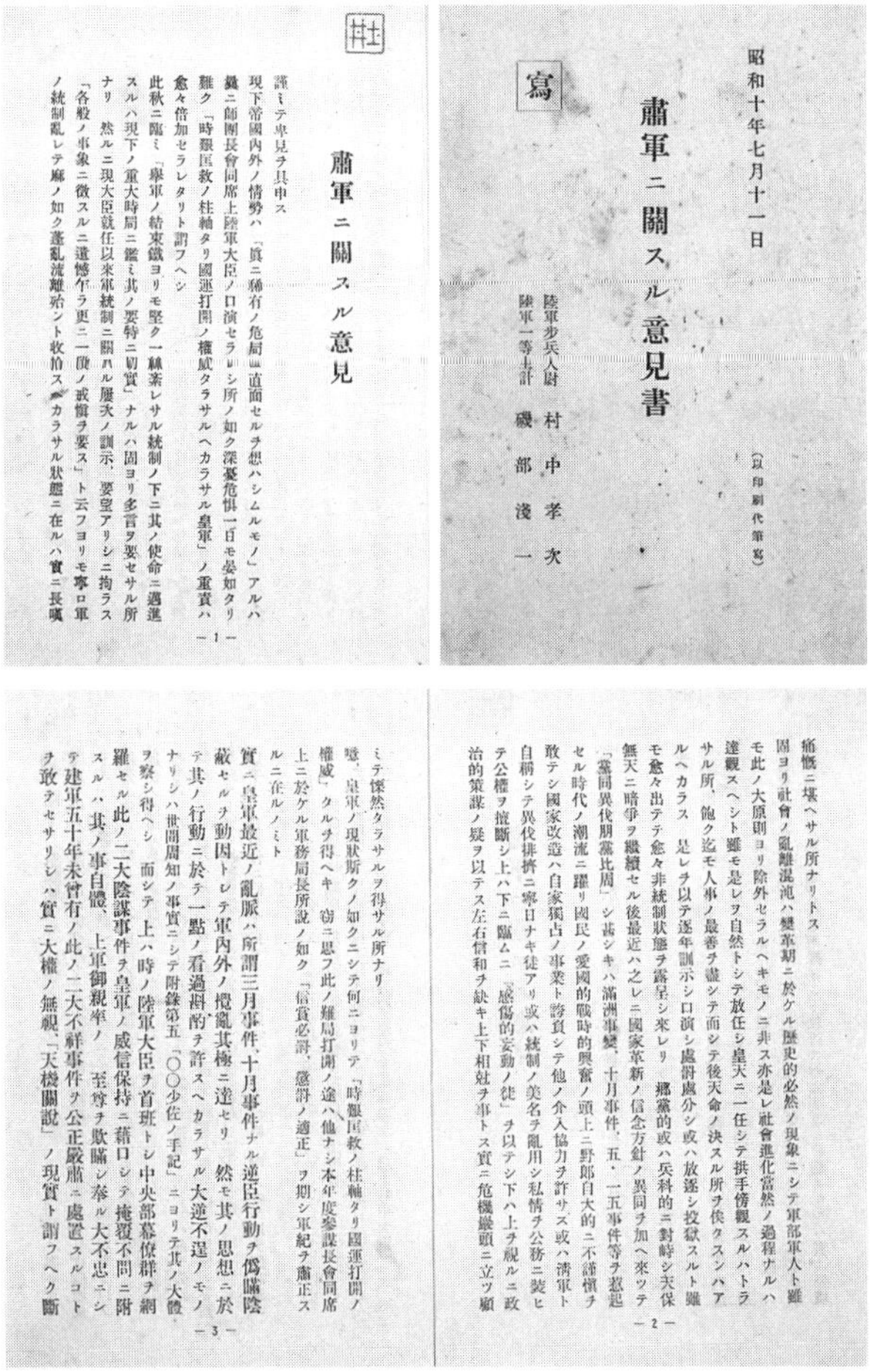

寫

昭和十年七月十一日

肅軍ニ關スル意見書

（以印刷代筆寫）

陸軍步兵大尉 村中孝次
陸軍一等主計 磯部淺一

肅軍ニ關スル意見

謹ミテ卑見ヲ具申ス
現下帝國內外ノ情勢ハ「眞ニ稀有ノ危局ニ直面セルヲ想ハシムルモノ」アルハ曩ニ師團長會同席上陸軍大臣ノ口演セラレシ所ノ如ク深憂危惧一日モ晏如タリ難ク「時艱匡救ノ柱軸タリ國運打開ノ權威タラサルヘカラサル皇軍」ノ重責ハ愈々倍加セラレタリト謂フヘシ
此秋ニ臨ミ「擧軍ノ結束鐵ヨリモ堅ク一糸紊レサル統制ノ下ニ其ノ使命ニ邁進スルハ現下ノ重大時局ニ鑑ミ其ノ要特ニ切實」ナルハ固ヨリ多言ヲ要セサル所ナリ　然ルニ現大臣就任以來軍統制ニ關ハル屢次ノ訓示、要望アリシニ拘ラス「各般ノ事象ニ徴スルニ遺憾乍ラ更ニ一段ノ戒愼ヲ要ス」ト云フヨリモ寧ロ軍ノ統制亂レテ麻ノ如ク蓬亂流離殆ント收拾ス～カラサル狀態ニ在ルハ實ニ長嘆

— 1 —

痛慨ニ堪ヘサル所ナリトス
固ヨリ社會ノ亂離混沌ハ變革期ニ於ケル歷史的必然ノ現象ニシテ軍部軍人ト雖モ此ノ大原則ヨリ除外セラルヘキモノニ非ス亦是レ社會進化當然ノ過程ナルハ達觀スヘシト雖モ是レヲ自然トシテ放任シ皇天ニ一任シテ拱手傍觀スルハトラサル所、飽ク迄モ人事ノ最善ヲ盡シテ而シテ後天命ノ決スル所ヲ俟クスンハアルヘカラス　是レヲ以テ逐年訓示シ口演シ處罰處分シ或ハ放逐シ投獄スルト雖モ愈々出テテ愈々非統制狀態ヲ露呈シ來レリ　擧黨的或ハ兵科的ニ對峙シ天保無天ニ暗爭ヲ繼續セル後最近ハ之レニ國家革新ノ信念方針ノ異同ヲ加ヘ來ッテ「黨同異伐朋黨比周」シ甚シキハ滿洲事變、十月事件、五・一五事件等ヲ惹起セル時代ノ潮流ニ躍リ國民ノ愛國的戰時的興奮ノ頭上ニ野郎自大的ニ不謹愼ヲ敢テシ國家改造ハ自家獨占ノ事業ト誇負シテ他ノ介入協力ヲ許サス或ハ清軍ト自稱シテ異伐排擠ニ寧日ナキ徒アリ或ハ統制ノ美名ヲ亂用シ私情ヲ公務ニ裝ヒテ公權ヲ擅斷シ上ハ下ニ臨ムニ「感傷的妄動ノ徒」ヲ以テシ下ハ上ヲ視ルニ政治的策謀ノ疑ヲ以テス左右信和ヲ缺キ上下相剋ヲ事トス實ニ危機巖頭ニ立ツ顧

— 2 —

ミテ慄然タラサルヲ得サル所ナリ
噫、皇軍ノ現狀斯クノ如クニシテ何ニヨリテ「時艱匡救ノ柱軸タリ國運打開ノ權威」タルヲ得ヘキ　竊ニ思フ此ノ難局打開ノ途ハ他ナシ本年度參謀長會同席上ニ於ケル軍務局長所說ノ如ク「信賞必罰、懲罰ノ適正」ヲ期シ軍紀ヲ肅正スルニ在ルノミト
實ニ皇軍最近ノ亂脈ハ所謂三月事件、十月事件ナル逆臣行動ヲ僞瞞陰蔽セルヲ動因トシテ軍內外ノ攪亂其極ニ達セリ　然モ其ノ思想ニ於テ其ノ行動ニ於テ一點ノ看過斟酌ヲ許スヘカラサル大逆不逞ノモノナリシハ世間周知ノ事實ニシテ附錄第五「〇〇少佐ノ手記」ニヨリテ其ノ大體ヲ察シ得ヘシ　而シテ上ハ時ノ陸軍大臣ヲ首班トシ中央部幕僚群ヲ網羅セル此ノ二大陰謀事件ヲ皇軍ノ威信保持ニ藉口シテ掩覆不問ニ附スルハ其ノ事自體、上軍御親率ノ　至尊ヲ欺瞞シ奉ル大不忠ニシテ建軍五十年未曾有ノ此ノ二大不祥事件ヲ公正嚴肅ニ處置スルコトヲ敢テセサリシハ實ニ大權ノ無視、「天機關說」ノ現實ト謂フヘク斷

— 3 —

磯部は、陸軍中枢の腐敗と隠匿情報を暴いたパンフレット
『粛軍に関する意見書』を発行して、全国にばらまいた。
意見書のあまりの反響の大きさに衝撃を受けた幕僚らは、
急ぎ回収を命じて鎮静化を図った（写真＝国立国会図書館蔵）

やした彼らは、過激な批判文書である『粛軍に関する意見書』を草して全軍にばらまいた。激怒した軍当局は、村中と磯部に免官処分を下し、陸軍から放逐したのである。

大谷敬二郎は「虎を野に放ってしまった」と書き、以後の二人について、こう描いている。
「この事件を契機として陸軍は大ゆれにゆれて、二・二六の破局に至るのであるが、その原動力は、村中と磯部であった。野に放たれた虎は青年将校を駆って、暴れに暴れた。相沢事件後、陸相の任についた川島大将は、彼らの懐柔策として、村中、磯部の外国留学を考え、山下少将その他の民間人を使って、彼らを打診したと伝えられていたが、時はすでに遅かった。すでに彼等は錚々たる革命の闘士となっていたのである」（大谷前掲書）
この十一月事件、それに続く皇道派の真崎《まざき》教育総監罷免問題、さらに前項で書いた相沢事件が、昭和九年の暮れから十年の暮れまで、連続して起こった。
これら一連の、皇道派と統制派による暗闘の止めとして二・二六事件は勃発したのである。

「陛下のおん為ならいつでも生命を捨てる覚悟だ」

明治三十八年四月一日、磯部浅一は山口県大津郡菱海村（現長門市）の、「部落では地位の最も低い水呑百姓」（須山幸雄《すやまゆきお》『二・二六事件　青春群像』）の三男として生を受けた。

父・仁三郎はわずかばかりの田畑を妻に任せ、自分は出稼ぎで家族を養った。浅一も小学二、三年の頃から畑仕事を手伝い、収穫した野菜を飯場で行商する母の手伝いをしながら育った。

大正七年、済美尋常高等小学校を主席で卒業した磯部は、職業軍人の道を志した。そのためにはまず広島の陸軍幼年学校に進学しなければならないが、貧窮にあえぐ磯部家に、幼年学校に支払わなければならない高額の月謝の工面などつくはずもなかった。

そんなとき、磯部の才能と人物を見込んだ山口県庁属官の松岡喜二郎《まつおかきじろう》が実質的な養父となって学費のめんどうを見てくれることとなり、彼は志望通り幼年学校に進学した。さらに東京市ヶ谷の陸軍士官学校予科に進み、卒業後は朝鮮・大邱の陸軍歩兵第八十連隊に配属された。

大正十三年十月には陸士本科に入学。二年後に卒業して原隊である歩兵第八十連隊に戻ると、忠清南道の大田邑の大田分屯隊に配属されたが、すでにこの頃から、その目はまっすぐ国家革新に向かっていた。当時の磯部を、後輩の大曲喜四郎《おおまがりきしろう》はこう述懐している。

「私が大田に行くと必ず料亭に連れて行き共に痛飲した。（磯部は）明治維新の志士を崇敬して、盛んに天下国家を論ずる。……皇国を樹て直すためには先ず君側の奸を除き、昭和維新を断行せねばならぬことを強調された力強い声は、今も耳の底に残っている」（須山前掲書）

なぜ革命なのか。「貧乏な国民に楽に飯が食える世の中にしてやりたい、俺はそのために革命をやるのだ」と周囲に語り、日本の実質的支配者となっている君側の奸――「元老、重臣、貴族、軍閥、政党、財閥」を必ず斃すと叫んでは、涙を流しながら天皇への切々たる思いを吐露し、「陛下のおん為ならいつでも生命を捨てる覚悟だ」と、口ぐせのようにくり返した。

気性は激しく、相撲も喧嘩も強かった。酔うと維新断行の演説をぶち、さらに酔うと軍刀を抜いて柱に切りつけたため、磯部の独身官舎の柱は傷だらけになっていた（同期の元陸軍中佐・横山忠男《よこやまただお》の証言）。長州の志士を深く崇敬していたが、維新後に日本を牛耳った長州閥のボスの山県有朋《やまがたありとも》は蛇蝎のように嫌い、陸士予科時代、山県の写真に豆腐をぶつけては、「この軍閥野郎」と罵った。

長州の志士を深く崇敬していた磯部だが、
長州閥のボス山県有朋だけは忌み嫌っていた
（写真＝国立国会図書館蔵）

昭和に入ると日本は激動の嵐に突入した。本土では三月事件（昭和六年三月）と十月事件（同年十月）が相次いで起こり、大陸では関東軍による満州事変（同年九月）が勃発した。

農民の困苦は極まっていたが、軍閥やそれと結んだ財閥は、自分たちの利権拡大に血道をあげて国家を顧みない。考え抜いた末、磯部は革新運動を志向する同志と連携するために日本にもどろうと決め、経理部への転科を願い出て、本土の陸軍経理学校に入校した。そして昭和八年の卒業後、糖尿病治療の名目で東京転勤を果たしたのである。

日本では東京の近衛歩兵第四連隊への転属となった。このときから、磯部は水を得た魚のように昭和維新のために動き出し、兄事する西田税《にしだみつぎ》、心酔する北一輝《きたいっき》とも足繁く面会して、「急進派の中心的存在」となっていった（菅波三郎《すがなみさぶろう》証言、須山前掲書）。

「革命とは暗殺を以て始まり暗殺を以て終る人事異動だ」

この時代、昭和維新を夢見た将校たちの精神の軸になった宗教は、大きく二つに大別できる。第一は神道系で、これを奉じる軍人らは、天壌《てんじょう》無窮《むきゅう》の神勅や竹内文献などに強烈にインスパイアされた神国日本論や、天皇による世界統治論を唱えた。これについては第一、二章で書いている。

第二は国家主義と合体した日蓮系で、天皇を本尊とする過激な法華神道や、八紘一宇《はっこういちう》による道義的世界統一を唱えた国柱会の田中智学《たなかちがく》ら、過激な思想家が相次いで現れて、多くの軍人を惹きつけた。

磯部は後者に属しており、すでに分屯隊時代から日蓮主義の洗礼を受けていた。

磯部をこの方面に引き入れたのは、日蓮と田中智学を熱烈に信仰していた高田志道《たかだしどう》大尉という国柱《こくちゅう》会《かい》の会員だった。智学の思想を軍人教育に援用した昭和二年の自著『軍人精神読本』で高田は、「世界最古の日本国は、その始めから世界文明完成の目的を以て建国された」と力説し、強固な国体絶対論と、智学流の道義にもとづく世界統治論（戦争も含む）を提唱していた。

けれども、磯部に決定的な影響を与えたのは、北一輝だった。北は明治四十四年、中国上海に渡り、そこで『法華経』信仰に開眼した。弟の昤吉《れいきち》は「兄の思想には、尊皇思想と国権思想と民権思想とが三つ巴に入りこんでいた。……これらの三傾向は、三十六、七歳頃、上海滞在当時深刻化した宗教的信念によって統一せられ」たと回想しているが（「風雲児・北一輝」『北一輝の人間像』）、その信念というのが、「妙法蓮華経に非ずんば支那は永遠の暗黒なり。印度終に独立せず。日本亦滅亡せん」（『支那革命外史』）というエキセントリックな確信であった。

大正二年、上海総領事館から退清命令を受けて帰国した北は、大正五年、永福という名の法華行者と出会い、日蓮系の神降ろしに深く傾倒するようになった。

永福は日蓮や白隠などの人霊をその身に降ろし、狐などの動物霊も降ろした。

「兄夫妻はこの永福さんを大いに尊重した。兄が霊力を備うるに至ったのも、彼に接したのが縁であった」（北昤吉前掲論文）

そのうち北は、妻すず子（旧姓間淵《まぶち》ヤス）を霊媒として、自ら神仏・諸霊との霊界通信（霊告）をおこなうようになった。その様子は以下のようなものだ。

「まず、北がお経をあげるとのことである。それは『独特のお経で一切言葉がわからない』ものである、と言う。やがて、だんだん『気合が入って』くると、横にすわっていた夫人が立ちあがり宇宙遊泳中の飛行士のような動作をする。すると、北はお経をやめて、特大のペン（彼は何でも大きいものを好んだ）をとり、夫人の霊告を書きとめる」（宮本盛太郎《みやもともりたろう》『北一輝研究』カッコ内も宮本）。

すず子に降りた霊は、名乗る場合もあれば霊告だけで離れる場合もあったが、実にさまざまな霊と感応していたことが、北の『霊告日記』で知れる。とくに重要な霊告は、北が崇拝していた明治天皇から降りた。ほかにも山岡鉄舟《やまおかてっしゅう》、徳川慶喜《とくがわよしのぶ》、副島種臣《そえじまたねおみ》、乃木希典《のぎまれすけ》、山県有朋、大山巌《おおやまいわお》などを称する多数の人霊がすず子に憑降して、その時々の政治状況や外交、事変、テロなどに関するお告げを象徴的な表現で伝えており、それら霊告を解釈できるのは北だけだった。

一部の青年将校は、北のこの不思議な力と思想に魅了され、帰依に近い信仰を寄せた。その筆頭が磯部であり、永田鉄山を斬り殺した相沢三郎もその一人だった。

青年将校による昭和維新を妨害している幕僚の中心には永田務局長がいる——磯部らはそう確信していた。そこで磯部は、相沢以前に永田暗殺を企て、満州視察に出かけた永田の後を追って渡満までした。そのときは機会を得ずに帰国したが、「革命とは暗殺を以て始まり暗殺を以て終る人事異動だ」と親友の佐々木《ささき》二郎《じろう》宛書簡に記していたほどだから、機会さえあれば、革命の捨て石となって自らテロの凶刃をふるうことに、ためらいはなかったろう。

冒頭の十一月事件で軍を追われた磯部は、陸軍中枢の腐敗と隠匿情報を暴いたパンフレット『粛軍に関する意見書』を発行して全国にばらまくことで、猛然と軍中枢に斬り込んだ。意見書のあまりの反響の大きさに衝撃を受けた幕僚らは、急ぎ回収を命じて鎮静化を図ったが、それからわずか二十日後、相沢中佐が永田鉄山を斬殺した。

このとき永田の執務机の上には、磯部らによる『粛軍に関する意見書』が、開かれた状態で置かれていたと伝えられる。

神をも呪った磯部の深き怨念
「道徳的大虐殺を敢行せよ」

十一月事件と、それに続く磯部・村中の免官を起爆剤として、青年将校らはクーデターを爆発させた。二・二六事件（磯部は「二月革命」と呼んでいた）の経過については、当事者や関係者の証言、論文、小説など膨大な文章が書かれているので、ここでは略す。

事件勃発時、首相官邸から銃声が聞こえてきたときの磯部の心境は、こうだった。

「勇躍する、歓喜する、感慨たとえんものなしだ。（同志諸君、余の筆ではこの時の感じはとても表し得ない。とに角云うに云えぬ程面白い。一度やって見るといい。余はもう一度やりたい。あの快楽は恐らく人生至上のものであろう）」（『行動記』）

けれどもよく知られているとおり、昭和天皇の激怒によって蹶起部隊は自分たちが称えていた「義軍」から、国家に弓引く「叛乱軍」へと一変し、青年将校らは捕囚の身となった。

当初、青年将校らは、天皇は自分たちの義挙を認めてくれるものと固く信じていた。彼らの幻想を育んでいたのは、前節で述べた天皇との「同一化」だった。しかし現実の天皇は、「現人神《あらひとがみ》」天皇などではなく、立憲君主という役割を堅持する「人間」天皇そのものだった。

蹶起将校らの淡い期待は、「朕が股肱の老臣を殺戮す、此の如き凶暴の将校等、その精神に於ても何の恕すべきものありや」（『本庄日記』）と激怒し、自ら軍を率いて鎮圧するとまでいった天皇その人によって一蹴された。

天皇が蹶起軍を「義軍」ではなく「叛乱軍」と見做したという情報は、やがて獄中の磯部らの耳に届いた。そのときのやり場のない怒り、悲しみ、底が抜けた絶望は、磯部が獄中でしたためた『獄中日記』や『獄中手記』に、鮮烈な魂の血文字となって刻み込まれている。

「陛下が私共の挙を御きき遊ばして『日本もロシヤの様になりましたね』と云うことを側近に云われたとのことを耳にして、私は数日間、気が狂いました」（『獄中日記』、以下出典なしの引用は同）

事実そのとおりであったろう。狂わねば精神がもたない状況の中で、磯部は起床後一時間、午前中一時間半、午後一時間半、夜一時間、さらに暇があればそのつど、ひたすら『法華経』読誦に没頭する生活に入った。成仏のための祈りではない。断じて成仏せず、死んでも維新を続行するために「悪鬼になれるよう」にと祈り続けたのだ。

「毎日大悪人になる修行に御経をあげている、戒厳司令部、陸軍省、参本部をやき打ちすることも出来ない様な人好しでは駄目だ」

「殺されてたまるか、死ぬものか、……死ぬることは負ける事だ、成仏することは譲歩する事だ、……悪鬼となって所信を貫徹するのだ、ラセツ（羅刹）となって敵類賊カイ（魁）を滅尽するのだ」

「余の祈りは成仏しない祈りだ、悪鬼になれる様に祈っているのだ」

鬼気迫る文言が、『獄中手記』に記されている。自分たちの後に続くであろう同志に向けた、怨念と憎悪にまみれたアジテーションだ。

「諸君強盛の魂に鞭打ちて最一度二月事件をやり直せ、新義軍を編成して再挙し、日本国中の悪人輩を討ち尽せ、焼き払え、日本国中に一人でも吾人の思想信念を解せざる悪人輩の存する以上、決して退譲すること勿れ、日本国中を火の海にしても信念を貫け、焼け焼け、強火の魂となりて焼き尽せ、焼きても焼きても尚あき足らざれば、地軸を割て一擲微塵にして其の志を貫徹せよ」

　斃すべきは、神国日本を堕落させた君側の奸たる前宮相・牧野伸顕、元老・西園寺公望、宮相・湯《ゆ》浅倉平《あさくらへい》、侍従長・鈴木貫太郎《すずきかんたろう》、陸軍中将・梅津美治郎《うめづよしじろう》、陸軍少将・磯谷廉介《いそがいれんすけ》ら重臣・幕僚や、秘密裁判の裁判長である石本寅三《いしもととらぞう》、検察官・予審官らだ。「彼等の首を見る迄は一寸も退き申さぬ」と不退転の決意を述べた後、磯部は返す刀で神々を叱責する。

「日本の神々は正義を守る可きに何と云う事だ、正義を守らず、正義の士を虐殺し、却って不義を助けるとは何たるざまぞ、菱海《ひしかい》（磯部の号で出身村名）の云うことをきかぬならば、必ず罰があたり申すぞ」（『獄中手記2』）

「ソンナ下らぬナマケ神とは縁を切る、そんな下らぬ神ならば、日本の天地から追いはらってしまうのだ、よくよく菱海の言うことを胸にきざんでおくがいい、今にみろ、今にみろッ」（同前）

神々を糾弾する激烈な調子は、磯部が狂信していた日蓮を彷彿とさせる。たとえば日蓮は『諫暁八幡抄《かんぎょうはちまんしょう》』で、自分を護らない八幡神ならば、神であっても「無間大城《むけんだいじょう》」（無間地獄）に落ちるとまで断言した。その日蓮の激情が乗り移ったかように、磯部は神々を呪い、もはや既存の神などに期待はできないのなら自分が悪鬼羅刹となって革命を継続するといい、悪政に圧し潰されて喘いでいる国民に向けても檄を飛ばした。

「全日本の窮乏国民は神に祈れ而して自ら神たれ。神となりて天命をうけよ。天命を奉じて暴徒と化せ、武器は暴動なり殺人なり放火なり。戦場は金殿玉ロウ（楼）の立ちならぶ特権者の住宅地なり。愛国的大日本国民は天命を奉じて道徳的大虐殺を敢行せよ」（同前）

磯部を責め苛んだ「天皇」という大きな存在

獄中における祈りと自問自答の中で、最大の問題となったのは天皇だった。

この問題ばかりは、磯部の手にあまった。天皇あっての神国日本、天皇あっての全臣民である以上、天皇を否定することは一切を無に帰することと同義になる。

「日本には天皇陛下が居られるのでしょうか。今はおられないのでしょうか。私はこの疑問がどうしても解けません」(『獄中手記2』)

手記にしるされたこの文字は切なく、痛々しい。けれども磯部は思考し続ける。内なる現人神天皇と、実体としての昭和天皇の間を、幽鬼のようにさまよいながら訴える。

「天皇陛下は十五名の無双の忠義者を殺されたのであろうか、そして陛下の周囲には国民が最もきらっている国奸等を近づけて、彼等の云いなり放題に御まかせになっているのだろうか。……朕は事情を全く知らぬと仰せられてはなりません、仮にも十五名の将校を銃殺するのです、……陛下の御耳に達しない筈はありません、御耳に達したならば、なぜ充分に事情を御究め遊ばしませんので御座いますか、なぜ不義の臣等をしりぞけて、忠烈な士を国民の中に求めて事情を御聞き遊ばしませぬので御座いますか、何と云う御失政でありましょう」

磯部は明治以降の日本を「天皇を政治的中心とせる近代的民主国」であって、天皇を含めていかなる者の独裁国家でもないと理解していた。けれども現在の日本はそうではない。「元老、重臣、貴族、軍閥、政党、財閥の独裁の独裁国」だとして、こうも書く。

「よくよく観察すると、この特権階級の独裁政治は、天皇をさえないがしろにしているのでありますぞ、天皇をローマ法王にしておりますぞ、ロボットにし奉って彼等が自恣専断を思うままに続けておりますぞ」

この特権階級が富を独占するから、日本国民の九割は貧苦の極にあるのだと磯部は訴え、なぜ天皇はこの悲惨な現実を見ないのか、忠義の士の叫びに耳を傾けようとしないのかと叫ぶ。

けれどいかに叫ぼうとも、その叫びは絶望的な闇に音もなく吸いこまれて、かすかな反響すら返ってこない。ならば仕方がない。

「菱海は再び陛下側近の賊を討つまでであります、……恐らく陛下は、陛下の御前を血に染める程の事をせねば、御気付き遊ばさぬのでありましょう、悲しい事でありますが、陛下の為、皇祖皇宗の為、菱海は必ずやりますぞ」

この喩えようもない孤独な魂の牢獄の中で、磯部は悪鬼となって地上にとどまり、断じて昭和維新を貫徹するという一念のみに、おのれの存在の意味を賭した。すべての祈りと呪詛をそこに収斂した。

「ツクヅク日本と云う大馬鹿な国がいやになる……」孤独な魂の牢獄で抗い続けた磯部

昭和十一年七月十二日、蹶起将校および民間人のうちの十七名が東京・渋谷区の代々木陸軍衛戍《えいじゅ》刑務所で銃殺刑に処された。彼らは口々に「天皇陛下万歳」を叫んで逝った。

指導者だった磯部と村中はさらに一年余を獄中で過ごし、昭和十二年八月十九日、最期の日を迎えた。磯部が誰よりも崇敬していた北一輝と西田税も同日の処刑だった。

北は事件勃発から二日後に逮捕収監されている。逮捕された時点では、北は青年将校らの訴えが天皇に受け入れられ、軍事参議官から朗報がもたらされるものと「確信」（「北一輝聴取書」『現代史資料』5）していた。当日、受けとった以下の霊告が、その根拠だった。

「神仏壇に向て祈る。只難有さに嗚咽涕泣、誦経止む度々。次ぎ〳〵に示さるる、左の如し。
第一　神仏集ぃ賞讃賞讃
第二　おおい嬉しさの余り涙込み上げか　大山（巌）

東京・渋谷区宇田川町の「二・二六事件慰霊碑像」は、昭和11年7月12日に東京陸軍刑務所敷地で行なわれた銃殺のあった地に建立されている

第三　義軍、勝て兜の緒を絞めよ　仙人
第四　義軍先発、八幡大菩薩、飯綱大権現、道光《てら》す」（『霊告日記』）
けれども事態は、霊告とは百八十度逆の方向へと進んだ。
まだ獄中にあった日、磯部はこう記している。
「ツクヅク日本と云う大馬鹿な国がいやになる、（北）先生の様な人をなぜいじめるのだ。先生と西田（税）氏と菅波（三郎）、大岸（頼好）両氏等は、どんな事があってもしばらく日本に生きてもらいたい。……私は先生と西田氏の一日も速やかに出所出来る様に祈ります、祈りできめがないなら、天上で又一いくさ致します」（『獄中手記1』）

磯部にとっての「二月革命」の成功とは、敵の完全殲滅と、北一輝が構想した『日本改造法案大綱』の完全なる実現だった。改造法案を「絶対の真理」とする磯部は、法案に対する論評批判の類いを全否定し、「一点一角も修正することなく」実現されねばならないと主張していた。だからこそ、北と西田には、日本のため、天皇のために生きて獄舎から出てもらわねばならないと訴え、獄中から必死に救出手段を探りつづけた。
「北、西田両氏さえ助かれば、少しなりとも笑って死ねるのです。どうぞどうぞ、たのみます、たのみます」（『獄中手記1』）
けれども軍部が廓清という名目による革命勢力の一掃に舵を切り、天皇もそれを求めている以上、磯部の願いがかなうはずはなかった。
北と西田に死刑判決が出たのは処刑五日前の八月十四日だったが、裁判では二人とも自ら「死刑」

を求め、笑みさえ見せた。北は「これで喜んで極楽へ行けます」といい、西田は「昔から七生報国という言葉がありますが、私はこのように乱れた世の中に、二度と生まれ変わりたくありません」と言葉を結んだと、裁判の補充判士だった河辺忠三郎が証言している（須山幸雄『西田税　二・二六への軌跡』）。磯部とは異なり、北と西田は、すでに天皇という呪縛から解放されていた。

処刑前、西田が「天皇陛下万歳を三唱しますか」と師の北に尋ねた。

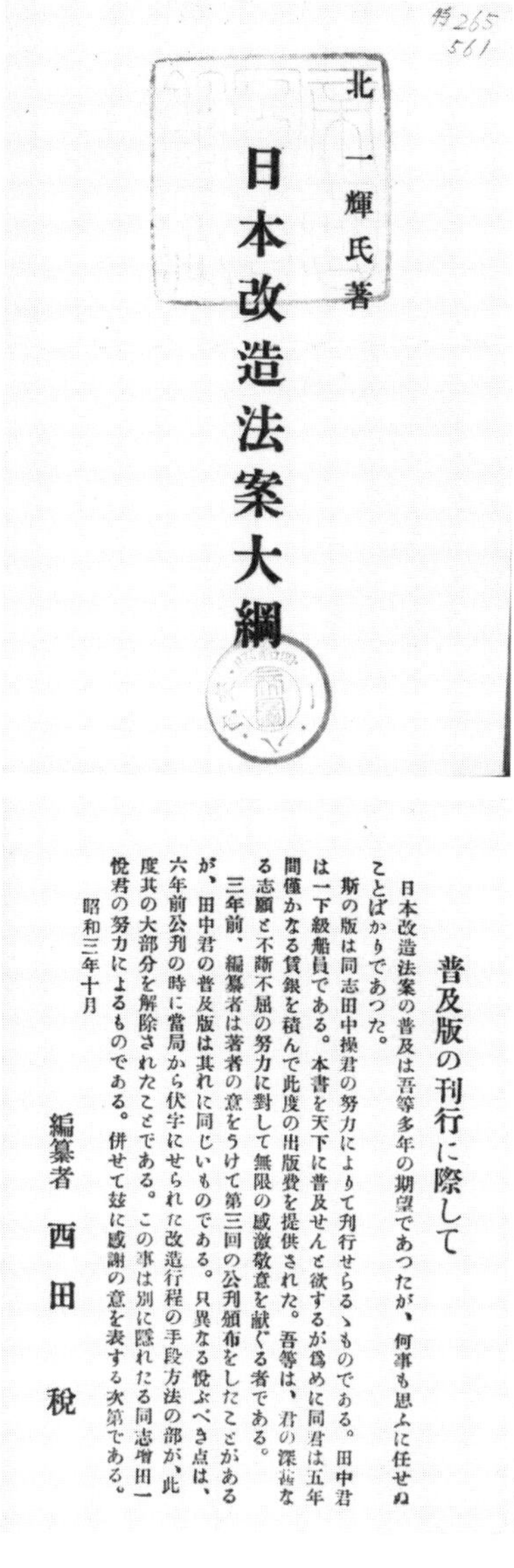

北一輝氏著

日本改造法案大綱

普及版の刊行に際して

日本改造法案の普及は吾等多年の期望であつたが、何事も思ふに任せぬことばかりであつた。

斯の版は同志田中操君の努力によりて刊行せらるゝものである。田中君は一下級船員である。本書を天下に普及せんと欲するが爲めに同君は五年間僅かなる賃銀を積んで此度の出版費を提供された。吾等は、君の深甚なる志願と不斷不屈の努力に對して無限の感激敬意を献ぐる者である。

三年前、編纂者は著者の意をうけて第三回の公刊頒布をしたことがあるが、田中君の普及版は其れに同じいものである。只異なる悦ぶべき点は、六年前公刊の時に當局から伏字にせられた改造行程の手段方法の部が、此度其の大部分を解除されたことである。この事は別に隠れたる同志増田一悦君の努力によるものである。併せて茲に感謝の意を表する次第である。

昭和三年十月

編纂者　西田　税

磯部にとっての悲願は北一輝が構想した『日本改造法案大綱』の完全なる実現だった（写真＝国立国会図書館蔵）

磯部は、東京・荒川区の「南千住 回向院」の墓所に昭和16年に病没した妻・登美子とともに眠っている。辞世の句は「国民よ 国をおもひて 狂となり 痴となるほどに 国を愛せよ」

「それには及ぶまい、私はやめる」と北は答え、従容として刑場の十字架の前に正座した。

磯部と村中も、天皇陛下万歳を唱えることはしなかった。なぜやめたのか。彼らの心境を知るすべはない。

処刑直前、刑務所長から言い残すことはないかと聞かれて、磯部はこう伝えた。

「大変御厄介になりました。アバズレ者で我儘を申して御迷惑を掛けましたが、所長殿は一番良く私の気持ちを知っているでしょう。……これは妻の髪の毛ですが、処刑の際、所持することと棺の中へ入ることをお許しください」

朝鮮赴任時代、義憤にかられて助け出した舞妓の福丸が、後年、結ばれた登美子であった。早くから維新に命を捧げる肚を固めていた磯部は、同棲はしても結婚はしていない。それが事件後の三月二十日、にわかに入籍した。登美子の願いでもあったのだろうか。その最愛の妻の頭髪とともに、磯部は鬼籍に入った。

三島由紀夫の背後に現れた「霊」とは……

余談として、作家・三島由紀夫のことを書いておきたい。

昭和四十五年十一月二十五日、三島は陸上自衛隊市ヶ谷駐屯地内東部方面総監部の総監室を訪れ、バルコニーから自衛隊の蹶起をうながす演説を行った後、割腹して果てた。

その三日後、TBSテレビに出演した丸山（三輪）明宏は、この年の正月に三島邸に招かれたときの出来事として、三島の背後に現れた霊について語った。

当日、丸山は三島の側に座っていたが、ふと何気なく三島の背後を見た。そこには「昔の憲兵みたいな服装」をし、軍帽をかぶった男の霊が立っていた。驚いて三島に告げると、顔色がサッと変わり、一人の名を挙げて丸山にその男かと尋ねた。

霊に何の反応もなかったので、丸山は「違う」と答えた。三島はまた別の名を挙げたが、これも違った。

「磯部か？」――三島が三番目の名を挙げた。

「そのとき、私（丸山）の全身にサーッと鳥肌が立つような気がしましたので、私は『そうだ』と云ったのです。その瞬間、軍服の男の姿は消え去りました。三島さんは重ねて私に『磯部を知っているのか』とききましたので、『私は知らない』と答えました。……私は二・二六事件の事なんて、今まで

昭和45年11月25日、陸上自衛隊市ヶ谷駐屯地のバルコニーで演説し、その後割腹自殺によって果てた三島由紀夫。三島と交流があった美輪明宏は三島の背後に「昔の憲兵みたいな服装」で「軍帽をかぶった男」の霊の存在を見たという（写真＝共同通信社）

何も知りませんでした」（当日の座談会における三輪の証言）

三島は二・二六事件の将校、とりわけ磯部を高く評価していた。論文『「道義的革命」の論理』の中で、彼はこう書いている。

「二・二六事件の根本的性格を、磯部ほど象徴的に体現している人物はなく、そこに指導者としての磯部を配したのは、神の摂理とさえ思われる」

理想の権化そのものである神（現人神）としての天皇に対する信仰は、現実によって裏切られる宿命にある。天皇は一個の生身の人間であって、現人神ではない。けれども磯部は、天皇に絶対的な神であることを求めた。神なればこそ、自分たちの至誠、「道義」を以て行った革命を必ず認めてくれるものと信じた。結果、現実に手ひどく裏切られた。

この生きざまに三島は深く共感するものを覚え、磯部と同様、日本を真の天皇国、自衛隊を「天皇の軍隊」に立ち返らせるべく蹶起して自死した。丸山の霊視が真実であるなら、磯部は死後もなお現世に留まり、共鳴し合う因縁の魂をもった三島に取り憑き、「昭和維新」を継続していたことになる。

三島由紀夫の背後に現れたという霊が、事実、磯部であったかどうかは、もちろんわからない。けれども、三島がある時期から変質していたことはまちがいない。

三十六歳のときに書いた『憂国』について、丸山は「憑依霊が書かせ」たものだと述懐し、『英霊の聲』を書いていたときの三島の回想も紹介している。三島はこういったという。

「頭がぽーっとぼけたようになってしまって、手だけ動いて書いていた」

清原康平……きよはら　やすひら

日本心霊科学史上、特筆すべき家系に生まれた陸軍少尉

「五・一五の二の舞はやらない。最後までやり抜く」青年将校たちの決死の覚悟

前の節で見てきたとおり、相沢三郎《あいざわさぶろう》や磯部浅一《いそべあさいち》らは熱烈な尊皇絶対論者であり、磯部とともに蹶起軍を指揮した村中孝次《むらなかたかじ》、香田清貞《こうだきよさだ》、栗原安秀《くりはらやすひで》、安藤輝三《あんどうてるぞう》らも同様だった。陸軍司法警察（憲兵）による尋問調書で、彼らは異口同音に尊皇絶対、一君万民を口にしている。

けれども、当日動員された士官のすべてが、尊皇絶対の思いを抱き、確信犯的にクーデターに参加したわけではない。蹶起当時、まだ二十三歳と若かった清原康平少尉は、彼らとは異なったアングルをわれわれに見せてくれる。清原に対する求刑は死刑だった。けれども判決で無期禁固となり、小菅刑務所を出た後は、過去を打ち消すかのように、ひたすら「神憑り」的な奉仕によって東條内閣の国策遂行に協力し、幻の天皇に仕えることで自己の人生を書き替えようとしたのである。

刑死した者は、自らの信念に従って事を起こし、信念に従って人生の幕を閉じている。けれども清原は、その後も生き続けた。それはある意味で、刑死より過酷なことだったかもしれない。時間を二・二六事件前日までもどして、清原の動きを追っていこう。

なお、以下の記述は、同年三月二日に東京憲兵隊本部で行われた憲兵少佐による尋問調書『叛乱元将校及之ニ準スル者尋問調書』(『二・二六事件＝研究資料Ⅱ』)、および昭和五十五年に清原自身が出版

二・二六事件に連座したものの死刑を免れ、のちに異色の人生を歩んだ湯川康平。写真右は妻・智恵子(写真＝『魂魄』より)

した私家版『魂魄』による。

事件二日前の二月二十四日、清原は麻布歩兵第三連隊（歩三）の兵舎二階で、第六中隊長の安藤輝三大尉から、「ちょっと俺の部屋まできてくれ」と声をかけられた。安藤は清原が士官候補生だったときの訓育教官であり、当時歩三で勤務していた秩父宮のところに清原を連れていってくれた上官でもある。

第六中隊長に入ると、安藤は声を落としてこう切りだした。

「いよいよ昭和維新をやることになった、貴様も兵を率いて参加してくれないか」

昭和維新断行という切迫した思いが青年将校の間に広がっていることは、清原もよく知っていたし、彼自身にもその思いはあった。事件後の尋問の際、蹶起に参加した理由を憲兵に問われた清原は、「財産権の（天皇への）奉還、統帥権の確立、天皇機関説排撃のため」と答えている。

けれども、現段階では「三連隊（麻布歩兵第三連隊）は絶対にやらない」と、かねて安藤から聞かされていた。だから唐突な大転換に驚き、「何か情勢の大変化でもあったのですか」と尋ねた。

「軍上層部とも話がついて、大丈夫、やれることになった」と安藤は答えたが、その表情は明るく勇み立ったものではなく、「苦しそう」なものに、清原には見えた。

安藤は、元来、非合法手段による国家改造には否定的だった。磯部、村中、栗原ら中心メンバーが何度も安藤に蹶起をうながしてきたが、「いまはまだやれない」と時期尚早論を繰り返し、参加を断り続けていた。一緒に起つと最終的に腹をくくったのは、蹶起四日前の二十二日で、第七中隊長だった野中四郎大尉の説得によるが（須崎《すざき》慎一《しんいち》『二・二六事件　青年将校の意識と心理』）、そうした背景を清原は知らない。

蹶起参加の要請に、清原は即答できなかった。私的な軍の動員に強い疑問があった。蹶起に参加するということは、大元帥天皇の命令のないまま、勝手に「陛下の軍隊」を動かすということだ。軍隊は天皇にのみ属する。この時代の軍隊は「国民の軍隊」ではない。その軍隊を将校が私兵として動員するのは、青年将校らが激しく糾弾してきた軍上層部による統帥権干犯を、自分たち自身が犯すことにほかならない。軍人として絶対にやってはならず、あってはならない大罪だということを、清原は軍人教育の中で徹底して刷りこまれてきた。その禁じ手を、安藤は用いるというのだ。

清原は逡巡し、「兵隊にも説明できません」と一度は拒否した。けれども安藤は折れなかった。「統帥権の問題は、夜間、連隊長不在の時だから、週番司令の俺の命令で出動し、一切の責任は俺がとるから参加してくれ」と迫った。それ以上、断れなくなった清原は、「考えてみます」といって退室したが、一人になって参加するという心が決まった。

夕刻、清原は妻・智恵子の待つ高井戸の自宅に帰った。智恵子の姓は湯川で、清原とはこの年の二月九日に結婚した。蹶起のわずか二週間前のことだ。このとき清原は湯川家と養子縁組をし、湯川姓に変わっているが、軍隊では一貫して清原姓を通しており、本稿もそれに従う。

蹶起のことは、智恵子には話していない。翌朝――蹶起前日の二十五日早朝、妻と笑顔を交わして家を出たが、「すまない」と心でわびた。夜来の雪で、一面銀世界が広がっていた。

夕刻、安藤から呼び出しがかかった。安藤は、翌日には侍従長・鈴木貫太郎を襲撃することになる。

清原が週番司令室に行くと、任務中だった安藤から「明早朝、維新を断行する。今夜十二時を期して非常呼集をやるから服装・携行品を準備しておけ」と告げられた。

参加各隊の担当など、細部に関して説明を受け、「本庄侍従武官長から天皇への線が確保されて」おり、天皇の理解を得られるメドが立っているということも教えられた。主力は宮城占拠、清原が率いる第三中隊百六十五名は、野中四郎大尉の指揮のもと、警視庁占拠が担当となった。

「五・一五の二の舞はやらない。最後までやり抜く」

安藤はいった。これで清原の覚悟が決まった。

事件二日前の朝に下った霊告は、維新の成功を告げていた……

事件当日の二十六日午前零時ごろ、伝令が清原に非常呼集を伝えにきた。

ただちに週番司令室に行くと、安藤から、野中大尉の指揮のもと午前四時二十五分に兵舎を出発し、午前五時三十分に警視庁に突入せよと命令が下った（兵五百名を率いて警視庁を占拠した野中は、投降後、山下奉文少将に促されて陸相官邸で拳銃自殺している）。

清原は下士官に命じて兵隊一人あたり六十発の弾薬と食糧を分配させ、安藤から指示されていた服装・携行品を調えるよう命じた。服装は第三装甲の軍服と外套。外套には肩章を付し、軍帽は「良きものを着用」させよと命じた。また、携行品として「戦帽、白帯、防毒面、三脚架、拳銃、鉄条鋏、手旗、兵器手入具、乾麵麭、米、軽機関銃、実包銃身、水筒、雑嚢、飯盒、衛生材料」を指示した。

時間の前後は不明だが、さらに清原は下士官らを兵舎の中央廊下に集合させて、こう伝えた。

「ただいまから昭和維新断行のため、第三中隊は清原少尉以下、野中大尉の指揮をもって警視庁を占領する。合言葉は『尊皇討奸』、標語は『大内山に光さす暗雲なし』」

合言葉に説明の要はないが、標語については、書いておかねばならないことがある。これは磯部とともに十一月事件で軍から放逐され、蹶起軍の指導者となっていた村中孝次が、北一輝《きたいっき》から授かった霊告そのものだからである。

昨早暁一部青年将校等
各所に重臣を襲撃
内府、首相、教育総監は即死
蔵相と侍従長は重傷

△首相官邸（岡田首相即死）△斎藤内大臣私邸（内大臣即死）△渡辺教育総監私邸（教育総監即死）△牧野前内大臣宿舎湯河原伊藤屋旅館（牧野伯爵不明）△鈴木侍従長官邸（侍従長重傷）△高橋大蔵大臣私邸（大蔵大臣負傷）△東京朝日新聞社

人心に動揺なし

首相代理に後藤内相

帝都

二・二六事件を報じる当時の新聞記事
(東京朝日新聞・昭和11年2月27日付)

蹶起を目前にひかえた二月二十四日、村中は北家を訪れ、蹶起が天皇の大御心に添うものかどうかを尋ねた。北は、この日の朝に下った霊告を村中に示すことで、問いかけに応えた。

霊告は二行。

「大内山光射ス
暗雲無シ」

大内山は皇居、すなわち天皇を意味する。そこに光が射しており、遮る暗雲は何もない——霊告はそう告げていた。

磯部同様、北に心酔していた村中は、この霊告によって、いよいよ維新の成功を確信したことだろう。

その後のことと思われるが、村中は北家二階の神仏壇の前、「明治大帝御尊像の御前に於て神仏照覧の下に」一文を認めた（村中「丹心録」『二・二六事件獄中手記遺書』）。野中四郎の文案を下敷きとして、村中がまとめたとされるその文書こそが、蹶起の精神を天皇に伝えることを第一の目的として起草された『蹶起趣意書』なのである。

維新の幻想はあっけなく崩れ去った……そして、かつてないほどの天皇の逆鱗を招いた

午前三時、指揮下の中隊兵士が兵舎前に集合した。

雪は三十センチほども降り積もっている。

緊張した面持ちで整列する兵士たちに向かい、清原は軍刀を抜き放って命令を下した。

「第三中隊は警視庁を占領する。今や第一師団各隊および近衛師団の一部は、それぞれ予定の行動を開始した。我々は一体となって最後まで行動する。合い言葉は『尊皇討奸』。前進！」

野中の指揮のもと、清原ら第三中隊は、第七、第十中隊に続いて四時二十五分に営門を出発した。溜池、虎ノ門を通って警視庁に到着すると、ただちに所定の位置に兵を配備し、待機した。

警視庁との折衝は野中が行った。何らの抵抗もなく、警視庁側は明け渡しを受け入れた。

他の各隊も当初の計画通り、鈴木侍従長官邸、斉藤内大臣私邸、渡辺教育総監私邸、岡田首相官邸、川島陸軍大臣官邸、高橋蔵相私邸、朝日新聞社などを襲撃し、一気呵成に目的を達成した。

残るは「上御一人」と蹶起軍との「直結」のみとなった。村中がまとめた『蹶起趣意書』を天皇に

伝達し、クーデターにお墨付きの大詔渙発をいただくことができれば、ただちに昭和維新は成る。しかもその成算は、すでにできている。青年将校らは楽観していた。

けれども、それがまったくの思い違いだということを、彼らはほどなく思い知らされる。天皇は今回の義挙を必ずや受け入れてくださるはずだという幻想は、あっけなく崩れ去り、逆に、かつてないほどの逆鱗を招いたからである。

他の青年将校とともに検束された清原は、当初は失敗したら自決する覚悟を決めていた。けれども、死ぬのは法廷で自分たちの正義を訴えてからでも遅くはない、今死ねばただの逆賊だという栗原中尉らの説得を受け、気持ちを法廷闘争へと切り替えた——と、清原は『魂魄』では述べている。

けれども、憲兵による尋問で現在の心境を聞かれたとき、彼はこう答えている。

「現在の社会情勢には不満の点もありますが、こんどの事件に関しては全く他人より動かされ、自分の信念と相当の距離を生じた事を深く遺憾に思って居ります。

即ち自分の信念は軍隊は陛下の軍隊でありまして、統帥命令で動くべきでありますのに、強制的命令に動かされました事を遺憾に思います」

この後は「ただただ大御心のまま」という心境で、清原は裁判に臨んだ。

二・二六事件裁判は、今日では暗黒裁判の最たるものとして知られている。審理は一審のみ。弁護人は認めず、上告もなしで、「迅速」に進めるものと決定された。通常は公開審理の軍法会議裁判が、非公開となったのも異例だった。裁判とは名ばかりの、死刑を前提とした公判形式が枢密院本会議で可決され、天皇が裁可したのである。

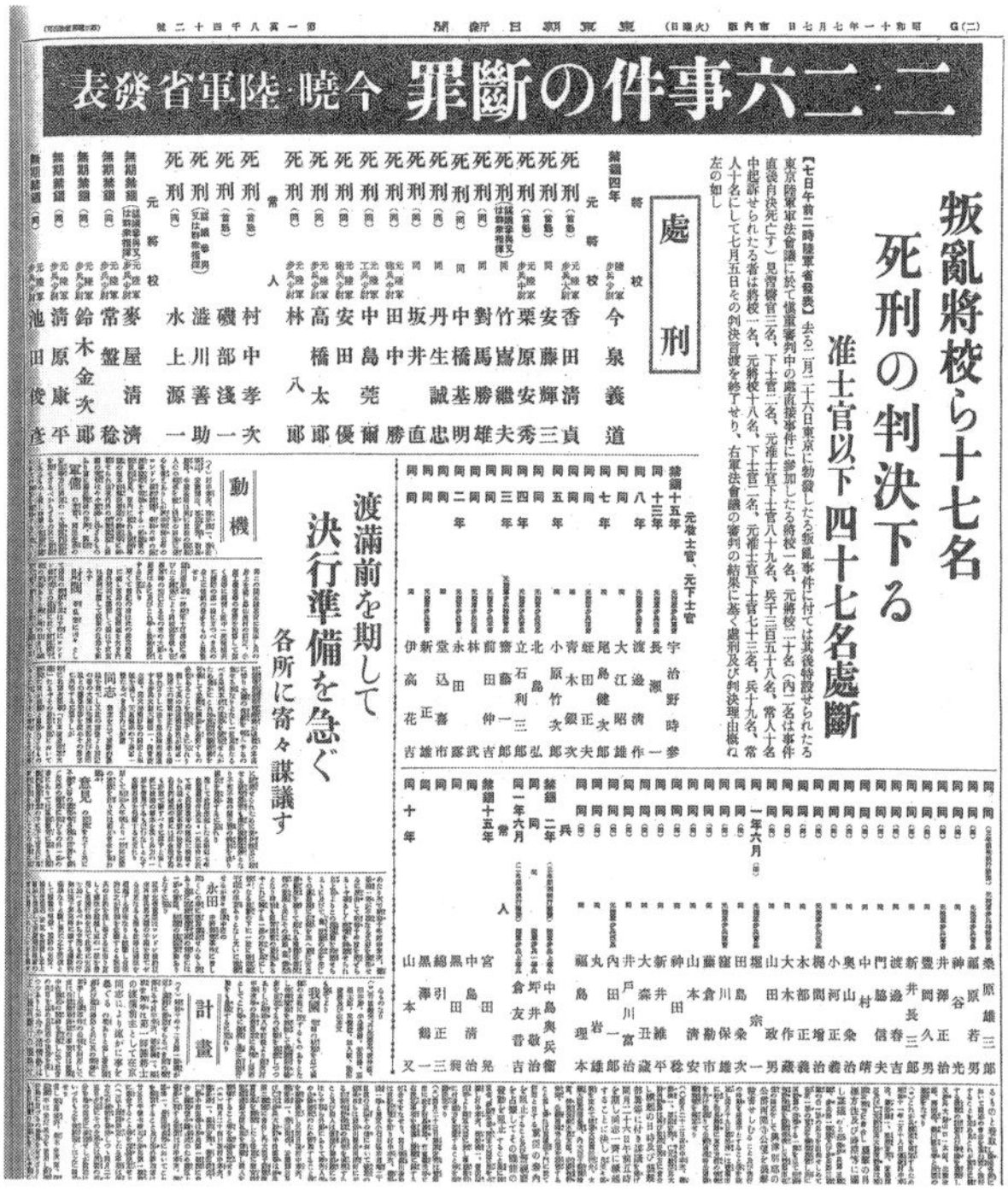
二・二六事件の斷罪　今暁・陸軍省發表

叛亂將校ら十七名 死刑の判決下る
准士官以下 四十七名處斷

【七日午前三時陸軍省發表】去る二月二十六日東京に勃發したる叛亂事件に付ては其後特設せられたる東京陸軍軍法會議に於て愼重審判中の處直接事件に參加したる將校一名、元將校二十名（内二名は事件直後自決死亡す）見習醫官三名、下士官二名、元准士官下士官八十九名、兵千三百五十八名、常人十名中起訴せられたる者は將校一名、元將校十八名、下士官二名、元准士官下士官七十三名、兵十九名、常人十名にして七月五日その判決言渡を終了せり、右軍法會議の審判の結果に基く處刑及び判決理由概ね左の如し

處刑

將校
禁錮四年　今泉義道
元將校
死刑（首魁）　香田清貞
死刑（首魁）　安藤輝三
死刑（首魁）　栗原安秀
死刑　竹嶌継夫
死刑　對馬勝雄
死刑　中橋基明
死刑　丹生誠忠
死刑　坂井直
死刑　田中勝
死刑　中島莞爾
死刑　安田優
死刑　高橋太郎
死刑　林八郎
常人
死刑（首魁）　村中孝次
死刑（首魁）　磯部淺一
死刑　澁川善助
死刑　水上源一
元將校
無期禁錮　麥屋清濟
無期禁錮　常盤稔
無期禁錮　鈴木金次郎
無期禁錮　清原康平
無期禁錮　池田俊彦

渡滿前を期して 決行準備を急ぐ
各所に寄々謀議す

動機

二・二六事件の判決を報じる当時の新聞記事
（東京朝日新聞・昭和11年7月7日付）

この時点で、青年将校はまだ天皇に一縷の望みをかけていた。彼らは、そもそもこの脱法そのものといってよい裁判形式自体、天皇その人が求め、裁可したものであることを知らなかった。

「地下の霊が慟哭するのが聞こえて来る」――『魂魄』に、清原はこう記している。

求刑は、今泉義道《いまいずみよしみち》、山本又《やまもとまた》の両少尉を除く二十一名が死刑。その中に、清原の名もあった。

「答えは最初から出ていたのだ。裁判は儀式に過ぎなかったのだという実感が湧き上がって来た。……論告に対し、逆賊としての死刑では死んでも死に切れないと述べている中に、いつか涙が頬を落ちて行くのが分かった」（『魂魄』）

判決は、事件を首謀した青年将校ら十七名が死刑（後に背後関係者として北と西田も死刑）で、清原は罪一等を減じられて無期禁錮となった。こうして清原は、獄中の人となったのである。

千里眼・御船千鶴子の能力を開発し、世に送り出した父・猛雄

清原康平は、大正三年一月十四日、熊本市本山町御殿場跡で生まれた。父は清原猛雄《たけお》、母は満留《まる》という。

猛雄の転居先である宇土郡三角町の三角尋常小学校から、県下の名門として知られた済々黌《せいせいこう》に進み、昭和八年、陸軍士官学校の予科を卒業して、麻布第三連隊付きの士官候補生となった。その後、陸軍士官学校の本科に進み、蹶起前年の昭和十年に卒業（四十七期）し、陸軍少尉に任ぜられている。

清原の人生を語る上で欠かせないのは、父・猛雄のことだ。

康平一家の写真。写真中央の人物が康平の父・猛雄（写真＝『魂魄』より）

御船千鶴子（写真・左）と
康平の母・満留（写真＝『魂魄』より）

ほとんど等閑視されているが、猛雄（明治五年生）は、日本心霊科学史上、特筆すべき地位にある。近代物理霊媒のさきがけとなった御《み》船《ふね》千《ち》鶴《づ》子《こ》の能力を開発し、世に送り出すきっかけをつくったのが猛雄であり、二・二六事件後の清原の人生に甚大な影響を及ぼしたのも、猛雄なのである。

清原によれば、猛雄は三角町の町長を十年余勤めたというが、彼にはもともと神秘に対する嗜好があったらしい。日清戦争に従軍し、病気で退役したが、このとき易学の高島象山に学んで立卦の極意は呼吸法にあることを知り、それが後年、独自の正座調息法へと結実していったからである。霊術の一種である正座調息法については後述する。

その後、郷里の熊本に帰った猛雄は、熊本市西郊の金峰山に参籠して断食修行を行い、霊能を身につけた。「（断食して）一週間過ぎる頃から、麓の町から上がって来る人が解る様になり、その内に、人相、風体、すべてが見当が付き、数時間するとその通りの人物が山上に姿を見せた」と清原は書いている。

また催眠術にも熱心に取り組み、独学で修得した催眠術実験を重ねるのだが、その実験台の一人となったのが、かの〝千里眼の生き神様〟御船千鶴子だった。千鶴子は猛雄の義妹で、康平の叔母にあたる。千鶴子の姉の満留が、明治三十四年、猛雄と結婚したからである。

結婚の翌年、猛雄はそれまで奉職していた鶴城学館教師を辞して、自分の卒業校である済々黌の体育教師兼舎監になった。この教師時代に義妹・千鶴子の霊能を開発していくこととなるのである。

透視中の御船千鶴子（写真＝『魂魄』より）

猛雄が奉職していた済々黌校長の井芹経平《いせりつねひら》も、この一件ではきわめて重要な役割を演じている。千鶴子が福来友吉《ふくらいともきち》に見出される以前、井芹は猛雄らとともに、熱心に透視実験を行っていた。清原家とは昵懇で、康平の名付け親も井芹が行った。康平の平は、経平の平からもらったものだと、康平自身が記している（『魂魄』）。

清原は、こうした環境の中で生まれ育った。後年、彼が熱心な心霊主義者になった最大の理由は、まさにこの環境にあった。

叔母の千鶴子は明治四十四年一月二十日午前五時頃、重クロム酸カリを飲んで自殺しているので、大正三年生まれの清原は、千鶴子については父母や関係者の話を介してしか知らない。しかし、出獄後の清原の活動からは、猛雄や千鶴子の影響が、はっきりとうかがわれる。

明治43年に撮影された写真。写真左から福来友吉、井芹経平、御船千鶴子、猛雄、今村新吉。福来も今村も、千鶴子の能力を驚嘆すべきものと評していた
（写真＝『魂魄』より）

霊的な問題に対する清原の感受性や関心が、軍隊生活でどのように現れていたのか、またそのことと彼の天皇信仰の間にどのようなつながりがあったのかは興味のあるところだが、残念ながら清原はそれについては何も記していない。

ただ、無期禁固刑となって小菅刑務所に入り、昭和十五年の皇紀二千六百年祭（神武建国から二千六百年目という明治以降の官制偽史）関連の恩赦により、翌十六年十二月に出所して以降の行動を見ると、猛雄から承け継いだ霊的技法と皇道主義の合体が、明らかに見て取れる。

清原が設立した東肥航空という「霊能工場」

戦時下の昭和十七年、清原は故郷・熊本で東肥《とうひ》航空を設立した。出資者には元熊本藩主の侯爵細川《ほそかわ》護立《もりたつ》がおり、清原は子ども時代から細川と面識があった、また、二・二六事件で華族会館を占拠したときにも親しく挨拶を交わし、細川ら貴族院議員らの身柄の無事を保証している。そうしたつながりから、出資者となったものだろう。交誼は細川が亡くなるまで続いたという。

東肥航空は、戦時下、空軍力で著しい劣勢下にあった陸軍に航空機を供給することを目的に設立された軍需管理工場で、昭和十九年からは三菱重工・熊本航空機製作所の下請けとして、四式重爆撃機・飛龍の排気管などを製作した。従業員五千人のほか、多数の男女学徒が動員されて、機械油にまみれる日々を送った。

設立にあたり、清原は物資の欠乏などで転業や廃業の瀬戸際に追い詰められている県内の中小商工業者を糾合し、戦時下にふさわしい生産体制と、昭和維新を担う工員の育成をおこなうという大目標を掲げた。兵隊が銃をもって戦うように、東肥の同志は工場内でハンマーを手に戦う「勤皇」の戦士となって「昭和維新経済の決戦体制を背負う」のだと鼓吹したのである（『東肥航空血盟録』）。

東肥航空機工業の工員たち。彼らは工場内でハンマーを手に戦う「勤皇」の戦士として、国に尽くした（写真＝『東肥航空血盟録』より）

かつて皇道派の青年将校だった清原は、真逆の陣営である統制派がつくりだした翼賛体制の前衛を目指すようになった。天皇・国家から逆徒・逆賊とみなされた者が、刑死もされずに生き残ったという負い目が、この〝回心〟の背景にあったのではないかと私は思う。

東肥航空機工業は、軍から放逐された清原による天皇信仰のやりなおしだった。

労働現場における戦士錬成のために、清原は内部組織を軍隊式に整え、かつて父の猛雄が生みだした正座調息の修練を全員に課した。工場の門には「東肥道場」の看板が掲げられ、工場中央には伊勢神宮を祭る千畳敷の道場が設けられて、朝夕三十分の正座調息が実行された。

東肥航空の「錬成木部規定」(『東肥航空血盟録』)に、付則として「正坐様式」の規定がある。

正坐を「東肥錬成の基本姿勢にして皇道の本質の体得」のための坐法だと規定した上で、こう述べている。

「姿勢は左足拇指に右足拇指を重ね、両膝の間隔を約十五糎に開き静坐し、脊髄を伸し、顎を引き、目は半眼に開き、四、五尺前下方を見、口を静かに閉じ、舌を上顎に付く。肩の力を抜き、両肘を軽く脇に触れ、右掌の上に左掌を上にして重ね、両拇指を微かに触れ、丸く印を結び、心を掌に置き、呼吸を静かに長くこれを行い、常時下腹部の四十五度の方向に力を入れ、不動心を行ずるものとす」

父・猛雄が始めた正座調息、およびその展開としての「精神治療」(浄霊治療)も行われた。

猛雄と千鶴子がおこなっていた精神治療の様子が、『魂魄』に記されている。猛雄・満留夫妻と親交があり、自身も精神治療を受けて、医者から見放されていた結核性の瘰癧《るいれき》を「三回で全治」してもらったという地元の古老が清原に語ったものだ。

「先ず相手に眼をつぶらせ、両手で三度相手の全身を軽くなでる様にして、催眠をかけ、右手の人さし指を左掌で直立して握り、調息の上、呼吸を止めて、握りしめた手を、眉間に当て、体ごと、もろに相手の患部に直進し、指先が患部に触れると、相手はビリビリと霊波を感じた」「その後、両手の指で印を組みながら、全身の息を相手の患部に吹き付けた」

清原によれば、患部の透視は千鶴子がおこない、浄霊治療は猛雄がおこなったものらしい。清原自身も、また清原の妻の智恵子も猛雄による治療で治った経験をもっており、とくに智恵子は、当時「死病」と怖れられていた結核を癒やされたという。

東肥航空で工員や動員学徒に行おこなわせていたのは、猛雄流のこの正座調息だった。当時の社員の一人は、東肥航空は「霊能工場」だったと述懐している。

清原の指導による正座調息錬成法は、目覚ましい成果をあげた。当時の社員の一人は、従来三年かかったステンレスのガス溶接技能が、正座調息により女子学徒隊でも三カ月でできるようになったと語っているが、清原はこれを「霊能生産」と称していた。また、旧社員は「病気しても戦時下で薬の無かけん、正座調息の掌の浄霊で癒した」とも回想している。

刑場の露と消えた同志たち……生き残った清原の苦悩

二・二六の青年将校らは、昭和維新を掲げて蹶起し、刑場の露と消えたが、同志の一人だった清原は生き延びた。当時の彼の苦悩には、想像を絶するものがあったことだろう。

清原には、天皇に刃向かった逆賊という冷たい視線が注がれたに違いない。出獄して東肥を立ち上げるまでの一時期、彼は故郷で米穀商を営んでいた。おそらくこのとき、別の人間として人生をやり直すために、名を変えたのだと思う。

東肥航空の設立趣意書や、発起人の項に記されている清原の名は、「湯川茂雄」となっている。昭和十一年の養子縁組で湯川姓になったと彼は書いているが、事実かどうか定かではない。軍隊では一貫して清原姓であり、二・二六事件関係資料その他も清原姓のままだからだ。

清原のいうとおり、かりに昭和十一年から湯川姓になったのだとしても、そのときの名は「湯川康平」であって、「湯川茂雄」ではない。けれども彼は、湯川茂雄の名で東肥航空を設立した。

その東肥が編集発行人となって出版した昭和十八年の『東肥航空血盟録』でも、代表者の名は「湯川茂雄」であり、清原が巻頭に寄せた一文「東肥の使命」の肩書きも、「東肥会長　前米穀商　湯川茂雄（三〇歳）」となっている。軍人時代のことは一切触れられていない。

東肥航空に進呈された、当時商工大臣だった岸信介による「挺身奉公」の書（写真＝『東肥航空血盟録』）。

二・二六での挫折後、清原は東肥を設立・運営することによって、「皇国」の中に自分の居場所をつくりだしたのだと私は思う。彼はこう書いている。

「明治維新と昭和維新とは、その本質に於ては同一にして、その現れし姿に於て異なるのみ。前者は国内維新の性質を帯び、後者は世界維新の性質を帯ぶ。前者は徳川幕府を倒し、封建思想を修すにありたるも、後者は英米を倒し、英米思想（自由主義思想）を倒すにあり。……惟うに、今や決戦に次ぐに決戦を以てし、正に勝利即維新にして、戦争を措いて維新無く、戦争遂行即ち維新なり」

東條内閣が始めた絶望的な戦争は、清原にとっては、たぶん〝希望〟の戦争だった。

平成13年に死去した湯川康平。昭和維新も破れ、康平にとって太平洋戦争は、新たな希望だったのかもしれない。だが、その希望もまた破れてしまった（写真＝『魂魄』より）

軍籍を剥奪されて一民間人となった湯川茂雄こと清原康平に、天皇のため、また幻となった昭和維新のために再び戦う場を提供してくれたのが太平洋戦争だったからである。

　敗色が濃厚になった昭和十九年、東肥航空は三菱重工業（昭和九年に三菱航空機と合併）の下請け工場となって「霊能生産」を継続する。対米戦における日本の航空戦力は、本書でたびたび書いてきたとおり、決定的に不足していた。陸軍は泥縄式で三菱重工に増産を命じ、三菱は熊本に新工場（熊本航空機製作所）を開所した。その開所時、東肥航空は名古屋の光洋鋳機、高羽組、三輪組、熊本の山口木工などとともに下請・協力会社に組みこまれた。

　この年、清原は、昭和十七年に全国組織として発足した大日本翼賛壮年団の中央本部参与にも任命されている。同団は「熾烈なる翼賛態勢下にある青壮年層を組織し、同心団結各々其の地域職域に於て率先臣道実践に挺身せしむる」（「翼賛壮年団結成基本要綱」）ことを目的として結成された大政翼賛会傘下の団体で、中央本部は都道府県市区町村の地方団を統括・管理する中央組織、参与は中央本部団長からの委嘱を受けて「本部長の要請に応じ重要なる部務に参画」する職と規定されている（「大日本翼賛壮年団本部職制」）。

清原が参与を委嘱された経緯は不明だが、東肥航空の「臣道実践」ぶりが高く評価されての任命だったに違いない。

けれども、「戦争を措いて維新無く、戦争遂行即ち維新なり」と信じた太平洋戦争は、必然の成り行きどおりの惨敗に終り、昭和維新も惟神皇道の確立も夢と消えた。

戦後さまざまな団体の役員等を務め、ときには雑誌で二・二六事件を回想することもあった清原だが、内心については黙して語らないまま、平成十三年に死去している。

大岸頼好……おおぎしよりよし

皇道派青年将校に最も大きな影響を与えた陸軍大尉

相沢三郎に「尊皇絶対」思想をインスパイアした男

二・二六事件の引き金となった相沢中佐事件は、本章冒頭の「相沢三郎」で書いた。相沢が執務中だった軍務局長・永田鉄山《ながたてつざん》を軍刀で殺害した事件である。

刺殺後の取り調べで「伊勢の大神による天誅」と主張する相沢を見て、取り調べに当たった麴町憲兵分隊特高主任は「精神鑑定の要を認められる」と訊問調書に書き込んだ。けれども、相沢は鞏固な信念と信仰にもとづいて行動したまでであり、気が触れて凶行に及んだわけではない。

相沢の行動の背景には、一人の軍人がいた。事件の弁護人を務めた菅原裕《すがわらゆたか》が、「二・二六事件の全被告達からは同志として尽きぬ尊敬を受け、而して相沢中佐の最も信頼する友人」と評した陸軍大尉、大岸頼好である（追悼集『追想・大岸頼好』所収「大岸大尉の信念」、なお『追想・大岸頼好』は以下『追想』と略)。

事件を起こす前、相沢は永田について、「所詮『尊皇絶対』のわからぬ人」だと語っていた。「尊皇絶対」は、今では時代の手垢がこびりついた死語となっているが、相沢のいう「尊皇絶対」には特別な思いがこめられており、軍人や右翼らが常套句とした、いわば〝営業用語〟としての尊皇絶対とは意味合いが異なる。

中尉時代の大岸。陸軍士官学校の予科を首席で卒業するほどの天才だった。大岸の目に、激動の昭和はどのように映っていたのか

相沢に「尊皇絶対」思想をインスパイアしたのは、相沢より階級も年齢も下の大岸頼好なのだが、それについては後でじっくり語るとして、まずは大岸の来歴から書いていこう。

明治三十五年二月十八日、大岸は農家を営む箕吉・岩尾夫妻の子として、高知県香美郡片地村（現・土佐山田町）で生まれた。

片地村は高知県の東部を流れる物部川の下流域で、上流に遡ると、陰陽道系の呪術的民間信仰・いざなぎ流で知られる物部村がある。ガキ大将だった子ども時代、また戦後地元に引き揚げてからも、大岸はよくこの川で魚獲りに没頭した。「雨の降らぬ日があっても、大岸の魚をとりに行かなぬ日はない」と地元で噂されたほどの凝り方だったと、大岸に親炙していた大槻《おおつき》士朗《しろう》が書いている（「大岸さんを想う」『追想』）

地元の片地小学校、高知県立中学の海南学校（旧藩主・山内家が軍人養成のために創設した）を経て、広島地方幼年学校に入校したとき、一期上の先輩に西田税《にしだみつぎ》がいた。西田は後に北一輝《きたいっき》門下随一の闘将となり、国家改造運動の中で大岸と対峙するようになるのだが、それはまだ先のことだ。

成績は小学時代から抜群だった。運動能力も高く、幼年学校では主席を通して卒業した。

大正八年に入学した東京・市ヶ谷の陸軍士官学校の予科も主席で卒業し、士官候補生として弘前歩兵第五十二連隊に配属された後、士官学校の本科に入学し、大正十二年に卒業して、原隊である五十二連隊にもどった（歩兵少尉）。

士官学校本科時代の大岸について、同期・同区隊・同寝室だった吉村蔵五郎《よしむらくらごろう》中尉が、後に二・二六事件の中心メンバーの一人となる大蔵栄一《おおくらえいいち》（大岸の二期後輩）に語ったエピソードがある。それによると、大岸は本科でも前期の成績は一、二を争うほど優秀だった。ところが何を感じたのか、中期になると勉強しなくなり、日曜ごとに上野の図書館（戦前唯一の国立図書館だった帝国図書館の後身で、現・国会図書館支部上野図書館）に通っては哲学書を読みふけるようになった。

そのうち、原書を読まねばだめだと考えるようになり、吉村に教授方を依頼して、ドイツ語の勉強に取り組み始めた。吉村はすでに六、七年ほどドイツ語を習学していたが、大岸は半年もたたないうちに吉村を追い抜き、逆に吉村が大岸に教わるようになった。

「オレは大岸の頭のいいのにあきれて、勉強するのがいやになったくらいだ」、吉村は大蔵にこう述懐したという（『二・二六事件への挽歌』）。

フランス語についての証言もある。五十二連隊に配属され、士官学校の本科に入学する前、大岸がまだ士官候補生だった頃のエピソードだ。連隊では大岸にフランス語の教官をつけて学ばせた。その教官が、横地《よこち》誠《まこと》中佐だった。戦後の昭和四十年、末松太平《すえまつたいへい》が士官候補生時代の大岸のことを聞くために弘前の横地を尋ね、聞き書きを残している。横地はこう語っている。

「実のところは先生というのは名ばかりで、大岸さんの方が私の先生だったのだがね。大岸さんはフランス語も優秀で、当時偕行社記事にのっていたフランス語の課題に応募していた。私はそれを郵送する前に点検することになっていたが、立派にできているのだし、第一私がみてもわかりはしなかった」（「横地さんからの聞書」『追想』）

日本を天皇と農民が直結した国にもどさなければならない——

大岸を語る者がよく口にしたのは、とらえどころのない大きさだ。
昭和七年、初めて大岸と会った大蔵は、初対面の印象をこう書いている。
「私は白皙痩躯《はくせきそうく》のかみそりタイプを想像していた。だが眼のまえに見る大岸は、全く予想と反した、茫洋たる豊かさを持っていた。わずかに下がった目尻、潤いのある澄んだ眼、色の黒い大きな顔、すべてが親しみのある風丰《ふうぼう》だ」（大蔵前掲書）
海軍の古賀清志《こがきよし》は、大岸を「ツカミ処のない怪物」「大本教にでも入信していたら第二の出口王仁三郎になったのではないか」と評し（「大岸頼好氏の思い出」『追想』）、相沢事件の弁護人だった菅原裕は、こんな印象を述べている。
「土佐人独特の落ち着いた、計り知れない深淵のような藍を湛えたその腹中には大度と明智と勇気とが神秘的に包まれているようで、坂本龍馬と西郷隆盛とを一緒にしたような人物だなあと感嘆せざるを得なかった」（「大岸大尉の信念」『追想』）
二・二六決起将校の一人で、銃殺刑に処せられた対馬勝雄《つしまかつお》もまた、大岸信奉者の一人だった。逮捕後の陳述で、対馬が「大岸さんは人格的にも思想的にも、青年将校中では地方の大部、東京の一部の崇拝の的」（『二・二六事件秘録』三）だと述べていたように、大岸は青年将校運動の中心にいた。それだけ絶大な影響力、感化力があった。

自身が農家の出身ということもあり、大岸には農民への強烈なシンパシーがあった。

その農民が、社会の中でも軍隊組織の中でも、ひたすら忍従を強いられている。当時の日本人口の七割は農民で、かつそのうちの八割が貧窮に喘ぐ小作農だ。軍隊でも、士官学校や陸軍大学卒のエリート職業軍人を除く兵卒の七割は、それら小作農から招集されている。農民がいなければ、軍隊はもちろん、国家も維持できない。その農民が、最下層に押し込められて苦しみ喘いでいるのだ。

この状況に、大岸は強い憤りを覚え、第二の維新を志向するようになっていった。これが後の二・二六事件とも密接に連関していくのである。

大岸が大正十二年から配属されていた連隊には、士官候補生の末松太平がいた。末松は大岸門下の第一号で、出会いのとき以来、「講師一人、聴講一人の革命講座が開かれる」ようになり（末松「少尉殿と士官候補生」『追想』）、末松は「国家革新病みつき」になった（『私の昭和史』）。

二人には、自分のルーツである農民への強烈なシンパシーがあった。やや後になるが、大岸は農村を「繁栄の源泉。農民吾等こそ皇国の母」と主張して、天皇と農民との直結を訴え、それこそが皇国のほんらいの姿だと力説した（「全日本的輪中意識」、『月刊日本』五十四号）。

近代においても、世界の誰もが日本の敗戦を予想した日清・日露の両役で勝利したのは、農民出身の兵士が「生を捨てて義を取った」からで、彼ら無名戦士たちの存在がなければ勝利はありえなかった。ところが国家は、その農民に酬いるどころか、より一層の苦境に追い込み続けている。

同じ天皇の赤子でありながら、一方には自己の利益のみを追求して肥え太り続ける少数の特権階級がおり、他方には土にへばりついて特権階級の食い物となる以外の生き方を知らない大多数の小作農らがいる。この状況を放置していけば、早晩日本は破綻する。

日本を真の皇国にもどすためには、日本人口の大多数を占める彼らを解放し、古代世界のように天皇と農民が直結した国にもどさなければならない。大岸が革命を志向した最も大きな動機はそこにあったし、末松が大岸について学んだ一対一の講座を「革命講座」と呼んだのも、そのためだった。

昭和維新断行以外に救国の道はない――

大岸の思想が外に向けて明確に打ち出されたのは、大川周明《おおかわしゅうめい》の行地社《こうちしゃ》に参加して、機関誌『日本』に論文を寄せるようになった昭和四年以降のことだ。

当時、大岸は、仙台陸軍教導学校で教官を務めており、「明治維新の原動力は下級武士だった。昭和維新も下士からだ」という信念のもと、兵卒上がりの下士官候補生の教育にあたっていた。大岸のいう「下士」は、いうまでもなく兵卒の七割を占める小作農出身者が多数含まれていた。この下士官教育に邁進する一方、大岸は神田徳造の筆名で、激烈な論文を矢継ぎ早に『日本』に寄稿しだした。「全日本的輪中意識」(昭和四・九月号)、「我辺境問題の基調」(同年十月号)、「武の本質」(昭和五・一月号)などがそれだ。

精強な皇軍が成るか成らないかは、ひとえに「百姓」(大岸は誇りをもって「百姓」という言葉を使った)にかかっている。強固な結束意識の中枢は天皇であり、天皇を支える実質は「皆これ百姓」だ。皇軍の強さは伝統的な「士魂」にあるが、士魂とは何かと突き詰めていけば、最後には「農魂」に行き着く。「農魂即士魂」なのだ。

昭和五年の論文「良兵良民教育の徹底」で「皇国の中に三井王国、三菱王国」があると断言した大岸は、欧米流の文物制度の一切を否定し、「洋人の走狗」となっている現日本人に皇道回帰を訴えるとともに、「儼然たる事実として目前に迫りつつある」第二次世界大戦への警鐘を打ち鳴らした。

さらに同年、檄文で埋め尽くされたパンフレット『兵火』を発行して、全国のめぼしい将校に送り始めた。その結果、大岸は陸軍内における「要注意人物の最たるもの」（菅波三郎《すがなみさぶろう》「盟友大岸さんを憶う」『追想』）となった。

三月事件、十月事件、血盟団事件などのテロに関与した大川周明。大川が主催した国家主義団体「行地社」の機関誌『日本』に掲載された論文によって、大岸の思想が明確に打ち出されることとなった（写真＝国立国会図書館蔵）

当時の大岸は、昭和維新断行以外に救国の道はないと思い詰めていた。

昭和五年から始まった世界恐慌が日本を覆う中、政治家は海軍軍縮会議で欧米に膝を屈し、天皇大権である統帥権を干犯して平然としている。巷は底無しの不況にあえぎ、とりわけ餓死に直面した農村の惨状は目も当てられない。昭和農業恐慌と呼

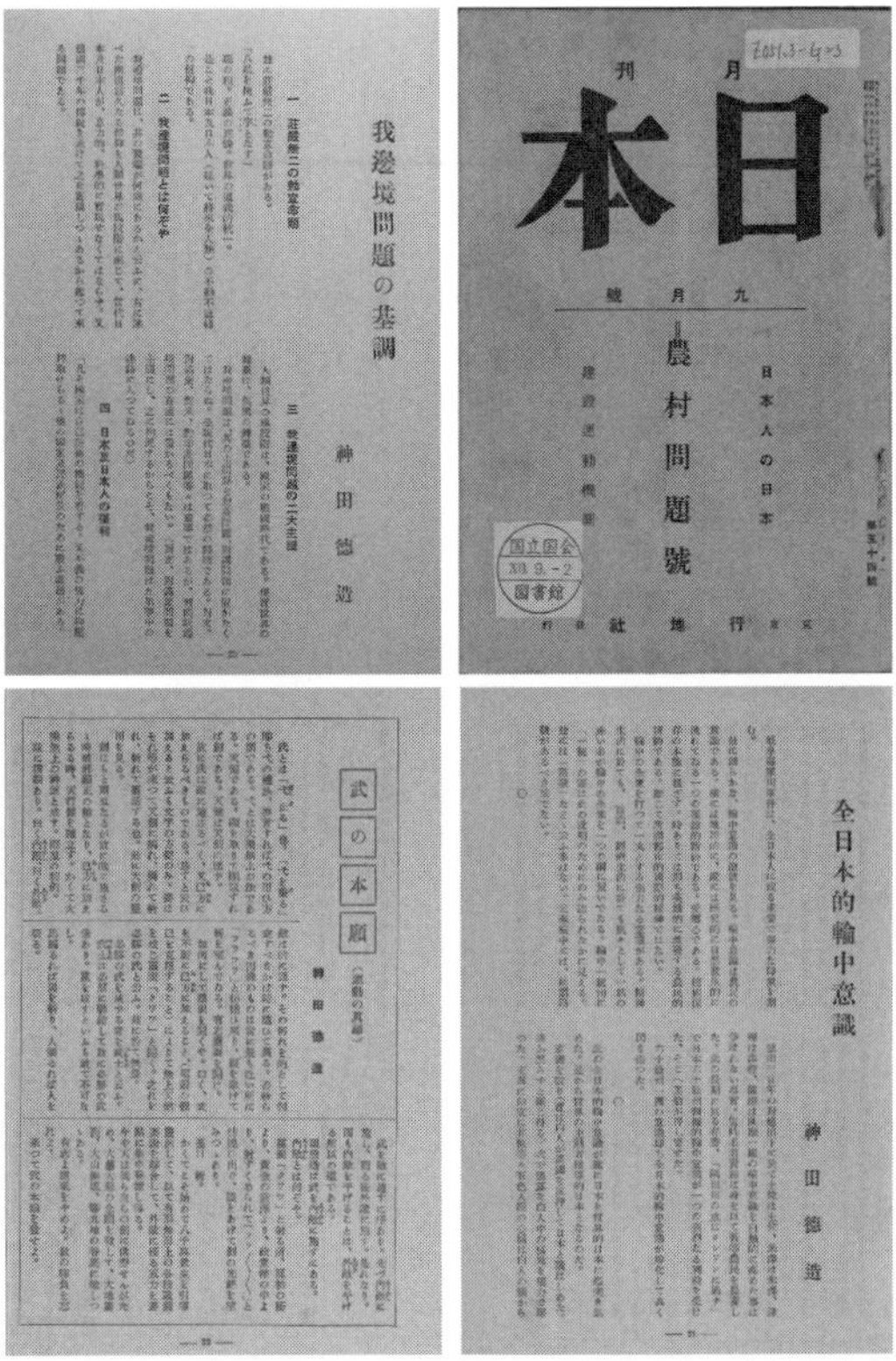

神田徳造の筆名で『日本』に掲載された大岸の論文
（写真＝国立国会図書館蔵）

ばれる六年の東北・北海道の冷害・大凶作では欠食や飢餓が百姓を襲い、わずかばかりの金を得るために、徹底して買い叩かれるのを承知の上での青田売りや、女子の身売りが横行している。都会もまた悲惨だ。失業者が郷里に戻っても、仕事もなければ食うものもない。小作争議も各地で激化している。にもかかわらず、財閥は依然として肥え太り、それと手を結んだ軍の上層部や政官界も、おのれの欲を満たすことに腐心している——。

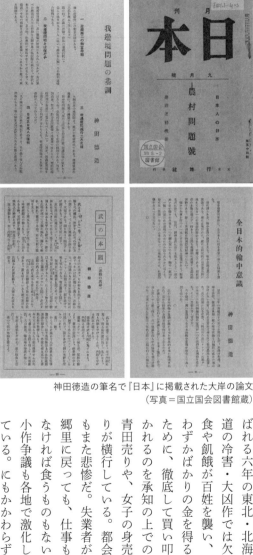

思いを共有する将校らは、民間右翼や国家主義者らと提携して、三月事件、十月事件（いずれも昭和六年）と続くクーデター未遂事件を連発した。

大岸もまた、十月事件までは武力による実力行使を構想していた。当時、呉の駆逐艦・敷波に乗艦していた古賀不二人《ふじと》（清志）が、こんな秘話を書き記している。

「敷波から、大村（海軍基地のあった長崎県大村）の藤井斉《ふじいひとし》と打合せの上、上京。西田税氏の家に行ったら、大岸さんが持って来たという機関銃が玄関にかくしてあったと思うが、その大胆さに驚いたものである」（「大岸頼好氏の思い出」『追想』）

古賀は犬養毅首相の暗殺で世を震撼させた翌七年の五・一五事件に加わって牧野伸顕《まきののぶあき》邸と警視庁を襲撃し、禁固十五年の刑を受けた筋金入りの維新派の一人で、古賀不二人と改名した戦後、古武道を極めて不二流体術を創始している。この古賀ら海軍青年将校らのリーダー格だったのが文中に出る藤井斉で、彼らは大川周明や井上日召《いのうえにっしょう》ら民間右翼と提携して国家革新を目指した。

一方、大岸が機関銃を持ちこんだという西田税は陸軍青年将校のリーダー格であり、前述のとおり、大岸は西田と同郷の一期下で、国家改造の意思については共通していた。

昭和六年の十月事件（錦旗革命事件）は、これら陸海軍の尉官階級の青年将校が企図したクーデターではない。企図したのは橋本欣五郎《はしもときんごろう》中佐ら参謀本部第二部の桜会急進派で、佐官級のいわゆる中堅幕僚が集まっていた。彼らもまた大川周明らと手を組み、北一輝・西田税らの青年将校グループとも提携したが、「天皇脅迫をさえ口にし栄達保身を図る桜会急進派の陸軍大学校出身幕僚と、大御心を尊び捨石覚悟の西田税一派との対立は深まり、相互に憎悪の念を強め」て関係は破綻した（刈田徹「十月事件」『国史大辞典』）。

大岸が機関銃を西田宅に持ちこむという大胆行動に出たのは、橋本ら中堅幕僚一派と西田派がまだ提携してクーデターを実行しようとしていた頃のことと思われるが、橋本ら幕僚たちの強烈な特権意識や、酒楼・遊郭に入り浸るなど、清廉潔白さとかけはなれた彼らの濫行にすっかり嫌気がさした大岸は、「やめた」と宣言して袂を分かち、クーデターも未然に露見して頓挫した。

官制偽史イデオロギー「家族国家論」とシンクロした大岸の信仰

事件後、大岸は、「大事件への失望と反省を契機として、思想的な純化に向かった」と福家崇洋《ふけたかひろ》は書いている（「二・二六前夜における国家改造案」『京都大学大学院人間・環境学研究科現代文明論講座文明構造論分野論集』八）。けれども「思想的な純化」という〝きれいな〟、あるいは学術的な言い方では、この後の大岸の言動はつかみきれない。事件後、大岸は思想ではなく信仰の領域に属する神憑りへと急傾斜していったからだ。

冒頭の相沢事件の証人尋問で予審官の取り調べを受けた大岸は、見習士官から中尉の初め頃（大正十二年から十四年ないし昭和元年頃）は、批判の目はもっぱら政官財や赤化思想、民主思想など「外部」に向けられていたと語っている。けれどもその後、そうした考え方それ自体が、欧米に毒されたものではないかと自省するようになり、批判の目が外部から自分自身へ、自分の「内部」へと向かうようになったという。この内部に向かう意識が、天皇信仰へと収斂されていったのである。

若い頃、大岸はマルクスまで読んでいた。大蔵栄一は、当時の大岸は「極端な悪平等の思想に陥っていた」と書き、青森の連隊における兵隊教育を例に挙げている。号令をかける際、大岸は通常の「気をつけ」「敬礼」ではなく、「気をつけて下さい」「敬礼をして下さい」といった依頼の形で、「全く妙な教育」を行っていたらしいというのだ（大蔵前掲書）。

その後、「極端な悪平等の思想」から抜け出た大岸は、記紀神話や天皇信仰・神国信仰によって培養された〝観念像としての日本〟に沈潜していく。最も大きな影響を受けたのは、歴代天皇の詔勅（詔勅は天皇ではなく天皇側近による作文なのだが、当時の日本人の大多数は天皇の言葉と受け止めていた）、および『古事記』だった。

先の証人尋問で、大岸はこう陳述している。

「古事記の修理固成を深く考え初めました処、遂に神という様な感に発展して参りました。神仏という霊的な考に捉われまして、遂に現人神陛下がましますという信仰に、到達いたしました。これが在来の単なる所謂政治、社会、経済機構第一主義の考え方に、決定的な判決を与えました。……所謂維新なるものの真髄は、先ず第一に我々が現人神陛下の子であり、赤子であるという自覚、信仰であるという結論であります」

五・一五事件に連座し、禁固15年の刑を受けた古賀清志。古賀をはじめとする筋金入りの維新派の軍人たちは口を揃えて、大岸を「怪物」「崇拝の的」などと評した

大岸の信仰と思想が結実した文書がある。『皇国維新法案』がそれだ。そこには、相沢が公判で「大岸の建国の精神を聞き感動、大君に尽くさなければならぬ事を知った」と陳述した「尊皇絶対」が、凝縮されている。

その中で大岸は、日本民族は一人ひとりが「祖神の顕現延長」であり、天皇は「祖神の直系顕現延長者、即ち現神《あきつかみ》」だと位置づける。これは明治以来、国民洗脳の道具として国家が国民に押しつけてきた「家族国家論」にほかならない。

家族国家論とは、天皇家を日本国の本家、すべての国民を天皇家の分家とし、日本は創始の時点から天皇を本家とする「一大家族国家」として歩んできたとする官制の偽史イデオロギーをいう。天皇家がなぜ本家なのかといえば、天照大神から地上における永遠の統治権を授かって降臨したのが、天皇の祖だと『日本書紀』が明記しているからだ。明治政府は、これを「神話」ではなく、太古における「事実」と位置づけて、国民教育に活用してきた。

日本の国民は、この地に下った天皇家の祖神から派生し、蕃殖してきた。『皇国維新法案』第一編第一章（「大和民族の生成発展」）の冒頭で、大岸はそれを以下のように表現している（同法案は福家崇洋の前掲論文に付載されている）。

「（大和民族は）祖神を胤原《いんげん》として発祥し規範的生成発展を遂げ来れる一大渾一家族体民族なり」

日本国民は天皇家の祖神を「胤原」、すなわちルーツとして「発祥」した。だから天皇家は、必然的に全国民の本家となり、血の分かれから派生した国民は、みな分家ということになる。つまり日本という国は、発生の当初から天皇を家長とする「一大渾一家族体」だというのである。

本書の第一章で書いた竹内文献は、日本のみならず世界の全人民を皇家の分かれだとし、天皇のみが本家だと主張した。これが多数の軍人や右翼・国家主義者らを魅了した最大のポイントで、天皇の軍隊による侵略も戦争も、すべては八紘一宇《はっこういちう》を実現するための正義の聖戦と位置づけられたのである。

大岸はそこまで踏み込んだ発言はしていない。けれども、「優秀尊厳にして祖孫一貫伝統」の大和民族には、「天皇総覧の許、世界修理（創造的世界革命）の神聖なる使命」（カッコ内も大岸）があると第二章で述べているとおり、竹内文献流の世界観とは指呼の間にあった。この発想を、大岸は官制偽史イデオロギーの家族国家論から導き出したのである。

「天皇の絶対と、下万民の平等とを根本義とする」大岸が説く「尊王絶対」の境地

家族国家論は、敗戦まで日本人を最も深く呪縛し続け、明治民法の支柱ともなったイデオロギーだが、それについてはすでに拙著『偽史の帝国』で詳細を論じているのでここでは省く。

大岸は、内省の末に家族国家論に行き着いた。明治以降の天皇現人神説が、理論や観念としてではなく、大岸の血肉となって融合したといってよい。

先の証人尋問にある「古事記の修理固成を深く考え初めました処、遂に神という様な感に発展して参りました。神仏という霊的な考に捉われまして、遂に現人神陛下がましますという信仰に、到達いたしました」というのは、その間の事情を語っている。

大岸の頭の中では、神胤《みたね》であり生きながらの現神でもある天皇と国民の間には、ほんらい階級は存在しなかった。上御一人の天皇がいて、全国民がいるという一君万民が、ほんらいの日本国の姿――日本国体の真姿だった。

けれども日本社会の現状は、まったく違う。天皇と国民の間に、特権階級が巨大な壁となって立ち塞がり、万民と天皇の間にあったはずのつながりを遮断している。上と下の間に生まれてきた中間の

特権層が、下からは搾取し、上（天皇）から下（万民）への視線は覆い隠して私利私欲で動いている。このゆがみからくる悲劇は小作農に集約されており、軍隊の内実もなんら変わりはない。

だからこそ、特権階級を倒して維新を実現しなければならないと、かつての大岸は考えていたのだが、十月事件以後、そのための方法論は、大きく変化していた。

北・西田派は、軍隊によるクーデターを志向した。西田が昭和二年に結成しようとして憲兵隊により頓挫させられた「天剣党《てんけん》」という幻の国家改造団体がある。「天剣党戦闘指導綱領」は、軍を動かして「超法律的運動」、すなわち武力革命により、国家と国民を解放し、憲法を停止して、新国家を建設すると謳っている。国民を「誘導指揮」するのはあくまで西田らが指揮する革命軍だ。

けれどもこの考え方では、天皇と万民の間に、革命軍という新たな障壁が生じる。一つの特権階級が斃れても、新たな特権階級が生まれてしまう。大岸の考えは、そうではなかった。

もちろん重臣その他の特権階級は、あってはならない。その点までは北・西田派と違いはない。けれども大岸の考える維新は、「天皇の絶対と、下万民の平等とを根本義とする」日本国体原理に従って為される。つまり、革命軍が主導する維新ではなく、民衆のエネルギーによる維新でなければ達成はできず、真の天皇親政国家は建設できないと考えるに至っていたのである。

天皇は親そのものとして臣民を「シラス（治す）」。一方、臣民は唯一絶対の親である天皇に「マツロウ（服う）」。この服う心、すなわち「マツロイ」は、「義侠と犠牲」が渾然一体となった精神として発現する。これが大岸の考える「我が民族精神にして皇国生命、即ち国魂」だ。

大衆からの維新を成就するためには、なによりもまず国民自身が、このシラスとマツロウという民族精神を血肉と化すところまで、自らをもっていかねばならない。それが「尊皇絶対」だ。この尊皇絶対の境地に至って初めて、ほんものの維新が成るのであり、日本の不動の「国是」である「漂える世界の修理固成」も成就する。「亜細亜連盟の義旗を翻し、真乎到来すべき世界首導の使命遂行」が全うできるのだと大岸は主張した。

これこそが、冒頭で述べた大岸からインスパイアされた相沢の「尊皇絶対」だったのである。

西田と大岸はなぜ、手を携えて維新へと動かなかったのか

昭和七年四月、大岸は和歌山歩兵第六十一連隊付に補せられた。以来、和歌山は、青年将校の拠点のひとつとなった。

維新を目指す大岸は、昭和八年には盟友の中村義明《なかむらよしあき》（共産主義から転向した熱烈な国家主義者）とともに、雑誌『皇魂』を創刊した。創刊に際し、前出の菅波三郎が約千円を醵出している。

発行の目的はいうまでもなく「維新思想の普及」（『検察秘録二・二六事件Ⅱ』）だったが、大岸の考える維新には、下（万民）から上（天皇）への「協翼」という縛りがかかっていた。それゆえ幕僚が進めようとしている上（天皇を補弼している特権階級）から下（国民）への「統制」は、当然のごとく全否定されたが、同じグループに属する皇道派青年将校による国家改造運動においても、「尊皇絶対、皇運扶翼の至誠」を欠いた改造案は拒否されることとなった。

中村はこう書いている。

「皇国に於ける謂う所の改造法案、改革案は……我々の只管なる皇運扶翼の至誠、燃え上がるこの至誠が神に達し神意として生れるものでなければならない」（『皇魂』二巻一号）

これは要するに北・西田派への牽制にほかならない。なぜなら北は、「皇運扶翼の至誠」とはまったく別次元で天皇の〝利用〟を考えており、『日本改造法案大綱』も、天皇を一種の機関として活用する道を志向していたからだ。

北ほどの裏面性はなかったものの、西田もまた天皇を絶対とは考えていなかった。それは先の「天剣党戦闘指導綱領」の一節に明らかに表れている。彼はそこで「吾党同志は徒《いたずら》に坐して大命（天皇の命令）の降下を待つ如き迷蒙に堕つべからず」と明記していたのである。

大岸は、「尊皇絶対」ではない北の改造法案に否定的な思いを抱き、自ら尊皇絶対を唯一絶対の原理とする『皇国維新法案』（昭和九年）に結実させて対抗した。

東奥日報社の元社員で、かつて大岸の下で働いていたこともある佐藤正三《さとうしょうぞう》は、青年将校運動の二大潮流として、北の『日本改造法案大綱』を奉じる西田派と、『皇国維新法案』を奉じる大岸派があるように感じていたと述べ（『一期一会』『追想』）、大岸の盟友の末松も、当時、改造法案をめぐっては、皇道派内に東京と和歌山の「確執」があったと書いている（『私の昭和史』）。

東京とは、北の改造法案を新国家建設のバイブルとして信奉した西田税、村中孝次、磯部浅一ら旧士官と彼らに共鳴する軍内の青年将校グループのことであり、和歌山とは天皇を絶対とする大岸頼好、末松太平ら大岸の心酔者グループをさすが、蹶起将校に対する影響力という点では、尊皇絶対の大岸派のほうが大きかった。前出の佐藤は、当初は北・西田派の改造案に魅力を感じていたが、二・二六事件後、考えが変わったとしてこう書いている。

「二・二六の人々の信念が、いったいどこから生まれてきたのかということを、虚心に反省してみて、大岸さんという存在の如何に大きいかに気づくようになっていった」（同前）

昭和十年八月、相沢中佐事件が起こると、大岸はただちに相沢の追想集の発刊に動き、関係者の原稿をとりまとめて西田税に送った。西田派と大岸派の間に、一瞬提携の流れが生まれた。裁判に臨む相沢の支援が、両派をつなげたのである。大蔵はこう書いている。

「西田と大岸との確執が、これでいっぺんにふっとんだ、と私は思った。……青年将校運動の先達である西田と大岸との確執は、私ら後輩にとって最も大きな頭痛の種であった。それがいま解きほぐされようとしているのだ」（『二・二六事件への挽歌』）

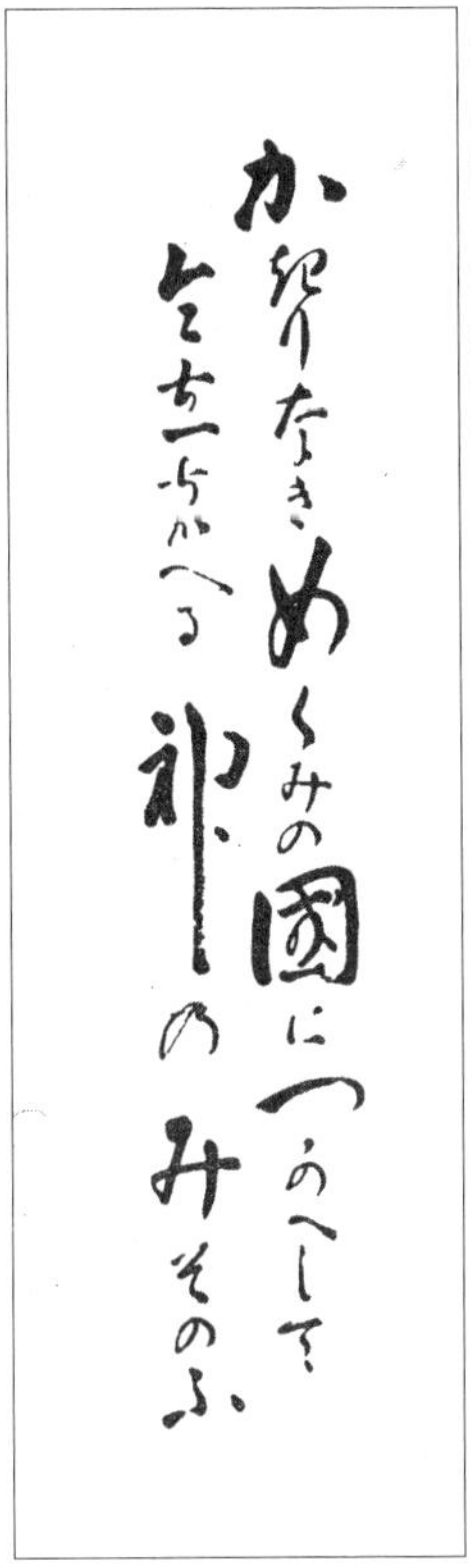

大岸の書による相沢三郎の辞世。相沢と大岸の関係は「最も信頼する友人」以上のものだったのかもしれない

けれども、結局両者が手を携えて維新に動くことはなかった。二・二六事件のときも大岸は和歌山から動くことはなく、北・西田派の青年将校は蹶起してクーデターに突き進んだ。

このころ大岸は、「内向」を重ねて行き着いた尊皇絶対精神の深化を追い求めていた。先にも引いてきた相沢事件の証人尋問調書（昭和十年九月二十五日）に、興味深いやりとりがある。「問」は陸軍法務官で大岸の予審を担当した岡田痴一《おかだちいち》、「答」は大岸だ。

「問　証人の理想実現の為の手段方法として、直接行動を用いなければならぬ場合を予想していたか。

答　例えば西欧のテロ、支那の暗殺、或は彼の血盟団、五・一五事件等に関連して、直接行動なるものを検討したことはありますが、自らは之を決行すると云う事は、未だ考えた事はありませぬ。直接行動の是非善悪と云う事に付いては、尚今後検討をしなければ結論を得られぬ状態であります。

問　相沢中佐、大蔵大尉、西田税、村中孝次、磯部浅一等は、証人の国家改造の同志ではないか。

答　同志であるとか、同志でないとか云う事は、今迄考えもせず、口にした事もありませぬ。と申しますのは、唯単に同志同志と云うが如き単なる集まりでは、之は一種の閥と云わなければならぬと思います。（中略）

問　証人の抱懐せる思想に照らして、皇軍特に陸軍の情勢を如何に認識して居るか。

答　（天皇の）股肱たり又分身分霊たる軍人、私自身の充実が、目下の最大の急務であると考えて居ります。我陸軍一般的に観て、本来の神の軍たる一体へ邁進しつつあるものと考えて居ります」

尊皇絶対思想の権化だった大岸が戦後に入信した「千鳥会」

クーデター後、決起部隊の代表者が川島陸相に出した要望五項目のうちには、大岸頼好、菅波三郎、大蔵栄一、末松太平ら「同志将校」を東京に招致せよとの要求もあった。仮に招致されたとしても、大岸が「同志」として蹶起軍に参加したとは思われない。

事件後、関係者の一人として逮捕され、不起訴となった後、大岸は予備役に回されて軍を出た。東京偕行社、昭和通商などを経て終戦間際の応召で陸軍省軍事調査部に入ったが、それから二ヵ月後の昭和二十年八月十五日、日本は敗戦の日を迎えた。

かつて確執のあった北・西田に対する思いは、このころには変わっていたらしい。終戦の詔書渙発直後、大岸がこう語っていたと、元陸軍少佐の明石寛二が証言している。

「私（大岸）は北さんの思想は醇として醇乎たる日本精神から逸脱していると思っていたが、誤りであった。生きていたら今にもお会いしたい」（「大岸頼好氏を語る」『追想』）

二・二六事件で関係者の一人として逮捕された大岸。写真は不起訴となったのちの、昭和通商（国策企業）時代の大岸

尊皇絶対思想の権化だった大岸が、この敗戦をいかに受け止め、人間宣言で現人神を廃業した昭和天皇にいかなる思いを抱いたのかは最も興味のある部分だが、それを語る資料はない。

ただ、心にぽっかりと空いた穴を、戦後入信した千鳥会《ちどりかい》で埋めようとしたのではないかと思わせる節はある。

千鳥会というのは、医学博士で戦前からの熱心な心霊主義者だった塩谷《しおや》信男《のぶお》、霊媒で道院紅《どういんこう》

敗戦を契機に、戦後大岸は新興宗教団体「千鳥会」に入信した。千鳥会の設立メンバーのひとりである塩谷信男は2008年に没するまで、塩谷式「正心調息法」の提唱者として、また心霊研究家として活躍した

卍字会《まんじかい》のフーチ（扶乩）にも通じていた萩原真《はぎわらまこと》、牧師で心霊主義者の平竹辰《ひらたけたつ》らが中心となって昭和二十三年に創設した新興宗教団体だ。近年、「天皇の国師」などという根拠のない持ち上げられ方をして注目を集めた「特攻隊の生き残り」の三上照夫《みかみてるお》も、千鳥会に加わって霊術を身につけた一人だ。

同会は、近代中国生まれの新興宗教・道院が用いていた降霊による自動書記法（お筆先）の一種のフーチによって、神の言葉を取り次いだ。

フーチは、北方に設けられた神座の前で行われる。神座の手前に砂を敷き詰めた砂盤を置き、二人の霊媒が一本の棒（乩木《ちぼく》）を持って砂盤の左右に立つ。棒の中央部には、砂盤に文字を書くための木筆が取り付けられており、神霊が感応すると、乩木が勝手に動いて砂盤にメッセージを降ろすというのである。このフーチを、千鳥会では天杖《てんじょう》と呼んだ。

千鳥会の規約には、「心霊の現象を観察し、交霊事実により自己の生活を高挙し社会の浄化と国家の文運に貢献することを目的とす」るとある。「心霊の現象」とは神霊が霊媒に憑って砂盤に文字を書く天杖現象のことで、千鳥会はこの不思議な現象を目の当たりにさせることにより、信者の拡大をはかっていた。

さらに会では、手かざしの一種である真手《まなで》という心霊治療や、霊能者の養成などを行っていたが、四国の高知にメンバーとなるべき人物がいるとの天杖を受けて、郷里に帰っていた大岸を探し出し、説得して入信させた。入信の年は定かではないが、およそ昭和二十五年頃と思われる。

大岸を入信させたのは、鎌倉市腰越中道で千鳥会の支部長をしていた八幡顕正《やはたけんしょう》だ。八幡は、戦前は党員八百名を擁する右翼団体・日本国民党の幹部として国家主義運動に挺身し、昭和六年の国粋ファシスト団体・大日本生産党（頭山満顧問、内田良平総裁）設立に際しては、日本国民党ごと合流し、第一回大会の書記長に就いた。戦後は宗教家に転身し、千鳥会鎌倉支部の栖龍閣《せいりゅうかく》主幹としてさかんに活動していたが、この八幡が、大岸を千鳥会に入信させたのである。

その間の経緯を、木松太平が詳しく書き残している。

千鳥会では三人一組で神事をおこなった。これを組手《くみて》という。鎌倉支部長の八幡の組手は、一人は大久保弘一《おおくぼこういち》（二・二六事件で「兵に告ぐ」を書いた陸軍新聞班員、次節参照）だが、もう一人が誰なのか、しばらくわからなかった。すると神霊が、文字や地図を書いて、残る一人を示した。あれこれ検討した末、どうやら土佐の片地村らしいとあたりをつけた。「それで大久保某が同じ軍人仲間だったのだし、大岸であろうと判断し」、八幡が高知まで出向いて、当初は疑っていた大岸を口説き落とした。

「ひとたび入信する決意をすれば、大岸流に中途半端ではおさまらない。……親ゆずりの山林の相当部分を金にかえ、自分の家に神棚をしつらえ、支部をつくり、近所近在の親戚、知人を信者に勧誘して、打ち振る鈴の音の協鳴、神の歌の合唱が、にわかに物部川の渓流の音にまじって、山峡にこだまするまでになった」（木松『私の昭和史』）のである。

「大岸君も鈴を振って熱心に何か唱えていた」何が大岸を別人へと変えたのか……

入信当時、大岸は深刻な腸結核を患っていた。

呼吸は異様に荒く、四十度もの高熱が出て、食事も満足に喉を通らなかった。堂々たる体格だった往時と比べると、痩せ細って別人のようになっていたが、入信後は医薬を拒否し、ひたすら千鳥会による心霊治療に身を任せた。

戦後もなにくれとなく大岸の世話をしてきた門下生の末松に、大岸は、これは病気ではなく「ミソギ」だといい、「おれは業が深いから、神霊がきついみそぎをさせるんだよ」と語っていた（『私の昭和史』）。死の少し前、ようやく説得に折れて抗結核性抗生物質のストレプトマイシンを受け入れたときは、すでに手遅れになっていた。

千鳥会は、敗戦を新時代の到来を告げるものととらえ、神示に従って夜明け前に鳴く千鳥を会名としていた。千鳥が新時代を告げる夜明けの象徴であるなら、戦前・戦中は暗闇の時代だったことになる。それままさしく現神・天皇の時代だ。その時代が否定されて、千鳥会は生まれた。

「要は一人一人の魂を浄化し、一人一人の心の中に和の世界を打ち建てる」（塩谷信男「夜明けを告げて千鳥は啼く」『千鳥』十二号）ことこそが真の平和世界への道だと千鳥会は主張した。それは天皇との一体化を熱烈に求め続けてきた大岸のかつての思想とは正反対の思想だった。

大岸が、いかなる思いで千鳥会に入信したのか、それを語る資料は見当たらない。ただ、彼は教団に最も忠実な幹部信者として、信者獲得に奔走した。

昭和二十六年、大岸は病軀を引きずるようにして高知の片地村を後にし、鎌倉、神戸、さらには青森への修行と布教の旅に出た。鎌倉支部長の八幡夫妻、自身の妻、霊媒役の少女、付き添いにかりだされた末松太平らが同行した。千鳥会に入信したわけでもない末松には、まったく心弾むことのない不快な旅だったが、旧師の大岸に頼みこまれては、嫌とはいえなかった。

軍隊時代、大岸を崇敬してやまなかった部下や上官、退役後に机を並べた同僚や後輩らが、案内ハガキを見て、指定のホテルや大岸の後輩宅などに集まった。彼らは、かつて敬慕し、私淑した大岸との再会の集いだと思っていた。千鳥会の布教とは、まったく知らされていなかった。

学生時代に大岸と知り合い、敗戦後は片地村の大岸宅まで尋ねていったほど深く大岸に親炙していた大槻士朗も、そうした後輩の一人だった。その大槻が、昭和二十六年九月に大岸からハガキを受けとり、神戸で大岸と再会した。

大岸の門下生・末松太平による『完本 私の昭和史』（中央公論新社）は独自の視点で書かれた昭和史であり、名著として評価が高い。末松と大岸の関係も詳しく書かれている

「久しぶりに大岸さん夫妻に会えることを楽しみに当日、指定のホテルに赴いた。バタ臭い米軍専用のホテルである。豪華にしつらえられた神棚の前に、ゲッソリ痩せた大岸さんが奥さんと一緒に、心の友であると言う安部さん（会場ホテルの社長で千鳥会信者）と話合っ

ていた。神棚が豪華なだけに、大岸さんの姿は痛々しかった。『痩せましたね』と、心配する私に『現世の罪のみそぎだ』などと悟り切ったような返答には、返す言葉にも窮した。
……広間での食事の後、天杖、鈴振りの実演があった。こうした似て非なる宗教に入信した大岸さんと、我々が敬慕して来た大岸さんとの繋がりを、一体何処に求めたらいいのか。心に大きな空洞が出来たような思いだった」（「大岸さんを想う」『追想』）
久しぶりに大岸と再会した者たちは、みなその衰弱ぶりに驚いた。大岸が断固として医薬を拒んだ背景には、千鳥会の教えがあった。千鳥会の最初期の神示（二十三年六月）にこうある。
「あがないじゃよ　犯した禍罪あがなわんことには神の国へ行かれんよ　神の国つくりには禊ぎ祓いせんと花咲かんよ　地の上のすべてのものが長い長い間　罪重ねたむくいがくるんじゃよ　あがなうんじゃよ　犯した罪はあがなわぬといかんことになっとるよ」（『真の道神示』）
大岸は、こうした神示を我が身に受け止め、心霊治療（真手）に身を任せた。
かつて深い絆を結んでいた海軍の林正義《はやしまさよし》も、「ゆかりの者が集まって昔話でもしよう」と記された大岸からの案内状を受けとって、指定の個人宅に出向いた。
「家に行って見れば、案に相違して神がかりの様なことをやっている。大岸君も鈴を振って熱心に何か唱えていた」（林前掲随想）
鈴を振るというのは、この教団が神霊から教示された神行で、信者たちはみなこれをやった。神示の中に、鈴振りに関する教えがある。
「み鈴振りはよき世の中つくらんための進み鈴じゃよ　朝な夕なみ鈴振り振り世の嵐の鎮まりを祈る

んじゃよ　鈴はレイじゃろ　レイは礼儀じゃよ　天鈴うけて地鈴ならすんじゃよ　地の礼立てるんじゃよ」「鈴になるんじゃよ　鈴は中からっぽじゃろ　……鈴の音　人格の音じゃよ　相手次第で強くも弱くも鳴るじゃろ　神を入れて中心観できた人　極楽の音でるよ……」（同前）

大岸との再会を楽しみに集まった者たちは、一心にこの鈴振りを行じる異様な大岸の姿を見せつけられ、苦く複雑な思いだけを抱いて帰路についた。

敗戦の激動のさなか、大岸は万一の事態があれば天皇を守って死ぬ肚を固め、工作もしていた。その大岸が、千鳥会に入って別人になっていた。

戦前、浜口雄幸《はまぐちおさち》首相を狙撃した佐郷屋嘉昭《さごうやよしあき》も、大岸と面識があった。

「終戦後あったときには、妙な神がかりのようなことをいっておられ、以前の大岸さんとは、だいぶ変わった印象を受けた。京城であった印象が鮮烈であっただけに、率直にいって、ちょっと気の毒な感じがした」（「偉材だった」『追想』）

結核によって、50歳でこの世を去った大岸。大岸の胸に去来したのは、いかなる思いだったのか

昭和二十六年の長い旅は、文字通り死出の旅となった。

翌二十七年一月二十九日、大岸は鎌倉腰越の仮寓で五十年の生涯を閉じた。天皇という神から、千鳥会の神へと宗旨替えをしたとき、大岸の心ははたして弾んでいたのだろうか。

大久保弘一

……おおくぼ　こういち

熱烈なまでに天皇を信仰した霊媒体質の陸軍少佐

二・二六事件で皇軍相撃を未然に防いだ帝国陸軍が生み出した「神憑り軍人」の一人

昭和十一年二月二十六日未明に勃発した二・二六事件は、陸軍省・参謀本部・国会・首相官邸など永田町一帯を一気に占拠して成功するかに思われた。ところがわずか三日後の二十九日、あっけなく鎮定されて幕を閉じた。

この事件で、青年将校率いる下士官・兵に投降を促し、皇軍同士が戦闘状態に入る「皇軍相撃」を未然に防いだ軍人がいる。陸軍省軍務局付の新聞班員で、陸軍省が発行していた新聞『つわもの』の編集長でもあった大久保弘一少佐である。

大久保は、とりたてて取りあげるほどの軍功があったわけでも、陸軍史に書き残さなければならないほどの仕事を成し遂げたわけでもない。しいて挙げるとすれば、二・二六事件の拡大を、結果として未然に防いだことのみなのだが、それも大久保でなければできない仕事だったかといえば、おそらくそうではない。事件を前にしての軍部の混乱と迷走の中、たまたま上官から命ぜられてやったいくつかの仕事がうまい具合にはまっただけなのである。

そのような軍人をあえて本書で取りあげる理由は、大久保もまた、帝国陸軍が生み出した「神憑り軍人」の典型的な一人だったということに尽きる。まずは二・二六事件が鎮定されるまでの経緯を、ざ

雑誌に掲載された数少ない大久保の写真。
その視線の先に、大久保は何を見ていたのか
（写真＝『経済マガジン』3巻1号より）

っとふりかえっておこう。

事件勃発当日の空気は、蹶起部隊に対しておおむね同情的だった。軍首脳部は事件を穏便に解決する方途を摸索し、軍事参議官による宮中の緊急会議で決定された蹶起《けっき》将校らに対する告示も、以下のように、蹶起の精神を肯定するものとなっていた。

「一、蹶起の趣旨に就ては天聴に達せられあり
二、諸子の真意は国体顕現の至情に基くものと認む
三、国体の真姿顕現の現況（弊風をも含む）に就ては恐懼に堪えず
四、各軍事参議官も一致して右の趣旨により邁進することを申合せたり
五、之以外は一つに大御心に俟つ」

告示は川島義之《かわしまよしゆき》陸相名で発せられ、山下泰文《やましたともゆき》少将によって、陸相官邸に詰めていた野中四郎《のなかしろう》、香田《こうだ》清貞《きよさだ》、安藤輝三《あんどうてるぞう》、村中孝次《むらなかたかじ》、磯部浅一《いそべあさいち》ら蹶起の中心メンバーに伝えられた。

さらに当日二十時十五分には、国民に向けて事件の概要が陸軍省から発表された。

「将校らの決起せる目的は、その趣意書によれば、内外重大危急の際、元老、重臣、財閥、官僚、政党等の国体破壊の元兇を剪除《せんじょ》し、もって大義をただし、国体を擁護せんとするにあり。右に関し東京部隊に非常警備の処置を講ぜしめられたり」というのがその内容で、「決起趣意書」にあった「軍閥」の二文字こそ削られていたものの、蹶起将校らの目的は「国体破壊の元兇を剪除」することにあるとする、一定の理解を示す内容になっていた。

この日の段階では、蹶起部隊は、革命を志向して国家に敵対する「叛乱軍」ではなかった。蹶起部

隊を第一師団長・堀丈夫《ほりたけお》中将の隷下に組み込み、歩兵第三連隊長の指揮下に入って麹町地区の警備を担当せよという命令を発することで、私兵の出動ではなく、統帥系統に沿った正規の出動という体裁が整えられた。その際、蹶起部隊には、「敵と見ず友軍となし、ともに警戒に任じ軍相互の衝突を絶対に避くること」という口達が付け加えられていた。

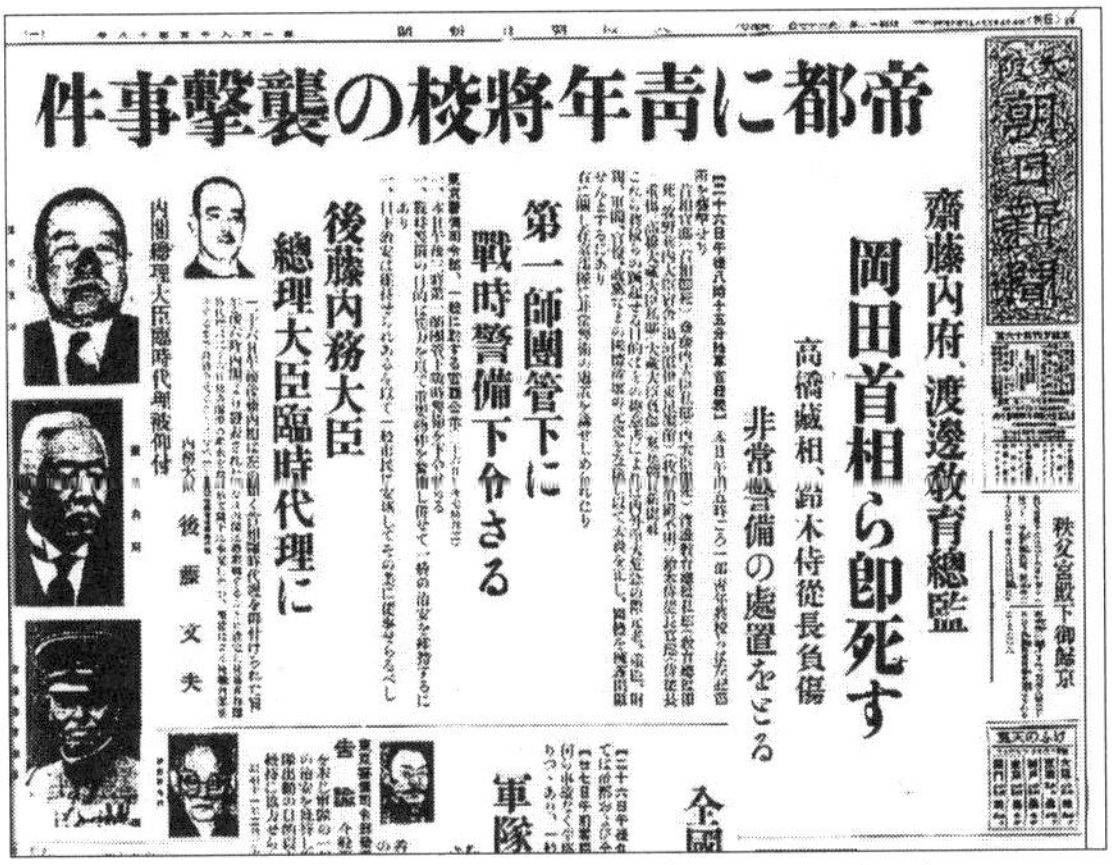
朝日新聞

帝都に青年将校の襲撃事件

岡田首相ら即死す

齋藤内府、渡邊教育總監

高橋藏相、鈴木侍從長負傷

非常警備の處置をとる

第一師團管下に戰時警備下令さる

後藤内務大臣 總理大臣臨時代理に

「二・二六事件」を報じる当時の新聞記事（記事は朝日新聞）

蹶起部隊の行動を義挙として激励する声が軍部にも国民の間にも広まり、原隊からは蹶起部隊のための糧食まで運びこまれた。

ところが、戒厳令が発せられた翌二十七日、事態は一変する。背景には、天皇の激怒があった。

軍首脳は事件を穏便に解決すべく動き回っていたが、天皇の意思は違っていた。わが股肱の老臣を殺戮するような「兇暴の将校」など、「何の恕すべきものありや」（『本庄日記』「帝都大不祥事件」二月二十七日）という、蹶起将校にとっては死刑宣告にも等しい言葉を発し、自ら近衛師団を率いて鎮圧するとまで口にした。これで事態は一気に鎮圧へと進むこととなった。

越えて二十八日となった。蹶起の日と同様、この日も東京は雪におおわれた。

青年将校に同情的だった戒厳令司令官の香椎浩平《かしいこうへい》中将は、なんとか彼らを説得しようと折衝を重ね、軍首脳に対しては、天皇に昭和維新の聖断を仰ぎたいとまで主張したが、すべて徒労に終わった。天皇の意思は初めから固まっており、「討伐」以外の道は、もはやなかった。そしてついに、「二十九日午前九時を期して攻撃開始」という方針が決まったのである。

「一、今カラデモ遅クナイカラ原隊へ帰レ
二、抵抗スル者ハ全部逆賊デアルカラ射殺スル……」

明朝には皇軍同士が雪を血で染めあうことになる。

運命の日を目前に控えた二十八日午後十一時半ごろ、大久保に緊急の呼び出しがかかった。兵隊に投降を促すビラを書けというのである。

それまで、説得の対象はもっぱら指揮官の青年将校だったが、それでは埒があかない。攻撃開始は目前に迫っている。ならば実戦部隊である下士官・兵を帰順させて、蹶起軍を丸裸にしようという作戦が、このとき生まれた。大久保は対談でこう述懐している。

「熱があったうえ、三日も眠っていない。頭を冷やそうとぶらっと外へ出て九段坂を上って行ったとき、ハッと気がついたことがあったんです。偕行社の別館に、事件以来、責任ある大将が八人カン詰めになっていた。私はその中にとび込んで、『戒厳令司令部の大久保少佐であります』と名のって攻撃開始を閣下方から司令官に延期してもらってくれと、と頼んだんです。私のあたまでは、飛行機と戦車を利用して兵に対するビラをまいて、と説明して、了承をうけた。（蹶起軍に対する攻撃は）午前中待とうということです。それで夜明けまでの数時間に、準備して、同僚三名と協力してビラの原稿を書き、朝日の記者にたのんで三万枚を朝六時までに刷ってもらい、立川の飛行場に戦闘機三機の手配をしたんです」(『放送夜話』所収「二・二六事件とラジオ」)

「下士官兵に告ぐ」と題されたビラには、

「一、今カラデモ遅クナイカラ原隊へ帰レ
二、抵抗スル者ハ全部逆賊デアルカラ射殺スル
三、オ前達ノ父母兄弟ハ国賊トナルノデ皆泣イテオルゾ」

の三箇条が印刷され、ほどなく兵たちの上空から撒かれたが、風に流されて狙った効果は得られなかった。ならばと考えられたのがラジオ放送だった。発案者である新聞班長の根本《ねもと》博《ひろし》大佐が再び大久保を呼びつけ、「反乱軍はラジオをきいておるらしい。帰順勧告の放送をやれ」と命じた。

大久保は急ぎ軍人会館内の映写室に駆けつけた。ここには放送機材が置かれている。その場で大久保はただちに「兵に告ぐ」の原稿を「書きとばし」、午前八時五十分、待機していたNHKアナウンサーの中村《なかむら》茂《しげる》がライツ型のスタンドマイクの前に立って原稿を読んだ。

戒厳令司令官・香椎浩平の名で発せられた戒厳司令部発表の文は以下のとおりだ。

「兵に告ぐ　勅命が発せられたのである。既に天皇陛下の御命令が発せられたのである。……此上お前達が飽くまでも抵抗したならば、それは勅命に反抗することとなり逆賊とならなければならない。……今からでも決して遅くはないから、直ちに抵抗をやめて軍旗の下に復帰するようにせよ。そうしたら今迄の罪も許されるのである……」

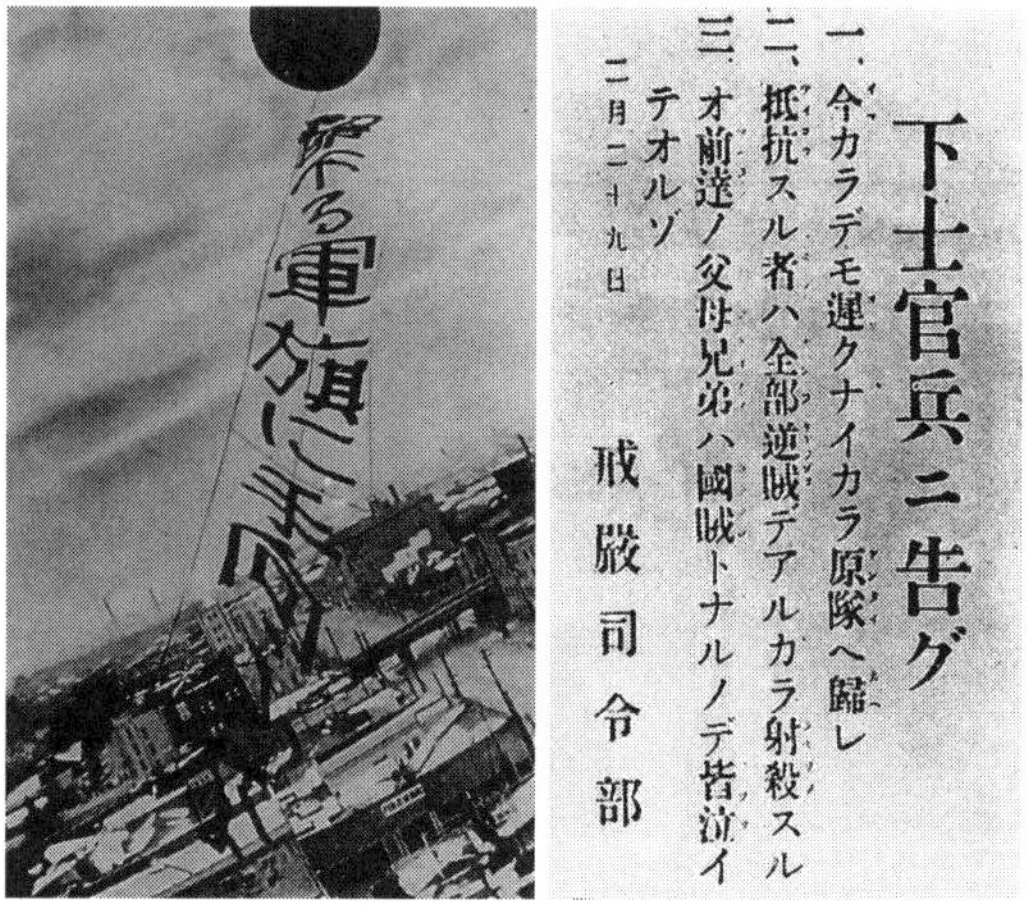

下士官兵ニ告グ

一、今カラデモ遅クナイカラ原隊へ歸レ
二、抵抗スル者ハ全部逆賊デアルカラ射殺スル
三、オ前達ノ父母兄弟ハ國賊トナルノデ皆泣イテオルゾ

二月二十九日　戒厳司令部

青年将校率いる下士官・兵に対してまかれた「投降を促す」ビラとアドバルーン。事件の拡大を未然に防いだのが、大久保だった

中村は涙を抑えて原稿を読み、終えるとマイクの前にうっぷした。日比谷の飛行会館の上に「勅命下る　軍旗に手向ふな」と大書したアドバルーンがあげられたのはこのときだ。

反応は早かった。八時五十分の放送後、九時半には最初の投降者が出、午後にはほとんどの下士官・兵が「軍旗の下に復帰」した。重臣・財閥・軍閥を徹底剪除して昭和維新を断行するという蹶起将校らの夢は、ここに潰えた。

大久保が書いた「兵に告ぐ」は、こうしてみごとな効果を上げたのだが、この文章は後に問題となった。帰順すれば「今迄の罪は許される」というのは大久保の独断専行で、陸軍刑法違反だという非難である。大久保はこう述懐している。

「司令官の名で（文書を）外に出すのは、大小にかかわらず主任参謀から参謀長や司令官のハンコを一〇ちかくとって出るんです。それを全然やっていないんだ。それと文句に情愛がこもって女々しいというんですよ。……ぼくに対する非難がたくさんあったものだから、山下泰文将軍がやってきて、『あれでいいんだよ。あれでなくちゃいけないんだよ』と、なくさめてくれました」

天皇の意志に反することは究極の大罪である

天皇への反逆者を意味する「逆賊」「国賊」という言葉は、当時の国民には条件反射的に恐怖心のスイッチが入るトリガーそのものだった。逆賊の汚名が着せられた瞬間、着せられた当人はもちろん、自分の家族や親族にまで累が及ぶのではないかという恐怖心に襲われた。

「軍人狂」という戦時精神疾患がある。戦場で自分の責務が果たせないことに苦悩し、「罪業妄想」がエスカレートして精神を病むに至ったもので、陸軍衛生幇助員として日露戦争に出征した荒木蒼太郎《あらきそうたろう》が報告している。

戦地での過失が原因で、家族一同が死刑の宣告を受けたという妄想に苦しむ兵、自分の疾患は天皇の兵卒として十分な働きができないことに対する「天罰」だと思いこんで精神を病む兵、自傷・自殺願望に憑かれた兵などの症例が記載されているが（大濱徹也「鉄の軛に囚われしもの－怪説・兵士の世界」『近代民衆の記録8　兵士』）、逆賊という汚名もまた、軍人狂と同様の「罪業妄想」「自罰」「欲死」（自殺願望）へと兵の心を追い立てていくトリガーになった。

「兵に告ぐ」は、まさにその急所を衝くものだったが、大久保がそうした効果を予想してあの文章を書いたかというと、私にはそうは思われない。なぜなら、「兵に告ぐ」は大久保が培ってきた「天皇信仰」の表白そのものだったからである。

いかなる大義名分があろうとも、天皇の意志に反することは断じて許されない。究極の大罪だと彼は心の底から確信していた。だからこそ、その大罪を犯す前に帰順せよ、そうすれば許されると、上司の決裁を得ずに独断で訴えた。

大久保はいかにしてこの信仰に到達したのか。以下、その経緯を追っていくのだが、残念なことに大久保の経歴は、まったくといってよいほど伝わっていない。陸軍省の『陸軍現役将校同相当官実役停年名簿』や国会図書館典拠検索データなどから、明治二十七年二月五日に生まれ、昭和四十九年五月二十一日に没したことまではわかったが、残る情報は多少の自著や雑誌原稿、座談会におけるわずかな発言ぐらいで、ごく一部のピースしか残されていない。

そもそも大久保は、口数が少なく、自分や家族についてほとんど語っていない。語りたくない理由があったのではないかと筆者は想像しているが、そう思うのは、昭和十四年の『宗教公論』（八巻一号）に「我が信仰」と題して書いた自身の信仰歴の中で、「自分は境遇や素質や性格等から人一倍心身の苦悩や所謂試練を多く味わって来た関係上……神を求むる気持ちも熾烈であった」「自分は世界で一番苦しみ悩んできた人間であると思っている」と述べているからだ（大久保が自身について述べたものは、管見ではこれ以外には見当たらない）。

この文章からは、出自もしくは生育環境における何らかの問題ないし障害があった様子がうかがえる。写真を見ても、明るい印象はまるでなく、陰鬱で狷介な雰囲気が横溢している。そんな気質のゆえか、大久保は熱烈に神仏を求めた。

「古聖賢の書や聖典、或は一般宗教哲学等に関する書物も貪り読んだ。キリスト教的な信仰生活も長い間続けた。即ち教会にも屡々通い、聖書も韋編三絶する程耽読し、祷ることも頻りとした。……仏

門にも深く関係し、読経や念仏、坐禅等の生活も続けた」(前掲論文)

キリスト教に対する信仰は、天皇を絶対的な神とすることで成り立っている旧帝国陸軍の精神土壌から考えれば、まことに稀な例といえる。大久保はそれほどまでに強く神を求めた。けれども結局、キリスト教も仏教も大久保に安心を与えることはできず、精神的な放浪時代が長く続いた。

その後、正確な年時は不明だが、およそ三十代の半ば頃(昭和四、五年)に台湾の台中勤務となり、そこで信仰面での一大転機を迎えた。

最愛の妻を亡くし、自然と同化した大久保が経験した数々の神秘体験

勤務地の台湾で「最愛の妻を腸チブスで亡くし、愛児二名を内地の里に預け」た大久保は、それまでのように経典や書物を読むことをすっかりやめてしまい、深い孤独の中に沈潜した。そんな生活からいつしか生まれたのが、自然への無我的な没入だった。大久保自身の言葉を引こう。

「自分は何ものも忘れて、朝な夕な、山を眺めて空を仰ぎ、大自然の美観へ陶酔していた。夜もすがら寝もやらず付近の河原や野原に佇んでいたこともある。さらぬだに子供の時から自然を眺めるのが好きで小川の流れを丸半日も眺めていて、水の生命の不可思議を思ったり、コスモスの花と会話したりしたことがあった」

さりげなく「コスモスの花と会話した」と書いているが、これは文学的な心象風景の描写などではない。文字どおり花と会話したという意味であり、神秘傾向は子ども時代からのものだった。

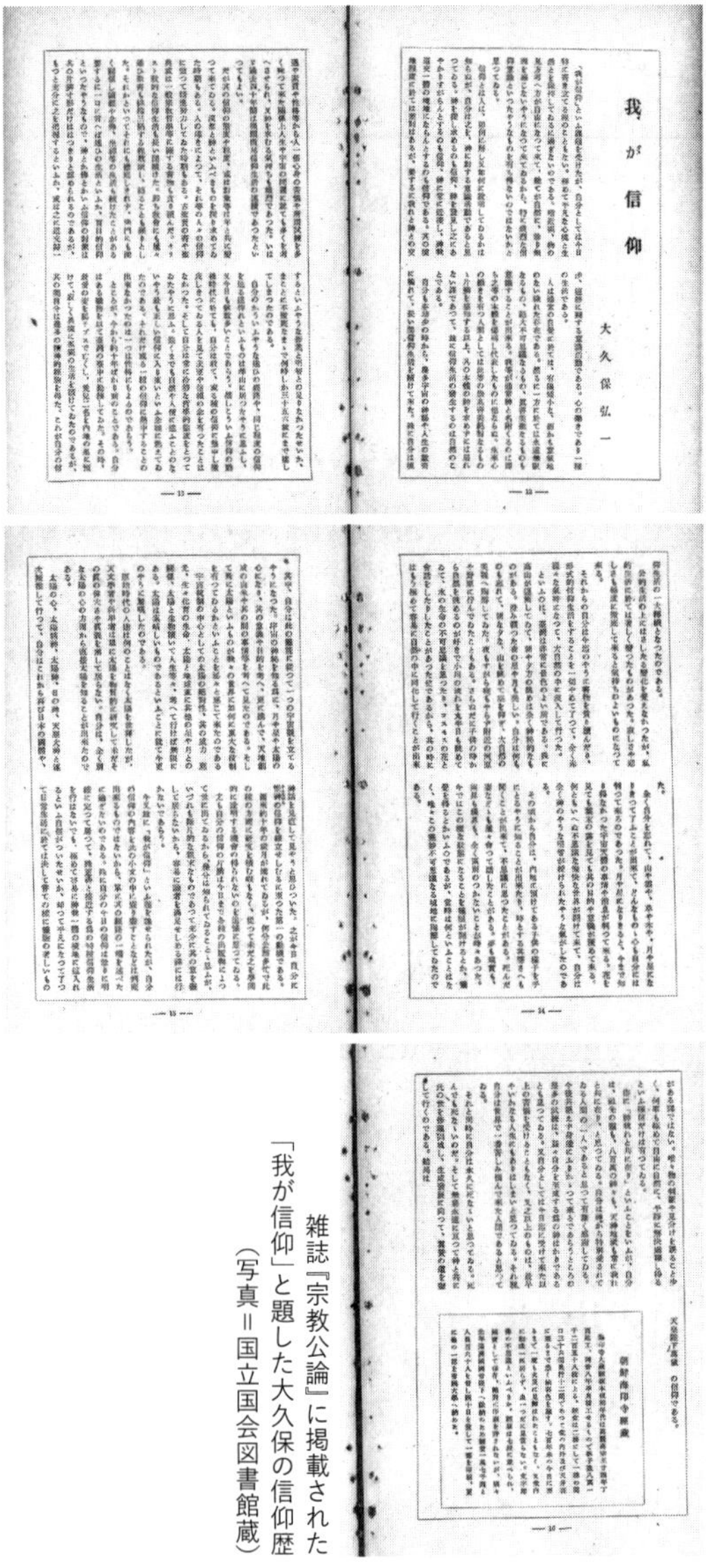
我が信仰

大久保弘一

雑誌『宗教公論』に掲載された「我が信仰」と題した大久保の信仰歴（写真＝国立国会図書館蔵）

こうして自然と「同化」していくうちに、大久保にさらに広大な神秘体験がやってきた。

「全く自分を忘れて、山や雲や、草や木や、月や星になりきって了うことが出来て、どんなものの心も自分には判って来るのであった。月や星になりきると、今まで知り得なかった宇宙天体の事情や消息が判って来る。花を見ても葉末の露を見てもその目的や意義が読めて来る。何ともいえぬ不思議な愉快な世界が開けて来て、自分は全く神のような明智が授けられたような気がした」

この頃から、大久保に「霊能」「霊覚」が開けた。

「内地に預けてある子供の様子を手にとるように知ることが出来たり、時とするとその声さえも聞くことが出来て、不思議に思ったことがある。死んだ妻などとも屡々会って話した」

雑誌の座談会に出席した大久保。これも写真が掲載されている数少ないものだ（写真＝『婦人倶楽部』18巻11号より）

大久保の霊能については、仏文学者の中島健蔵《なかじまけんぞう》が興味深い証言を残している。戦後の昭和五十二年、雑誌『太陽』の特別企画で作家の井伏鱒二《いぶせますじ》、文芸評論家の巌谷大四《いわやだいし》と行った鼎談「戦争と人と文学」において、中島はこう語っているのだ。

「不思議な人でね、テレパシーというのかね。物が突然とどこかへ運ばれちまうとか、SF小説みたいなことを信じていたんだよ」

霊能が開けた段階から、大久保はさらに先、宇宙の実相へと、歩を進めた。

「自分は此の霊能に従って一つの宇宙観を立てるようになった。宇宙の神秘を知る為に、月や星や太陽の心になり、その意義や目的を考え、更に進んで、天地創成の由来やその間の事情等を考えて見たのである。そして殊に太陽というものが我々の世界に如何に重大な役割を有っているかということを泌々と感じて来たのである」

やがて大久保は、太陽こそが宇宙を統べているとの認識に達した。さらに、太陽の心、太陽の神、天照大神へと思考は進み、日本神話や日本国体に沈潜することで、ついに天皇絶対、神国日本絶対という、われわれにはすでになじみとなっている皇国史観一本槍の信仰へと行き着いた。

この段階で、大久保は「極めて容易に神我一体の境地に這入れるという自信がついた」。「自分は神から特別愛されている人間の一人であると思って有難く感謝」するようになったのである。

書物による悟りはどこまでいっても〝悟りもどき〟である

大久保の現人神天皇と神国日本に対する信仰は、雑誌『経国』六巻一号の「国体認識に向える現代思想の批判」（昭和十四年）で縦横に展開されている。

大久保にとって、日本は「人類の理想国」であり、開闢の初めから「自利利他満足の絶対道」を建国の精神としてきた。このような成り立ちの国は、日本以外には存在しない。日本は「真理の顕現」として成った、まったく特別な国であり、この国が存在していることそれ自体が、大久保にとっては「神の意志」にほかならないと思われた。

「自利利他満足の絶対道」には、ただ一人の受肉者がいた。「天照大神の現身《うつそみ》」である天皇だ。宇宙を統べている太陽（天照大神）の直系が天皇なのだから、地上世界も、やがては必ず天皇のもとに帰一する。「如何なる国も究極に於ては我が建国精神に基かずしては真の人類の平和と福祉を齎《もたら》すことは出来ない」からだ。

ここから、熱烈な天皇信仰が展開されていく。

日本の臣民たる者は、ほんらい誰であれ天皇と魂のレベルで結ばれ、ひとつにならなければならない。天皇とひとつになることこそが日本精神であり「惟神道《かんながらどう》」なのだが、国民はそこまで深く天皇と神国の意義を理解していない。

「天皇は天照大神のその儘の表現たる現身で神格にましますのである。然るに世間には、この天皇の御本質たる神格を拝し奉ることができないで、単に国家の元首又は君主としてのみ考えている者が多い。斯くては自己の仕する国の神国たる所以が失われて人国となる。故に自己の神性も開発せられず、国体の荘厳なることも唯観念的に考うるに過ぎなくなり、従ってその心は真の事由と充足を得ざるが故に、他に何らかの満足を求めざるを得なくなり、神性はいよいよ覆蔽されて、遂には神とか国体とかは之を考うるのも嫌悪を生じて、全く個人主義の氾濫の中に陥ってしまう」

この状態から抜け出すには、どうすればよいのか。大久保は、書物などの言説は棄てて、神人合一の実践あるのみだと主張し、実践法として「禊祓《みそぎはらい》」を挙げた。

「心の汚穢を除き、心扉を開き、神に帰るの道は唯神明の前に禊祓の行を勤むるより他はない」

万人が宿している神性は、「心の汚穢」によって隠されている。その汚穢を、「恰も玉を磨くが如く溝を浚うが如く祓除」すれば、おのずと「神明に交感し得る扉」が開き、天皇と一体化する。

当時、大久保は書物を捨てていた。書物による悟りはどこまでいっても〝悟りもどき〟であり、錯

大久保の主著『太陽と日本』で
大久保は自身の信仰を明確に表明した

覚と混迷に導かれる以外にない。覚醒は、ただ全的没入によってのみ得られると確信していた。

「言説によって知り得るのは、単に国体の形骸か歴史的概念に過ぎないのであって、断じてその本義でもなければ、精神でもありえない。国体の本義は真に国体の中に没入し、国体精神に生くるところにのみこれを覚知し得るのである。国体の中に生くるとは、知識の世界を脱却して、一切の個人的なるものを棄てて国体の本源たる神に冥合帰一することをいう」

　この主張は、台湾における見神体験がもとになっている。書物を捨てて自然との神秘的合一感を体験した大久保は、そこから神との合一へと進むことで、日本国体と一体化し、前項の大岸頼好《おおぎしよりよし》とはまったく別の道を通って尊皇絶対へと行き着いた。

「神性が認識出来れば、皇国の民であるという自覚はそのまま自己の神性の開発になって来るし大御心を拝して、天皇陛下の万歳を唱えまつることは、そのまま即身成仏である」

　こうした信仰は、彼の主著『太陽と日本』（昭和十五年）で明確に表明された。

　同書の中に、興味深い主張がある。前項の大岸頼好のところでも少し書いた中国の新興宗教、道院《どういん》紅卍字会《こうまんじかい》について述べている部分だ。

「和製ジャンヌダルク」川上初枝、そして紅卍字会との関係

至聖先天老祖《しせいせんてんろうそ》を最高神として奉ずる紅卍字会は、山東省済南市で生まれた道院の付属団体として一九二二年に創設され、広くアジア全土に広まった。日本では出口王仁三郎の大本教と提携し、日本各地に支院を開いている。

紅卍字会の特色は、自動書記の一種である扶乩《フーチ》（前項参照）によって神々からの神誥（乩示）を受け取るところにあったが、大久保は、当時、大陸で縦横無尽に活動し、「和製ジャンヌダルク」と呼ばれた霊媒・川上初枝《かわかみはつえ》（若林初枝、内山若枝、日高みほとも称した）との交流から、紅卍字会と関係をもったものらしい。

三村三郎によれば、初枝は大陸から仏印あたりまでの広大な地域を活動の舞台としており、満州・中国の「道院、紅卍字会のあるところには大抵女史の一行が出入りしていた」。日本国内の活動も旺盛で、「特に軍関係に女史の思想的影響は大きく、はじめは関東軍に、のちには陸軍省参謀本部に喰いこんでいた」（『ユダヤ問題と裏返して見た日本歴史』）。

関東軍との関係は、初枝の父・川上賢三《かわかみけんぞう》から受けついだものと思われる。賢三は満州で手広く事業を展開し、地元の顔役になっていた実業家で、復県関子（現・大連市瓦房店市）で日高見農場という果樹農園を経営していた。

日本では大本教との提携などで知られる紅卍字会。
会員は「卍」の旗や腕章をつけていた

この日高見農場が、関東軍司令部第四課（政策担当）に属する特務機関・三京公司（商社）の下部組織で、満州の黒社会とも連携していた。賢三は人入れ業やアヘン密輸などを行う八達組という団体を組織しており、初枝が「女組長」と見られたこともあったと、大連育ちで初枝の娘なども取材した富永孝子が書いている（『大連・空白の六百日』）。

実際、初枝は満州と日本を頻繁に往来して軍部や政界などへの働きかけを怠らず、満州神社創建など、さまざまな工作をおこなった。朝鮮における道院の設立にも参画しており、復県紅卍字会名誉会長と満州国紅卍字総会責任会長を兼務したのは初枝に従っていた夫の若《わか》林《ばやし》不比等《ふひと》だった。

日本では初枝が指揮して東京・成城にアジトの巴章呂《はしょうろ》をつくり（昭和七年）、小田秀人《おだひでと》、塩谷信男《しおやのぶお》ら国内の心霊研究者のほか、満州の日高見農場で組織した心霊研究同志の萩原真、舟田六郎《ふなだろくろう》、竹内重郎《たけうちしげお》らが参加した。これら参加者はおもに心霊研究に従事していたようだが、初枝はそれにとどまらず、軍部や政界要人などのもとを頻繁に訪れた。

前出の三村三郎は、朝鮮や日本などでたびたび初枝と出くわし、その驚異的な神出鬼没ぶりをよく知っていた一人だが、「(初枝は)政府や軍の機密なども怖ろしいまでによく知っていた。神戸では印度人を集めて講演や座談会などをやったり、ユダヤ人との連絡は上海のブナイブリス結社や、ハバロフスク西方黒竜江沿岸のビロ・ビジャン等とも密に連絡していたようであった」と書いている。

インドの独立運動にも顔を出しており、三村とともに昭和十七、八年ごろ、元陸軍大将で首相だった林銑十郎を訪ねて「在日印度教徒の顧問になって頂きたい」と依頼し(林は在日回教徒の顧問を引き受けているからという理由で断ったという)、同じくインド工作の一環で徳川義親《とくがわよしちか》とも接触していたという(三村前掲書)。

大久保と紅卍字会との接点は、日高みほとの交流からによるものだったという。大陸で縦横無尽に活動を展開していた日高は「和製ジャンヌダルク」と呼ばれたという(写真=『生命の原点に還れ』小田秀人より)

このように、初枝は縦横無尽に国内外を動き回って工作活動を行っていたが、諜報活動の常で工作員・初枝の行動は秘密裏のものであり、具体的な内容はほとんど知れない。大久保が、いつどのような形で初枝と接点をもったのかも

不明だが、三村が「大久保弘一大佐（中佐）なども女史の息のかかっていた一人」と明記していると
おり、大久保は紅卍字会に対する深い関心を持っていた。両者の出会いは、この巴章呂時代だった可
能性が高い。
それというのも、戦後、巴章呂の中心メンバーだった塩谷信男と萩原真が、扶乩などによって神霊
との降霊を図る新興宗教団体・千鳥会《ちどりかい》を組織したとき（昭和二十三年）、そこに大久保も参加している
からである。

大久保の血肉となっていた熱烈なまでの天皇信仰

話を戦前にもどそう。紅卍字会の扶乩を自らがおこなって得られたという神誥を、大久保は『太陽
と日本』で紹介している。以下がそれだ。
「土下日霊《にちれい》を潜め、旦《あした》なれば土上に日を出す。古昔は水を以て地を被い、海即ち平地を治む。治めて
後、日裔《にちえい》これを受理す」
土下は文字通りの土の下の意だろう。太陽の霊である日霊は、土下に潜んでいる。やがて朝になる
と、日霊は太陽として土の上に現れる。太古には、水が大地を覆い、海が大地を治めていた。その時
代を過ぎると、太陽の子孫（日裔）がこれ（地球全体の統治権）を受理する――といったほどの意味に
なるのだろうが、大久保はこれを「日本の天皇が天津神以降、一系、位万世に連なる絶対の中心とし
て地上万物を統治し給うべきものであるとの神示」だと受け取った。日裔を、天照大神の直系子孫で

ある天皇のことと見倣したのである。

「この種のことは支那に於て屡々現れるので、少なくも紅卍字会関係の支那人は、日本の天皇の御地位、御本質に就ては、聊かその真を解しているように思われる」とも彼は述べている。大久保にとって、天皇が世界天皇だということは、神界における不動の真理だった。紅卍字会の扶乩にしばしばそうした霊告が現れるのも、その証だと見なしたのである。

日本はかくも神聖な意義・天命を帯びた国なのだから、「日本国民は悉く、日本という大いなる国家生命体の一分子として、国家全体を挙げて行う久遠の天業に生きかわり死にかわり奉仕するの使命を有っている」。欧米流の自由平等や、共産主義といった思想は、「便宜上仮定せられた一時的の約束や観念としては許されるが、本来私有し私議し得るものは何ものもない……天皇の御前に一切は無私無有」だと、彼は主張した。

この熱烈な天皇信仰は、冒頭の「兵に告ぐ」の時点で、大久保の血肉となっていた。蹶起将校がいかに自分たちの正義を主張しようとも、勅命の前にはすべてが無意味となり、大罪となる。だから速やかに非を悟って帰順せよ——「兵に告ぐ」には、大久保のこの思いがこめられていた。

大久保の頭の中には、「宇宙の誠、日本精神の具現者、御本尊」である天皇の統べる日本が敗戦するなどという思いは、微塵もなかったに違いない。

中国共産党軍の背後にいて、虎視眈々と日本を狙っているソ連について、彼はこう書く。

「機械万能とか物質主義とか共産主義とかいうことが、人間生活の邪道で、天意に悖《もと》るところであるが、かかる誤れる思想と国情の下に育てられ、精神的要素などを全然所有せぬソ軍等が、天業恢弘《てんぎょうかいこう》を翼賛し奉る神兵とも称すべき日本軍と戦って勝つなどということは、天地転倒するともあり得べからざることである」

目下戦闘の渦中にある中国についても同じだ。今時の事変（日中戦争）は「日本が親心を以て一部不逞の徒に膺懲《ようちょう》の鉄槌を加え、四億民衆を擁する支那の正純なる更生興隆を図らんと」して起されたもので、「皇道世界維新の東亜的表現」にほかならない。であればこそ、最終的に日本が勝利することは確定していると大久保は断言した。

けれども日本は敗れ、天皇は「人間宣言」を行って神の座から降りた。

戦後の大久保の心の軌跡は不明だ。ただ、戦後ほどなく、千鳥会で活動していたことはわかっている。前項の大岸頼好を千鳥会に引き入れたのも大久保だった。その経緯については、大岸のところで書いたとおりだ。

千鳥会も扶乩を用いたが、そこに出る神誥は、世界的な新時代の到来は告げているものの、戦前戦中に見られたような天皇信仰臭は、ほぼ隠されていた。天皇信仰そのものがなくなったわけでないことは、以下の神示からうかがうことができる。

「今し現《うつ》し世の若人ら　気萎え　心しぼみて太刀佩けて篁《たかむら》の真垣《まがき》とならん気根失いしよ　神の世来たさんの折　若人らおのもおのも幸のみ請いて真垣とならんの力なしよ　……真垣とならん竹の一葉もその根を統べる篁に連なりあると知らしめよ」（昭和二十八年九月）

ここに出る「篁」は竹の園生《そのう》、すなわち皇室を指し、「真垣」はその皇室を取り囲んで守護しなければなければならない日本国民を意味する。敗戦後の若者は「心しぼみて」皇室守護の気根を失っているが、そうした者もすべて「篁に連なりある」――天皇によって生まれ、活かされているのだから奮起させよと、この神示は訴えているのである。

興味深いことに、千鳥会には多くの旧軍人が入信していた。後に世界真光文明教団を開いた岡田光玉《おかだこうたま》もその一人で、千鳥会の「真手《まなで》」を取り込んだ「手かざし」を「真光の業《わざ》」と称して布教に用いていたが、同教団の初期には『竹内文書』に出る架空の歴代天皇を暗唱することまでおこなったと、私は三十年ほど前、老齢の古参信者から直に聞かされている。

彼らは天皇という中心の喪失を、千鳥会の活動に没頭することによって〝霊的な方面〟から回復しようと摸索した。千鳥会時代、大久保は「篁智明」と名のったという。「篁」は千鳥会の神示に出る天皇家の象徴であり、戦前大久保が加わっていた川上初枝のカルト名「篁の一団」の篁、初枝自身の別名・篁白陽《たかむらはくよう》の篁でもあった。私には、大久保のこの道名が、戦前の天皇信仰の亡霊のように思われてならないのである。

石原莞爾……いしわらかんじ
「世界最終戦争」を見据え「東亜連盟」を唱えた陸軍中将

一・帝国陸軍の異端児

思想的にも生理的にも
「軍閥」を嫌悪した石原莞爾という軍人

日本を震撼させたクーデター未遂事件に、海軍将校らが犬養毅《いぬかいつよし》首相を殺害した五・一五事件（昭和七年）と、陸軍将校が政府首脳や陸軍幹部らを殺害した二・二六事件（昭和十一年）がある。

二・二六事件当時、参謀本部作戦課長と戒厳参謀を兼務して事態収拾に動いた石原完爾は、後に陸軍士官学校同期・同中隊・同区隊で、退役後も石原と親しく接してきた元陸軍中将の平林盛人《ひらばやしもりと》に、両事件についての思いを吐露している。

五・一五事件は「純真で私心がなかった」が、二・二六事件に関しては「全く堕落だと痛罵して居った」というのだ（平林盛人『私の観た石原莞爾将軍』、『石原莞爾研究』第一集）。

なぜ二・二六事件は「堕落」なのか。将校らが天皇の軍隊を勝手に動かすという大罪を犯し、なおかつ軍人には禁止されている政治行動を起こして、陸軍を軍閥抗争に引きずりこんだからである。

石原の軍閥の定義はきわめて簡明だ。「徒党を組んで政治行動に出る」軍人グループが、石原にとっ

異端にして狂信的なイメージが定着している石原莞爾。
だが、人間・石原莞爾の本質には、いったい何が
存在していたのか……（写真＝鶴岡市郷土資料館蔵）

ての軍閥なのである。だからこそ石原は自分の閥はつくらなかったし、誘われると激烈な調子でその過ちを指摘し、情け容赦なく切り捨てた。

二・二六事件は、石原の目には、軍閥の醜さが最も露骨に表れた事件と映じた。蹶起将校を老獪な腹芸で使嗾《しそう》した皇道派棟梁の一人である真崎甚三郎《まざきじんざぶろう》が、事件当日、わざわざ勲一等旭日大綬章を佩して反乱軍の占拠する陸軍省に現れた場面に、その醜さが集約されている。

「何の意味でかかる大事件の場合に旭日章を吊ってきたのか、誰れが考えてもおかしいではないか。……革命政府が出来たらその棟梁である真崎に当然組閣の大命でも降下すると思い込み、お召の場合をすでに考慮して、旭日章を吊って出てきたものとしか、俺には考えられない。大体、西郷隆盛になる（全責任を負って割腹自刃するの意）だけの度胸もなくて若い将校らにやらせて、イザ事が『非』となれば、知らぬ、存ぜぬで逃げる奴に何ができるか」（高木清寿《たかぎきよひさ》『東亜の父石原莞爾』）

石原のこの言葉を伝えた高木清寿は、『報知新聞』記者時代に石原の知己を得、その後、満州国協和会東京事務所指導部長、東亜連盟同志会常任委員などを歴任して石原に親炙《しんしゃ》した人物だ。

ここで石原が語っているとおり、青年将校らは蹶起にあたり、真崎を首班として革命政府を樹立するという青写真を描いていた。それゆえ真崎は、首尾よくクーデターが成功して首相に任じられた場合を想定し、勲章をぶらさげて姿を現した。

事件終結後、磯部浅一《いそべあさいち》（本章二節で詳述）は陸軍衛戍《えいじゅ》刑務所で、陸軍憲兵大尉・大谷敬二郎《おおたにけいじろう》の取り調べを受けている。その際、事件前に真崎を訪問したこと、および「閣下も……決死的に御努力を願いたい」と協力要請を行ったところ、真崎は「俺もやる」と明答したと供述している（「聴取書」『二・二六事件＝研究資料Ⅱ』）。

また、その真崎が勲章をぶらさげて蹶起将校らの陣取る陸軍省に現れたときも、磯部は出迎えたが、このときも真崎は、「お前たちの心はヨオックわかっとる、ヨォッークわかっとる」と、激励とも説得ともとれる狡猾で政治的な言葉を発していた（磯部浅一『行動記』）。

事件当時、何も対処できずに右往左往していた陸軍首脳、とりわけ皇道派のボスの真崎甚三郎や荒《あら》木貞夫《きさだお》に対し、急遽、戒厳司令部の参謀に任命されて鎮圧の陣頭指揮をとった石原は激怒した。

「こんな馬鹿大将がいるからこんな事件が起こるんだ。鎮圧ができないなら黙って引っ込んでいるがよろしい」と面罵したと高木前掲書が伝えている。

潔癖で知られた石原は、軍閥を思想的にも生理的にも嫌悪した。だから、皇道派のボスたちを罵倒したのだが、鎮圧後にはもうひとつの軍閥である統制派が天下を握り、皇道派をはるかに凌駕する陰湿な政治活動にのめりこんだ。その代表が、日本を破滅に向かわせた暗愚の宰相・東條英機《とうじょうひでき》なのだが、石原と東條の関係については後述する。

「織田信長を現世に見るが如き人」「彼くらい清浄潔白なる者は知らない」

自分が正しいと信じたことなら、石原は二・二六事件時のような歯に衣着せぬ発言を、ためらいなく口にし、果断に実行した。そのため政治的な動きに浮き身をやつす幕僚たちは、石原を頑固で融通のきかぬ煙たい男として異端視し、敬遠した。経歴や能力からいえば、幕僚となって陸軍を動かすポ

皇道派の重鎮・真崎甚三郎。
石原にとって醜い軍閥を象徴する人物だった

ジションについておかしくない石原が、ほとんど省部（陸軍省と参謀本部）の要職に任ぜられなかった理由は、そこにあった。

けれども、身近にいた者たちの石原観は違った。たとえば石原の「手足」とも「石原陣営中の筆頭」ともいわれた杉浦晴男《すぎうらはるお》は、「石橋を叩いて、なお渡らない方」だったと評している（白土菊枝《しらときくえ》「石原莞爾将軍の信仰に関する覚え書」近現代史誌『史』、以下「白土覚書」）。

その一方で、こうと決めた後の動きは果断迅速そのものだった。逡巡は一切なかった。そんな石原を「織田信長を現世に見るが如き人」と中野正剛《なかのせいごう》は評した（高木前掲書）。

私生活はあきれるほど謹厳質朴だった。「絶対に飲酒せず、喫煙せず、料理屋へ行かず、女犯せず、日本の名士中、彼くらい清浄潔白なる者は知らない」と平林盛人は回想し（前掲論文）、労著『東亜聯盟期の石原莞爾資料』をまとめた野村乙二朗《のむらおとじろう》も、「石原は殆ど生理的と言いたいほど寡欲であり、経済的には極端なまでに潔癖」だったと書いている。

平林は石原同様の硬骨漢で、東條および太平洋戦争を厳しく批判してきた。戦争勃発直後の昭和十六年十二月二十九日、彼は将校の昼食会で「泥沼化している中国戦線を未解決のまま、米英軍を相手に戦う余力は、今の日本にはない。負け戦と分かっている戦争は、絶対にやってはならない」と主張し、東條などは「憲兵司令官を最後に予備役に回すべき」男で、「陸軍大臣、総理大臣の器ではない」と公言していたことが、平成二十一年十二月七日の毎日新聞報道で明らかになっている。

その平林は、石原を「あらゆる権威にも屈せず恐れず、所謂富貴も淫する能はず、威武も屈する能はざる」男だとした上で、とりわけその徹底した「正義感」および「先見と大観」を激賞した。

たしかに石原には、「私心」というものがなかった。それゆえ軍閥を蛇蝎のごとく嫌悪し、私利私欲で動く者を相手にしなかった。

石原は東條英機も激しく糾弾した。
異端児とみられる石原だが、その根底には
おどろくほどのリアリズムがあった
（写真＝国立国会図書館蔵）

「閥」は私心に基づく人事から必然的に生まれてくる。情実人事によって阿諛追従《あゆついしょう》の茶坊主連が権力の中枢に巣喰い、権力による暴力と、背後から操っている民間職業右翼の暴力、さらに法律の恣意的な運用という何重もの暴力を用いて、反対者を黙らせていく。政治家も国民も「長いものには巻かれろ」で口を閉ざすから、国家は急速に蝕まれる。当時の陸軍はその典型であり、情実人事の権化として最後に登場してきたのが、統制派のトップにまでのぼりつめた東條英機なのである。

その東條に激しく噛みつき、独自の天皇信仰と東亜民族協和のプログラムを〝神憑り〟的な信念に導かれて実現させようとした人物——それが石原莞爾であった。石原莞爾とは何者なのか。これまでとりあげてこられなかった資料も紹介しつつ、石原の実像に迫っていきたい。

日蓮と『法華経』信仰によって導き出した石原の異形なる「天皇観」

石原には、終末論と結びつけられた独自の天皇観があった。

近い将来、東亜の王道と欧米の覇道による「世界最終戦争」を迎えるが、そのとき王道諸国を率いる一人の「賢王《けんおう》」が現れて、最終戦争を勝利に導き、世界を統一して恒久平和を実現する。その賢王こそが「天皇」だというのである。

天皇を世界の唯一の統治者、世界総帝たるべき神命を受けて地上に現れた現神《あきつかみ》とする天皇観は、幕末の国学者をはじめ、これまでの章で見てきたユダヤ陰謀論系の軍人や、竹内文献を信奉する軍人など、多くの〝神憑り〟軍人たちが抱いてきたものだ。

ただし彼らの場合は、皇国史観に染めあげられた神道、とりわけ明治以降に国粋主義の流れを受けて時代思潮のひとつとなっていった古神道という名の新神道に、その根拠を求めていた。けれども石原は、そちらのグループの人間ではなかった。彼は、全身全霊を注ぎこんだ日蓮および『法華経』信仰によって、この異形の天皇観を導きだした。ここに石原の特異性があるのだが、それを検討する前に、彼の軍歴をざっとながめておこう。

石原莞爾は明治二十二年一月十八日、山形県鶴岡町（現鶴岡市）日和町で、警察官の父・啓介、母・鉦井《かねい》のもとに誕生した。父の転勤にともない小学校を転々とした後、仙台の陸軍地方幼年学校、ついで東京の陸軍中央幼年学校を卒業。山形第三十二連隊の歩兵上等兵を振り出しに伍長・軍曹と進んだところで陸軍士官学校に入り、卒業後の明治四十二年、見習い士官として原隊である山形第三十二連隊にもどり、翌年から半島に赴任して朝鮮守備についた。

石原莞爾の幼少時代（写真・前列左）。
警察官の父の転勤にともない、小学校を転々としていた
（写真＝鶴岡市郷土資料館蔵）

その後、連隊長らの推挙を受けて陸軍大学に入学し、卒業後は六十五連隊中隊長、教育総監部などを経て、中支那派遣隊司令部付で中国に渡った。

この間の大正八年、三十歳の年に、石原は人生における二つの大きな転機を迎えている。第一は最愛の妻・国府銻《こくぶてい》との結婚（石原は非常な愛妻家

少年・石原莞爾はその目で、いかなる日本の未来を見ていたのだろうか
（前列左から3番目。写真＝鶴岡市郷土資料館蔵）

だった）、もうひとつは『日本書紀』の「八紘為《はっこうい》宇《う》」をもとに「八紘一宇」という国体スローガンを造語・普及させた田中智学《たなかちがく》による、過激な在家日蓮主義団体・国柱会《こくちゅうかい》への入信である。

著書『戦争史大観』の中で、石原は「日蓮聖人に到達して真の安心を得、大正八年武漢江赴任前、国柱会の信行員となった」と述べ、「ことに日蓮聖人の『前代未聞の大闘諍《とうじょう》、一閻浮提《ふんぶだい》に起こるべし』は私の軍事研究に不動の目標をあたえた」と記している。

石原のいう「前代未聞の大闘諍、一閻浮提に起こるべし」とは、末法の世になると、世界（一閻浮提）にかつてない規模の戦乱が起こるとした日蓮の予言（『撰時抄《せんじしょう》』）をさす。この予言と向き合う過程で、石原は末法とはまさに今このときのことであり、末法に起こるはずの「前代未聞の大闘諍」とは、世界最終戦争のことだと「直感」（『世界最終戦争論』）したのである。

世界の統一と救済という大使命を担う「賢王」それこそが「天皇」である――

『法華経』は、末法時に出現して『法華経』の教えを広める救済の菩薩が四人いると説き、筆頭に上《じょう》行《ぎょう》菩薩《ぼさつ》の名を挙げている。

末法の時期は、釈迦牟尼仏《しゃかむにぶつ》の入滅を起点として計算されるが、釈尊の入滅は、近代までは紀元前九四九年と信じられており、これを起点に末法入りの年を計算して、平安末期の永承七年（一〇五二）が世界の末法入りの年だと信じられてきた。

日蓮は世界が末法に入った後の承久四年（一二二二）に生まれている。しかも熱烈な『法華経』の弘通、またその来し方や信仰は、『法華経』の説く上行菩薩に合致している。だからこそ、まず日蓮自身が、自分は上行菩薩の生まれ変わりだと考え、日蓮宗や国柱会など日蓮系団体も、宗祖・日蓮を上行菩薩の化身と崇めて信仰した。もちろん石原も同じだった。

ところが昭和十三年、石原は衝撃的な事実に出会う。仏教史の研究が進んだ結果、史学的にみてほぼ正しいと考えられる仏滅年代は、諸説はあるものの、おおむね紀元前五〇〇年前後であり、従来の説はまちがいだということを知ったのである。そのときのショックを、石原は「真に生まれてあまり経験なき大衝撃を受けた」（『戦争史大観』）と回想している。

なぜ「大衝撃」なのか。仏滅が五百年ずれれば、日蓮は末法に出現した上行菩薩ではなく、末法の前代、像法時代の一法華行者となってしまうからだ。

石原は悩み抜き、一時は日蓮信仰を捨てようとまで考えた。そうやって悩みに悩みぬいた末に、彼は異様な解決策を見出した。仏はその「神通力」により、末法を「二種に使い分け」たのであり、上行菩薩も二度現れると考えるに至ったのである。

『世界最終戦争論』で、石原はこう書いている。

「日蓮聖人の予言によれば、本化上行は二遍出て来るのです。一回は僧となって正法を広める。一回は賢王として御現れになって世界を統一される。……日蓮聖人は前者、すなわち僧となって現れて来られたのです。僧となって仏法を説く、すなわち観念の仕事であります」

日蓮は、第一に現れた上行菩薩として、真理の教えを広め、信仰世界を救済するという「観念の仕事」を行った。彼が僧侶として出現したのはそのためだった。では、第二の上行菩薩とは誰なのか。それこそが世界を統一するために現れる「賢王」、すなわち「天皇」だと石原は確信した。

「天皇として世界を統一せられるのは観念の問題ではありませぬ。生々しい現実の問題です。王法の問題です。本化上行《ほんげじょうぎょう》が僧となって現れる時の闘諍は、主として仏教の中の争いであり、本化上行が賢王として現れる時の闘諍は世界の全面的戦争であるべきだと考えます」（同前）

石原は天皇を、世界の統一と救済という大使命を担う「賢王」と見た。ただし、天皇の存在そのものは『法華経』の法を超越するものではなかった。天皇を絶対神とする古神道系の思想家や軍人らとは、天皇観において根本的に違っていた。「天子さまといえども法‐真理の前には従われるのが当然と信じておられ、問われると断固としてそれをいわれ」たと白土が証言している（「白土覚書」）。

天皇が真の賢王として現れるためには、絶対に解決しなければならない問題があると、石原は考えていた。天皇の側近や重臣たちが、「物言わぬ天皇」ではなく「物言わせぬ天皇」をつくりあげてきたことが、その問題であった。

すべての最終決定権は、建前上は天皇にある。そのために御前会議もある。けれどもそれは名目だけで、シナリオは側近や幕僚らがつくりあげ、天皇はほぼ追認するのみだ。この現状に、石原は激しく憤慨した。「天皇をロボットに仕立てあげようとする木戸《きど》（幸一《こういち》）にたいし、国民裁判にかけよとまで彼は激怒した」（白土みどり『最終戦争時代論』）。

状況を打開するためには、重臣らもふくめた国民すべてが、うわべや形式ではなく真心から天皇に帰依し、日本国体に帰依するようにならなければならない。「陛下の思召ならば、心の底から絶対に歓喜して、今までは反対の考えをもっておった者も、聖断ひとたび下ったならば、欣喜雀躍して、その聖断をお迎え」しなければならない（『国防政治論』）。

なぜそうまで「聖断」を信奉しなければならないのか。

それは「聖断には天照大神の御魂が加わって」おり、「日本国民は、聖断には偉大な霊力の宿ることを確信して」いるからだ。ところが日本の支配者層は、聖断に宿るはずの「霊力」を天皇から奪いとる仕組をつくりあげ、「物言わせぬ天皇」にしてしまった。これでは「賢王」は働くことができないと石原は信じたのである。

石原は、武力の行使なしで世界統一が実現できるなら、それ以上すばらしいことはないと考えていた。けれど仏の予言からいっても、軍事史学から見ても、人間の本能（石原は生存競争と相互扶助を人類の本能とする）からいっても、それは望み得ない。「前代未聞の大闘諍」、すなわち世界最終戦争は必至だ。世界のために、賢王が現れ出なければならない。最終戦争の到来はいつか。

「(昭和十四年時点から数えて)三十年内外、遅くとも五十年以内に始まり、仏教の予言によれば、その大戦争は今日から七十年以内に片付く」(『国防論策』)

全世界を巻き込む最終戦争は、必ず苛烈なものとなる。けれども「賢王」を戴く日本は、その戦争を勝ち抜かねばならない。そのために国がすべきことは何か。何をさておいてもおこなわねばならないのは東亜の「王道」勢力を結集して、欧米「覇道」勢力の東亜侵攻に備える国防国家の建設であり、そのためには満州を日本の拠点とすることだと、石原は主張したのである。

満州事変の背後にあった石原の「神憑り」的確信

説明の便宜上、先に昭和十三年の「大衝撃」まで一気に筆を進めたが、ここで石原が国柱会会員になった大正八年まで時間を巻きもどしたい。

田中智学に心酔し、熱烈な日蓮信者となった石原は、翌九年、中支那派遣隊司令部付として中国・漢口に赴任、十年に帰国して陸大の兵学教官に就いた。十一年、軍事研究のためにドイツ駐留武官を命ぜられ、ベルリンに居住して研究を重ね(この間の十二年に関東大震災が起こっている)、十三年に帰国してふたたび陸大兵学教官に任ぜられた。

海外赴任中も、日蓮の予言と国防研究、最終戦争研究は休みなく続けられ、世界最終戦争論は石原の不動の確信となった。ドイツからもどった後の講演で、石原は関東大震災で破壊された帝都の復興資金は、復興のためではなく間近に迫った最終戦争の軍費に宛てるべきであり、市民は一時バラック生活を甘受すべきだと訴えている。

さらに昭和二年秋、国防国家論をまとめて伊勢神宮に参拝したおりには、「眼前に地球の姿が見え、日本から金色の光が満州に向かって光り渡る」という異様なヴィジョンを幻視した。これは最終戦争の拠点たるべき満州に日本の光が伸びていき、そこから世界統一が達成されていくという天照大神からのお告げだと、石原は受けとった。神憑り傾向が、一段と進展したのである。

かくして満州領有の実力行使へと、石原は歩を進めていく。

昭和六年の石原の論文「現在及将来ニ於ケル日本ノ国防」には、こう記されている。

「西洋文化が米国に集中を完了すると、日本が日本文化を大成すると、科学者が両国戦争に必要なる武器を製作するは、恐らく殆ど時を同して顕れんとしつつあるものの如し。これ偶然にあらずして神意なり。……此処に行わるべき未だ曽て有らざりし驚くべき大戦争に依りて世界人類の文明は最後の統一を得て、初めて人類共通の理想たる黄金世界建設の第一歩を踏むに至らん」

人類文明の「最後の統一」をなしうるのは「唯日本あるのみ」だが、日本の現状はあまりにも備えに乏しい。「国情は殆ど行詰まり、人口糧食の重要諸問題、皆解決の途」も見えない。この難題の解決法は、ただ「満蒙開発の断行」以外にはない。一部に侵略との批判もあるが、日本の満蒙進出は断じて侵略ではない。なぜなら――として、石原はこう主張する。

「満蒙は漢民族の領土に非ずして、寧ろその関係我国と密接なるものあり。民族自決を口にせんとするものは満蒙は満州及蒙古人のものにして、満州蒙古人は漢民族よりも寧ろ大和民族に近きことを認めざるべからず」

満州人は漢民族より大和民族に近く、その領土も漢民族の領有すべきものではない。満州への進出は満州蒙古人の民族自決に対する側面援助であって、中国侵略にはあたらないというのだ。

この主張は、必ずしも石原の手前味噌とばかりはいえない。満州は古代から中国の一部だったかのようなイメージが流布されているが、これは戦後の共産中国が主張しだした〝偽史〟であって、史実とは異なる。はるか紀元前から、満州と中国は人種も異なれば文化・制度も異なる異質の文化圏だった。それゆえ秦の始皇帝は万里の長城を築いて塞外（長城外の夷狄の地＝満州）と関内（長城内の文明の地＝中国）を遮断しなければならなかったのであり、その後も塞外は、不毛で文化の光に浴さない野蛮な未開地、夷狄《いてき》の荒蕪地として、漢民族から忌避されてきた。

満州人が漢民族より大和民族に近いという石原の主張には無理があるが、明治以降、満州はロシア、中国、日本、欧米列強などの争奪戦場となっており（石原は満州を「東亜民族の溶鉱炉」とも述べている）、とりわけ熾烈な領土拡張欲求と不凍港獲得のために南下政策を進めるロシアは、満州における日本の既得権益に対する深刻な脅威であるばかりでなく、明治四十三年の「韓国併合ニ関スル条約」以来、日本領の一部となっている朝鮮への強大な圧力ともなっていた。

満州の地がロシアに落ちれば、まず朝鮮、次は指呼の間の日本本土が脅かされる。ロシアの南下を防ぐためにも、また遅れた帝国主義国家としてスタートした日本の領土拡張・資源確保・人口対策のためにも、「日本の生命線」である満州の確保は必要不可欠――これが当時の一般的な認識であり、石原の場合は、そこに最終戦争の逼迫という神憑り的確信が加わった。

柳条湖付近の爆発現場を調べる国際連盟のリットン調査団。
事件の翌年、満州国が建国された（写真＝共同通信社）

かくして昭和六年九月十八日、関東軍高級参謀の板垣征四郎《いたがきせいしろう》と関東軍作戦主任参謀・石原莞爾らによる柳条湖《りゅうじょうこ》事件（奉天郊外の柳条湖村で関東軍が自ら満鉄線路を爆破し、張学良《ちょうがくりょう》軍の仕業と主張して攻撃を開始した事件）が引き起こされる。いわゆる満州事変である。

国民は満州事変を歓迎し、石原の師である田中智学も歓喜して、事変の翌年、石原の〝壮挙〟を讃えるために、日蓮作とされる護国曼荼羅を贈った。

この曼荼羅は偽作の可能性が高く、いろいろと問題の多い曼荼羅なのだが（拙著『天皇の秘教』で詳述）、石原は日蓮の真筆と信じ、独自の解釈をした。

護国曼荼羅は中央の南無妙法蓮華経の題目の直下に「聖天子金輪大王《こんりんだいおう》」、その左右に「天照太神」と「八幡大菩薩」が脇侍する形で書かれている。

この曼荼羅によって蒙古襲来の国難を攘い、皇国の隆昌を期すために日蓮が身延山の草庵で図顕《ずけん》したものとされるが、石原はこれを「聖天子すなわち天皇が金輪大王、つまり世界の天皇にならせられること」を、未来を見透していた日蓮が明示したものだと解釈し、ますます自身の最終戦争論への確信を深めたのである。

二・「五族協和」と「大東亜共栄圏」

「水」と「油」だったふたつの国家スローガン

石原は軍歴の中で三度辞表を出している。

一回目は満州事変後で、いかに最終戦争のためとはいえ、事変の責任は免れ得ないとの思いから辞表を出した。二回目は二・二六事件の鎮圧後で、諸悪の根源である軍閥は、自分もふくめた現在の軍中央の将官すべてが引退すれば、おのずと消えるとの信念から辞表を書いた。そして三度目は、当時、陸軍次官だった東條の命令を無視し、前年から赴任していた関東軍司令部を勝手に辞して帰国した昭和十三年である。

いずれの場合も軍部は石原の引退を認めなかったが、これら辞表騒ぎの根底には、五族協和（日満支蒙鮮、五つの民族の協和）というおのれの理想とはかけ離れた植民地的政策を推進する政府や陸軍中枢部に対する反発と、このままでは最終戦争は乗り切れないという危機感があった。

参謀本部作戦課長に就任した昭和十年以降、石原の最終戦争観は変化する。

それまでは、宏大な土地、豊富な資源のある満州を領有して発展させつつ、最後の戦争のための地力をつける「戦争によって戦争を養う」（『国防論策』）方針を思い描いていた。けれどもソ連やドイツがごく短期間で国力・軍事力を飛躍的に伸長させた事実を見て、従来の方針ではとても最終戦争に間に合わないと考え方を改め、翻然、統制主義にもとづく「高度国防国家建設」を主張するようになったのである。

日本を高度国防国家につくりかえるためには最終戦争までの間の平和が不可欠であり、泥沼の日中戦争はただちに終結させなければならない。ましてや日ソ戦、日米戦などは、論外の暴挙だ。もともと日本とともに王道東亜を担うべき「兄弟国」中国との戦争には絶対反対の立場を貫いてきた石原だが、軍部は逆コースを驀進して戦火を拡大し、屍の山を積みあげていた。

このころから敗戦まで、近衛内閣および軍部によってさかんに唱えられたスローガンに、「大東亜共栄圏」がある。石原の五族協和と同じような思想に見えるが、中身は水と油ほども違う。

大東亜共栄圏は、日本が東亜の絶対的な盟主になることを前提とした構想だ。表現は「共栄」だが、狙いは日本による東亜の支配にほかならない。一方、石原は、日本を盟主とせず、各民族はまったく平等な立場で協力しあって東亜の経営にあたるべきだと主張する。

天皇が八紘一宇世界の王たるべき人だという認識は、当時の国家主義者らと変わらないが、日本国の位置づけが根本的に異なる。日本はあくまで東亜諸国と横並びで、等しく天皇を戴く国であるべきであって（実際には、等しく天皇を戴くという時点で、すでに協和は破綻しているのだが）、それ以上でも以下でもないと石原は考えた。

それゆえ日本が盟主となって東亜を指導するという考えには徹底して反対し、民族平等を唱えて、官僚や軍部等のエリート意識を批判した。天皇・軍・日本政府の威光を背景とし、「指導民族」とうそぶいてはばからない官吏への批判は、とくに強烈だった。『国防論策』で、石原はいう。

「満州など、官吏の古手が飯を食いに行くために、わずか一万の者が飯を食うために、三千万の民心を失っている」

ここで「古手」といっているのは、日本の官庁などが古株官吏の受け皿に満州国を利用していたからで、石原は満州が「官吏の古手の収容場所」として利用されているとも述べている。日本で食えなくなった「インテリ失業のストック」が満州に押し寄せ、食い物にしているというのだ。これでは石原が理想とした民族協和など、実現できるはずもない。逆に日本への反発のみが強まる。

右の立場から、石原は満州の独立や朝鮮の独立を主張して、軍上層部に執拗にねじこみ続けたから、当時の権力層との対立は必至だった。

たとえば石原は、満州国の首都・新京に創建された「建国神廟」に強く反対した。

神廟は満州国皇帝・溥儀《ふぎ》が日本におもねって発案したもので、伊勢神宮で新造された神鏡に勧請された天照大神が、満州国の主祭神として帝宮内の神廟に祀られた。これにより、「異民族は精神的隷属化が決定的になったと反発を強める」と石原は主張したが、当然のように黙殺された（野村乙二朗『東亜連盟期の石原莞爾資料』)。

こうした石原の主張は、日本の政官界、満州利権に食らいついている財界、実質的な満州の支配者である関東軍および本土の陸軍中枢のすべてにとって、凶悪な反国体的思想と受け止められた。石原の予備役編入、すなわち軍からの放逐は目前だった。

陸軍から放逐された石原……そして、東條内閣が誕生した……

昭和十五年、東條英機が第二次近衛内閣の陸相に就任した。このとき、陸軍きっての英才で、諜報謀略工作の専門家として知られた岩畔豪雄《いわくろひでお》歩兵大佐(陸軍中野学校や毒ガス研究などに従事した登戸研究所の創設者)が、石原にこんな手紙を送っている。

「茲《ここ》に尤も重要なるは挙軍一体の態勢を作る事にあるかと存じ候。而して挙軍一体の実は東條将軍と石原閣下の握手に外ならずと愚考仕候。顧みれば不愉快なる思出も多く有之ことは存じ候へ共、此際綺麗薩張りと精算し、共に手を携えて

昭和8年に撮影された一枚。そこには、石原と東條が肩を並べて収まっている。
写真後列向かって右から、今田新太郎、石原莞爾、東條英機、板垣征四郎、
磯谷廉介という錚々たる面々が写っている(写真＝鶴岡市郷土資料館蔵)

御進み願うこと切なるもの有之候。実は此度、東條将軍出馬に当り我等一同、同将軍に望む所一点、即ち石原閣下と握手なさること之なり」（野村前掲書）

石原にとって「握手」などありえないことだったが、東條からの面談の申し入れもあり、自分が出ていくことで日中戦争解決の糸口がつかめるならという思いから、申し入れを受けた。けれども日中和平、満州国に対する軍の「内面指導」（事実上の軍政）の撤回、満鉄等既得権の返還などといった石原の持論は、東條にとっては狂気の沙汰以外の何ものでもなかった。

予想どおり、会談は時間の空費に終わった。

石原に共鳴する軍の中堅幹部三名が会談に同席していたが、東條は彼ら全員を予備役に回して退役させ、翌十六年三月には最大の厄介者だった石原も予備役に編入して、陸軍から放逐した。

この年の十月、天皇側近の内相・木戸幸一の強い推挙と、東條に期待を寄せる昭和天皇の了承により、東條内閣が誕生する。それから二ヵ月後の十二月八日、真珠湾攻撃により、太平洋戦争の火ぶたが切られるのである。

対米戦は、当初は華々しい戦果をあげた。

翌十七年三月九日に昭和天皇に拝謁した木戸幸一は、天皇の様子をこう記している。

「竜顔殊の外麗しくにこにこと遊ばされ、『余り戦果が早く挙り過ぎるよ』との仰せあり。……真に御満悦の御様子を拝し慶祝の言葉も出ざりき」（『木戸幸一日記』）

けれども華々しかったのは開戦当初のみで、ほどなく日本は敗戦の急坂を、猛烈なスピードで転げ落ち始める。開戦を遡ること四年前の昭和十二年時点で、石原はすでにこの事態を予測して、里見《さとみ》日本文化学研究所（石原が師事した田中智学の三男・里見岸雄《きしお》が創設した日蓮主義にもとづく国体学研究所）職員の岡本永治《おかもとえいじ》に、こう語っていた。

「日本はこれから大変なことになります。まるで糸の切れた風船玉のように、風の吹くままにフワリ〱動いて居ります。国に確りした方針というものがありません。今に大きな失敗を仕出かし、中国から、台湾から、朝鮮から、世界中から日本人が此の狭い本土に引揚げなければならないような運命になります」（岡本永治「予言」『石原莞爾研究』第一集）

「戦争は君では勝てない……だから即刻総理大臣をやめるがよろしい」そして、計画された「東條英機暗殺計画」

憲兵による暴力と弾圧、意に沿わない軍幹部の左遷・放逐、議会を忠犬の群れで固めるための翼賛選挙など、首相となった東條は着々と軍部独裁体制を築いていった。

その翼賛選挙を翌月に控えた昭和十七年三月、東條は再び面談したいと石原を呼び出した。使者には東條腹心の甘粕正彦《あまかすまさひこ》が立った。石原には話すことなど何もなかったが、甘粕の顔をつぶしては気の毒だと思い、会談に出かけた。このときの話し合いの様子をたずねた同志の高木清寿に、石原はこう吐き捨てている。

「東條など俺の目の前でまともな話のできる男ではない。……『戦争はどうすればよいだろうか』とたずねるから、『戦争は君では勝てない。君には戦争はできないことは最初からわかり切ったことだ。このままで行ったら日本を亡ぼしてしまう。だから即刻総理大臣をやめるがよろしい』ときびしく勧

告した。ところが東條はオドオドしていて少しも落着かず、その後は何の話もなく約束の一時間を過ごしただけだ」（高木前掲書）

敗色は日に日に濃厚になった。東條が昭和天皇に信頼されているということで排除に及び腰だった軍部にも、このままでは日本が潰れるという深刻な危機感が広がり、ついに暗殺計画を立案する者が出てきた。陸軍では津《つ》野《の》田《だ》知《とも》重《しげ》少佐、海軍では神《かみ》重《しげ》徳《のり》大佐や高《たか》木《ぎ》惣《そう》吉《きち》少将らである。

東條暗殺計画に関係者した人物の筆頭が
不世出の柔道家・牛島辰熊
（写真＝国立国会図書館蔵）

この計画に関係した人物には、石原の共鳴者が少なからず含まれている。その筆頭が、津野田ともに東條暗殺に動いた牛《うし》島《じま》辰《たつ》熊《くま》——あの不世出の柔道家だ。

牛島は、満州時代の石原の側近の一人で、柔道・角力の猛者でもあった鷲《わし》崎《ざき》研《けん》太《た》（満州国治安部次官）を介して今《いま》田《だ》新《しん》太《た》郎《ろう》（満州事変の引き金となった柳条湖事件で鉄道爆破を指揮した石原シンパ）と義兄弟の契りを交わし、その縁で石原と交わって心酔するようになった。牛島と津野田が盟友となって東條暗殺に動くようになったのも、今田の仲介による。

牛島は、石原が提唱した東亜協和論の実践運動体である東亜連盟の東京支部長として活動しており、津野田もその一員だった。一時は国内会員だけで十万人といわれ、満州、中国、朝鮮にも多くの会員を擁していたが、翼賛選挙後、東條による連盟潰しで不認可団体となり、解散を余儀なくされた。東亜連盟が東條の翼賛政治体制協議会（翼政会）に参加せず、挙国体制を乱したというのが表向きの理由だったが、東條の石原に対する憎悪が背景にあったことはまちがいない。

牛島の石原宛書簡や葉書が、鶴岡の郷土資料館に収蔵されている。昭和十七年に郷里の熊本から送った葉書には、牛島のほかに彼の高弟だった木村政彦《きむらまさひこ》、船山辰幸《ふなやまたつゆき》、甲斐利之《かいとしゆき》が連署しているが、「木村の前に木村なく、木村の後に木村なし」と謳われた「鬼の木村」も、師の牛島とともに東條暗殺計画に参加していた。さらに、年月は不明だが、戦時中と思われる牛島の書状には、井上日召《いのうえにっしょう》が石原の教示した治療法に感謝している旨や、井上門下の四元義《よつもとよし》隆《たか》との面会依頼が記されている。井上・四元とは、血盟団事件で世間を震

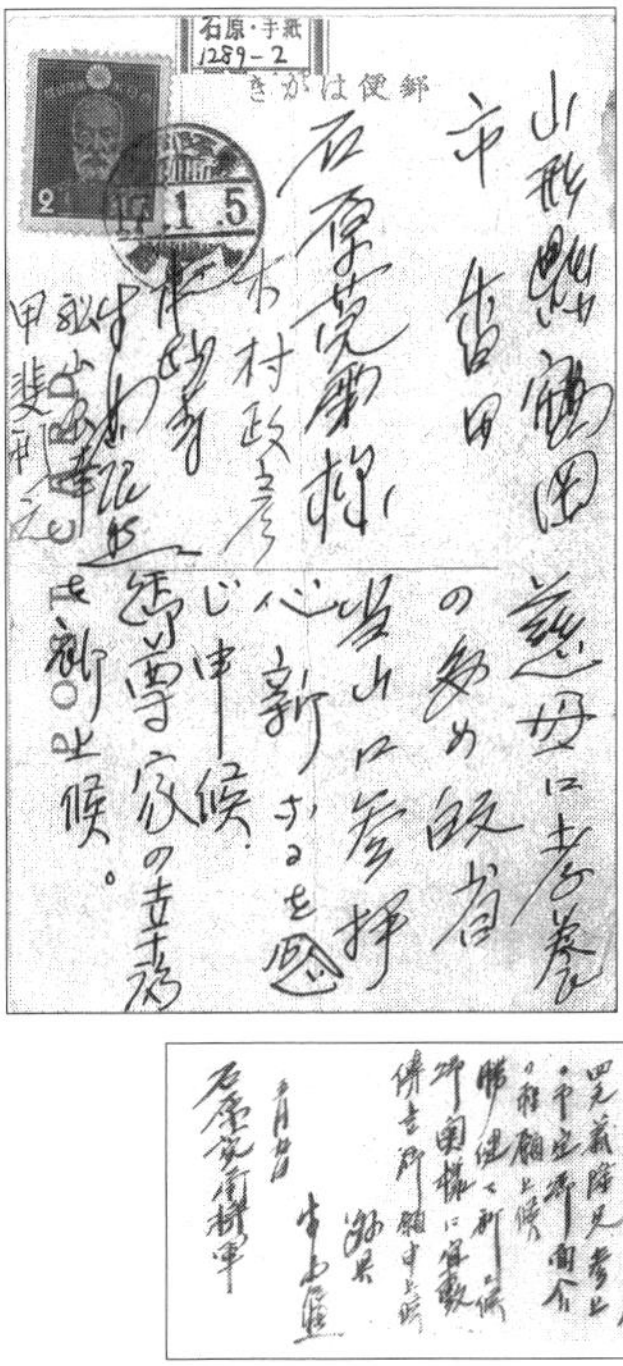

牛島の石原宛の葉書。牛島のほかに彼の高弟の木村政彦、船山辰幸、甲斐利之が連署している（写真＝鶴岡市郷土資料館蔵）

牛島の石原宛の書状には、井上日昭や四元義隆に関する要件が記されている（写真＝鶴岡市郷土資料館蔵）

撼させたあのテロリストである。

ちなみに四元は、陸軍ではなく海軍側の暗殺計画に顔を覗かせている。海軍側の民間人代表は、血盟団事件に続く昭和維新の第二弾として挙行された五・一五事件の中心メンバーで、当時海軍中尉だった三上卓《みかみたく》（犬養首相を射殺した人物）で、逮捕・服役後は郷里で炭焼きをしていたが、東亜連盟同志の勧誘を受けて運動に参加し、山形県鶴岡の石原を訪ねている。

石原は極秘計画書に赤鉛筆で書き入れた――「斬るに賛成」

話を東條暗殺計画にもどそう。

津野田が立てた極秘計画「大東亜戦争現局に対する観察」を、盟友の牛島に相談したのは昭和十九年六月だった。いきなり暗殺というのではない。暗殺はあくまで最終手段であって、それ以外の方法で東條を排除できるなら、それにこしたことはないというのが津野田の考えだった。

そこで、まずは天皇の聖断による東條内閣総辞職を当面の方針とし、天皇に最も近い皇族を動かして聖断を引き出すべく動こうと決め、その方針に牛島も賛同した。

津野田の極秘計画案は、牛島によって複写された。その複写を津野田と牛島が一部ずつ持ち、残りは秩父宮、高松宮、三笠宮、東久邇宮の四宮方と、二人が最も信頼する人物に渡して意見を聞くことにした。信頼する人物の筆頭は、いうまでもなく鶴岡の石原莞爾だった。

石原が東條排除を公言していたことを、もちろん二人はよく知っていたにちがいない。

石原に親炙した人物の一人である山口重治《やまぐちしげはる》が、昭和十四年の秘話を書いている。平沼騏一郎内閣時代、陸相だった板垣征四郎の官邸を石原が訪ねた。板垣は石原とともに満州事変を起した同志であり、石原の世界最終戦争論を信奉し、東亜連盟にも賛同していた。敗戦後、絞首刑になるが、妻の喜久子に、「戦犯として処刑される自分のため、葬式はするな、墓は建てるな、ただ石原将軍に頼んで『法華経』により弔ってもらうよう」と遺言し、喜久子がそれを白土菊枝に直接伝えた。板垣の遺言に従い、石原は白土ら会員六、七人とともに板垣家に出向き、法事を営んでいる（『白土覚書』）。

そんな特別な仲だった板垣が昭和十四年に陸相に就くと、石原（当時は第十六師団長）は将来の禍根を断つために官邸に出向き、こう訴えた。

「今日は重大な意見具申に参りました。……申し上げようと思うのは、東條（英機次官）と梅津（美治郎中将）に関する件であります。この二人は、日本を亡国にみちびく元兇であります。これは私の個人感情ではありません。……閣下は陸軍大臣として、この際、両人をきって捨てる、御処置を願いたいと存じます」（山口重次『増補 悲劇の将軍 石原莞爾』）

また石原は、同年、京都大学講堂における公開講演会に招かれ、聴衆の前で堂々とこう訴えた。

「敵は、中国人ではない。むしろ日本人である。自己の野心と功名とにかりたてられ、武器をとって立った東條と梅津こそ、日本の敵である。平和をかきみだした点から見ると、世界の敵でもある彼らをとらえて銃殺すべきである」（同前）

この爆弾発言に、臨席していた京都府知事は色を失い、「この場かぎりのお話として伺っておきたいと思います」と聴衆に箝口を頼んだが、石原は、「いや、遠慮はいらぬ。私の意見は、どうぞ天下に公

東條暗殺計画の面々。写真左から、今田新太郎、牛島辰熊、浅原建三、津野田知重

表してほしい」と突っぱねた。

津野田と牛島が東條暗殺計画を立て、石原を訪ねたのは、それから五年後、まだ次官に過ぎなかった東條が権力の絶頂まで上りつめ、かつて石原が懸念していたとおり「日本を亡国にみちびく元兇」になった時点のことだ。

相談を受けた石原は「一晩考えさせてくれ」と二人を鶴岡の自宅に泊め、翌日、「内容は結構だ。しかしこれ（宮家を動かして天皇から東條排除を引き出すこと）は実現不可能だろう。今となっては万事が手遅れだ」と悲観的な見通しを口にした。

このとき石原は、東條を評してこうもいったという。

「東條は牛か馬のようなもので、屠殺場に行くまでは、いや殺されなくては所詮わからん男だ。自分自身を反省するというような性格は、本来持ち合わせていない」（志士牛島辰熊伝刊行会編『志士牛島辰熊伝』、なお津野田知重の兄・忠重《ただしげ》が、弟の計画をまとめて書籍とした『わが東条英機暗殺計画』にも計画の推移に関する詳しい記述

がある）

皇族を介して天皇の聖断を仰ぐという計画を、石原は成算なしと断じた。そもそも天皇は、東條を首相に推挙した木戸内府を通した上奏しか受け付けないだろうし、それ以前に木戸が天皇に取り次がないだろうというのがその理由だった。

残る手段はひとつしかない。石原の結論は、明確に示された。極秘計画書の最後に記されていた「非常手段」、東條暗殺のところに、石原は赤鉛筆で「斬るに賛成」と書き入れたのである。

二人は計画にそって動き出し、まずは手分けして宮家への運動を開始した。

三笠宮、秩父宮、高松宮の三直宮の反応はよかった。独裁政治をひた走る東條を一刻も早く除かなければ日本が破滅するという認識は、三直宮とも共有していた。これなら非常手段に訴えなくとも事は成るのではないかというかすかな希望が生まれたが、不首尾のケースも考えて「茶瓶」と称する青酸ガス爆弾の手配を津野田が行い、実行役は牛島が引き受けた。

けれども実行直前の昭和十九年七月十八日、東條内閣総辞職という政変が起きる。直宮の直言によるのではない。戦況を憂慮して密かに東條排斥工作に動いていた重臣らの説得を容れて、天皇がついに東條退陣の断を下したのである。

東條は、政治の表舞台から消えた。津野田と牛島の暗殺計画も、実行せずに事はおさまったが、津野田らは三笠宮のリークにより逮捕され、相談を受けた石原も取り調べを受けた。

東條のあとを受けて首相の大命を拝受したのは、竹内文献に入れ込むなど「神がかり」が顕著な小《こ》磯国昭《いそくにあき》だった（一章「小磯国昭」参照）。末期症状を呈している日本の舵取りが、小磯にできるわけはなかった。日本の未来は、依然として暗澹のただ中にあった。石原が二人に語ったとおり、「今となっては万事が手遅れ」だったのである。

三、知られざる〝霊術〟世界との関わり

東京在住の女性霊能者に宛てた謎の手紙

陸軍を退いて以降、石原は東亜連盟運動に邁進する。その際、熱心に取り組みを進めていた知られざる分野がある。従来の石原莞爾論ではほとんど書かれておらず、知られてもいなかった〝霊術〟世界との関わりである。

鶴岡の郷土資料館に、石原が出した謎めいた手紙の控えが遺されている。昭和十八年十月十九日、布《ふ》施《せ》とよせという東京在住の女性霊能者に宛てたものだ。

「和田君の御話によれば明治天皇の思召により秩父宮殿下の御病気に御精進の由、誠に感激の外無之候。老兵もひそかに御祈り申上げ居り候いしも、薄信のかなしさに未だ御平癒なく、何とも心痛の極に御座候。殿下の御快癒は誠に刻下の大危局を救う最も尊き御力と相成可申候。平民の遠隔を一さい御中止の上、専念御治療下さる様御願申上候」

冒頭の「和田君」とは、東亜連盟を改組した東亜連盟同志会の代表で、石原の片腕といわれた旧満州国陸軍中将・和田勁《わだけい》のことだ。石原はその和田から、布施とよせが病気療養中の秩父宮に対し、心霊術による遠隔治療をおこなっていると聞かされた。手紙の「秩父宮殿下の御病気に御精進」とは、この遠隔治療を指す。「明治天皇の思召」は、いうまでもなく霊界から届いた明治天皇の思召という意味で、石原は明治天皇を深く崇敬していた。

秩父宮雍仁《やすひと》は、かつて兄である昭和天皇に天皇親政の必要性や憲法停止などを建言して、不興を買ったことがある。国家改造についての思いがあり、二・二六事件を起した青年将校の主張にも一定の理解を示していた。蹶起将校の一人である村中孝次とともに、自ら青年将校らの精神的支柱だった北一輝《きたいっき》宅を訪問したこともある（秦郁彦《はたいくひこ》『昭和史の謎を追う』上巻）。

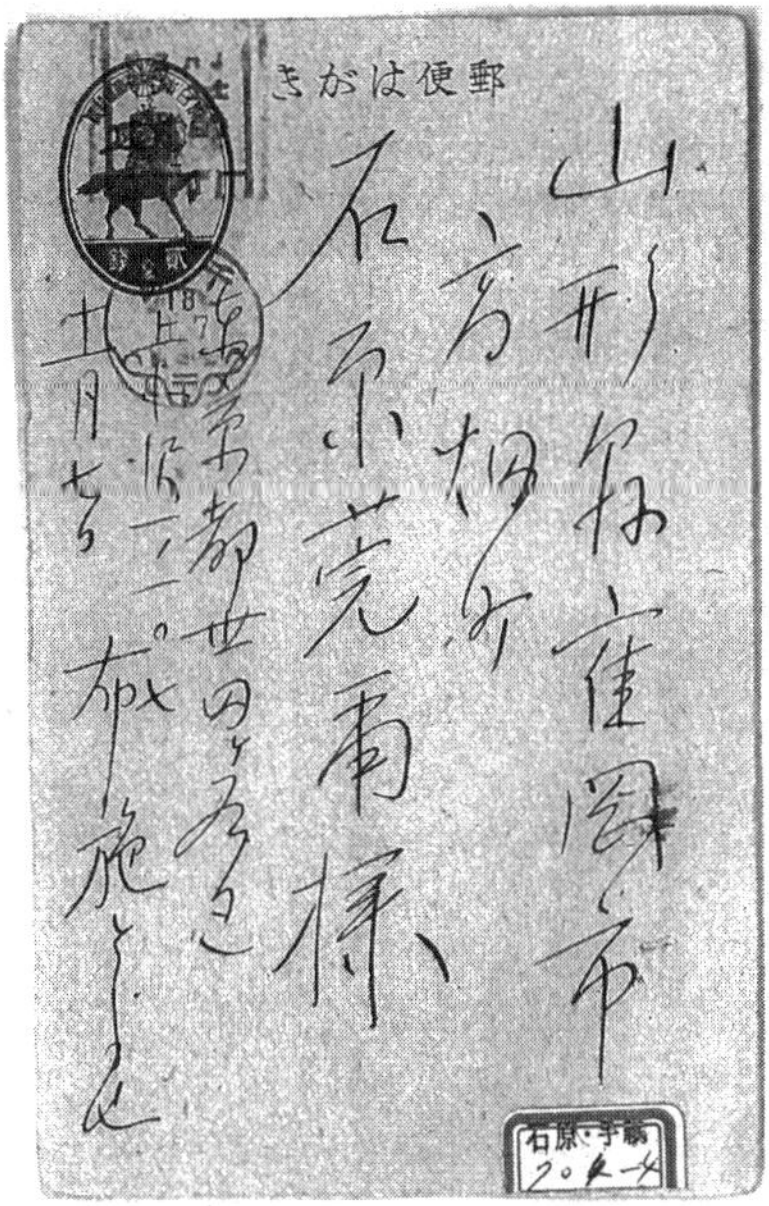

東京の女性霊能者・布施とよせから石原に宛てた手紙（写真＝鶴岡市郷土資料館蔵）

改革派将校の間で、秩父宮への期待が語られることは少なくなかった。石原が、秩父宮は「刻下の大危局を救う最も尊き御力」と手紙に書いたのも、そうした期待の表れと考えてよいが、その秩父宮は昭和十五年から肺結核を患い、長い療養生活が続いていた。

そんな折り、石原は、布施の心霊遠隔治療について知らされた。そこで彼女に熱烈な謝辞を述べるとともに、「平民の遠隔を一さい御中止」——一般人から受けた遠隔治療の依頼はすべて断って、秩父宮に対する治療のみに「専念」してほしいと懇請したのである。

布施直筆の石原宛書状も複数残っている。昭和十九年一月二十八日付と思われる手紙には、心霊治療における様子を描いたと思われるこんな文面が記されている。

「今日御葉書を誠にありがたく拝見申上げました。只々恐縮の至でございますが、尊い御用の一端に御使い頂きましてありがたい勿体ない限りでございます。其後続いて（遠隔治療を）申上げておりましたが……丁度君（秩父宮）の御身心のご容体を表わすものの様に、如何にものびのびと御爽かなる様に両手は高く頭上に上り、指先を揃えて接し前後に大きくふったり時には頭上に拍手しましたりいろいろで、最後には必ず三度の両手を畳の上にのべ額を畳にすりつけての礼拝をいたします。私はありがたさとうれしさに、何とも申上げ得ぬ心地でございます」

布施からの連絡に石原はまめに返信しており、「御手紙難有く拝見致し候。何とも感謝感泣の外無之候。厚く御礼申しあげ候」（十八年十月二十三日付）、「宮様の御事、唯々感激の極に候。御努力御配慮、全国民に代り厚く厚く御礼申上候」（十九年一月二十九日付）などの礼状を送っている。

また石原の日記にも、布施とよせを意味する「布施バーサン」の記述が散見され、昭和十九年七月二十九日の条には「布施バーサン治療シテクレル」の記載も見える。石原自身も布施による心霊治療を受けていたのである。

愛妻の鎌による心霊治療術を受けていた石原

石原と心霊治療の接点はこれだけではない。

石原は昭和三年春に罹った重い中耳炎を皮切りに故障が続出し、昭和八年に膀胱乳嘴腫《ぼうこうにゅうししゅ》（パピローム）を発症すると、亡くなるまでこの厄介な病に苦しめられた。

石原の膀胱乳嘴腫について、野村乙二朗はこう書いている。

「この病気は、腫瘍が崩れ、傷口を尿中の塩分が刺激して激痛が走るのと、尿中に流れ出した血膿で尿道がつまって尿閉塞を起こすので、急速に生命の危険にさらされる。座骨神経痛も起こっていた。……石原は克己心が尋常でなく、病苦を表情に表さないから、彼の許を訪れた人も普通は病気に気が付かない。従って、彼の病気は外見的には異常に起伏が激しい」（『東亜連盟期の石原莞爾資料』）

戦後、悪化して飯田橋の逓信病院に入院し、手術も受けているが、この病気の〝手当〟をおこなっていたのが愛妻の鎌で、彼女も心霊治療術を使っていた。

石原の実弟の六郎に「兄の憶い出」（角田順《つのだじゅん》編『石原莞爾資料』）という随想がある。その中で六郎は、二・二六事件当時は石原の「体が悪くて、いつも姉（鎌）の治療を受けていた……一種の触手療法のようなもので、姉は非常にうまく、よその人もよく治してやっていた」と書いている。

これだけでは、鎌がいかなる霊術を使っていたのか判然としないが、幸い石原門下の熱烈な日蓮信者で、晩年石原が「先生」とまで呼んで深く信頼を寄せていた白土菊枝の証言がある。

石原と妻・銻。彼女も心霊治療をおこなっていた
（写真＝鶴岡市郷土資料館蔵）

「銻夫人が霊気だとか霊道（動）の修行をしておられる方で、遠隔治療という、遠くに住む病人を銻夫人が念力や霊気を送って治療するという操作もなさることを知りました。東亜連盟の人々の間で、霊気・霊道という事で修行者も相当多かったのでございます」（「白土覚書」）

ここに「霊動」という言葉が出てくる。瞑目して両腕を上げ、自身の心霊活動による「自動運動（霊動）」と「気合」によって治病すると説明されていた霊術の一種で、宇都宮憲兵隊長の神田長平《かんだちょうへい》（霊海）が創始し、神田に師事した中村春吉《なかむらはるきち》が大成して治療所を開き、弟子を養成した。事実上の祖は、この中村といってよい。その霊動法を広く普及して一家を成したのが中村の弟子の石川清浦《いしかわきようら》で、銻が修得し、石原も東亜連盟会員などに熱心に習得を勧めたのが、石川の霊動法なのである。

石川を、大正時代に簇生した霊術家の一種と見なす雑駁な記述も見かけるが、石川はがんらい霊術畑の人間ではない。明治十四年七月、父・建長、母・たまの長男として茨城県水戸市代官町に生まれた石川の家系は代々の水戸藩士で、曾祖父の清衛門建邦は水戸藩祐筆頭取、祖父の徳之進建徳は幕末の勤皇党に属して国事に奔走した。

清浦（本名の清を後に清浦と改名）も旧士族の嫡子にふさわしく、十歳で北辰《ほくしん》一刀流の修行を始め、十八歳で水府流泳術の指南免許を授かった武門肌の人間で、日露戦争には一兵卒として出征し、九死に一生を得て復員した。翌明治四十年、外務省に入省し、大正十五年からは大臣官房文書課に配属されて重責を担い、昭和十二年まで官僚生活を送った。

石川清浦に霊動法を伝えた中村春吉

中村春吉の門を叩いたのは大臣官房文書課配属となった大正十五年の九月一日で、当時のことを、石川自身がこう回想している。

「恩師中村先生の御門を叩き、即日霊動の御指導があり、その霊妙不可思議な行法にいたく感激し、第三生の門が開かれた」（『霊動乃道　石川先生語録と門人感謝録』）

霊動法は、座した状態でも、立っても寝てもできるというが、普通は座法でおこなう。目を閉じ、腕を上げ、そ

戦前の石川（写真・上）と気合寒行を指導する石川（昭和41年2月）

のままの状態でおのずと身体が動き出すのに任せるのだというが、人により、即座に動く者もいれば、半年かかる者もいる。その間、対峙した指導者は、頃合いを見計らって裂帛の気合を送るというが、そのやりとりが凄まじい。石川と中村のやりとりはこんな具合だった。

「気合を送る（中村）先生も生命がけ、うける私（石川）も生命がけ、……先生は私に気合をかけながら『グーッ』と倒れてしまう。気合を受けて私が倒れてしまう」

この状況を見守っていた石川の妻の淳恵（彼女も霊動法の練達の指導者）も、こう回想している。

「（中村）先生が激しい気合をおかけになりますと、かけた先生もかけられた主人も同時に気絶してドーッと倒れる。主人は気がついて行座に戻る。また気合がうちこまれる、また気絶する。また座につく、またまた打ち込まれる。そんなことが一晩の中に何回もございました」

「ある時は火花が散る様なはげしい光景、ある時は石も凍ってしまいそうな沈黙の姿、一瞬にしてまたはげしい気合、そして気合を送られる先生もうける主人も共に落ちて気を失うという光景に、まわりの私達はただ固唾をのんで見て居りました」（同前）

中村に出会って以降、石川は霊動の実践普及に専念すべく、何度も外務省に辞職願いを出した。けれどもそのつど慰留され、五回目の辞職願いでやっと嘱託となることを条件に辞職が認められた。昭和十二年五十六歳のことで、以来霊動一筋の生活に入ったのである。ちなみに、門人によると、庁内における石川の評価は「外務省の生き字引」で、とりわけ「余人の及ばざる幕末維新の精緻な外交史の研究」が惜しまれたための慰留であったという。

「四次元の世界は王仁三郎さんのような霊能者でなければわからない」

石川の霊動道場は東京市荻窪にあった。

石原は道場に同志を送りこみ、霊術の修得にあたらせた。

同志の高木清寿は、昭和十七年十二月二十六日付の石原宛の手紙に、「石川先生の説教をうかがいましたが、大したものでした。……今度から小生を『霊動の講習会の指導が出来るまでにして下さる』

と申されましたので、去る十一月から必死で霊動に励んでいます」と書き、翌年二月四日付の手紙では、「修得した健康治病法（霊動法）を各地の希望同志におつたいして御奉公申上げたく存じ居りましたところ、先般おゆるしを得て有難く御礼申上ます。……昨年来より霊動を必死に修行していますが、重病患者の治療は非常に身体の疲労を感じます。過般、牛島さんの母堂のはげしいゼンソクの治療には最も疲労を感じましたが、今はセキも一日に一つ二つしか出ぬ様になり、戸外を歩ける様になりました」と記している。牛島熊辰の母も霊動道場に通っていたのである。

　先に引いた白土菊枝も、石原から勧められて石川の道場に通うようになり、昭和十八年、医者に見放されていた白内障が完治した。こうした経緯があって、「霊動修行は東亜連盟運動にとり入れられ、全国的規模で会員達が実践」（「白土覚書」）するようになったのである。

　従来まったく書かれていない分野だが、石原と霊術には、ほかにも深い接点があった。石原自身、大正八年に江間《えま》式心身鍛練法（江間俊一《しゅんいち》が創始した静座法と気合術などからなる霊術の一種）の講習を受けて「修了証」を授かっており、現物が鶴岡の郷土資料館に保管されている。

　これらのことからわかるように、石原は心霊肯定論者だった。幽霊の存在も認め、「四次元の世界は王仁三郎さんのような霊能者でなければわからな

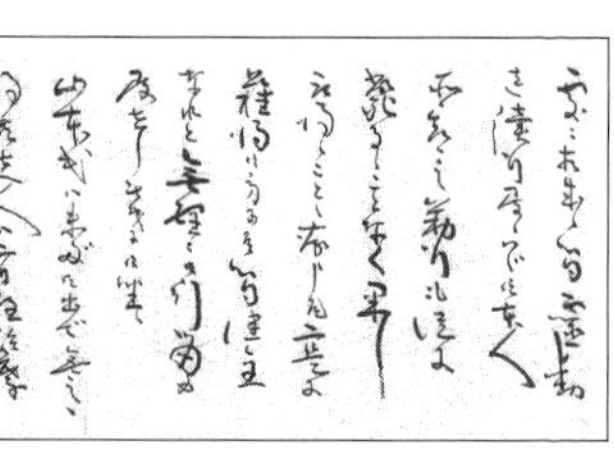

石川から石原への書簡。石原は同志を石川の道場へと送り込み、霊術の習得にあたらせた

い」とも話していた。一九一七年にポルトガルのファティマに出現した聖母マリアの予言も、白土によれば「学際的にとり上げて」いたという。

ただし信仰の核はあくまで日蓮の仏法であり、何に取り組んだとしても、最後には日蓮に立ち返るようにと同志たちを指導していた。白土菊枝にまつわる興味深い秘話がある。

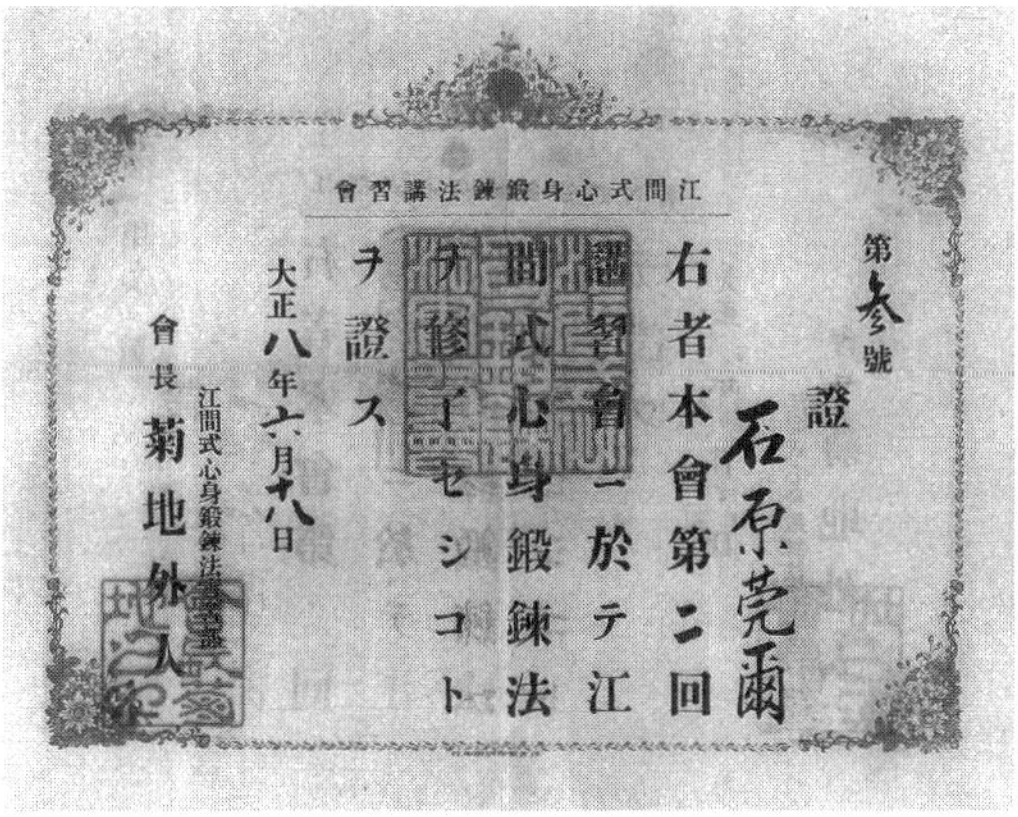
江間式心身鍛錬法講習會

第参號

證　石原莞爾

右者本會第二回講習會ニ於テ江間式心身鍛錬法ヲ修了セシコトヲ證ス

大正八年六月十八日

江間式心身鍛錬法講習會

會長　菊地外人

大正8年、石原は「江間式心身鍛錬法」の講習を受けて「修了証」を受けている（写真＝鶴岡市郷土資料館蔵）

石川島重工業、石川島播磨重工業、東芝などの社長を歴任し、経団連会長として戦後日本の経済発展に多大な貢献を為した経済界の重鎮に、土《ど》光《こう》敏《とし》夫《お》がいる。この土光の母の登美も熱心な日蓮信者で、昭和十七年、女子教育のための学校（橘学苑）を新設するので、是が非でも講師になってほしいと白土菊枝を招聘した。

登美宅では、大曼荼羅の前の早朝勤行が日課となっていた。登美が大太鼓を叩き、参加者が読経唱題するのをならわしとしていたが、翌十八年の某日、菊枝も参加していた早朝勤行のとき、登美の様子がおかしくなり、「守護神なるぞ、守護神……」と太い声を上げ出した。

面食らう菊枝に、登美の娘が「お告げなのよ」と耳打ちした。このときの状況を、菊枝は石原に書き送り、こうした場合の対処について質問した。それについての石原の返書がある。

「守護神は何処迄も守護神にて仏にあらず……（法華経の）行者の師には無之《これなく》候。神示は守護神の忠言として御判断なさるべきものかと存じ候。……霊界の事、老兵如きものにわからぬ事に候も、ややもすれば信心浅きものには悪神が善神にばけて神がかりする事あり得るものかと存じ候。法華経の行者が己が行動を律するのに聖訓（日蓮の教え）を遵守すべきことを怠り、みだりに神事を受けんとする時は、一歩をあやまれば行者の本分を踏み外す恐れあるやに愚考せられ候。殊に信心浅き後輩がそうする時は迷信に墜落する殊も有之可申《これあるべしともうす》、後輩御指導には御注意肝要かと存じ候」

石原はこれほどまでに深く、日蓮を信仰していた。その絶対的な帰依は、「前代未聞の大闘諍」の予言からきていた。石原にとって、宗教の生命線はまさしく予言であった。けれどその予言も、揺らぎの時を迎える。

敗戦は異端の軍人に何をもたらしたのか……

昭和二十年八月十五日の敗戦は、石原に深刻な思想の見直しを強いた。西山（現山形県遊佐町）の地で開拓村・西山農場の建設に没頭した石原は、日蓮信仰や自身の最終戦争論を捨てることこそなかったが、過去の戦争観を改め、戦争完全放棄を唱えるようになった。

「もはや最終戦争の有無は論ずるな、村づくりにはげめ」と同志たちに説き（「白土覚書」）、論文「新日本の進路」では「最終戦争が東亜と欧米との両国家群の間に行われるであろうと予想した見解は、甚しい自惚れであり、事実上明かに誤りであつたことを認める」と率直に表明した。

さらに日蓮の強信者に対しては、必ずこう諭した。

「『撰時抄』の予言が当たらなかったなら、われわれは大聖人を霊格者として信仰するのではなく、偉大な思想家として尊敬しよう。予言というものは、五年や十年の狂いはどうという事もないが、百年とちがえばこれはもう予言ではない」（「白土覚書」）

西山農場の当時の様子（写真＝鶴岡市郷土資料館蔵）

石原のいう「霊格者」とは、未来まで見透す能力を持ち、真に人類の思想・信仰を統一すべき役割をもって出現した、人類の絶対的な指導者を意味する。釈迦、神武天皇、日蓮が石原から見た霊格者だったが、もし大闘諍の予言が外れたら、日蓮を霊格者と認めることはできない。そのときは「偉大な思想家」として尊敬しよう――戦後の石原は、そう考えるようになっていた。
最晩年、膀胱乳嘴腫が悪化して癌まで進み、猛烈な痛みと不眠と血尿に苦しめられて、横になるのも困難というほどの激烈な痛苦の中、面会謝絶の石原を見舞うことを許された本門法華宗僧の小笠原日堂《おがさわらにちどう》に、石原はこんな言葉をかけている。

往時の農場の痕跡は、同志の学舎だった「日輪講堂」ぐらいしか今は残っていない

「日蓮上人の予言は寸分違わず的中して来た。私らはこの本仏の全権大使、末法の大導師たる聖人の教えをすなおに信じて行く事が肝腎です。併し万一日蓮上人最後の予言たる未曾有の大戦争が起こらずに、世界がアメリカの原子力で統一される事があったら、私等はすなおにアメリカこそ本国土（末法時に衆生済度が行われる場のことで、日蓮宗では戒壇とする）と認めて、法華経も日蓮上人も捨てて、アメリカ宗になること、これこそ現証を重んじられた日蓮上人の最も忠実な門下の行方ではないでしょうか」（曹寧柱《そうねいちゅう》「陸軍中将　石原莞爾」『十人の将軍の最期』）

その一方で、石原は断じて進駐米軍を認めなかった。

米ジャーナリストのマーク・ゲインに対しては「日本の軍国主義者とアメリカの軍国主義者とは何の違いもない」と言い切り、極東国際軍事裁判については、「彼らに良心があるなら恥ずかしくて裁判などやれるものではない。（米ソという）大泥棒が互いに泥棒よばわりをしながら日本という小泥棒をつかまえて、お前は泥棒したから怪しからんと裁判に付している。子供でさえもこれはおかしいと思うだろう」と一笑に付した（曹前掲論文）

石原には、人類がこれから迎えるであろう後史における理想の人間像があった。「人頭獅身」――頭脳は神の如く冴え渡り、身体は獅子のごとく逞しい人間である。

霊動法、藪式経絡治療《やぶしきけいらく》、食養法、酵素農法など、石原が熱心に勧めた霊術・東洋療法や、戦後の石原が最も力を入れて実現を訴え、西山農場で実践にとりくんだ「都市解体」「国民皆農」「農工一体」「質素生活」は、どれもこの「人頭獅身」の実践プログラムにほかならなかった。

リアカーで東京裁判酒田出張法廷に出廷する石原。
石原の肉体は病に蝕まれていた
（写真＝鶴岡市郷土資料館蔵）

石原自身の肉体は獅身にはほど遠かったが、彼は病苦を因果の報いと受け入れていた。

昭和二十二年五月十一日、石原を見舞った同志の高橋豊治郎《たかはしとよじろう》の母が神憑りした。彼女はいつも日蓮に仕えている龍神から霊言を授かっており、このときもその龍神が降りた。龍神は石原の長年にわたる病苦懊悩を慰め、「自分が癒やしてやろう」といったが、石原は静かに拒絶した。

「御好意は日蓮聖人の教えに照らし合わせてでなければいただくことはできない。自分の病悩は戦争で多くの人を死傷させた罪の報いであるから喜んでお受けしているのである」(「白土覚書」)

たしかに石原は、戦前、来るべき最終戦争の備えを力説し、多くの将兵の死と向き合ってきた。けれども彼は、けっして好戦論者ではなかった。仏の予言と軍事科学上の知見を突き詰めていった結果、世界最終戦争という結論に達しただけで、戦争そのものを肯定していたわけではなかった。

だからこそ彼は、国家主義で凝り固まった好戦論者が、日本の戦争を「聖戦」と位置づけ、日本兵を「神兵」などと呼んで美化することを嫌悪し、「軍人は人殺し業であるといって、はばからなかった」(白土みどり『最終戦争時代論』、なお白土みどりは山口重治の娘で白土菊枝の養女)。

稀代の軍人・石原莞爾の最期

戦後、石原から世界最終戦争という憑き物が落ちた。世界はすでに最終戦争の時代に入っているとの思いはあったが、戦争放棄という思想に帰着した今となっては、もはやその備えに囚われ、思い煩う必要もなくなった。石原の夢は、西山農場にかけられた。

「石原さんは……平凡人としての生活を最も楽しんで居られた。所謂権力者の生活、貴族生活というものからは遠く離れていたのみでなく、それらに対して非常に潔癖に対立されていた。畑の中で裸になって猿股一つで自分が作った野菜を手にかけておられる姿などが、最も石原さんらしい姿であると思う」（和田勁「真の愛情の人」）

けれど、村づくりに向き合う時間は、もはや石原には残されていなかった。

昭和二十四年七月には血尿、肛門からの出血で血圧が低下し、睡眠はとれず、味覚も喪失した。それでも石原は、遺著『日蓮教入門』の口述に命の残り火のすべてを注いだ。精神力の強靱さは驚異的だった。周囲はもちろん、医者もなぜこれほどの苦痛に耐えられるのかと舌を巻いた。

草稿が完成すると「もう用のない身体だ。何時死んでもよい。もう一日一日が苦痛で飽き飽きした」と本音を漏らした。

朝鮮独立運動家から石原の心酔者に転じ、一時は石原のボディガードも務めた曹。彼は空手9段の猛者で大山倍達の師でもあった

八月十三日には尿閉となり、十四日には傍目にも堪えられない苦痛が石原の全身を襲った。

「先生、お約束です。一服盛ってください」

医師に頼んで強心剤を射ってもらうと、鎌や白土、曹寧柱ら同志達と手を握り合って、ともに題目を唱えた。石原ははっきりした声で題目を唱えたが、他の人々は涙で声が詰まった。

朝鮮独立運動家から石原の心酔者に転じ、

山形県遊佐町にある石原莞爾の墓所。
墓碑には「南無妙法蓮華経」の御題目が彫られていた

東亜連盟運動の熱烈な闘士となった曹は、白土とともに『日蓮教入門』の筆録者に選ばれていた。韓国慶尚北道生まれの曹が石原と出会ったのは昭和十四年。当初、曹は、石原の説く「朝鮮人による朝鮮自治」を信じなかった。けれども石原と接しているうちに、それが石原の本心からの主張だと理解するとともに、明治四十三年の韓国併合は、当時の情況から見れば、朝鮮が生き残るうえで他に選択肢のない「必然」だったと考えるようになった。

鍛えに鍛え抜いた鋼の肉体を持つ大日本武徳会空手九段の曹は、戦時中から石原の護衛役も務めていた。余談になるが、空手家の大山倍達《おおやまますたつ》は曹の弟子で、「曹との邂逅がなければ後の『大山倍達』は存在しなかった」と、小島一志《こじまかずし》・塚本佳子《つかもとよしこ》が書いている（『大山倍達正伝』）。

曹と同様、石原に心酔して東亜連盟運動に参加した朝鮮人は多数いた。そのうちの金龍済と羌永錫に、戦後韓国を訪問した白土菊枝が面会して話を聞いている。昭和五十三年のことだ。金らは、戦時中に自分たちが行っていた東亜連盟運動は、実は朝鮮独立運動の「偽装」で、「石原将軍がその相談に乗って下さり、のみならず朝鮮軍司令官板垣征四郎大将にも紹介して相談相手になって頂いた」と聞かされたと、驚きをもって記している（白土菊枝『将軍石原莞爾』）。

石原の五族共和は、彼の真情から発していた。官製の大東亜共栄圏とは、根本から違っていた。

その石原の余命は、まさに旦夕に迫っていた。

ベッドを取り囲む最愛の妻や、曹、高木清寿ら同志に向かい、一人ひとりと握手をし、「お世話になりました。サヨナラ〳〵」と別れを告げた。

石原の血液は、常人の三分の一にまで減っていた。周囲が一心にお題目を唱えていると、衰えきった脈がしっかりしてきて、足先にも温みが出てきた。

「長引くのなら、お題目のご利益も迷惑だな」と、冗談を口にし、しきりに時間を気にしたが、午前四時三十五分には、時間を尋ねる声も途絶えた。

息を引き取った瞬間を、曹が書き残している。

「静かにまぶたを閉じておられたが、突然両手にグッと力がこめられたと思うと、痙れんが来て呼吸がとまり、脈も遂に絶えた。時に八月十五日午前五時であった。終戦四周年のその朝である」

第四章　皇国史観の牢獄の中で

昭和天皇《しょうわてんのう》と東條英機《とうじょうひでき》

現人神と神憑り軍人

一．「人間宣言」をめぐる攻防

天皇の神格を「架空なる観念」として否定

昭和二十一年一月一日、「人間宣言」の詔書が発せられた。

ただし「人間宣言」は、詔書の正式名称ではない。官報に記載された件名は「新年ニ当リ誓ヲ新ニシテ国運ヲ開カント欲ス国民ハ朕ト心ヲ一ニシテ此ノ大業ヲ成就センコトヲ庶幾《こいねが》フ」で、いわゆる題名に相当するものはない。そこでマスコミが名づけた「人間宣言」の通称が一般化したのである。

この詔書が人間宣言と呼ばれるようになったのは、「現人神」と位置付けられてきた天皇の神格を否定する以下の内容を含んでいたからだ。

「朕と爾等《なんじら》国民との間の紐帯は、終始相互の信頼と敬愛とに依りて結ばれ、単なる神話と伝説とに依りて生ぜるものに非ず。天皇を以て現御神《あきつみかみ》とし、且日本国民を以て他の民族に優越せる民族にして、延て世界を支配すべき運命を有すとの架空なる観念に基くものにも非ず」

昭和19年4月、東京の代々木練兵場で天長節観兵式に臨む昭和天皇。日本近現代史は昭和天皇を抜きにしては語ることはできない（写真＝共同通信社）

天皇と日本国民とを結びつけているものは「相互の信頼と敬愛」であって、天皇が現人神だからでもなければ、日本人が特別な神民だからでもない。それらは「神話と伝説とに依りて生」じた「架空なる観念」だとして、詔書は戦前の天皇観や日本神国観・日本人神民観を一蹴した。戦前、国をあげて天皇は神だ、日本人は神民だと徹底的に「架空の観念」を叩きこんできた国家が、敗戦となるや手の平返しをしたのである。この詔書に、親兄弟や親族・知人らを戦場で亡くしてきた国民は唖然とし、途方に暮れ、あるいは泣き、あるいは激怒し、あきれ果てた。

けれども、詔書が右に記したような形におさまるまでには、紆余曲折があった。まず発布の前年、GHQの意向を受けた宮内省が、学習院英語教師のレジナルド・ブライスに案文を依頼した。ブライスは日本通として知られたGHQ教育課長のハロルド・ヘンダーソンに相談をもちかけ、ヘンダーソンが叩き台となる草案を作った。

この、あくまで「サジェッション」として提示されたヘンダーソンの草案をもとに、幣原喜重郎《しではらきじゅうろう》首相、前田多門《まえだたもん》文相らが内容を協議し、幣原がとりまとめた英語の原案を、天皇とマッカーサーがチェックした。けれども天皇サイドは、マッカーサーが入れてきた修正案に強烈な不満を抱いた。とくに受け入れがたいとされたのが以下の部分だった。

「朕と我国民との間の紐帯は終始相互の信頼と愛情に依りて結ばれ来たる特性を有す。此の紐帯は単なる伝説と神話に依るに非ず。Emperor（天皇）を以て（原案「日本人を以て」をマッカーサーが修正）神の裔《すえ》なりとし、他の民族に優越し世界を支配すべき運命を有すとの屡屡日本人の責に帰せしめられたる架空なる観念に依り説明せらるるものにも非ず」（カッコ内は藤巻）

マッカーサー修正原案のどこが受け入れがたかったのか。戦後、昭和天皇の侍従として詔書の練り直しに加わった木下道雄《きのしたみちお》は、こう記している。

「日本人が神の裔なることを架空と云うは未だ許すべきも、Emperor（天皇）を神の裔とすることを架空とすることは断じて許し難い。そこで予はむしろ進んで天皇を現御神とする事を架空なる事に改めようと思った。陛下も此の点は御賛成である。神の裔にあらずと云う事には御反対である」（『側近日誌』）

「Emperor」を「神の裔」、すなわち皇祖天照大神の直系子孫とする神話は、天皇信仰の根幹だ。それが「架空」とされることは、天皇存在と日本国体の根本的な否定にほかならない。天皇はそのように考え、木下もまったく同じ考えから、マッカーサー修正原案の表現に憤慨し、「神の裔」を「現人神」に修正したのである。

「神の裔」こそが日本天皇の存在理由であり国体の根基

天皇は人間であって現御神でないということは、皇太子時代から天皇自身が口にしていたことで、もともと何ら問題はなかった。皇太子時代の侍従武官長だった奈良武次《ならたけじ》も、こう記している。

「殿下（皇太子）は皇室の祖先が真に神であり、現在の天皇が現人神であるとは信ぜられざる如く、国体は国体として現状を維持すべきも、天皇が神として国民と全く遊離し居るは過ぎたることと考え居らるる如く（拝察される）」（『侍従武官長奈良武次日記・回顧録』）

昭和20年年9月27日、東京・赤坂の米国大使館でマッカーサー元帥と会見した昭和天皇。「人間宣言」の詔書における解釈を巡って、日本とGHQには解釈・認識の根本的な相違があった（写真＝共同通信社）

宮内省御用掛だった寺崎《てらさき》英成《ひでなり》の日記にも、天皇のこんな言葉が記録されている。

「本庄《ほんじょう》（繁《しげる》・侍従武官長）だったか、宇佐美《うさみ》（興屋《おきいえ》・侍従武官長）だったか、私を神だと云うから、私は普通の人間と人体の構造が同じだから神ではない、そういう事を云われては迷惑だと云ったことがある」（『昭和天皇独白録』）

　このように、自分を神とする言説には否定的な考えをはっきり口にしていた昭和天皇だが、天照大神直系の子孫（裔）を「架空」とすることだけは許容できなかった。「神の裔」こそが日本天皇の存在理由そのもの、国体の根基だと、天皇自身が信じていたからである。

　奈良武次が記録した「国体は国体として現状を維持すべき」という言葉は、現人神ではないが、神の裔であることはまちがいないのだから、日本国体は維持されなければならないという意味だ。日本が敗戦し、進駐軍（連合国軍最高司令官総司令部）による事実上の占領統治下に置かれた時点でもなお、天皇は天照大神の裔孫だという信念を堅持していたことがこれでわかる。

では、彼らが信奉していた「国体」とは何なのか。

国体という表現は内容が広く、必ずしも意味は明確ではないが、昭和四年の大審院の判例文中にある「我帝国は万世一系の天皇君臨し統治権を総攬し給うことを以てその国体と」するというのが法解釈上の定義にあたる。かいつまんでいえば、日本国は「神の裔」である天皇が永遠に統治する国、ま

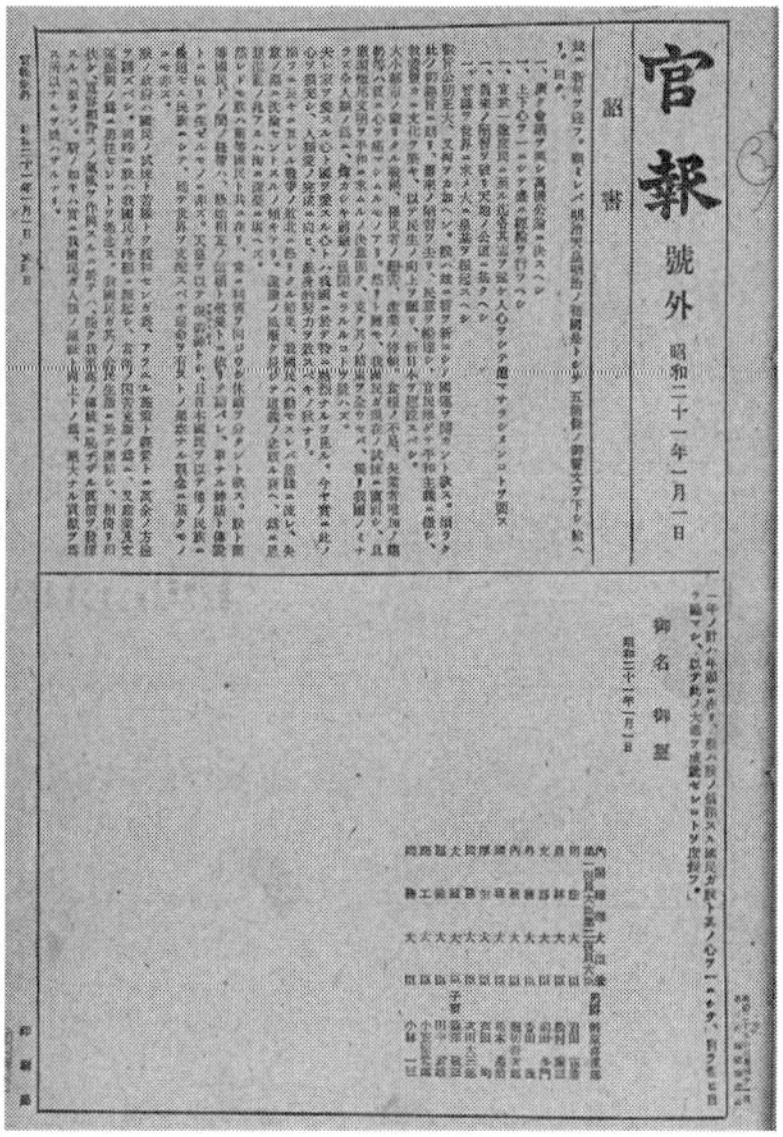

官報 號外 昭和二十一年一月一日

詔書

昭和21年1月1日に発せられた「人間宣言」の詔書。このなかで昭和天皇は、「天皇を現御神（アキツミカミ）とするのは架空の観念である」と述べ、自らの神性を否定した（写真＝国立国会図書館蔵）

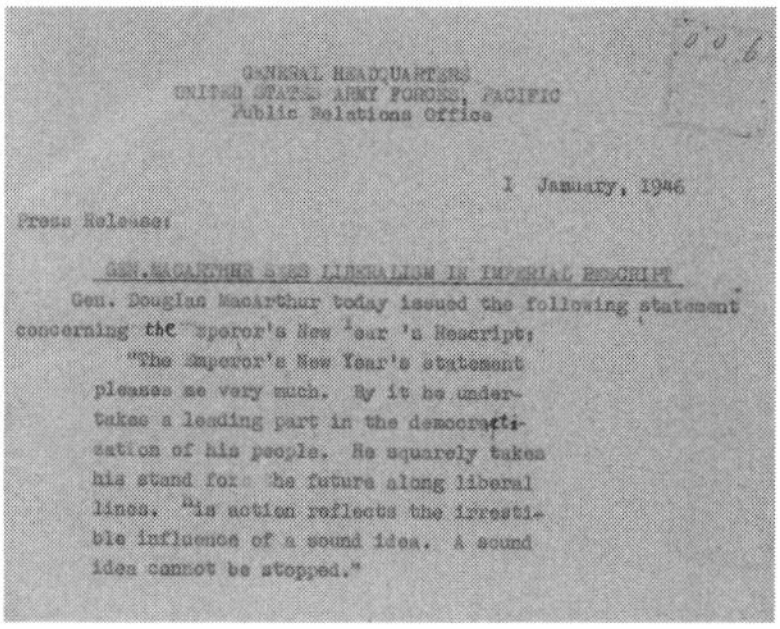

GENERAL HEADQUARTERS
UNITED STATES ARMY FORCES, PACIFIC
Public Relations Office

1 January, 1946

Press Release:

GEN. MACARTHUR SEES LIBERALISM IN IMPERIAL RESCRIPT

Gen. Douglas MacArthur today issued the following statement concerning the Emperor's New Year's Rescript:

"The Emperor's New Year's statement pleases me very much. By it he undertakes a leading part in the democratization of his people. He squarely takes his stand for the future along liberal lines. His action reflects the irrestible influence of a sound idea. A sound idea cannot be stopped."

同日、マッカーサーが発表した「人間宣言」の詔書に対する声明。天皇が日本国民の民主化に指導的役割を果たしたと高く評価している（写真＝国立国会図書館蔵）

天皇が天照大神の直系子孫とする神話は、天皇信仰の根幹といえる。マッカーサーはこの根幹にメスを入れようとした
（写真・上『岩戸神楽ノ起顕』＝国際日本文化研究センター所蔵／『神編藻塩草』＝国会図書館蔵）

るごと天皇の国ということだ。

　内閣・内務省・文部省がとりまとめて文部省が発行した昭和十二年の『八紘一宇の精神』でも、この解釈が踏襲されている。

　「大日本は万世一系の天皇、皇祖の神勅を奉じて永遠に之を統治し給う。これ我が万古不易の国体である」という一節がそれだ。「神の裔」である「万世一系」の天皇が、皇祖神・天照大神の天壌無窮の神勅を奉じて日本を永遠に統治すると定められた特別な国柄――これこそが、日本政府によって定められた「我が万古不易の国体」なのである。

　この国体論と、神武天皇が橿原に都を定めたときの詔勅と伝えられてきた「六合を兼ねて以て都を開き、八紘を掩いて宇《いえ》と為す」(『日本書紀』)の八紘一宇説を組み合わせると、現人神天皇および神民日本人による世界統治の正統性が導きだされる。文部省が国民洗脳用にとりまとめた『八紘一宇の精神』は、それを以下のように言い表している。

「我が日本こそ諸国家・諸民族に率先し、万死をも辞せざる不退転の覚悟を以て、世界を闘争と破滅とより救済する為にこの難局に当らねばならぬ。然らば何故に我が国が率先してこの難局に当らねばならぬか。それは宇宙の大生命を国の心とし、之を以て漂える世界を永遠に修理固成なして、生成発展せしめる我が天壌無窮の国体が、正に全世界を光被すべき秋《とき》に際会して居るが為である。……国家・民族を基体とする一大家族世界を肇造する使命と実力とを有するのは、世界広しと雖も我が日本を措いては他に絶対にない」

国体の目指すところは「八紘一宇(世界統一)」にある――これが昭和に入って以後、日本政府によって絶対的な国是とされ、この国を覆い尽くした狂気のイデオロギーの中身にほかならない。われわれはすでに数々の軍人を通して、その実態を見てきた。

皇祖神天照大神という絶対的な存在

『八紘一宇の精神』刊行の翌十三年、内閣情報部の国民精神総動員部会は、右の国是を「今事変の意義と関連せしめて平易に解説し、我国是たる八紘一宇の御精神に対する国民の理解を愈々深からしむる」ために、週報、写真週報、ラジオ、学生・生徒に対する訓話、各庁関係官民機関誌などを通じて宣伝し、周知徹底させると決定した。

八紘一宇を「今事変の意義と関連せしめ」るというのは、現に進行中の日中戦争は、まず最初に東亜を統一し、ゆくゆくは世界に真の平和と繁栄をもたらすことに目的があるのであって、欧米諸国のような物質欲にもとづく悪の侵略戦争とは対極の、神命に基づく正義の聖戦だという観念を国民にしっかり植えつけるという意味だ。この悠遠なる大目標のために働くことこそが全日本国民の使命であり、国体の本義であって、その絶対的な司令塔が、「神の裔」である天皇なのである。

昭和天皇も、こうした国体観を堅持していた。それが端的に示されているのが、敗戦受け入れを決めた後の八月十二日の皇族会議だ。昭和天皇はこう語っている。

「十二日、皇族の参集を求め私の意見（無条件降伏を受け入れること）を述べて大体賛成を得たが、最も強硬論者である朝香宮《あさかのみや》が、講和は賛成だが、国体護持が出来なければ、戦争を継続するか［と］質問したから、私は勿論だと答えた」（『昭和天皇独白録』）

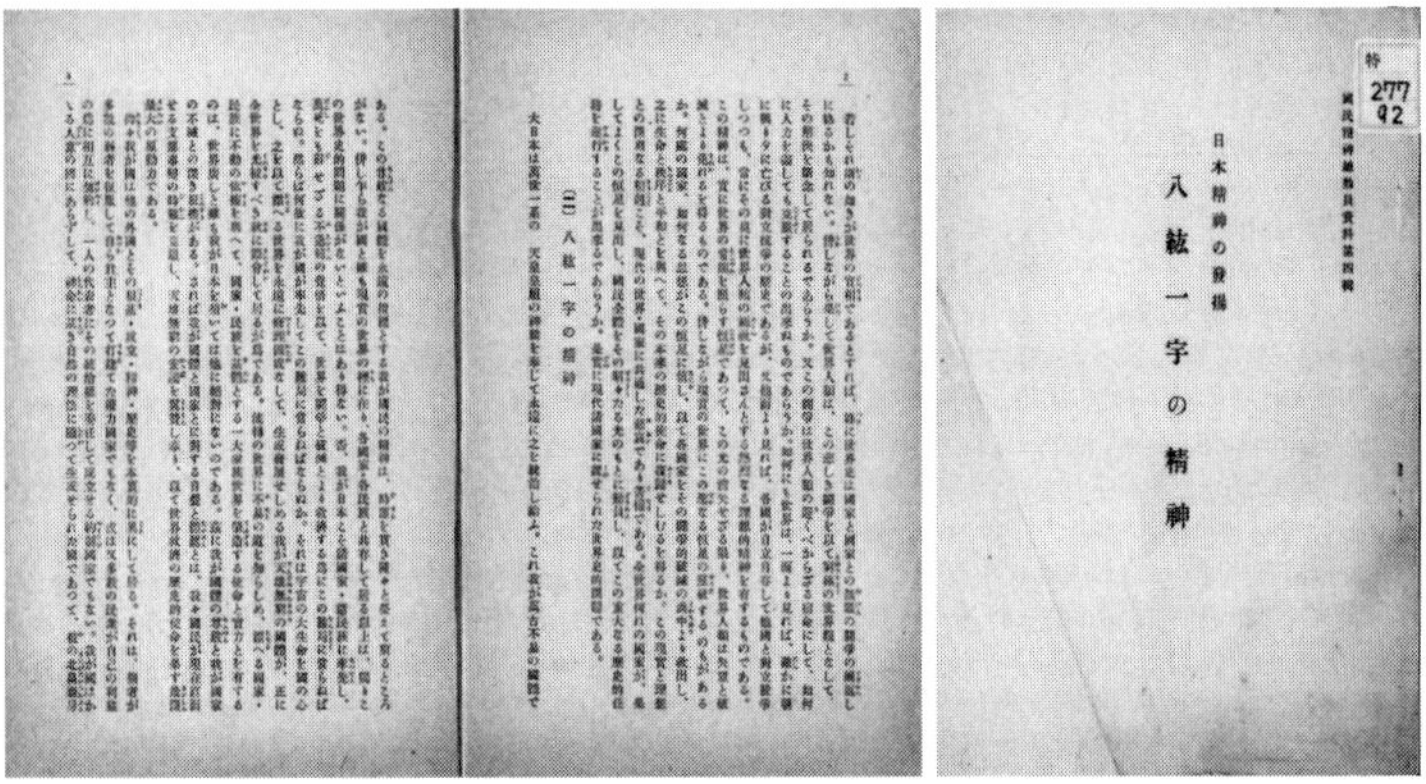

文部省が発行した昭和12年の『八紘一宇の精神』。この中で日本天皇および日本人による世界統治の正統性が詳細に論じられている（写真＝国立国会図書館蔵）

もし講和条件として連合国側が国体の解体、すなわち「天皇の国・日本」という国家のありようの廃止を求めてきたら、そのときは「戦争を継続する」と昭和天皇は朝香宮に答えた。国体は、昭和天皇にとってそれほど重いものと意識されていた。

ただしこの皇族会議の時点で、天皇は在外大使館などからもたらされた情報により、降伏してもアメリカは国体護持を認めるという感触を摑んでいた。混同されないよう注意しておくと、国体の護持とは「天皇という地位」が守られ継続されることであって、昭和天皇体制の存続の意味ではない。かりに昭和天皇が天皇でなくなったとしても、次の天皇の即位が保証され、日本はあくまで天皇の国だとする国の在り方が維持されるなら、講和を受け入れるという意味である。

昭和天皇にとって、国体の淵源そのものである皇祖神天照大神は絶対的な存在だった。戦後天皇は木下道雄に、自分がなぜ敗戦を受け入れるという決断をしたのか、その理由について語っている。ポイントは二点あった。第一は、戦争を継続すれば「日本民族は滅びて終う」ということ。第二は「国体護持」が不可能になるということで、力点はまちがいなく後者にあった。

そのときの天皇の言葉を、木下はこう日誌に記している。

「敵が伊勢湾付近に上陸すれば、伊勢・熱田両神宮は直ちに敵の制圧下に入り神器の移動の余裕なく、その確保の見込が立たない。これでは国体護持はむずかしい故に、この際私の一身は犠牲にしても講和をしなければならぬと思った」

ここでいう「一身を犠牲にしても」は、「自分が皇位を退かねばならなくなったとしても」という意味であって、「国体を犠牲にしても」という意味ではない。

日本の国体は、次に皇位に就く者によって必ず護持されねばならないと昭和天皇は考えていたし、それこそが講和の絶対条件だった。であればこそ、天皇を「神の裔」ではないとするような国体否定の詔書を、天皇は断じて受け入れることはできなかった。自分を「神の裔」ではないと認めてしまえば、国体そのものが霧散してしまうと考えたからである。

「神代からの御方針である八紘一宇の真精神を忘れないようにしたいものだね」

その国体とセットで政府が国民への周知徹底を図っていた八紘一宇についても、戦時中の天皇は受容していた。太平洋戦争直前の昭和十五年、日本陸海軍がフランス領インドシナ（仏印）に進出して領土拡張・資源確保を図るとの方針を決定したとき、天皇は「我国は……神代からの御方針である八紘一宇の真精神を忘れないようにしたいものだね」と木戸幸一《きどこういち》に語っている（『木戸幸一日記』）。

この言葉の意味するものを、日本近代軍事史研究の第一人者である山田朗《やまだあきら》明治大学教授は、こう読み解いている。

「少なくとも領土拡張、勢力圏拡大という点については天皇自身、何ら否定するものではないことは確かである。これは、昭和天皇が、機会さえあれば、領土を拡張することが君主としての一つの任務であると自覚していたことを示している」（『大元帥　昭和天皇』）

天皇がこう語った昭和十五年という年は、政府が「大東亜共栄圏」という言葉を初めて使いだした年であり、連合国側による経済封鎖を打開するために、「一宇（ひとつ屋根の下）」とすべき「八紘（世界)」の範囲を、本土および満州・中国から、フランス領インドシナやオランダ領東インドなど東南アジアおよび南洋諸国にわたる宏大な地域に拡大するという方針が定められた年にほかならない。

それを踏まえた上で、天皇は側近中の側近である木戸幸一に、南方進出は八紘一宇の精神に基づいておこなわれるべきだと語っていたのである。

日中戦争から太平洋戦に至る間、天皇はたびたび皇祖神に戦勝を祈っていた。たとえば昭和十二年十月十七日の神嘗祭《かんなめさい》の御告文《ごこうもん》では、

「我が軍人を守り給い幸《さきわ》い給いて、彼の国（支那）をして深く省み、疾く悟らしめ給いて、一速く東亜を無窮に平《たいらけく》和《なご》めしめ給え」（『昭和天皇実録』第七）

昭和天皇の側近中の側近であった木戸幸一。昭和天皇は木戸に、たびたび偽らざるその心情を語っている。昭和天皇の戦後の伊勢詣について、天皇の心中を木戸は「真に純真に祖宗に対し御詫びがなさりたいという御気持」と述べている（写真＝国立国会図書館蔵）

と祈っている。軍部や政界は、日中戦争は欧米（もしくはユダヤ・フリーメーソン）に籠絡されて反日・侮日に陥っている中国を心から反省させ、正しい道に導くための戦争だと主張し続けたが、天皇にも同じ認識があったことが、右の告文にはっきり表されている。告文は神に申し上げる言葉であり、偽りの言葉を申し上げることは絶対にできない。つまりこれが、この時点での

昭和天皇の本心だったのである。

真珠湾攻撃翌日の昭和十六年十二月九日の宮中三殿における「宣戦につき親告の儀」では、天皇は、海陸空の敵を速やかに討ち平らげ、「皇御国の大御稜威《みいつ》を四表八方《よもやも》に伊照り徹らしめ給」えと、天照大神、皇祖神、天神地祇の諸神に祈った。御稜威を四表八方に照り徹らしむとは、まさに八紘一宇の神道流の表現にほかならない。

さらに天皇は、戦局が悪化の一途をたどっていた十七年十二月十二日にも伊勢神宮に親拝した。前月の三十日、神前で読みあげる御告文の文案を木戸に検討させているが、天皇の内意は戦勝、戦勝によってもたらされる和平、および「皇国国運のいよいよ隆昌ならしめんこと」（『昭和天皇実録』第八）だったというから、行幸の目的が戦勝祈願だったことは疑い得ない。

十二月十一日、東京を発った天皇は、その日は京都御所に一泊。翌十二日十時に山田駅に到着し、外宮、内宮の順で参拝した。このときも「天壌の共隆ゆる皇国の大御稜威を八紘に伊照り輝かしめ」たまえと祈っている。

異形のパズルのピースに
絶対的な存在として取りこまれた天皇

けれども戦後、天皇は戦時中の自身の行動には誤りがあったという反省の言葉を、側近に漏らすようになった。

昭和二十年九月三日、天皇は宮中三殿に終戦の奉告をし、十月十二日に伊勢に詣でた。その目的を、木戸は「真に純真に祖宗《そそう》に対し御詫びがなさりたいという御気持」だったと記しているが（『木戸幸一関係文書』「手記」）、木下道雄は、より具体的な天皇の言葉を日誌に記している。

「戦時後半天候常に我れに幸いせざりしは、非科学的の考え方ながら、伊勢神宮の御援けなかりしが故なりと思う。神宮は軍《いくさ》の神にはあらず平和の神なり。しかるに（自分が）戦勝祈願をしたり何かしたので御怒りになったのではないか。現に伊勢地方を大演習地に定めても、何かの事変の為未だ嘗て実現したることなし。（関東）大震災、支那事変その原因なり」（『側近日記』）

この言葉から見えてくるのは、自身の不明が原因で皇祖神・天照大神の「御援け」が得られなかったばかりか、「御怒り」まで買ってしまったのではないかという後悔だ。天皇は自身の不徳を率直に口にしている。ただしこれは神武天皇以来の国体を累卵の危うきに導いてしまったことへの反省であって、国体そのものの否定でもなければ、「八紘一宇の真精神」の否定でもない。皇祖天照大神に対する思いは、昭和天皇の中では揺るぎなく一貫しているのである。

これまでわれわれは、さまざまな軍人が主張してきたファナティックな天皇世界総帝説や日本神国説、日本人神民説を見てきた。その最も極端な表れのひとつが竹内文献であり、日本とは別個の選民説をもつユダヤに対する激烈な否定論や、裏返しとしての日猶同祖論だった。

竹内文献や反ユダヤ主義は、過激に走った超国家主義者や軍人・宗教人などによる行き過ぎたオカルト説と見なされているが、そうであるなら、文部省の『八紘一宇の精神』も、まさしく同類の思想圏の著述といわなければならない。

日中戦争以降の戦争は、〝国家認定〟の天皇現人神説や神国説、国体観、八紘一宇説などといったオカルティックな思想を中軸として、政官界や軍部の実務者が絵図を描き、国民を誘導し、徴兵兵士を捨て駒とすることで成り立ってきた。昭和天皇も本人の意思とは無関係に、それら異形のパズルの絶対的な中核ピースとして取りこまれ、国体論や八紘一宇説については自らも信奉してきた。GHQが「人間宣言」を強く促した理由は、まさにそこにあった。

とはいえ、われわれは陸海軍のトップとして君臨した「大元帥陛下」の歩みについては、まだ検討していない。次にそれを見ていくことにする。

二　泥沼化する日中戦争と大東亜共栄圏

関東軍はなぜ天皇の命令なしに独断専行を重ねたのか

昭和天皇が一貫して平和論者だったという説は、とても鵜呑みにするわけにはいかない。自ら戦争を求めたわけではなく、戦争を嫌っていたことは確かだが、全軍の統帥者である大元帥として戦争を「追認」し続けたという事実が、歴史に明らかだからである。

ほんらい軍隊は天皇の命令なしに動かすことはできない。勝手に動かすのは軍隊の私兵化であり、天皇の専権である統帥権の干犯となる。二・二六事件将校らは、その罪を問われて銃殺された。

満州事変の発端となる鉄道爆破事件、柳条湖事件(昭和6年9月18日)を報じる日本の新聞。爆破は関東軍による独断行動だった(写真＝東京朝日新聞・1931年9月19日付)

戦時における軍の最高統帥機関は大本営で、ここから陸軍に対しては大陸令、海軍に対しては大海令が発せられ、この軍令が下部に伝達されてはじめて、軍隊の出動となる。両令の発令者はいうまでもなく大元帥天皇であり、天皇の允裁《いんさい》(許可)が不可欠だ。

ところが陸軍は、たびたび天皇の命令なしに軍を動かし、統帥権を干犯した。典型例に、石原莞爾《いしわらかんじ》ら関東軍が奉天近郊の柳条湖で満鉄線を爆破した、昭和六年の満州事変が挙げられる。事変自体が関東軍による独断行動(統帥権干犯)なのだが、干犯はその後も続き、朝鮮の混成旅団が軍令のないまま朝鮮から満州に越境し、事変が拡大して奉天占領へと進んでいった。

アメリカは戦線不拡大を要求し、日本政府も錦州まで攻めこむことはしないと米国側に伝えたが、関東軍はこのときも独断で錦州を爆撃して戦線を拡大した。この行動に対し、天皇は「錦州付近に張学良軍隊再組織成れば事件の拡大は止むを得ざるべきか、若し必要なれば余は事件の拡大に同意するも可なり」(『侍従武官長奈良武次日記』昭和六年十月九日）と〝事後承諾〟を与えた。かくして、翌昭和七年三月一日、満州国が建国されるのである。

満州国建国にあたり、天皇が一貫して気にかけていたのは、中国ではなく英米だった。
敗戦後の昭和二十一年、天皇は当時をふりかえって「満州は田舎であるから事件が起っても大した事はないが、天津・北京で起ると必ず英米の干渉が非道くなり彼我衝突の虞れがあると思った」(『昭和天皇独白録』)と側近に語っている。

関東軍の独断行動は、その後も続いた。

昭和八年一月、満州国と華北の境界である万里の長城東端の山海関で中国軍と衝突したのを契機として、関東軍は内蒙古の熱河省侵攻に着手した。天皇は「対熱河作戦は万里の長城を超えて関内に進入することなき条件にて認可する旨」陸軍参謀総長の閑院宮《かんいんのみや》に申し渡したが、命令はまたしても無視され、関東軍は万里の長城を超えて、政治の中心地である関内の河北省に侵攻した。

満州事変以来、国際連盟を舞台に批判の矢面に立たされていた日本政府は、諸外国に向けて「関内には進出しない」と声明を出していた。

にも関わらず、戦線を拡大した軍部に憤慨して、天皇は侍従武官長の本庄繁にその非を伝え、関東軍も一度は参謀本部の命令に従って長城線まで兵を引いたが、その後再侵攻して戦線を拡大した。このとき天皇は、本庄繁にこう不満をぶつけている。

「一旦総長が明白に予が条件を承り置きながら、勝手にこれを無視したる行動を採るは、綱紀上よりするも、統帥上よりするも穏当ならず」(「至秘鈔」昭和八年五月十日、『本庄日記』)

天皇は明確に不興を口にした。天皇が「穏当ならず」といえば、軍人は恐懼して天皇の意思に従うのがタテマエだが、くりかえし独断専行を重ねる関東軍に通じることはなかった。なぜならこのときも、天皇は関東軍の行動を追認したからである。苦情は述べたが、「敢て作戦を差控えしめんとせらるる抔の御意図」ではなかったと本庄が明記している。

同様のことは、昭和十三年にソ連が満州国境を侵犯した張鼓峰事件でも起こっている。武力衝突を避け、外交交渉で問題解決を図るようにというのが天皇の当初の意向だった。けれども関東軍は独断でソ連と戦い、これを退けた。

このとき大本営作戦課長だった稲田正純《いなだまさずみ》大佐は、戦後この衝突に関する「出来たことは致し方がない。然しよく止った」という天皇の事後承諾を記している（「ソ連極東軍との対決」山田前掲書）。さらに事件収束後、天皇は「わが将兵が困難なる状況の下に寡兵これに当たり、自重隠忍克くその任務を完うせるは満足に思う」との「御言葉」まで下して嘉賞したのである（『関東軍1』）。

話を中国にもどそう。日中戦争は昭和十二年七月の盧溝橋事件（北支事変）が発火点となった。ソ連の動向を心配する天皇は、日中戦の短期決戦・早期決着を求めた。陸海軍トップである閑院宮参謀総長と伏見宮《ふしみのみや》軍令部総長に、「重点に兵を集め、大打撃を加えたる上にて我の公明なる態度を以て和平に導き、速に時局を収拾するの方策なきや。即ち支那をして反省せしむるの方策なきや」（『支那事変陸軍作戦1』）と下問している。

けれども日中戦争は拡大の一途をたどった。杉山元《すぎやまげん》陸相が天皇に答申していた「万一戦争となっても二、三カ月で片付く」という無根拠の見通しからは大きく外れ、泥沼化していった。

天皇は、上海兵力を増強して一気に中国軍に大打撃を与え、有利な状況下で講和にもちこむことを求めた。太平洋戦争の後期にも、天皇はアメリカに対して同様の決着法を模索し、小磯《こいそ》首相に要求している（第一章「小磯国昭《くにあき》」参照）。いずれも大元帥としての意思にほかならない。

けれども戦争は、講和とは逆のコースをたどった。同年十二月に日本軍が中華民国の首都・南京を陥落させたことが、ひとつの転換点となった。

「今や支那を如何様に処理するとも、その鍵は全く日本の手にあるのであります」

このとき参謀本部は、首都陥落の好機をとらえて講和に持ちこもうと動いた。

もともと盧溝橋事件以後の日中戦争は、講和に向けた交渉と戦争継続が並行して進められており、当時の陸軍からすれば思い切った譲歩案も中国側に提示していた。「和平の努力をやりながら戦線を拡大する、戦争をつづけながら和平工作を進めるという特異な戦争」（松本重治《まつもとしげはる》『昭和史への一証言』）が、日中戦争だった。

けれども、日本が首都南京を落としたことで、講和の空気が一気に吹き飛んだ。戦勝ムードに勢いづいた政府（近衛《このえ》内閣）や天皇側近の木戸らは「戦争継続」を主張し、天皇もそれらの意見に引きずられた。盧溝橋事件の勃発時には平和的な事態収拾を求めていた天皇が、「近衛や木戸、広田（弘毅外相）らの国民政府否定＝戦争継続論に傾斜」した結果、「参謀本部の講和論は、天皇によってあらためて封じ込められた」（山田前掲書）。南京陥落後の昭和十三年一月に発せられた「国民政府を対手《あいて》とせず」とする近衛声明の背景には、こうした経緯があった。

南京を失った国民政府は、首都を重慶に移して徹底抗戦を叫び、日中戦争はいよいよ長期化必至の情勢となった。国民政府のバックには英米蘭政府がついていた。英米蘭による中国支援の動きを、一部の軍人や元軍人、マスコミなどが、ユダヤによる東亜支配の布石だといってユダヤ陰謀論を煽ってきたことは、すでに第一章で見たとおりだ。

日本軍はその後も中国主要都市の占領を進め、政府の意気も軒昂だった。

日中戦争は戦争を継続しながら、同時に和平工作を進めるという特異な戦争だった。だが、南京陥落を契機に時の首相・近衛文麿らは「戦争継続」を主張。拡大の一途をたどった日中戦争はついには泥沼化していった（写真＝国立国会図書館蔵）

昭和十三年十一月三日のラジオ放送で、近衛は国民に向けてこう演説している。

「今や広東陥落に引きつづいて支那内地の心臓・漢口も亦我有に帰し、近代支那の全機能を支配する七大都市の全線を包容する厖大なる地区、即ち所謂中原は全く日本軍の掌中にあるのであります。中原を制するものは即ち天下を制す、蔣《しょう》政権（国民政府）は事実に於て一地方政権に転落し終わったのであります。日本は一方に於て、外部からの干渉を排撃するに足る十分の精鋭なる戦闘力を保留しつつ、余裕綽々としてこの戦果を獲得したのであります。……今や支那を如何様に処理するとも、その鍵は全く日本の手にあるのであります」(「昭和十三年十一月三日ノ政府声明ニ際シ近衛内閣総理大臣ラヂオ放送」『国民精神動員実施概要』所収)

けれども、日中戦争は「余裕綽々」どころか、一歩踏み出すのも困難な泥沼と化していた。資源の乏しい日本は、次第に泥濘に足を取られて消耗していった。石油やゴムなど必要不可欠の資源確保、および英米仏などが蔣介石《しょうかいせき》政権に援助物資を送りこんでいる輸送ルート（いわゆる「援蔣ルート」）を潰すことは、何にもまして喫緊の課題だった。

この難題を解決するために推し進められたのが、昭和十年から海軍によって唱えられていた「南進政策」であり、その際、進出のタテマエとして声高に叫ばれたのが、「八紘一宇」精神に基づく「大東亜共栄圏」の建設なのである。

「日本がすべての海外領土を失ってしまうことになったのは、自分にとって手ひどい打撃である」

昭和十四年九月、英独戦争を皮切りに、第二次世界大戦が勃発した。ドイツがイギリス軍を破り、フランスを降伏させたことを好機として、日本はフランス領インドシナ（仏印＝現在のベトナム・ラオス・カンボジア）への進出を図った。

昭和十五年六月二十日、仏印への進出・領土拡張に関し、天皇は木戸にこう語っている。

「我国は歴史にあるフリードリッヒ大王やナポレオンのような行動、極端に云えばマキアベリズムのようなことはしたくないね、神代からの御方針である八紘一宇の真精神を忘れないようにしたいものだね」（『木戸日記』）

この言葉から明らかなように、天皇は南進そのものは否定していない。ただ、南進にあたっては、政治目的のためにはいかなる反道徳的な手段も許されるとする「マキャベリズム」ではなく、神武天皇の「八紘一宇」の精神に則らねばならないと、夢想を語るのである。

八紘一宇のスローガンは、世界平和の理想をいったものだといういかにもご都合主義の解釈が、戦後神社界や自民党など政界の一部でなされている。けれども、他国に送り出した軍隊を背景に自国の権益拡大を図る行動は、いかに強弁したところで「八紘一宇の真精神」（そのようなものがあるか否かは別として）と合致しないことは明らかだ。この天皇発言に対し、山田朗はこう書いている。

「少なくとも領土拡張・勢力圏拡大という点については天皇自身、何ら否定するものではないことは確かである。これは、昭和天皇が、機会さえあれば、領土を拡張することが君主としての一つの任務であると自覚していたことを示している」「領土・勢力圏の拡張を君主の事業と見る点において（天皇は）統帥部の露骨な膨張主義・機会便乗主義の潮流に埋没せざるをえなかった」（山田前掲書）

山田の指摘を裏付ける言葉を、天皇は戦後漏らしている。サンフランシスコ講和条約の調印直後、吉《よし》田茂《しげる》首相に向かって、天皇はこういった。

「明治大帝の孫の治世に日本がすべての海外領土を失ってしまうことになったのは、自分にとって手ひどい打撃である」（佐々木隆爾《ささきりゅうじ》『現代天皇制の起源と機能』）

台湾や朝鮮は、明治天皇の代に獲得したものだ。満州支配の足がかりの構築も、明治天皇の代に遡る。それら「海外領土」を、孫である自分の代にすべて失ってしまったことを、昭和天皇は「手ひどい打撃」だったと率直に語ったのである。

昭和十五年、海軍は南進のための出師《すいし》（出兵）準備に着手し、十一月には及川古志郎《おいかわこしろう》海相が天皇に出師を上奏した。それに対する天皇の言葉も、上記の山田の見方が正当なものであることを証している。天皇はこういったのだ。

「此の程度のこと（南進のための出師）は現下の情況に於て已むを得ず。これで安心なり」（『大本営海軍部・連合艦隊1』）

資源獲得のための南進は、陸軍はもちろんだが、何より海軍にとっての死活問題だ。石油がなければ艦隊も航空機もただの鉄屑となる。

当時、世界最大の産油国はアメリカであり、日本で使われる石油の大部分もアメリカ産原油に頼っていた。昭和十四年時点のデータでは、輸入原油および石油製品の八一・二％がアメリカ産で、次が蘭印（オランダ領東インド＝現在のインドネシア）の一四・三％となっている。

対米外交が行き詰まり、アメリカからの原油輸入が滞れば、ただちに軍需も民需も行き詰まる。そうなれば、戦争どころではない。ならばそんなジリ貧状態に陥る前に、和戦両様の準備を調えつつ、ただちに資源確保に打って出なければならない――昭和十五年の北部仏印進駐に続く十六年七月の南部仏印進駐は、こうした状況を打開するために断行された。

「帝国の方針として大東亜共栄圏は飽迄建設しなければなりません」

仏印進駐の前月、近衛首相、永野《ながの》修身《おさみ》軍令部総長、杉山元陸相が、北部仏印進駐に関する奏上を行った。その際、南進を強く主張してきた永野がこう言上している。

「帝国の方針として大東亜共栄圏は飽迄建設しなければなりません。……最近に於て英米蘭支等が南方に於て相提携し、日を追うて我を圧迫して参って居りますので、一日でも早く（南進を）やる必要があります」（『杉山メモ』）

永野が「大東亜共栄圏」を口にしている点に注目してほしい。南進は、アジアを浸食する欧米列強を排除し、アジアに共栄圏を建設して平和と繁栄の道を開くための大義にもとづく行動だといって、天皇を説得しようとしているのである。

天皇は作戦実施に要する経費、作戦に充てる師団、軍隊の配置、南部仏印における飛行場建設予定地など、詳細にわたって下問した。軍事に対する天皇の識見は高く、太平洋戦争に入って以降もしばしば軍首脳を立ち往生させるような鋭い質問を発している。これは、天皇が何も知らされずに軍の暴走に巻き込まれたとする俗説が正しくないことを示している。

最後に天皇は、「国際信義上どうかと思うがまあ宜い」と南進策を容認し、「まあ宜い」の部分では特に語尾の調子を高く上げた。杉山は「御上の御機嫌は御宜しかりしものと拝察」している（同前）。

かくして七月二日の御前会議において、「情勢ノ推移ニ伴ウ帝国国策要綱」が決定をみた。冒頭に掲

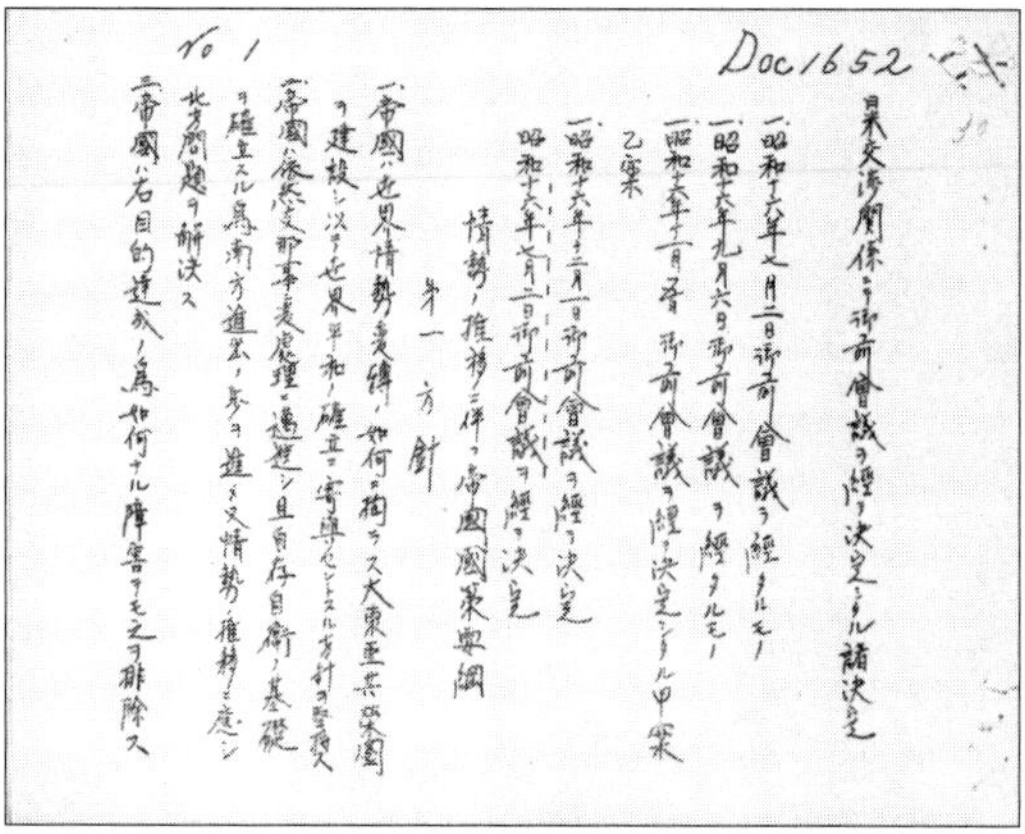

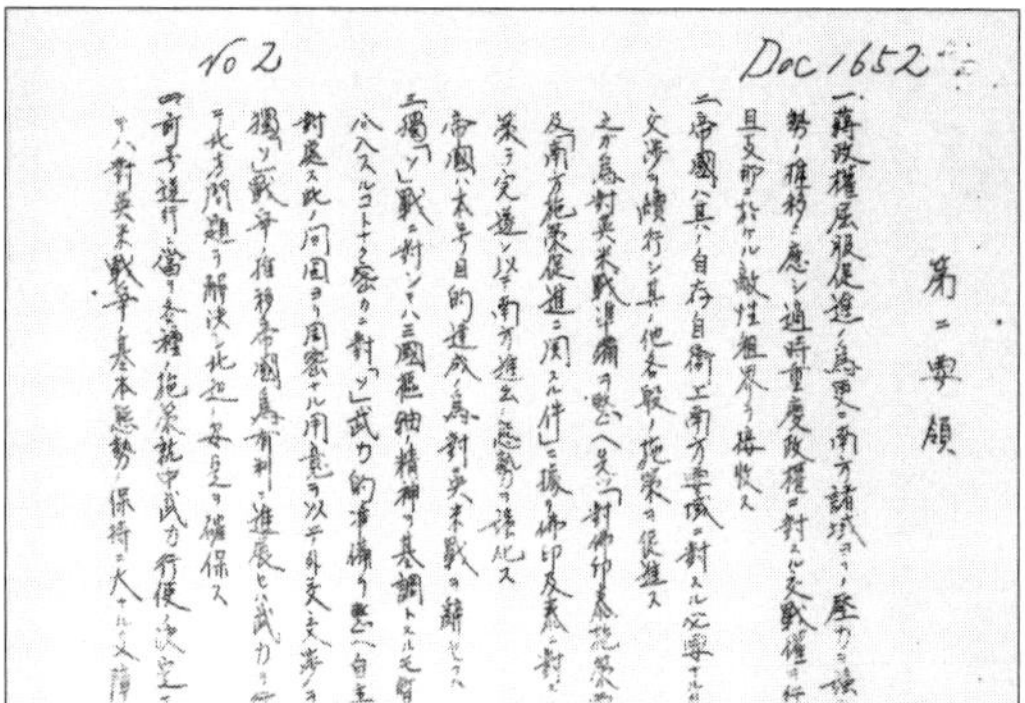

昭和16年7月2日の御前会議で決定された「情勢ノ推移ニ伴ウ帝国国策要綱」。「対米英戦ヲ辞セズ」というこの要綱は、追い詰められた日本の状況を反映したものであり、その後の日本の命運を決定づけたといえるかもしれない
（写真＝国立国会図書館蔵）

げられた「方針」は、こう述べている。

一、帝国は世界の情勢変転の如何に拘らず大東亜共栄圏を建設し、以て世界平和の確立に寄与せんとする方針を堅持す

二、帝国は依然支那事変処理に邁進し、且自存自衛の基礎を確立する為南方進出の歩を進め、又情

勢に対し北方問題（対ロシア問題）を解決す
三、帝国は右目的達成の為如何なる障害をも之を排除す
この会議で、海軍の主張する南進策と、陸軍の主張する対ソ戦準備が、国策として決定され、状況次第では「対米英戦を辞せず」という文言も明記された。

方針の眼目は二で、「支那事変処理に邁進」とは、仏印経由で中国国民党に運びこまれている援助物資ルート（援蔣ルート）を遮断し、中国を兵糧攻めにして降伏に導くという作戦をいう。物資は海上を輸送されて、当時仏印領の一部だったベトナムのハイフォンに陸揚げされ、そこからハノイを経由して中国へと運ばれた。この仏印ルートは、援蔣ルート中でも最大の輸送量（月一万五千トン）であり、ここを叩くことは「支那事変処理」に不可欠だった。

支那事変処理の次に出てくる「自存自衛の基礎を確立」は、資源、とりわけ石油の獲得を意味する。つまり南進は、あらゆる方面で行き詰まりかけ、ジリ貧が目前に迫っている状況を一転打開するために絶対不可欠の方策であり、何がなんでも成功させねばならないものだった。天皇も、それは重々承知していた。だからこそ、「国際信義上どうかと思うがまあ宜い」と容認したのである。

新たな資源確保に動かなければ自滅するしかない——石油逼迫で追い込まれた日本

ジリ貧論は、七月二十一日の大本営政府連絡会議でも主張されている。
「米に対しては今は戦勝の算あるも、時を追うてこの公算は少なくなる、明年（昭和十七年）後半期は

最早歯が立ちかねる、その後は益々悪くなる。……戦わずして済めばこれにこした事はなし。然し到底衝突は避くべからずとせば、時を経ると共に不利となると云う事を承知せられたし。尚、比島を占領すれば海軍は戦争がやりやすくなる」（永野軍令部総長発言、『杉山メモ』上巻）

ジリ貧論が軍部の大勢となる中、現在の国力で欧米列強と衝突したら国が保たないのではないかという強い懸念から、天皇は米英問題に関しては、なお衝突回避の道を求めた。大本営政府連絡会議の翌二十二日、杉山から仏印交渉の状況に関して奏上を受けた際も、「武力を以てせず何か他に好き方法はないか」と尋ね、杉山が「武力以外は困難であります」と答えると、日本の国力が耐え得るだろうかと懸念を述べたうえで、こんなやりとりを交わしている。

杉山　国力の相当不充分な事はおおせの通りであります。而し今日此の儘推移せば、帝国として支那事変を解決し得ざるのみならず、年の経過と共に困難な立場となると思います。やはり機を捉えて撃たなければならぬと思います。

天皇　そう云う事を云うても物がないではないか。

杉山　海軍は知らぬが、陸軍は一年位大丈夫と思います。

天皇　そんな事を云うが、一年で勝つと思うか。

杉山　まあ一年で必ずとは申し上げられませんが、何とか機会を捉えて伸びて行く方策を取らねばならぬと思います。……海軍にしても陸軍にしても時が経てば六か敷くなることを知らねばならぬと思います。

天皇　そうかね、武力を使わずに出来ぬかね。（『杉山メモ』上）

ジリ貧論で天皇を説得しようとする杉山に対し、天皇は武力行使以外の道を執拗に求めた。勘違いしてならないのは、これが平和への希求から出た言葉ではないということだ。

全軍の長たる天皇が、そんな子どもじみた夢想を抱くことはない。武力行使は欧米からの反攻を必ず招く。それに対抗するだけの国力が日本にあるとは思えないという懸念から、天皇は外交による資源確保の道を摸索するよう求めたのである。

このときのやりとりの所見として、杉山はこうメモしている。

「本日の御下問に依れば、(陛下は)徹頭徹尾武力を使用せぬ事に満ち満ちて居られるものと拝察せらる。依って今後機会を捉えてこの御心持を解く様に申し上げたき考なり」

南部仏印進駐は、幸いフランス側が折れたことにより、武力衝突することなく達成された。フランスは必要数の日本軍隊、艦艇、航空部隊の南部仏印への派遣、航空基地八ヵ所、海軍基地二ヵ所の使用および日本軍の軍事演習その他を認め、七月二十九日、交換公文に調印した。

日本の仏印駐留を受けて、アメリカはただちに対日資産の凍結と石油輸出の全面禁止に動き、イギリス・オランダも対日資産の凍結や貿易協定の停止などを決定した。これで従来のルートから入ってくる石油がなくなった。ここから、一か八かの対米開戦へと、日本は驀進していく。

当時、日本の石油備蓄量はどの程度あったのか。

昭和十六年時点における海軍の石油備蓄は、約二年分(八四〇万kℓ)、陸軍の備蓄量は、航空機用揮発油が約一年分(五〇万kℓ)、自動車用揮発油が半年分(四〇万kℓ)にすぎない(岩間敏「戦争と石油⑸」『石油・天然ガスレビュー』vol45 No2)。軍令部総長の永野自身、海軍備蓄量は「二年分」であり、戦争となれば「一年半」で使い尽くす。だから「寧ろこの際打って出るの外なし」と天皇の下問に答えている（『木戸日記』昭和十六年七月三十一日）。

また、同年七月二十九日に企画院がまとめた「戦争遂行に関する物資動員上よりの要望」によると、各種最重要物資が禁輸となった場合、国内における第一種重油は約四ヵ月、第二種重油は約六ヵ月、航空揮発油は約十五ヵ月、重油は一ヵ月半、機械油は約二ヵ月半、軽油は約三分の一ヵ月、灯油は約一ヵ月でストックが切れる（軍の備蓄分は除く）。ニッケル、マンガン、ピッチコークスなども二ヵ月から四ヵ月分の備蓄しかない。

現実問題として、新たな資源確保に動かなければ自滅するしかないという状況に、日本は立ち至っていたのである。

「如何なる確信あって三月と申すか」杉山元の奉答に激怒した天皇

米・英・中・蘭印によるＡＢＣＤ（America, Britain, China, Dutch・EastIndies）包囲網は刻々と締めつけを強め、事態はいよいよ逼迫してきた。対米英戦争は長期の持久戦となる可能性が極めて高く、米国の屈服はまず期待できないと、軍部は判断していた。

だとすれば、南方で必要な資源を確保し、満州と支那の資源もあわせて、長期持久自足の経済体制を整備すること以外、日本に活路はない。さらに、前年に軍事同盟を結んでいたドイツが英国に勝利する機をとらえ、米世論を厭戦に導くという他力本願の見通しに期待をかけた。太平洋戦争を通じて、軍部はこうした他力本願を唱え続けた。その最たるものが「神風」であり、神々の加護であった。そうした主張を、われわれはすでにいくつも見てきている。

軍部は対米戦争へと急傾斜していたが、天皇はなお外交交渉に望みをかけ、対米交渉を模索する一方、備えとして戦争準備も進めるという近衛首相の折衷案に承認を与えた。

天皇や近衛が何といおうと、陸軍統帥部の意思は開戦論で固まっていた。けれども海軍は揺れていた。先に見たとおり、軍令部総長の永野はジリ貧論による開戦を主張したが、勝算あっての開戦論ではなかった。七月三十一日の上奏で、天皇に対米開戦となった場合の見通しを尋ねられた永野は、「日本海々戦の如き大勝は勿論、勝ち得るや否やも覚束なし」と率直に奉答し、天皇は、「つまり捨てばちの戦をするとのことにて、誠に危険なり」との感想を漏らした（『木戸日記』同日条）。

天皇の懸念は、陸海軍を統括する統帥部に伝えられた。そこで海相の及川古志郎が「それは永野個人の意見であって、従来どおり海軍の（極力開戦を避けるという）考えは変わっていない旨申し上げ、御安心を願った」（『大本営陸軍部2』）。

九月五日にも、天皇は近衛を陪席させた上で永野・杉山を呼び出し、杉山に「日米事起らば、陸軍としては幾許の期間に片付ける確信ありや」と尋ねた。

杉山は「南洋方面だけは三ヶ月位にて片付けるつもりであります」と奉答したが、これを聞いた天皇は、参謀総長のあまりの見通しの甘さ、その場しのぎの応対に、溜めこんできた怒りを抑えきれなくなったらしい。陪席していた近衛が、後日そのときの様子をこう記している。

「陛下は更に総長に向わせられ、『汝は支那事変勃発当時の陸相なり。その時陸相として、「事変は一ヶ月位にて片付く」と申せしことを記憶す。然るに四ヶ年の長きにわたり未だ片付かんではないか』と仰せられ、総長は恐懼して、支那は奥地が開けて居り予定通り作戦し得ざりし事情をくどくど弁明申上げた処、陛下は励声一番、総長に対せられ『支那の奥地が広いというなら、太平洋はなお広いではないか。如何なる確信あって三月と申すか』と仰せられ、総長は唯頭を垂れて答うるを得ず」（近衛文麿『平和への努力』）

日増しに強まる軍部の開戦の圧力 ついに近衛は政権を放り投げた……

こうした重苦しい空気の中、海軍の腰は容易に据わらず、近衛首相に対しても、また陸相・東條および陸軍統帥部に対しても、「首相に一任」という丸投げの姿勢を続けた。背景には、もし戦争回避ということになれば、陸軍による内乱が起こるという懸念を海軍首脳が抱いていたからだという衝撃的事実が、戦後秘密裡に行われた「海軍反省会」で赤裸々に語られている。

海軍軍令部の作戦課参謀だった三代《みよ》一就《かずなり》大佐は、永野がなぜ開戦論を唱えたのか、その理由を本人から聞いたとしてこう述べる。もし開戦回避で「内乱」となった場合、海軍は陸軍には敵わない。結果、何ヵ月か後には陸軍に鎮定されて陸軍の意に沿った内閣ができる。それから開戦しても、すでに時機を逸しているので、そうなるくらいなら「少しでも勝ち目のある間にやるべきだということが僕の考えだ」と永野は語ったというのだ。

同じく反省会メンバーだった作戦課参謀の佐《さ》薙《なぎ》毅《さだむ》元大佐も、米国の要求に屈すれば「これはもう内乱が発生すると。陸軍は少なくとも参謀本部の我々の接触する範囲ではそういう空気。私もやっぱり、このままアメリカの言い分を呑み込めば内乱は必至だと、こう感じておりました」と語り、開戦時の海軍省兵備局長だった保科善四郎《ほしなぜんじろう》元中将は、東條内閣の海相となった嶋田繁太郎《しまだしげたろう》大将から、「もし自分が（開戦に）反対すれば、陸軍が内乱を起こす」と聞かされたと話している。

これらの証言から、昭和十六年時点で海軍首脳部の間に、陸軍の内乱を恐れ、それ回避するためには対米開戦もやむなしという空気が広まっていたことがわかる。内乱は杞憂とはいえない。陸軍が天皇の意向を無視して統帥権干犯の軍事行動を起した前歴は、満州事変以来数々あった。天皇が激怒した二・二六事件のようなクーデター未遂事件も起きていた。そのため海軍は陸軍との対立を避け、外交と戦争の判断を近衛に「一任」するという保身を貫いたのである。

他方、陸軍統帥部は開戦必至の空気でおおわれていた。その中心には、近衛内閣の一員である陸相・東條英機がいた。

開戦を回避するための対米交渉の焦点は、

一、中国における駐兵問題
二、経済機会均等原則の問題
三、日独伊三国条約の問題

の三点にほぼしぼられており、二の経済と三の条約に関しては、アメリカ側への歩み寄りは可能だと政府は見ていた。問題は一の中国における駐兵だった。アメリカが要求している中国駐留の日本軍の完全撤兵だけは、陸軍が断固として拒絶しており、東條も強硬だった。

九月七日に近衛を訪ねた東條は、「駐兵問題に関しては米国の主張するような、原則的には一応全部撤兵、然る後駐兵という形式は軍としては絶対に承服し難い」という立場を貫いた。

その後も三回にわたって交渉の場が設けられたが、東條の主張はいっさい変わらず、閣議で「日米交渉の最早継続すべからざる所以を興奮的態度で力説し」、最後の交渉の場では「これは性格の相違ですなあ」といって近衛を突き放した（近衛前掲書）。ここに至って内閣は万事休すとなり、近衛は政権を放り投げた。その後釜として組閣の大命が下されたのが東條英機だったのである。

三　勅命尊重の〝忠臣〟

戦争こそが天皇と国体を護る唯一の道

東條は自分に組閣の大命が下るとは思っておらず、近衛の後任については東久邇宮《ひがしくにのみや》による皇族内閣を主張し、自身は陸相として戦争指導を継続する腹づもりだった。東久邇宮内閣には近衛も同意していたが、万一の場合、皇族内閣では皇室に累が及ぶという木戸ら重臣の反対で退けられた。内閣総辞職の責任をとるため、東條は陸相官邸から用賀の私邸への引っ越しを始めていた。ところがそこで、まったく予期しない組閣の大命降下となったのである。

なぜ木戸や天皇は東條を選んだのか。最大の理由は、従来の陸軍トップらがしばしば面従腹背で天皇の意思をないがしろにし、統帥権干犯すら平然と犯してきたのとは異なり、東條は愚直といってよいほど天皇を崇拝し、承詔《しょうしょう》必謹《ひっきん》（承けた詔は必ず謹んで実行するということ）を信条とする男だと信じたからである。

米英との開戦に関わる「錦の御旗」を軍部中堅の幕僚が握っている以上、陸軍を掌握・統率して天皇の意に沿う方向にリードできる人物は東條のほかにはいない、木戸はそう考えた。

先の大戦における最重要局面で首相に就任した東條英機。
東條は愚直なまでに天皇を崇敬し、「戦争こそが
天皇と国体を護る唯一の道」と信じて疑わなかった

「東條は勅命尊重の忠誠心あふれる人物」だから、「陛下の思召を真に奉戴して」対米開戦に関する決定（十月上旬までに交渉がまとまらなければ開戦という九月六日の大本営御前会議の決定）も「白紙」にもどせるのではないか——木戸はそう天皇に進言し、天皇も同意したのである（『木戸幸一関係文書』「第三次近衛内閣更迭ノ顛末」昭和十六年十

一月）。

天皇や木戸から「勅命尊重の忠臣」とみられていた東條は、たしかに天皇を現人神と受け止めていた。内閣のスタートから一ヵ月後、天皇への拝謁を終えた帰りの車中で、東條は秘書官の広橋真光《ひろはしただみつ》にこう漏らしている。

「今日も、御上にやりこめられちゃった」「私達はいくら努力しても人格、御上は神格でいられる。子が親にやりこめられる。あたり前の事。御上の神格、御立派さにはいつも頭が下がる」（「東條英機大将言行録」『東條内閣総理大臣機密記録』所収）

実際、天皇への忠誠は、首相になって即座に発揮された。開戦派の最右翼だった東條が、首相に就くや否や、すぐさま天皇に命ぜられた外交交渉による妥結の道を模索し始めたからである。

東條に乞われて書記官長となり、組閣に参画した側近の星野直樹は「組閣したその日から、日米交渉を軌道に乗せるため、気違いのように動いた」と述懐している（上法快男『東條英機』）。

とはいえ幕僚らを唖然とさせた東條のこの〝変節〟も、長くは続かなかった。アメリカには日本に対する撤兵要求を後退させるつもりはなかったし、何より開戦論者の東條が首相となったことで、「日米交渉もはや見込みなし」と判断していた（近衛前掲書）。また日本側も、中国からの撤兵という要求は絶対に不可としていた以上、交渉の時機はすでに逸していた。

加えて軍部からの開戦圧力や、日本国体を護るためには、もはや戦争以外ないとの思いから、東條はふたたび対米開戦へと舵を切り直した。東條の意識の中では、それこそが天皇と国体を護る唯一の道だと考えられていた。

昭和十六年十二月一日
御前会議でついに開戦の聖断が下った……

この時期、参謀本部は天皇から開戦の了承をとりつけるため、説得に全力をあげていた。天皇の同意を得るには、説得力のある具体的なデータや作戦、確たる見通しなどの提示が必要で、単なる精神論や神国論などの類いは通用しない。そこで十月二十日の東條内閣成立直後から、参謀本部は「対英米蘭戦争に於ける初期及び数年に亘る作戦的見通しに」という御下問奉答資料（天皇の下問に対する想定問答集）をつくりあげていた。

そのいわんとするところは、戦争初期にはたしかに「物的に相当の困難」が伴うが、その後、満州・支那および南方の資源開発により自給自足の態勢が漸次整っていき、長期戦に臨むに足る「経済的不敗の態勢」ができるというレトリックである。

たとえば飛行機は、昭和十六年度には五〇一〇機、十七年度には五六九〇機、十八年度には六九五〇機と、戦闘で失われる分を差し引いても保有量は尻上がりに増えていく。飛行機に必要な航空揮発油も、十七年度は一〇%、十八年度には三〇%の不足が生じるが、十九年度以降は「逐次好転」する見通しが立っているというのだ。

今日の目から見ればデタラメとしかいいようのない数字を並べて、陸軍は、いますぐにでも開戦しなければ、この見通しを達成することが困難になるとして、天皇の説得にかかった。陸軍同様、海軍も日本は充分に戦っていけるという机上のデータをつくりあげて、天皇の説得に取り組んだ。その結

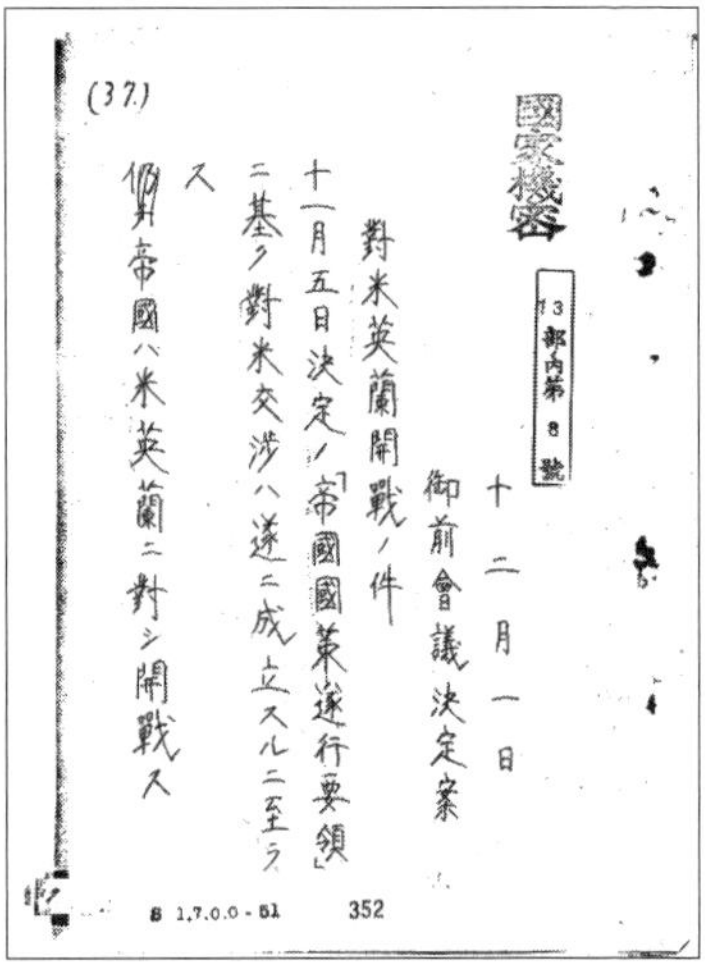
(37)
國家機密
13 部内第8號
十二月一日
御前會議決定案
對米英蘭開戦ノ件
十一月五日決定ノ「帝國國策遂行要領」ニ基ク對米交渉ハ遂ニ成立スルニ至ラス
帝國ハ米英蘭ニ對シ開戦ス
B 1,7,0,0-51　352

昭和16年12月1日、ついに御前会議で開戦の聖断が下された
（写真＝アジア歴史資料センター／原本所蔵：外務省外交史料館）

果、天皇は次第に開戦論へと傾斜していった。

十一月十五日、陸軍省軍務局と海軍省軍務局が合作して練りあげた「対米英蘭戦争終末促進ニ関スル腹案」が、天皇臨席の大本営政府連絡会議に提出された。

長期自給体制の速やかな整備などは先の「作戦的見通し」と同じだが、あきれたことに、この腹案においても、日独が協力して英国を降伏させ、米国の戦意を喪失させるという夢のような見通しが記載された。

現実は、まったくそうではなかった。英国は前年九月の航空戦でドイツ軍を撃破しており、ドイツは英国上陸作戦「延期」という名目で英本土への進攻を放棄し、兵をソ連に振り向けていた。ドイツが英国を降伏させるなどという事態は、訪れようがなかった。ところが日本はその事実に十六年四月まで気づかず、同年十一月の時点になってなお、ドイツによる英国撃破というありうべかざる幻想を抱きながら、腹案をまとめていたのである。

欧州各国には、日本から派遣された駐在武官がおり、イギリス、スウェーデン、スイス、スペインなどの大使館から情報が届けられていた。けれども、それらの情報が生かされることはなかった。前出の岩間がこう書いている。

「東京の外務省、陸軍省、参謀本部、海軍省、軍令部は同盟国のドイツからの情報は信頼するものの、英国、スウェーデン等からの情報は欧米派武官、皇道派武官からのものとしてほとんど無視していた。……（一方、信頼できるはずの）ドイツは兵力の英仏海峡側からソ連国境への移動を日本側に徹底的に隠していた。当然のことながら日本の駐独大使（大島浩）、駐在武官に対し情報の隠蔽と操作を行っていた」（岩間前掲論文）

一言でいえば、陸海軍合作の「対米英蘭戦争終末促進ニ関スル腹案」は画餅そのものだった。けれども「腹案」は、大本営政府連絡会議で起案どおりに採択された。かくして昭和十六年十二月一日、御前会議で開戦の聖断が下るのである。

「帝国は現下の危急を打開し、……米英蘭に対し開戦の已むなきに……」

このとき御前会議の議事を進行した首相・東條は、会議の冒頭、「対米英蘭開戦の件」という議題について、こう説明している。

「十一月五日御前会議決定に基づきまして、陸海軍に於ては作戦準備の完整に勉めまする一方、政府に於きまして凡有手段《あらゆる》を尽し、全力を傾注して、対米国交調整の成立に努力して参りましたが、米国は従来の主張を一歩も譲らざるのみならず、更に米英蘭支連合の下に支那より無条件全面撤兵、南京政府（日本がバックアップしている汪兆銘《おうちょうめい》政権）の否認、日独伊三国条約の死文化を要求する等、新たなる条件を追加し帝国の一方的譲歩を強要して参りました。もし帝国にしてこれに屈従せんか、帝国の権威を失墜し支那事変の完遂を期し得ざるのみならず、遂には帝国の存立をも危殆に陥らしむる結果と相成る次第でありまして、外交手段に依りては到底帝国の主張を貫徹し得ざることが明となりました。……事ここに至りましては、帝国は現下の危急を打開し、自存自衛を全うする為、米英蘭に対し開戦の已むなきに立ち至りましたる次第であります」（『杉山メモ』）

会議終了後、杉山と永野が天皇に謁見している。天皇の表情は晴れ晴れとしていたらしい。「竜顔いと麗しく拝し奉れり」と杉山は記している。

近衛内閣の末期から東條内閣のスタート頃にかけて、天皇の気持ちは次第に戦争容認へと傾いていった。近衛が開戦の不利を奏上しても、天皇が受け入れなくなっていった様子を、第三次近衛内閣の書記官長だった富田健治《とみたけんじ》が回想している。

「（近衛が）御前に出ると『昨日あんなにおまえは（開戦の不利を）言っていたが、それ程心配することもないよ』と仰せられて、少し戦争の方へ寄って行かれる。又次回にはもっと戦争論の方に寄っておられる。つまり陸海の統帥部の人達の意見がはいって、軍のことは総理大臣には解らない。自分の方が詳しいという御心持のように思われた」（富田『敗戦日本の内側』）

開戦の聖断は、こうした心理情況の中で下された。

平成三十年七月に読売新聞社がスクープした「湯沢《ゆざわ》メモ」（東條内閣の内務次官・湯沢三千男《みちお》がメモした東條の言行）では、開戦前夜（十二月七日）に拝謁した東條が、そのときの様子について湯沢に語った言葉が記録されているという。

「『陛下に於かせられて幾分にても対英米交渉に未練あらせらるれば、これが何処かに反映して暗き影が生ずべし。これ無かりし事、即ち《御上の御決意の結果なり》』と。総理は微醺を帯び『全く安心せり。かくの如き状態なるが故に既に勝ったと言うことが出来る。』と必勝の信念を吐露されたり」（《》部分は湯沢）

天皇が戦争回避から戦争容認へと気持ちを変化させていたことを裏付ける貴重な記録で、ほろ酔い気分の東條の感激と興奮が、ひしひしと伝わってくる。「既に勝った」という東條の舞いあがった表現は、読売新聞でも大活字の見出しで報じられた。それだけの強烈なインパクトのあるスクープだったのである。

四．天皇を利用し続けてきたのは、誰か……

「万一サイパンを失う様なことになれば東京空襲も屢々あることになるから……」

以後の歴史の流れは、よく知られているとおりだ。

日本は最初こそ戦勝につぐ戦勝で大いに意気があがっていた。シンガポール、蘭印バンドン（ジャワ）、ラングーン（ビルマ）と陥落が続いたころには、天皇はきわめて上機嫌だったらしい。木戸がこう記録している。

「竜顔殊の外麗しく、にこにこと遊され『余りに戦果が早く挙り過ぎるよ』との仰せあり」（『木戸幸一日記』昭和十七年三月九日）

けれども同年六月のミッドウエー海戦で空母四隻を失う大敗北を喫して以降、戦況は雪崩を打って悪化していく。米軍が東部ニューギニアとガダルカナル島に進攻し、日本軍の敗北が連続してくると、天皇から次第に余裕が消えていった。ガ島撤退を余儀なくされた十二月には、米軍に対する反攻が必要だとの内意を伝えただけではなく、伊勢神宮への神拝も行い、「皇国の大御稜威を八紘に伊照り輝かしめ」たまえと祈願をこめた（『昭和天皇実録』第八）。神助による戦勝と八紘一宇の成就を、皇祖神に祈るところまで追いこまれていたのである。

昭和十七年から十八年に入ると、状況はさらに悪化した。米軍はソロモン諸島を東から西へと進攻し、日本海軍の拠点であるニューブリテン島のラバウルも制圧した。離島に残された守備隊は次々と玉砕し、累々たる屍の山を築いていった。

昭和十八年末時点で、第一線に出ている日本の空母および艦載機数は七隻・三百二十一機。対する米軍は十八隻・千六十六機で、すでに圧倒的な物量差ができていた。十九年末になるとその差はさらに拡大し、日本の残存戦力が四隻・百八十六機なのに対し、米軍は二十四隻・千六百七十三機の大戦力を送り込んで、もはや絶望的としか表現のしようがない戦力差になっていた。

事実上、敗戦が決したのは昭和十九年六月のマリアナ沖海戦だった。天皇はこの海戦の勝利に最後の望みをかけていたが、大鳳《たいほう》・翔鶴《しょうかく》・飛鷹《ひよう》の空母三隻と艦載機の大半を失うという壊滅的敗北を喫し、サイパン島も陥落して、西太平洋の制海権と制空権を完全にアメリカに譲ることとなった。

このマリアナ・パラオ諸島の戦いに際し、天皇は「万一サイパンを失う様なことになれば東京空襲も屢々あることになるから、是非とも確保しなければならぬ」（『大本営海軍部・連合艦隊6』）と将兵を鼓舞していた。けれどもサイパンは落ち、以後日本本土はB29の爆撃にさらされ始める。

「驚異的な頑張りを出すことは私は信じて疑わない」東條の信じられない発言の数々

マリアナ沖海戦で惨敗したのちも、東條は中身が空っぽの精神論と、神憑り的としかいいようのない戦勝論を唱え続けた。海戦最中の六月二十日から、すでに完敗が決まったあとの六月二十八日に至る間の東條発言を、広橋メモ（「東條英機大将言行録」）から引いておこう。

「日本の長所は皆が生命がけであり死ぬことを何とも思わぬことである。敵の航母一艦に対しては我一機の体当たりでほふることが出来るのが日本の強みである」（六月二十日）

「味方が苦しくて四分六分と思う時は実は五分五分だ。……最後迄頑張った方が勝ちである」（六月二十日）

「日本人が最後の場面に押しつめられた場合に、何くそと驚異的な頑張りを出すことは私は信じて疑わない」（六月二十四日）

「サイパン戦況等により日本人の中にも一部の者はうようよいらぬ動きを為す者もある。然し真の日本人の真価は愈々と云う場合に驚く可き力を発揮するのである。日露戦争の折りにも然り。……一旦緩急あらば日本人は誰でも驚く可き底力を発揮するものである。忠誠心は湧然として奔り出づるので

ある」（六月二十八日）

これが戦争を指導するリーダーの認識なのかと耳を疑う。東條は首相に加えて陸相・軍需相・参謀総長を兼ね、当初は内相・外相・文部相・商工相まで兼務した。けれども石原莞爾や平林盛人《ひらばやしもりと》がつとに喝破していたとおり、東條はせいぜいが能吏止まりの人間であり、「陸軍大臣、総理大臣の器ではな」かった。秘書の広橋を通して見えてくる東條の発想は、現人神天皇信仰に盲従する下士官や、神憑り的右翼らとなんら異なるものではない。その東條を推挙した木戸や、推挙を受け入れた昭和天皇が臍《ほぞ》をかんだのも当然だった。

昭和十九年五月三十一日の『高松宮日記』には、こう記されている。

「必勝［の］信念をもってやれと云うのが、宣伝（対内）の一つなり。殊に右翼がそう云う。東條総理もその一人らしい」

サイパン陥落から終戦に至るまでの間、日本は「必勝」のお題目を唱えながら、蟷螂の斧というほかに表現しようのない戦いを継続する。東條の評判は地に落ち、陸海軍の一部に東條暗殺の動きが出てきたことは、第三章「石原莞爾」で既述した。

東條はなおも内閣改造によって政権を維持しようとし、当時無任所国務大臣だった岸信介に辞任を迫るために、憲兵を用いて脅迫までおこなった。憲兵の暴力を権力維持の道具とするのは東條の常套手段だったが、もはや退陣の流れは止めようがないところまできていた。最後に昭和天皇から退陣の内意が伝えられたことで、東條は万策尽きた。

ただし天皇は、まだ東條に一定の評価を与えていた。戦後、「東條は一生懸命仕事もやるし、平素云っていることも思慮周密で中々良い処があった」（『独白録』）と語り、こうも漏らしている。「（東條は）話せばよく判る、それが圧制家の様に評判が立ったのは、本人が余りに多くの職をかけ持ち、忙しすぎる為に、本人の気持ちが下に伝わらなかったことと又憲兵を余りに使い過ぎた」

七月二十二日、退陣した東條の慰労会が首相官邸別館で行われた。その席上、東條は「サイパンを失った位では恐れはせぬ。百方内閣改造に努力したが、重臣たちが全面的に排斥し已むなく退陣を決意した」（「東條英機大将言行録」）と無念さをにじませた。そして同日、竹内文献の熱心な信奉者だった予備役陸軍大将・小磯国昭に組閣の大命が降下したのである。

日本最大の難局で再び「神憑り軍人」が首相に就任した

大命降下四日前の十八日、重臣会議が開かれて後継首相の人選が行われている。候補として名が挙がったのは、宇垣一成《うがきかずしげ》（陸軍大将）、米内光政《よないみつまさ》（海軍大将）、寺内寿一《てらうちひさいち》（元帥陸軍大将）、梅津美治郎《うめづよしじろう》（陸軍大将）、畑俊六《はたしゅんろく》（元帥陸軍大将）、本庄繁《ほんじょうしげる》（陸軍大将）、荒木貞夫《あらきさだお》（陸軍大将）、小磯国昭（陸軍大将）らで、ほかに皇族内閣も検討された。

皇族内閣は近衛や平沼騏一郎らの反対により却下され、最終的に寺内、畑、小磯らが候補として残った。そこでこんな会話がかわされている。

木戸　小磯は如何。

米内　小磯はよい人なり。手腕もあり、腹もある。

近衛　宇垣を小さくした人にあらずや。
阿部　全然異なる。
木戸　陸軍の現役方面との折合は如何。
阿部　各別のことはなかるべし。東條とは性質が異なる。
平沼　人物は大きい。敬神家なり。
木戸　思想問題については如何。
若槻　人を知らざるが、異存なし。
岡田・近衛　余り知らざるも、米内・平沼両内閣の閣僚なりし故、両閣下のご意見は如何。
広田　異存なし。
阿部　異存なし。

会議での第一候補は寺内寿一だったが、寺内は最も重要な南方軍の総司令官だったため候補から除外され、残る候補者が天皇に上奏されて、小磯への大命降下が決定した。

国家主義者の平沼は、小磯国昭を「敬神家」だと評した。けれども小磯の信仰は、到底「敬神家」などという緩い言葉で表現できるレベルのものではなかった。第一章の「小磯国昭」で詳述したとおり、彼は、竹内文献を根拠として、太古世界の総主は日本天皇であり、超古代文明は、文字もふくめて日本から世界に広まったと信じていた。

昭和天皇が「神がかり」だといって懸念を口にしていた小磯が、日本最大の難局で「異存なし」として首相に選び出されことに、当時の日本中枢の機能不全ぶりが端的に表れている。このような面々が、かつては東條を選び、今は小磯を選び出したのである。

「国体護持」の確認がとれないかぎり講和に踏み切ることはできない

首相が替わっても、国家の方針に変わりはなかった。

小磯内閣誕生とともに新たに設置された最高戦争指導会議（大本営政府連絡会議を改組・改称したもの）は「飽く迄戦争の完遂を期す」との方針を捨てず、もはやどうあがいても絶対に不可能な奇跡の逆転を夢みて、将兵・国民を次から次へと死地に追いやった。

昭和二十年三月十日の東京大空襲では八万人を超える死者と百万人の被災者を出し、空襲はその後も継続して続けられた。三月二十六日には連合国軍が沖縄に上陸して戦闘が始まり、軍人・軍属・住民あわせて約十八万人が亡くなった。勝てる要素が万に一つもない中で行われた沖縄戦は、いわば日本人民に対する一方的な虐殺戦となったが、天皇と統帥部は将兵を鼓舞し続けた。

東條の後継として立った小磯は、何もできないまま四月七日に総辞職し、天皇の信任厚い鈴木貫太郎《すずきかんたろう》（海軍大将・枢密院議長）に組閣の大命が下った。木戸ら側近が「陸軍内閣」による戦争継続を主張する東條をおさえて、鈴木内閣を実現させたのである。

同じ日、沖縄に出撃した戦艦大和を中心とする海上特攻隊が、わずか一日で三千七百二十一人の戦死者を出している。ここに至ってもなお、軍部は「一億玉砕」を賭しての本土決戦と「神州不滅」を叫び続けた。

東條の後を受けて組閣した小磯が辞職後、天皇の信任が厚い鈴木貫太郎が首相に就任。表向きは継戦を謳いつつも、裏では和平工作を進めた（写真＝国立国会図書館蔵）

当時さかんに唱えられていたのは、本土決戦でアメリカに大打撃を与え、有利な状況でアメリカを講和交渉に引きずりこむという、いわゆる「一撃講和論」の夢だった。戦後、小磯が巣鴨プリズンで書き上げた自伝『葛山《かつやま》鴻爪《こうそう》』には、一撃講和論に賭けた思いが吐露されているが、この起死回生策は昭和天皇が必死に模索していた講和の道筋にほかならなかった。

二十年四月頃まで、昭和天皇はまだ軍部の継戦論に与していた。けれども五月になると、戦争終結へと気持ちが切り替わる。これについての貴重な証言がある。木戸から天皇の様子を聞いたとして、近衛が海軍の高木《たかぎ》惣吉《そうきち》に漏らした以下の言葉がそれだ。

「木戸に突込んで、一体陛下の思召はどうかと聞いたところ、従来は、全面的な武装解除と責任者の処罰は絶対に譲れぬ（認められないの意）、それをやるようなら最後迄戦うとの御言葉で、武装解除をやれば蘇連が出て来るとの御意見であった。……最近（五月五日の二、三日前）御気持が変わった。二つの問題も已むを得ぬとの御気持になられた。のみならず今度は、逆に早いほうが良いではないかとの御考えにさえなられた」（『高木海軍少将覚え書』）

ただし、天皇のこの内意は、木戸ら最側近以外に漏らされることはなく、表向きはあくまで断固として継戦という方針が貫かれた。「早いほうが良いではないか」と思っていたにもかかわらず、天皇が心変わり後三ヵ月もの長期にわたって戦争終結に逡巡した理由は、連合国が「国体護持」（天皇の国としての日本の存続）を認めるかどうか判然としないという、ただその一点にあった。日々膨大な死者や被災者が出続けても（この間、原爆投下という大災厄が日本を襲う）、国体護持の確認がとれないかぎり講和に踏み切ることはできないと、天皇も側近らも考えていた。兵隊や国民の死は問題ではなかった。

小磯に替わった鈴木内閣のもとで開かれた六月八日の最高戦争指導会議は、敵軍を本土で撃つという本土決戦を決定した。

会議で採択された「今後採ルベキ戦争指導ノ基本大綱」（『外交資料 近代日本の膨張と侵略』）冒頭の「方針」は、「飽く迄戦争を完遂し以て国体を護持し皇土を保衛し征戦目的の達成を期す」と謳い、翌日から始まった臨時議会では、本土決戦に備えるための戦時緊急措置法、義勇兵役法、国民義勇統率令という、とんでもない法令が成立をみた（六月二十三日広布・施行）。十五歳から六十歳までの男子、十七歳から四十歳までの女子に兵役を課し、正規軍を補完する国民義勇隊を組織するという法令である。法令名に「義勇」の一文字を用いているところに、為政者たちの度しがたい姑息さ、狡猾さが顔をのぞかせている。義勇兵とは、戦争等に際し「国家の強制によらないで人民が進んで編制した戦闘部隊」（『日本国語大辞典』）のことであって、法令により強制的に動員されたのなら、それは義勇兵ではなく徴兵そのものなのだ。

この「義勇」には、すべての日本国民は天皇の「臣民」「赤子」であり、国に命ぜられなくとも天皇のためなら進んで死地に赴くはずであり、そうでない者は非国民だという心理的強制が含意されている。国家存亡の瀬戸際の今、臣民なら誰もが義勇兵として立つと決意しているはずで、その意を汲んで義勇兵役法、国民義勇統率令と名づけたのだという立法者の厚顔が浮かびあがってくる。

この頃には、本土決戦の備えと称して国民を竹槍訓練に駆り出す戯画さながらの情景が、各地で展開された。

実際、日本はもはや竹槍に頼るしかないほど兵力も武器弾薬も払底していた。六月十一日に謁見した梅津参謀総長が、満州・中国における日本軍の保有弾薬量は「近代式大会戦をやれば一回分よりない」と上奏している。「御上は、それでは内地（日本国内）の部隊は在満支部隊より遥かに装備が劣る

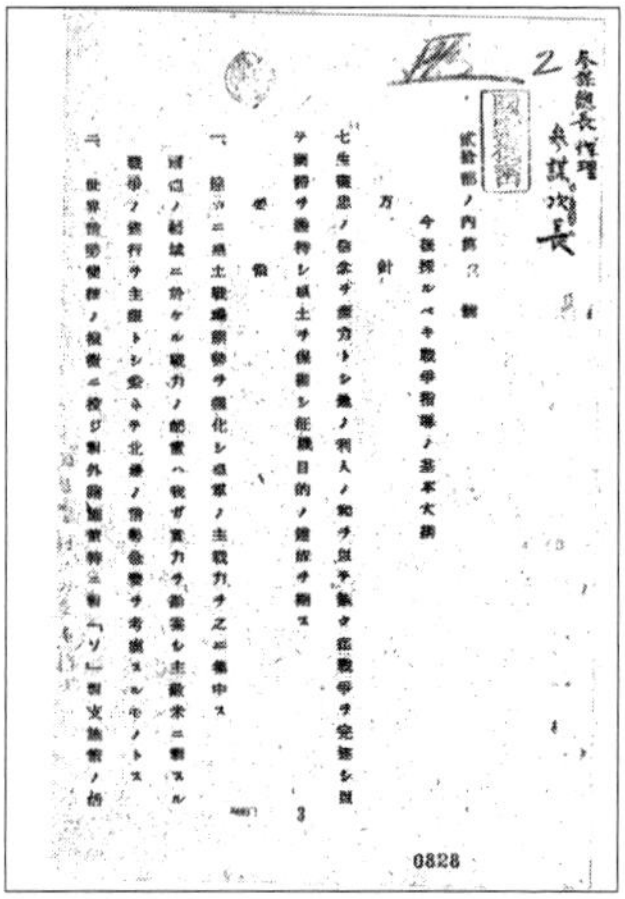
参謀総長代理　参謀次長

今後採ルベキ戦争指導ノ基本大綱

方針

七生尽忠ノ信念ヲ源力トシ地ノ利人ノ和ヲ以テ飽ク迄戦争ヲ完遂シ以テ国体ヲ護持シ皇土ヲ保衛シ征戦目的ノ達成ヲ期ス

要領

一、速カニ皇土戦場態勢ヲ強化シ皇軍ノ主戦力ヲ之ニ集中ス

皇土以外ノ地域ニ於ケル戦力ノ配置ハ我ガ実力ヲ勘案シ主敵米ニ対スル戦争ノ遂行ヲ主眼トシ兼ネテ北辺ノ情勢急変ヲ考慮スルモノトス

二、世界情勢変転ノ機微ニ投ジ対外諸施策特ニ対「ソ」対支施策ノ活

3

0828

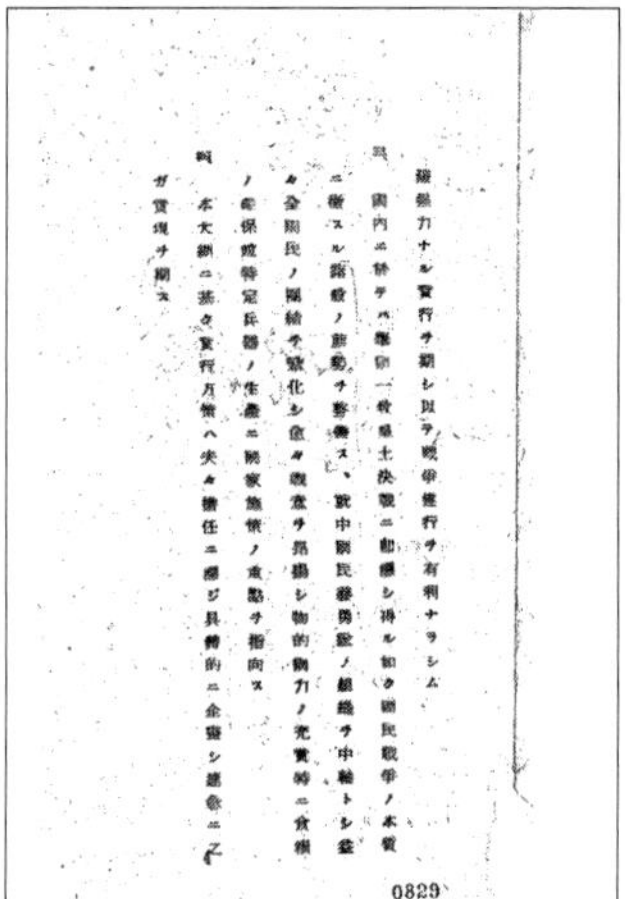
発ナル実行ヲ期シ以テ戦争遂行ヲ有利ナラシム

三、国内ニ於テハ挙国一致皇土決戦ニ即応シ得ル如ク国民戦争ノ本質ニ徹スル諸般ノ態勢ヲ整備ス、就中国民義勇隊ノ組織ヲ中核トシ益々全国民ノ団結ヲ強化シ愈々闘魂ヲ昂揚シ物的国力ノ充実特ニ食糧ノ確保並ニ特定兵器ノ生産ニ国家施策ノ重点ヲ指向ス

四、本大綱ニ基ク実行方策ハ夫々担任ニ応ジ具体的ニ企画シ速急ニ之ガ実現ヲ期ス

0829

昭和20年6月8日の最高戦争指導会議では本土決戦を決定し、「今後採ルベキ戦争指導ノ基本大綱」が採択された（写真＝アジア歴史資料センター／原本所蔵：防衛省防衛研究所）

から、戦にならぬではないかとの御考えを懐かれた様子」だった（前掲書）。

それでも陸軍は、頑強に継戦を主張し続けた。政府も表向きは陸軍と協調して継戦を謳いつつ、裏では重臣を中心に和平工作を進める方向へと大きく舵を切った。天皇が「伊勢と熱田の神器」を自分のもとに移し、万一の場合は神器と「運命を共にする外ないと思う」と木戸に語ったのも、この頃のことである。

かくして天皇は、木戸ら側近による内々の働きかけ――もはや「聖断」による以外、戦局の収拾は困難だとするサジェッションを受け入れ（そこに至る経緯は纐纈厚《こうけつあつし》『「聖断」虚構と昭和天皇』に詳述されている）、聖断による降伏が確定した昭和二十年八月十四日正午の御前会議から、ポツダム宣言受諾を国民に知らせる玉音放送が行われた翌十五日正午までの二十四時間、半藤一利《はんどうかずとし》がいみじくも名づけた「日本のいちばん長い日」を迎えたのである。

「私自身も殺されるか誘拐されるかしたかもしれない。実際、私は囚人同然で無力だった」

武装解除も責任者の処罰もやむを得ないと考えを改めてはいたが、天皇がどうしても譲れない一線としていたのは「国体護持」だった。自分の代で皇国が潰れることは、皇祖皇宗に対して申し開きができないという強い思いが、天皇にはあった。

皇族会議で朝香宮に国体護持ができないのなら戦争を継続すると天皇が答えたことは先述したが、敗戦直後の九月九日に皇太子（現上皇）に宛てた手紙でも、「戦争をつづければ、三種神器を守ることも

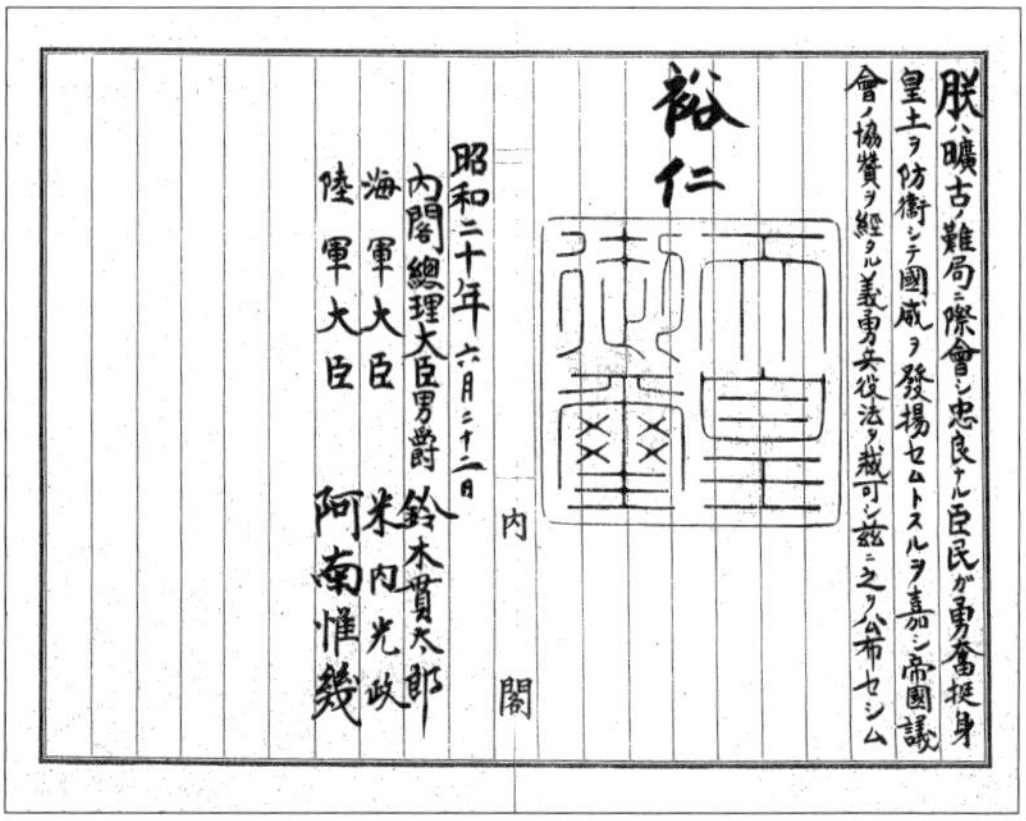

朕ハ曠古ノ難局ニ際會シ忠良ナル臣民ガ勇奮挺身皇土ヲ防衛シテ國威ヲ發揚セムトスルヲ嘉シ帝國議會ノ協賛ヲ經タル義勇兵役法ヲ裁可シ玆ニ之ヲ公布セシム

裕仁

昭和二十年六月二十二日

内閣總理大臣男爵　鈴木貫太郎

海軍大臣　米内光政

陸軍大臣　阿南惟幾

内閣

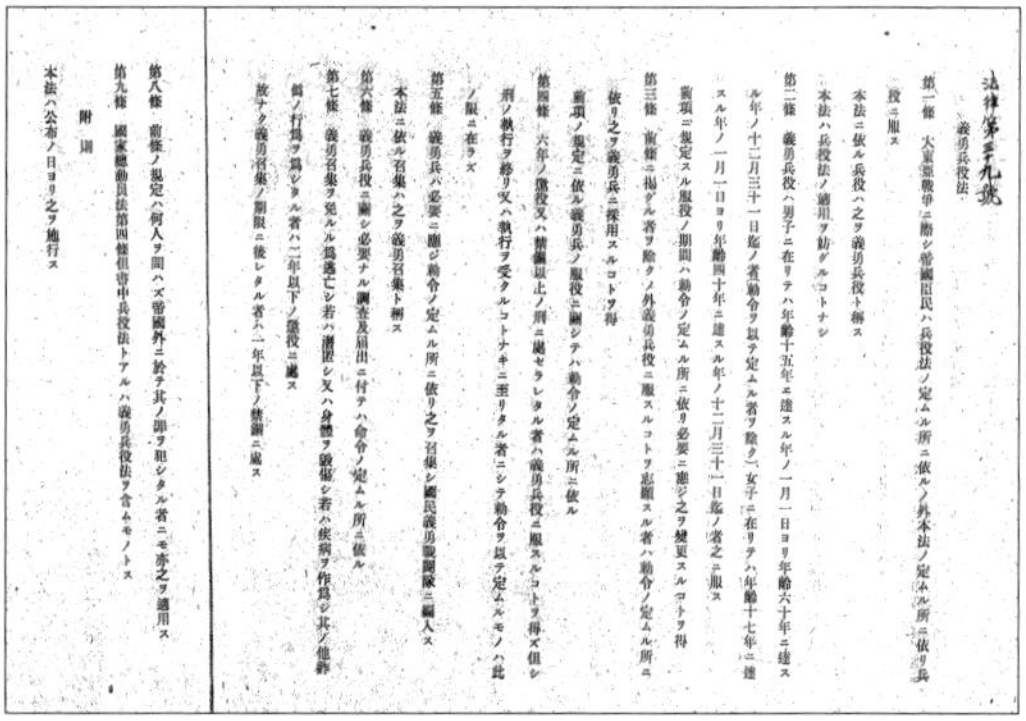

法律第三十九號

義勇兵役法

第一條　大東亞戰爭ニ際シ帝國臣民ハ兵役法ノ定ムル所ニ依ルノ外本法ノ定ムル所ニ依リ兵役ニ服ス

本法ニ依ル兵役ハ之ヲ義勇兵役ト稱ス

本法ハ兵役法ノ適用ヲ妨グルコトナシ

第二條　義勇兵役ハ男子ニ在リテハ年齡十五年ニ達スル年ノ一月一日ヨリ年齡六十年ニ達スル年ノ十二月三十一日迄ノ者（勅令ヲ以テ定ムル者ヲ除ク）女子ニ在リテハ年齡十七年ニ達スル年ノ一月一日ヨリ年齡四十年ニ達スル年ノ十二月三十一日迄ノ者之ニ服ス

前項ニ規定スル服役ノ期間ハ勅令ノ定ムル所ニ依リ必要ニ應ジ之ヲ變更スルコトヲ得

第三條　前條ニ掲グル者ヲ除クノ外義勇兵役ニ服スルコトヲ志願スル者ハ勅令ノ定ムル所ニ依リ之ヲ義勇兵ニ採用スルコトヲ得

前項ノ規定ニ依ル義勇兵ノ服役ニ關シテハ勅令ノ定ムル所ニ依ル

第四條　六年ノ懲役又ハ禁錮以上ノ刑ニ處セラレタル者ハ義勇兵役ニ服スルコトヲ得ズ但シ刑ノ執行ヲ終リ又ハ執行ヲ受クルコトナキニ至リタル者ニシテ勅令ヲ以テ定ムルモノハ此ノ限ニ在ラズ

第五條　義勇兵ハ必要ニ應ジ勅令ノ定ムル所ニ依リ之ヲ召集シ國民義勇戰鬪隊ニ編入ス

本法ニ依ル召集ハ之ヲ義勇召集ト稱ス

第六條　義勇兵役ニ關シ必要ナル調査及屆出ニ付テハ命令ノ定ムル所ニ依ル

第七條　義勇召集ヲ免ルル爲逃亡シ若ハ潛匿シ又ハ身體ヲ毀傷シ若ハ疾病ヲ作爲シ其ノ他詐僞ノ行爲ヲ爲シタル者ハ二年以下ノ懲役ニ處ス

故ナク義勇召集ノ期限ニ後レタル者ハ一年以下ノ禁錮ニ處ス

第八條　前條ノ規定ハ何人ヲ問ハズ帝國外ニ於テ其ノ罪ヲ犯シタル者ニモ亦之ヲ適用ス

第九條　國家總動員法第四條但書中兵役法トアルハ義勇兵役法ヲ含ムモノトス

附則

本法ハ公布ノ日ヨリ之ヲ施行ス

義勇兵役法の公布に際して発せられた天皇の上諭
（写真＝「義勇兵役法・御署名原本・昭和二十年・法律第三九号」アジア歴史資料センター）

出来ず、国民をも殺さなければならなくなったので、涙をのんで国民の種をのこすべくつとめた」と書き送っている。「三種神器を守る」とは、国体を守るという意味だ。昭和天皇の意思は、まさしくそこにあった。

「国民の種をのこすべく」というのなら、天皇は五月の時点で決意を表明し、「聖断」を下すことができたはずだ。原爆が落とされるまで「忠良なる臣民が勇奮挺身皇土を防衛して国威を発揚せむとするを嘉《よみ》」する（義勇兵役法の広布に際して発せられた天皇の上諭、国立公文書館アーカイブで原本が閲覧できる）などと国民の尻を叩き続ける必要はなかったのではないか。さらにさかのぼれば、昭和十六年十二月の開戦も、聖断によって止めることができたのではないかという問いは、昭和天皇の存命中、くりかえし提起された。

それについて、昭和天皇は英語版の『昭和天皇独白録』でこう述べている（英語版独白録には日本語版にはない内容が含まれている）

「一九四一年の十一月あるいは十二月ごろ、私が天皇として（開戦の議決に）拒否権を行使していたら、恐ろしい混乱が生じたかもしれない。私の信頼する周囲の者は殺されたであろうし、私自身も殺されるか誘拐されるかしたかもしれない。実際、私は囚人同然で無力だった」

もし開戦回避となれば、陸軍が暴発して内乱が起こるのではないかという海軍が抱いた恐れと同じ恐れを、天皇は一貫して抱いていた。それが「殺されるか誘拐される」「囚人同然」という言葉となって吐露されたのだと思う。

孝明天皇は島津久光に宛てた書状で、自分の意見はまったく取り入れられず、頷くしかないという状況を嘆いていた（写真＝国立国会図書館蔵）

軍部の暴走をしばしば「追認」した大きな理由も、ここにあったのだろう。

昭和天皇にかぎった話ではない。天皇は藩屏を称する重臣・権臣・軍人らからの圧力に、常にさらされていた。幕末の孝明《こうめい》天皇は、幕府への敵愾心を剥き出しに攘夷や倒幕を迫る過激派公卿らからの圧力に辟易し、薩摩の島津久光《しまづひさみつ》に宛てた書状で、自分の意見はまったく取り入れられないので、「この上はふんふんというほか致し方これ無く候」と書き送っている。自分は万事「ふんふん」と頷くほかないと歎いたのだ（藤田覚《ふじたさとる》『江戸時代の天皇　天皇の歴史6』）。

明治天皇も、維新を成し遂げた元老の圧力を、苦い思いで甘受していた。南北朝のいずれが正統かの議論が巻き起こったとき、北朝に属する明治天皇は、後醍醐方の南朝を正統と決裁した。けれどもこれは、天皇の本意ではなかった。

「晩年の明治天皇は、元老山県有朋の強圧で、皇室の王統は自身が属する北朝ではなく、南朝にある、と宣言せられた。さすがに天皇は枢密院会議を欠席して無言の抵抗を試みるが、維新の戦場を馳駆した山県にしてみれば、『十五歳の幼帝をかついで大帝に仕立てたのは南朝イデオロギーではないか』との思いがあったにちがいない」（秦郁彦《はたいくひこ》『昭和史の謎を追う』下）

天皇から言葉を奪い天皇を裏で操る二重構造

個人では何の力も持たない天皇を、内心では将棋の「玉《ぎょく》」扱いする心理が、薩長による倒幕運動以来の伝統として為政者らに受け継がれてきた。国民には天皇は神だと徹底して刷りこむ一方で、実権を握る特権層は、天皇から言葉を奪い、裏で操るという二重構造をつくりあげてきた。

昭和天皇が自らを「囚人同様」といわねばならなかった背景には、この伝統があった。特攻隊生みの親である大西瀧治郎《おおにしたきじろう》軍令部次長は、もはや降伏以外に道はないということが明白になった時点でなお、「天皇の手をねじりあげても、抗戦すべし」と主張した（秦前掲書）。

これは大西にかぎった発想ではなかった。「日本のいちばん長い日」にクーデターを企図し、一時は皇居を占拠した宮城事件の首謀者たちもまた、同様の発想で動いた。「殺されるか誘拐される」という天皇の発言は、けっして杞憂ではなかった。その可能性は、常に潜在した。

真崎甚三郎《まさきじんざぶろう》の弟で海軍少将だった真崎勝次《かつじ》は、戦後『亡国の回想』でこう書いている。

「(軍人が) 天皇神性論を信じて居たかと云うと、実際は左様でもない。それは単に彼等の主義であり、世渡りの手段であった。……十月『クーデター』事件の時に陛下が御聞きにならなければ短刀を突き付けて、政権を強要すると云った奴もある」

明治天皇も維新を成し遂げた元老の圧力を苦い思いで甘受していた。元老たちにとって、天皇はまさに「玉」だった
(写真＝国立国会図書館蔵)

戦前から戦中にかけ、マスコミを通して「臣民」の前に現れる天皇は、ほぼ大元帥服姿であり、戦後見慣れることとなった背広姿ではなかった。少年少女らの少国民が、通っている学校で最敬礼を強制されていたのも、陸軍式大元帥正装姿の「御真影」だった。

敗戦からほどなく、昭和天皇が背

広姿で日本各地を巡幸したのは、新たな天皇像の創出を狙ったイメージ戦略の一環にほかならない。この戦略は途絶えることなく今日まで継続されている。天皇という存在の背後には、常に〝演出者〟の影がつきまとってきたのである。

これまで書いてきた天皇主義の軍人たち、あるいは竹内文献流の価値観・歴史観に取り込まれた軍人たちの世界観は、極端なまでに肥大化した幻想としての大元帥天皇によって成り立っていた。そうであればこそ、二・二六事件の磯部浅一《いそべあさいち》は、事件が頓挫して幻想が崩れたとき、天皇に裏切られたと感じ、「特権階級の独裁政治は、天皇をさえないがしろにしているのでありますぞ、天皇をローマ法王にしておりますぞ、ロボットにし奉って彼等が自恣専断を思うままに続けておりますぞ」と日記に書きつけねば、荒れ狂う心がおさまらなかった。

磯部とは別の経緯から、天皇を救世の「賢王《けんおう》」と見做すに至った石原莞爾も、「天皇をロボットに仕立てあげようとする木戸」に激怒して、「国民裁判にかけよ」と叫んだ。

一方、これら天皇教信奉者の対極には、「世渡りの手段」として「天皇神性論を信じ」るポーズをとることのできるエリート層の側近や軍人らがいた。若い日の昭和天皇が、欧米文化を好み、神事に不熱心だということを、周囲は知っていた。母の貞明《ていめい》皇后が、そのことを苦々しく思っていたことも知っていた。けれども国民には、天皇ほどの敬神家はいないと宣伝し続け、戦後の神道界もそれを踏襲してきた。この二重構造こそが、明治以来、日本が抱え続けてきた宿痾《しゅくあ》であった。

木戸幸一は、「第三次近衛内閣更迭ノ顛末」でこう述べている。

「天皇は自己の自由の意思をもって、内閣及び統帥部の組織を命ぜられませぬ。内閣及び統帥部の進

昭和22年12月7日、全国を巡幸中の昭和天皇が被爆地の広島市を訪問した。
5万人の市民が集まる、まさに熱狂といえる状況だった（写真＝共同通信社）

言は拒否せらるることはありませぬ」

天皇の意思として国民に告げられるのは、実際は「内閣及び統帥部」の意思だと、ここで木戸は語っている。なぜなら天皇は、内閣や統帥部の進言を「拒否」することがないからだ。

天皇幻想を、強権をもって国民に刷り込ませるべく、あらゆる手段を動員したのは、かつてないほど強大な権力を握った東條英機だった。にもかかわらず、昭和天皇は東條の小吏的・近視眼的な「忠誠」に心のよりどころを見た。それは真に実権を握っている者たちによって囲い込まれ、巧みに排除されることに慣れさせられてきた天皇の、苦く悲しい思いの裏返しにほかならなかった。

天皇を巧みに利用し、今日に至ってもなお利用し続けているのは誰なのか。

これこそが、敗戦以降、今に至るまで為政者やその取り巻きらによって巧妙に棚上げされ続けてきた「真に問われなければならない問」の中身なのである。

後記

忘れられない記憶がある。小学校に上がる前後だから、昭和三十一、二年ごろだと思う。

当時、家族が暮らしていた道南の小さな田舎町にひなびた映画館があり、父に連れられて戦後制作の戦争映画を見に行った。ひどく不快な映画という以外、中身はまったく覚えていない。ただ、陸軍内で横行していた陰惨なリンチ、たとえば兵隊が柱にしがみつき、殴られ蹴られながら上官がよしというまでミンミンと鳴き続けるミンミンゼミなどの私刑のシーンが今も頭にこびりついているのだが、そのシーンとともに鮮烈に焼きついている記憶がある。スクリーンを、にらみつけるように凝視していた父の横顔だ。

父は無言でスクリーンを見つめていた。幼かった私には、そのとき父がどんな思いで食い入るように見つめているのか、わかるはずもなかった。ただ、父から発散されている、いわくいいがたい暗い何か、近寄りがたい雰囲気だけが、強烈に心に残った。

父は敗戦後シベリアに抑留され、飢餓・重労働・酷寒という三重苦の数年間をかろうじて生き延び、やっとの思いで帰国した兵隊の一人だった。舞鶴港まで父を迎えに行ったという親族の思い出を、母から聞いている。それによれば、しばらくの間、父は人間が変わってしまっていたという。戦争神経症を病んでいたのだろう。その数年後に父は結婚し、ほどなく私が生まれた。

その父と、私は戦争時代の話をした記憶がない。父自身、シベリア抑留時代のことは思い出したくもなかっただろうし、私も聞きたいとは思わなかった。断片的な記憶として残っているのは「露助《ロスケ》」――父はロシア人とは言わず、酔うと露助と呼んで罵倒した――に対する激しい憎悪と、共産主義に対する烈しい拒絶感、劣悪な黒パンに関する話くらいのものだったが、それも酔いが回ったときわずかに口にする程度で、ふだんの会話に抑留時代の話が出ることはなかった。

もうひとつ、父が語らなかったことがある。天皇のことだ。抑留時代に関しては、まだ断片的に口にすることはあった。けれども、天皇について父が語った記憶は何ひとつない。天皇という言葉そのものが、父にとっては触れてはいけないもの、古傷の痛みを呼び起こす、いわばトラウマではなかったのかと、後に私は思うようになった。

母も過酷な戦中戦後を送ってきた。その母に、天皇についてどう思うと聞いたことがある。「あんなもの……」と母は言い、そこから先は、ほとんど言葉を飲みこんだ。

天皇が話題になったのは、母が美智子さんの本を読みたいと私にいったからだ。本好きだった母は、暇さえあれば本を手にしていた。同じ本を数回はくりかえし読み、読み飽きると次はこれこれの本が読みたいと私に伝えてきた。それで私は、手持ちがあれば手持ちから、なければ書店から配送してもらったが、母からのリクエストは親鸞や一遍上人など宗教系のものが中心で、皇室に関するものは、一冊もなかった。

なぜ美智子さんなのかに興味がわき、私は天皇家に関心があるのかと尋ねた。天皇については、母は、はっきり拒絶感を示した。けれどもなぜ美智子さんなのかについての説明はなかった。言葉にできるほど意識化されてはいなかったのだろう。表情には、とまどいのようなものが浮かんでいた。母にとっても、天皇はトラウマに違いなかった。

上から押しつけられ、心に刻みこまれた「現人神天皇」というイデオロギーは、戦場におもむいた多くの徴兵はもちろん、銃後の国民にとってもトラウマだったと私は思う。

それは日本人の心に残る、あまりにも深く大きな古傷だった。けれども、なぜその傷ができたのか、いかにしたらその傷を克服することができるのかを地道に探っていく作業はほとんどなされることなく、多くの日本人は傷を隠し持ったまま、忘れたふりをすることで、あるいは実際に忘れ去って、戦後を駆け抜けた。

その間、先の大戦は第一に陸軍幕僚、ついで私欲に走った無能で欲深い政治家、勲章をぶらさげた天皇の取り巻き、財閥ら天皇以外の者たちが悪く、天皇も被害者だったという国家による巧みな宣伝が行き渡り、現人神天皇を塗り替えるべく用意された象徴天皇、平和天皇という新たなキャッチフレーズが国民に刷りこまれていった。

そうしていつの間にか、天皇についてあけすけに語ることに自主規制が働くようになり、しばしばドラマで描かれる戦時中の庶民の暮らしぶりの描写からは、自分たちをがんじがらめに縛りつけ、その名によって「臣民」を戦地に送り出してきた「現人神天皇」の影だけが、みごとに抜け落ちた。

ＮＨＫの数々の朝ドラを連想していただきたい。あるいは、先の大戦にまつわる昭和天皇の露出が、八月十五日の玉音放送にのみ偏っているという事実に目を向けていただきたい。玉音放送とは、天皇こそが日本を救ったのだという印象の植え付け、「聖断」のメタファーなのである。

軍馬にまたがった陸軍大元帥服姿の昭和天皇、少国民たちが日々拝むことを強制されてきた御真影姿の天皇は、ドラマにはまず登場することはない。その部分だけがきれいさっぱり消されてきたという事実に、この国のトラウマが透けて見える。

天皇は、過去に在り、今も在り、これから先も在り続けるだろうものとして、戦後の日本人に漠然と受け入れられた。

なぜ在り続けるのか、肯定も否定も含めて、その「在ること」の意味を自分たちで追究する作業から、多くの日本人は逃避した。そのことと、現人神天皇信仰を演出し、強制してきた指導層の面々が、戦後各界で何事もなかったかのように権力の座に復帰したこととは、表裏一体をなしている。この間、天皇と天皇家の周辺は、またしても何重もの〝藩屛〟によって取り囲まれ、情報管理を徹底する体制が復活した。その意味は、はっきりしている。「国体は護持された」のである。

父や母が天皇について何も語れなかったことの痛みを、戦後生まれの私は、いま共有している。

平成四年、四十歳のとき、私は縁あって学研のエソテリカシリーズという宗教ムックの創刊に立ち会い、以来、編集長だった増田秀光氏とともに、エソテリシズム（秘教）というアングルから宗教世界を捉え直す作業に没頭してきた。その当時から、私は増田氏に、ゆくゆくはどうしても書きたいと考えていた著作について話をしていた。

当時、私があたためていたタイトルは『グロテスク』で、内容はまさに本書『戦争とオカルティズム』と、本書の姉妹編として先に書き下ろした『偽史の帝国』そのものだった。私が陰陽道や中世密教、習合神道、修験道などのオカルトの世界に長く沈潜してきたのも、結局のところは日本のオカルティズムをたどって『グロテスク』の正体を探るための道程だった。エソテリカでは書く機会を得なかったが、それから三十年経った今、ようやく年来の宿願を果たすことができた。

本書は、オカルト雑誌『ムー』の連載がベースになっている。「神憑りの軍人」などという奇矯な切り口を受け入れてくれる媒体は身辺にはなかったが、長いつきあいのある同誌編集長の三上丈晴氏に相談したところ、連載の快諾を得た。そこで平成二十七年から令和元年までの丸四年、隔月で長い連載を続けることができた。連載の場を与えてくれた三上氏には感謝してもしきれない。

また、連載開始時から最後まで編集を担当してくれた小塩隆之氏は、その後、学研を離れて今は二見書房に在職している。その小塩氏が、本書の出版企画を会社に通してくれたことで、連載はようやく書籍となって日の目を見ることができた。彼がいなければ、本書を世に出すことはできなかった。もう一人の大恩人として厚くお礼を申しあげたい。

ごらんのとおり、本書は分厚いものとなった。雑誌連載ではページ数の関係で略した部分が多々あったが、書籍では思う存分書いてかまわないと許可をいただいたので、連載時の倍、あるいはそれ以上の分厚い加筆ができた。小塩氏および関係者の皆様に心より感謝申しあげる。

先にも書いたとおり、私は当初、『グロテスク』というタイトルしかないと思っていた。それは、書きたいと念じていた二十世紀半ばまでの日本が、私にとってはグロテスクそのものと思われたからだ。なぜグロテスクなのかは、すでに本書で書き連ねてきたとおりだ。

グロテスクは、戦前の話ではない。日本国憲法第一章第一条「天皇」は、「天皇は、日本国の象徴であり日本国民統合の象徴であつて、この地位は、主権の存する日本国民の総意に基く」と謳っている。いつ、どのような「総意」があったのか、私は知らない。この「日本国民の総意」という意味も根拠も不明の文言は、日本国民がそろって天皇という問題から目をそらして今に至るという戦後情況を正確に予見している。

汝ら臣民はそれについて考えなくてよい、見なくてよい、是非の判断などしないでよい、ただアプリオリに「かつて在り、今も在り、これからも在り続けるもの」として受け入れよという、敗戦後に衣替えをした国体観の強制としか、私には見えない。「日本国民統合の象徴」とは、〝受肉した国体そのものである天皇〟のことなのである。

天皇は、神から象徴になった。けれども、象徴がどういう意味なのかは、戦後一貫して曖昧なまま、宙ぶらりんになっている。教師たちは、果たしてこの条文の意味するものを、子どもたちが理解できるように教えることができるのだろうか。私には、到底できるとは思えない。

二〇二三年二月

藤巻一保

参考文献

［第一章 ユダヤ禍と竹内文献］

浅野和三郎「冬籠 綾部生活の五年第二部」（『大本霊験秘録』八幡書店・平成3）
アムレト・ヴェスパ『中国侵略秘史 或る特務機関員の手記』大雅堂・昭和21
犬塚きよ子『ユダヤ問題と日本の工作』日本工業新聞社・昭和57
犬塚きよ子編『富士むかしむかし 史蹟と伝説の科学的解説』犬塚惟重発行・昭和30
犬塚惟重『国際思想戦に就て』大日本聯合青年団・昭和13
犬塚惟重『民族問題と秘密結社』大政翼賛会興亜総本部・昭和18
犬塚惟重『人類の母国「神国日本」』八宏会・昭和18
犬塚惟重『「国際思想戦」講演抜粋』大日本聯合青年団指導者講習会・昭和13
宇垣一成『宇垣一成日記 2』角田順校訂・みすず書房・昭和45
宇都宮希洋（犬塚惟重）『ユダヤ問題と日本』内外書房・昭和14
宇都宮希洋「支那事変は猶太問題を暴露す」（『国際秘密力の研究 4』国際政経学会・昭和13）
大宅壮一「忠誠 あまりにも忠誠」（『文藝春秋』昭和34－9月号）
小谷部全一郎『日本及日本国民之起源』厚生閣・昭和4
神乃日本社編『神日本（復刻版）』八幡書店・昭和60
木村天真『病源研究』霊的疾患修養所・大正3
木村天真『病源自覚法』病源自覚会・大正12
久米晶文『酒井勝軍「異端」の伝道者』学研パブリッシング・平成24
小磯国昭『葛山鴻爪』小磯国昭自叙伝刊行会・昭和38
酒井勝軍『太古日本のピラミッド』国教宣明団・昭和9
實方直行『中里義美と『神日本』運動』ダブリュネット・平成12
四王天延孝『四王天延孝回顧録』みすず書房・昭和39
四王天延孝『フリーメーソン秘密結社に就いて』人類愛善会亜細亜本部・昭和8
四王天延孝『欧州政局の混乱と国防に就て』正剣社・昭和10
杉田六一『東アジアへ来たユダヤ人』音羽書房・昭和42
高松宮宣仁『高松宮日記 第7巻』中央公論社・平成9
高根正教『四国剣山千古の謎（復刻版）』四国剣山顕彰学会・平成10

竹内巨麿『竹内文書』(『神代秘史資料集成　天之巻』八幡書店・昭和60)
竹内義宮『デハ話ソウ 竹内巨麿伝』皇祖皇太神宮・昭和46
出口王仁三郎「随筆(10)」(『出口王仁三郎全集 5』萬有社・昭和5)
寺崎英成『寺崎英成昭和天皇独白録 寺崎英成・御用掛日記』文藝春秋・平成3
中里義美「中里義美日記」(『中里義美資料集』實方直行編＝私刊本・平成9)
中嶋毅「カスペ事件をめぐる在ハルビン・ロシア人社会と日本1933－1937」(『人文学報・歴史学編』首都大学東京人文科学研究科・平成26)
中田重治『聖書より見たる日本』ホーリネス教会出版部・昭和8
日本政府「猶太人対策要綱」(『現代史資料 第10』みすず書房・昭和39)
日本政府「現下ニ於ケル対猶太民族施策要領」(『日本のユダヤ人政策1931－1945』未来社・平成14)
浜名寛祐『日韓正宗溯源』喜文堂書店・大正15
早坂隆「〝もう一人の杉原千畝〟ユダヤ人を救出した温情の軍人『80年目の証言』」文藝春秋digital
藤原信孝『国際共産党の話』内外書房・昭和4
藤巻一保『偽史の帝国』アルタープレス・令和3
包荒子(安江仙弘)『世界革命之裏面』二酉社・大正13
松浦彦操『みふみかたどり』大東出版社・昭和15
満川亀太郎『ユダヤ禍の迷妄』平凡社・昭和4
三村三郎『ユダヤ問題と裏返して見た日本歴史』日猶関係研究会・昭和28
宮沢正典『ユダヤ人論考 日本における論議の追跡』新泉社・昭和48
文部省『国体の本義』文部省・昭和12
文部省教学局編『臣民の道』文部省・昭和16
森克明「『九鬼文献』の周辺」(『九鬼文書の研究』八幡書店・昭和61)
安江仙弘『共産露国ト猶太人トノ関係 陸軍歩兵少佐報告』私家版・昭和3
安江仙弘『宏遠なる我が神代史』入江種矩刊・昭和11
安江仙弘・中田重治『ユダヤ民族と其動向並此奥義』東洋宣教会ホーリネス教会出版部・昭和9
安江弘夫『大連特務機関と幻のユダヤ国家』八幡書店・平成1
安江弘夫「満州にイスラエルを」(『諸君!』文藝春秋・平成7)
山根キク『キリストは日本で死んでいる』平和世界社・昭和33
山根菊子『光りは東方より(復刻版)』八幡書店・昭和63
山本英輔『七転び八起の智仁勇』私家版・昭和32
山本英輔『愈々国家総力戦』帝国軍事協会・昭和13
山本英輔「時局と皇道精神」(『暁の動員』日本興国同盟編・山陽社・昭和16)
山本英輔『天皇帰一の生活』錦城出版社・昭和17
山本英輔『真理の光』善行会・昭和26

［第二章　古神道系団体の周辺］

秋山真之『軍談』実業之日本社・大正6

秋山真之会編『秋山真之』秋山真之会・昭和8

浅野正恭「記憶を辿りて」（『心霊と人生』心霊科学研究会・昭和16－9号）

浅野正恭『大本教の叛逆思想』私家版・大正15

浅野正恭「認識の根本是正」（『心霊と人生』心霊科学研究会・昭和13－1号）

浅野正恭「旗幟は須く鮮明なれ」（『心霊と人生』心霊科学研究会・昭和13－8号）

浅野正恭「日本的神霊主義の立場から」（『心霊と人生』心霊科学研究会・昭和13－11号）

浅野正恭「何をか抜本塞源とはいふ？」（『心霊と人生』心霊科学研究会・昭和14－7号）

浅野正恭「八紘一宇実現の道如何」（『心霊と人生』心霊科学研究会・昭和15－5号）

浅野和三郎『出廬 綾部生活の五年』（『大本霊験秘録』八幡書店・平成3）

浅野和三郎『冬籠 綾部生活の五年』（『大本霊験秘録』八幡書店・平成3）

安部時敏「そえがき」（『神霊密書』真和会・昭和36）

飯野官吉『隠田の神様 飯野吉三郎の風影』文藝書房・平成9

大谷敬二郎『昭和憲兵史』みすず書房・昭和41

大本七十年史編纂会編『大本七十年史 上下』大本・昭和39、42

渡辺世祐編『類聚伝記大日本史 第3巻』雄山閣・昭和56

沖野岩三郎「神政龍神会」（『迷信の話』恒星社厚生閣・昭和26）

奥沢福太郎『みそぎ行教本』平凡社・昭和16

筧克彦『神ながらの道』皇后宮職・大正14

金谷真『川面凡児先生伝』みそぎ会星座連盟・昭和16

狩野力治『大本教の正体 正教歟邪教歟』国民教育会・大正9

唐沢俊樹（「唐沢手記」『大本七十年史 上』大本・昭和39）

河原敏明『昭和の皇室をゆるがせた女性たち』講談社・平成16

木戸幸一『木戸幸一日記 上巻、下巻』木戸日記研究会 校訂・東京大学出版会・昭和41

木村久邇典『個性派将軍中島今朝吾 反骨に生きた帝国陸軍の異端児』光人社・昭和62

倉元要一『皇道世界政治研究所設立趣意書』皇道世界政治研究所・昭和17

車栄一『由来記　宇宙創造より自在限定にいたる』大国之宮東京支部・昭和57

司法省刑事局「加世田哲彦に対する判決」（『思想資料パンフレット』文生書院・昭和45）

司法省刑事局「神道天行居の成立経過と天関打開運動（上）」（『思想月報70号』文生書院・昭和48）

司法省刑事局「神道天行居の成立経過と天関打開運動（下）」（『思想月報72号』文生書院・昭和48）

宗教資料研究会編『神霊界』八幡書店・昭和61

高田集蔵『高田集蔵文集 第三集』高田集蔵著書刊行会・昭和60

竹村碩峯『三劫の帝王』神武参剣道場・昭和53

対馬路人「新宗教における天皇観と世直し観」(『神政龍神会資料集成』八幡書店・平成6)
出口王仁三郎『伊都能売神論　出口王仁三郎神示集』八幡書店・平成14
出口王仁三郎『善言美詞』あいぜん出版・平成11
出口ナオ・出口王仁三郎『大本神諭　民衆宗教の聖典』東洋文庫・昭和54
友清歓真『闢神霧』(『友清歓真全集 4』神道天行居・昭和43)
友清歓真『戦争と古神道』(『友清歓真全集 4』神道天行居・昭和43)
内務省警保局保安課『特高月報』(複製版) 政経出版社・昭和48
中島今朝吾「中島今朝吾日記」(『決定版 南京戦史資料集 1』勉誠出版・令和3)
永田哲朗編『戦前戦中 右翼・民族派組織総覧』国書刊行会・平成25
中道豪一「貞明皇后への御進講における筧克彦の神道論」(『明治聖徳記念学会紀要』復刊50号)
秦真次『マコトの道』私家版・昭和17
秦真次『帝国の国防』先進社・昭和7
秦真次「秦憲兵司令官ノ訓話」(『現代史資料 4』みすず書房・昭和38)
秦真次『天壌無窮の真理』猿田彦神社講本部・昭和14
原武史『皇后考』講談社・平成27
原武史『松本清張の「遺言」『神々の乱心』を読み解く』文春新書・平成21
平井一臣・有馬学「陸軍の国家改造運動にみる中央と地方」(『九州文化史研究所紀要』九州大学文学部・平成5)
松本健一『神の罠 浅野和三郎、近代知性の悲劇』新潮社・平成1
松本清張『神々の乱心 上下』文藝春秋・平成9
松本清張『昭和史発掘 12 (二・二六事件 6)』文春文庫・昭和53
満井佐吉『神々のいぶき』青山書院・昭和18
満井佐吉『世界時局と神国日本』愛国労働農民同志会出版部・昭和14
満井佐吉『世界の暁』改造社・昭和14
満井佐吉『人生點滴』第一出版社・昭和14
満井佐吉「英米討滅は神の摂理」(『実業の世界』実業之世界社・昭和15-9号)
満井佐吉『惟神経済の樹立を急げ!! 日本を救う道』天関打開期成会・昭和16
満井佐吉『底力論』青山書院・昭和17
満井佐吉「稜威八方鎮剣」(『三劫の帝王』神武参剣道場・昭和53)
矢次一夫『彼がいれば東條の時代は来なかった』真面目なインテリ軍人・永田鉄山はなぜ殺害されてしまったのか」『昭和の35大事件』文藝春秋電子版・平成31
矢野シン「まえがき」(『神霊密書』真和会・昭和36)
矢野祐太郎 (三條比古之)『神霊密書 神示現示による宇宙剖判より神政成就に到る神界現界推移変遷の概観、日本天皇発祥、世界統理、統理放棄、統理復帰、神政復古の経緯』真和会・昭和36
矢野祐太郎「肝川由来記」(『神政龍神会資料集成』八幡書店・平成6)

矢野祐太郎『大御神業御進捗記』(『神政龍神会資料集成』八幡書店・平成6)
矢野祐太郎『神宝奉賛会設立趣意書』神宝奉賛会・昭和8

[第三章　二・二六事件と天皇信仰]
赤木須留喜『翼賛・翼壮・翼政』岩波書店・平成2
石川清浦他『霊動乃道 石川先生語録と門人感謝録』霊動会・昭和43
石原莞爾「最終戦争論」(『石原莞爾選集』たまいらぼ・平成5)
石原莞爾「戦争史大観」(『現代史資料 第9』みすず書房・昭和39)
石原莞爾「国防政治論」(『石原莞爾選集』たまいらぼ・平成5)
石原莞爾「国防論策」(『石原莞爾資料 国防論策編増補版』角田順編・原書房・昭和59)
石原莞爾「現在及将来ニ於ケル日本ノ国防」(『石原莞爾資料 国防論策編増補版』原書房・昭和59)
石原莞爾「日蓮教入門」(『石原莞爾全集 7』石原莞爾全集刊行会・昭和52)
石原六郎「兄の憶い出」(『石原莞爾資料 戦争史論』角田順編・原書房・昭和43)
磯部浅一「行動記」(『二・二六事件　獄中手記・遺書』河野司編・河出書房新社・昭和47)
磯部浅一「獄中日記」(『二・二六事件 獄中手記・遺書』河野司編・河出書房新社・昭和47)
磯部浅一「獄中手記」(『二・二六事件 獄中手記・遺書』河野司編・河出書房新社・昭和47)
磯部浅一「聴取書」(『二・二六事件=研究資料Ⅱ』松本清張、藤井康栄編・文藝春秋・昭和61)
大岸頼好「証人尋問調書(相沢事件)」(「大岸大尉の信念」菅原裕、『追想・大岸頼好』所収)
大岸頼好「皇国維新法案」(福家後掲論文付載)
大久保弘一「我が信仰」(『宗教公論』宗教問題研究所・昭和14-1号)
大久保弘一他「二・二六事件とラジオ」(『放送夜話 座談会による放送史』日本放送協会・昭和43年
大久保弘一「国体認識に向える現代思想の批判」(『経国』経国社・昭和14-1号)
大久保弘一『太陽と日本』陸軍画報社・昭和15
岡本永治「予言」(『石原莞爾研究 第一集』精華会中央事務所・昭和25)
大蔵栄一『二・二六事件への挽歌 最後の青年将校』読売新聞社・昭和46
小田秀人『四次元の不思議』潮文社・昭和46
大濱徹也「鉄の軛に囚われしもの 解説・兵士の世界」(『近代民衆の記録8』新人物往来社・昭和53
刈田徹「十月事件」(『国史大辞典』吉川弘文館)
神田徳三(大岸頼好)「全日本的輪中意識」(『月刊日本』行地社・昭和4-9号)
神田徳三(大岸頼好)「良兵良民教育の徹底」(『月刊日本』行地社・昭和5-3号)

北一輝「支那革命外史」(『北一輝著作集 第2巻』みすず書房・昭和34)
北一輝「北一輝聴取書」(『現代史資料 5』みすず書房・昭和39)
北昤吉「風雲児・北一輝」(『北一輝の人間像』宮本盛太郎編・有斐閣・昭和51)
木戸幸一『木戸幸一日記 下巻』木戸日記研究会 校訂・東京大学出版会・昭和41
清原康平『魂魄 血縁の霊現』講談社出版サービスセンター・昭和55
清原康平「叛乱元将校及之ニ準スル者尋問調書」(『二・二六事件=研究資料Ⅱ』松本清張、藤井康栄編・文藝春秋・昭和61)
小坂慶助『特高』啓友社・昭和28
小島一志・塚本佳子『大山倍達正伝』新潮社・平成18
塩谷信男「夜明けを告げて千鳥は啼く」(『千鳥12号』千鳥会・昭和24)
志士牛島辰熊伝刊行会編『志士牛島辰熊伝』牛島辰熊先生古稀記念会・昭和49
白土菊枝「石原莞爾将軍の信仰に関する覚え書」(『史』42号~62号・現代史懇話会・昭和55~昭和61)
白土菊枝『将軍石原莞爾 その人と信仰に触れて』「将軍石原莞爾」刊行会・平成4
白土みどり『最終戦争時代論 石原莞爾の思想』邦文社・昭和46
白土みどり『石原莞爾の王道観 新しい文明のために』石原莞爾全集刊行会・平成3
末松太平『私の昭和史』みすず書房・昭和38
末松太平他『追想・大岸頼好』(大岸頼好15周忌法要配布冊子(田村重見編『交友と遺文』平成5所収)
菅原裕『相沢中佐事件の真相』経済往来社・昭和46
須崎慎一『二・二六事件 青年将校の意識と心理』吉川弘文館・平成15
須山幸雄『二・二六事件 青春群像』芙蓉書房・昭和56
須山幸雄『西田税 二・二六への軌跡』芙蓉書房・昭和54
曹寧柱「陸軍中将 石原莞爾」(『十人の将軍の最期』亜東書房・昭和27)
高木清寿『東亜の父 石原莞爾』錦文書院・昭和29
高田志道『軍人精神読本』織田書店・昭和2
高橋正衛「二・二六事件」(『国史大辞典』吉川弘文館)
津野田忠重『わが東条英機暗殺計画 元・大本営参謀が明かす』徳間書店・昭和63
東肥航空株式会社編『東肥航空血盟録』東肥航空・昭和18
富永孝子『大連・空白の六百日 戦後、そこで何が起ったか』新評論・平成11
中島健蔵・井伏鱒二・巌谷大四「戦争と人と文学」(『太陽』平凡社・昭和52)
西田税「天剣党戦闘指導綱領」(『現代史資料 4』みすず書房・昭和38)
日蓮「諫暁八幡抄」(『日本思想大系 14』岩波書店・昭和45)
日蓮「撰時抄」(『日本思想大系 14』岩波書店・昭和45)
野村乙二朗『東亜聯盟期の石原莞爾資料』同成社・平成19
萩原真監修『真の道 神示』真の道出版部・昭和47

真の道出版部編『真を求めて 萩原真自伝』真の道出版部・平成3
秦郁彦『昭和史の謎を追う 上』文春文庫・平成11
波多野澄雄『幕僚たちの真珠湾』朝日新聞社・平成3
林茂他共同編集『二・二六事件秘録 3』小学館・昭和46
原秀男他編『検察秘録二・二六事件Ⅱ』(匂坂資料 6)角川書店・平成1
平林盛人「私の観た石原莞爾将軍」(『石原莞爾研究 第一集』精華会中央事務所・昭和25)
福来友吉『透視と念写』東京宝文館・大正2
福家崇洋「二・二六前夜における国家改造案」(『京都大学大学院人間・環境学研究科現代文明論講座文明構造論分野論集 8』文明構造論刊行会・平成24)
藤巻一保『魔王と呼ばれた男 北一輝』柏書房・平成17
藤巻一保『偽史の帝国』アルタープレス・令和3
藤巻一保『天皇の秘教　近代日本秘教全書』学習研究社・平成21
本庄繁『本庄日記』原書房・平成1
真崎勝次『亡国の回想』国華社・昭和25
松本健一編著『北一輝 霊告日記』第三文明社・昭和62
満井佐吉「証人申請書」(『相沢中佐事件の真相』経済往来社・昭和46)
宮本盛太郎『北一輝研究』有斐閣・昭和50
村中孝次「丹心録」(『二・二六事件　獄中手記・遺書』河野司編・河出書房新社・昭和47)
村中孝次「蹶起趣意書」(『二・二六事件　獄中手記・遺書』河野司編・河出書房新社・昭和47)
村中孝次・磯部浅一「粛軍に関する意見書」(『現代史資料 第4』みすず書房・昭和38)
山岡重厚「私の軍閥観」(『相沢中佐事件の真相』経済往来社・昭和46)
山口重次『増補 悲劇の将軍 石原莞爾』大湊書房・昭和50
陸軍省編『陸軍現役将校同相当官実役停年名簿』偕行社(大正15年以降、偕行社)
和田勁「真の愛情の人」(『石原莞爾研究 第一集』精華会中央事務所・昭和25)

[第四章　皇国史観の牢獄の中で]

磯部浅一「獄中日記」(『二・二六事件 獄中手記・遺書』河野司編・河出書房新社・昭和47)
伊藤隆他「東條英機大將言行録」(『東條内閣総理大臣機密記録』東京大学出版会・平成2)
稲田正純「ソ連極東軍との対決」(『大元帥 昭和天皇』新日本出版社・平成6)
岩間敏「戦争と石油(5)世界最初の「戦略石油備蓄」(『石油・天然ガスレビュー』vol45 No2・平成23)
NHKスペシャル取材班『日本海軍400時間の証言』新潮社・平成23
木戸幸一『木戸幸一日記 上巻、下巻』木戸日記研究会 校訂・東京大学出版会・昭和41
木戸幸一「手記」(『木戸幸一関係文書』東京大学出版会・昭和41)

木戸幸一「第三次近衛内閣更迭ノ顚末」(『木戸幸一関係文書』東京大学出版会・昭和41)
木下道雄『側近日誌』文藝春秋・平成2
宮内庁『昭和天皇実録 第七』東京書籍・平成28
宮内庁『昭和天皇実録 第八』東京書籍・平成28
近衛文麿『平和への努力』日本電報通信社・昭和21
近衛文麿「昭和十三年十一月三日ノ政府声明ニ際シ近衛内閣総理大臣ラヂオ放送」(『国民精神動員実施概要』長崎県平和労働センター・平成13)
小磯国昭『葛山鴻爪』小磯国昭自叙伝刊行会・昭和38
纐纈厚『「聖断」虚構と昭和天皇』新日本出版社・平成18
佐々木隆爾『現代天皇制の起源と機能』昭和出版・平成2
上法快男『東條英機』東條英機刊行会・芙蓉書房・昭和49
昭和天皇「昭和二十年九月九日の陛下の手紙」(『天皇百話 下の巻』ちくま文庫・平成1)
杉山元『杉山メモ』原書房・平成1
高木惣吉『高木海軍少将覚え書』毎日新聞社・昭和54
高松宮宣仁『高松宮日記 第7巻』中央公論新社・平成9
寺崎英成『寺崎英成昭和天皇独白録 寺崎英成・御用掛日記』文藝春秋・平成3
富田健治『敗戦日本の内側 近衛公の思い出』古今書院・昭和37
内閣情報部『国民精神総動員実施概要(復刻版)』長崎県平和労働センター・平成13
内閣・内務省・文部省『八紘一宇の精神 日本精神の発揚(国民精神総動員資料第4輯)』昭和12
奈良武次『侍従武官長奈良武次日記・回顧録』柏書房・平成12
秦郁彦『昭和史の謎を追う 下』文春文庫・平成11
原武史『皇后考』講談社・平成27
藤田覚『江戸時代の天皇　天皇の歴史6』講談社・平成23
藤巻一保『偽史の帝国』アルタープレス・令和4
防衛庁防衛研修所戦史室編『関東軍1』朝雲新聞社・昭和44
防衛庁防衛研修所戦史室編『支那事変陸軍作戦 第1』朝雲新聞社・昭和50
防衛庁防衛研修所戦史室編『大本営海軍部・連合艦隊 第1』朝雲新聞社・昭和50
防衛庁防衛研修所戦史室編『大本営海軍部・連合艦隊 第6』朝雲新聞社・昭和46
防衛庁防衛研修所戦史室編『大本営陸軍部 第2』朝雲新聞社・昭和43
本庄繁「至秘鈔」(『本庄日記』原書房・平成1)
真崎勝次『亡国の回想』国華社・昭和25
松本重治『昭和史への一証言』毎日新聞社・昭和61
山田朗『大元帥 昭和天皇』新日本出版社・平成6
山田朗編『外交資料 近代日本の膨張と侵略』新日本出版社・平成9

藤巻一保 ……ふじまき・かずほ……

1952年北海道生まれ。作家・宗教研究家。中央大学文学部卒。

雑誌・書籍編集者を経たのち、宗教を軸とした歴史・思想・文化に関する著述活動を行う。

東洋の神秘思想、近代新宗教におけるカルト的教義と運動に関する著作を数多く手がけている。

主な著書に『密教仏神印明・象徴大全』(太玄社)、『アマテラス 真の原像を探る』、『役小角読本』(以上、原書房)、『安倍晴明『簠簋内伝』現代語訳総解説』、『秘教I—日本宗教の深層に蠢くオカルティズムの源流』、『秘教II 現代語訳で読む秘儀・呪法の根本史料』、『秘説 陰陽道』(以上、戎光祥出版)、『愛と呪法の博物誌』(説話社)、『偽史の帝国 “天皇の日本”はいかにして創られたか』(アルタープレス)、『吾輩は天皇なり 熊沢天皇事件』(学研新書)、『天皇の秘教』「エソテリカ」シリーズ(以上、学研プラス)などがある。

ブックデザイン／長久雅行

戦争とオカルティズム

現人神天皇と神憑り軍人

2023年4月25日 初版発行

著者 藤巻一保
発行所 株式会社 二見書房
東京都千代田区神田三崎町2-18-11
電話 03(3515)2311[営業]
03(3515)2313[編集]
振替 00170-4-2639

印刷 株式会社 堀内印刷所
製本 株式会社 村上製本所

落丁・乱丁本はお取替えいたします。

定価は、カバーに表示してあります。

ISBN978-4-576-23041-2
https://www.futami.co.jp